음절 구조: 변이의 제한

Syllable Structure: The Limits of Variation

음절 구조
변이의 제한

Syllable Structure: The Limits of Variation

돤무 싼(Duanmu, San) 지음
이옥주 옮김

역락

이 연구는 2022년도 서울대학교 미래기초학문분야 기반조성사업으로 지원되는 연구비에 의하여 수행되었음.

역자 서문

이 책은 Duanmu, San의 Syllable Structure: The Limits of Variation (Oxford University Press, 2009)의 번역서이다. 중국어 음성학, 음운론 연구와 강의를 해오면서 중국어의 발소리 구조와 특성을 중국어의 범위를 벗어나 넓은 틀에서 살펴볼 수 있는 기회에 대한 갈망이 늘 마음 한켠에 자리잡고 있었다. 개별 언어에 대한 깊은 이해는 다양한 언어들과의 유형적 비교분석을 통해 가능하다는 생각에서이다. 미시간 대학(University of Michigan)의 Duanmu 교수의 Syllable Structure: The Limits of Variation은 음운론 이론과 연구 방법론의 측면에서 역자의 오랜 고민에 대한 해결의 실마리를 제공해주었다.

Duanmu 교수의 CVX 이론은 모든 언어의 최대 음절 크기가 CVX, 즉 CVV이나 CVC이며, 단어 경계에 있는 추가적인 자음은 형태론으로 설명가능하다고 주장한다. 유형적으로 상이한 표준중국어(Mandarin), 상하이 중국어(Shanghai Chinese), 영어, 독일어, 르가롱어(rGyalrong, Jiarong)에 대한 분석에 기반한 이 이론은 인류 언어의 최대 음절 크기는 무엇인가에 대한 문제를 실증적으로 탐색하며, 최대 크기를 넘지 않는 음절 형식 가운데 많은 음절들이 사용되지 않는 이유를 제시함으로써 개별 언어에 숨어 있는 언어 보편성을 드러낸다. 더 나아가 음절 구조의 차이가 야기하는 강세 현상과 성조 변화를 면밀히 분석하여, 음절 구조와 다양한 음운 현상의 관련성을 설명한다. 이는 그동안 심도 있는 음운론 연구가 충분하지 않았던 다양한 언어에 대한 연구의 지경을 확장하는 데 유용한 방법론을 제공한다. 특히 중국어 연구가 표준중국어에 집중되었던 한계를 극복하고, 중국 경내의 여러 중국어 갈래 및 언어에 나타나는 음절의 특성과 운율 현상에 대한 논의를 확장하는 데 도움이 될 것이다.

   이 책이 출판되기까지 소중한 도움을 아끼지 않으신 분들께 감사의 인사를 드린다. 한국어 번역에 흔쾌히 동의해주신 저자 Duanmu 교수, 옥스퍼드 대학 출판부, 원고의 오탈자를 섬세히 짚어준 서울대 중문과 이경민, 이재혁 선생에게 깊은 감사를 드린다. 번역서 출간을 도와주신 도서출판 역락에도 감사의 인사를 드린다.

이옥주

I would like to thank Professor Ok Joo Lee for translating this book into Korean. Although I do not know Korean, from the list of detailed questions she asked and the many typos and errors she discovered, I am confident that she has done a meticulous job!

Duanmu, San

Ann Arbor

2024

이 책을 한국어로 번역해 준 이옥주 교수에게 감사한다. 나는 한국어를 이해하지는 못하지만, 이 교수가 의문을 제기한 상세한 내용과 많은 오타 및 오류로부터 그녀가 섬세한 번역 작업을 했으리라는 것을 확신한다.

돤무 싼

엔 이버

2024

저자 서문

음절 구조에 대한 나의 관심은 다른 연구 분야를 거쳐 20년 전에 시작되었다. 내가 1986년 MIT 대학원에 입학했을 때 성조는 매우 주목을 받는 주제였다. 당시 지배적인 견해는 오름조, 내림조와 같은 굴곡조가 수평조인 L(저조)와 H(고조)로 구성되므로, 오름조는 L+H, 내림조는 H+L이라고 보는 것이었다. 오름조와 내림조가 수평조로 분리되는 현상이 거의 발생하지 않는 성조 언어의 모어 화자로서, 나는 이 지배적인 견해가 직관에 상충한다고 생각하였다. 그러나 상하이 중국어에 대한 연구를 시작했을 때 나는 이 이론의 장점을 발견하기 시작하였다. 이론이 예측하는 바와 같이, 상하이 중국어에서 오름조는 후행 음절이 추가될 때 L-H로 분리되고, 내림조는 H-L로 분리된다.

그러나 의문점이 여전히 남아 있었다. 왜 상하이 중국어에서는 굴곡조가 분리되는 반면 다른 중국어 갈래에서는 분리되지 않는가? 이에 대한 일반적인 답은 여러 종류의 굴곡조가 있기 때문에 어떤 굴곡조는 분리되지만 어떤 굴곡조는 분리되지 않는다는 것이다. 그러나 이는 사실을 재진술하는 것에 불과할 뿐 설명이 될 수 없다.

이에 대한 해결책은 내가 상하이 중국어와 다른 중국어 갈래에 나타나는 음절 구조의 차이를 발견하였을 때 나타났다. 상하이 중국어의 음절은 본질적으로 CV, 즉 자음과 모음의 결합이다. 반면 다른 중국어 갈래에서 대부분의 음절은 CVV 또는 CVC로, VV는 이중 모음이거나 장모음이다. 음절 구조와 성조 분리의 관계는 다소 복잡하다(7장 참조). 개략적으로 말하자면, CVV

또는 CVC 음절은 두 개의 모라, 즉 두 개의 리듬 단위를 가지므로 모라 음보를 형성하며 내재적인 강세를 갖는다. 우리는 강세 음절은 어휘 성조를 보유할 수 있지만 비강세 음절은 보유할 수 없다는 것을 다른 근거를 통하여 이미 알고 있다. 따라서 CVV 또는 CVC 음절 연쇄는 강세와 어휘 성조를 가지며, 성조가 분리될 확률은 거의 없다. 그러나 CV 음절 연쇄에서 음절은 대부분 내재적인 강세나 어휘 성조를 가지지 않으며, 이는 성조 분리의 환경을 형성한다.

음절 구조가 음운론의 몇 가지 영역, 즉 자질, 음, 강세, 성조를 연결하는 핵심이라는 것이 나에게 명확해졌다. 그러나 음절의 개념은 어떤 언어에서는 명확한 것 같지만 다른 언어에서는 전혀 그렇지 않다. 예를 들어, 사람들은 영어에서 음절 경계가 어디에 있는지, 또는 음절이 얼마나 클 수 있는지, 또는 음절이 실재하는지에 대해서 의견이 일치하지 않는다. 사실 영어에서 음절이 불명확하다면 다른 언어들에서도 그렇지 않겠는가? 분명히 이 주제에 대한 이견은 상당히 많다. 나는 이 책에서 음절 구조에 대한 체계적인 연구를 제시하여, 음절 구조 자체 및 음운론 이론 전반에 대한 문제들이 명확해지고 이해가 확대될 수 있기를 바라는 바이다.

저자 감사의 글

이 책에 대하여 다양한 의견을 준 많은 분들에게 감사한다. 특히 Steve Abney, Rusty Barrett, Bill Baxter, Pam Beddor, Jose Benki, Toni Borowsky, Rob Burling, Raung-fu Chung, Nick Clements, Andries Coetzee, Abby Cohen, John Davey, Stuart Davis, Sam Epstein, Heinz Giegerich, Morris Halle, John Harris, Jeff Heath, Yuchau Hsiao, Hsin-I Hsieh, Jim Huang, Rene Kager, Michael Kenstowicz, Hyoyoung Kim, Aman Kumar, Bob Ladd, Susie Levi, Yen-hwei Lin, Victor Manfret, Mike Marlo, John McCarthy, Tsulin Mei, Lesley Milroy, Andrew Nevins, David Odden, Marc Pierce, Donca Steriade, Sally Thomason, Moira Yip, 그리고 익명의 심사자와 여러 학교와 학회에서 만난 청중에게 감사를 표한다.

이 책을 쓰는 동안 도움을 준 John Davey와 옥스퍼드 대학 출판사에 감사하며, 편집자인 Sarah Barrett, 그리고 미시간 대학(University of Michigan)의 문학과학예술대학(College of Literature, Science, and the Arts)의 재정적 지원에 감사한다. 또한 색인 작업을 해준 Xinting Zhang에게 감사한다.

마지막으로, 집필하는 동안 가족과 함께 할 시간을 너무 많이 희생할 때 늘 이해해주고 외부자의 시각으로 통찰력 있는 의견을 준 Yan, Youyou, Alan에게 감사를 전한다.

저자 전사법 일러두기

음성 전사는 사각괄호 [ ] 안에 제시하는데, 전사의 정밀한 정도는 다를 수 있다. 예를 들어, (1)은 '박'을 의미하는 표준중국어 단어 瓜를 전사하는 세 가지 방식을 보여준다.

(1)   [kua]   음소 표기
       [kʷa]   음 표기, 음의 (예측가능한) 길이는 표기하지 않음
       [kʷaa]   음과 (예측가능한) 길이를 모두 표기

마찬가지로, 중국어 단어 '평화' 安은 [an], [æn], 또는 [æ̃ː]로 전사할 수 있다. 전사의 정밀 정도는 필요한 경우 언급할 것이다.

예시를 음성 전사하는 방식은 분석이나 전제의 영향을 받을 수 있다. 예를 들어, [aa]와 [aː]를 구분하지 않는 경우, 둘 중 하나를 사용할 것이다. 이와 마찬가지로, 단어 queen '여왕'에서 모음에 선행하는 부분이 두 개의 음이라고 생각하면, 이 단어를 [kwiːn]으로 전사할 것이다. 그러나 모음에 선행하는 부분을 이중조음을 갖는 한 개 음으로 생각하면, 이 단어는 [kʷiːn]으로 전사할 수 있다. 또한, queen이 기저 층위에서는 [kwiːn]이지만 표면 층위에서는 [kʷiːn]이라고 전제할 수도 있다. 이론적 입장을 소개하기 전에는 이와 같이 대체 가능한 전사 가운데 어느 것이든 사용할 수 있다.

별도의 언급이 없는 경우, 음성 전사에 IPA 기호를 사용한다. 이 책의 본문에서 인용하는 예시의 철자는 이탤릭체로, 음성 기호는 사각기호 안에,

번역은 인용 기호 ' '에 제시한다. 중국어를 예로 들면, *mao* [mau] '고양이'
와 같다. 영어의 예는 *cat* [kæt]과 같이 번역을 제시하지 않는다. 필요한 경우
영어가 아닌 언어의 예시에 개별 단어 번역과 전체 단어 번역을 제시하되,
전체 단어 번역은 괄호 안에 제공한다. 중국어를 예로 들면, *da yi* '크다
생각(부주의한)'과 같다.

하이픈 '-'은 형태소나 접사 경계를 가리키는 경우에 사용된다. 예를 들어,
*see-ing*은 이 단어가 접미사 *-ing*을 가진다는 것을 보여주며, *un-interest-ing*
은 이 단어에 접두사 *un-*과 접미사 *-ing*이 있다는 것을 나타낸다.

번호를 매긴 예시에서 영어 이외 언어의 예는 철자를 이탤릭체로 나타내
지 않는다. 번역은 (2)와 같이 같은 행에 제시하고 단어 번역을 괄호에 넣거
나, (3)과 같이 다른 행에 제시하면서 단어 번역만 인용 기호 ' ' 안에 표기한
다.

(2)   gao-xing   '높다-흥 (기쁘다)'

(3)   gao-xing
       높다-흥
       '기쁘다'

영어 예시는 본문과 번호를 매긴 예시에서 모두 이탤릭체로 제시한다.
IPA 전사에서 음절 경계는 주로 점이나 괄호로 나타낸다. 예를 들어
[hæ.pi]와 [hæ][pi]는 동일하다. 마찬가지로, 'p]'는 음절 말 [p]를 가리키며,
'p]['는 다른 음절에 선행하는 음절 말 [p]를 가리킨다. 철자에서는 하이픈
'-'이 음절 경계를 가리키는 데 사용되기도 한다. 특히 다음절 단어나 합성어
에서 하이픈이 사용되는데, 예를 들어 Chi-ca-go L-H-L는 이 단어가 세 개
의 음절을 가지며, 각 음절 성조가 각각 L(저조), H(고조), L이라는 것을 의미

한다.

파찰음은 [ts]과 [tʃ]처럼 주로 두 개의 IPA 기호를 사용하여 나타낸다. 파찰음을 두 개 음의 연쇄와 구분하기 위해서 [tˢ] and [tʲ]처럼 두 번째 기호를 윗첨자로 나타내기도 한다. 마찬가지로 [tʲ]와 [kʷ]는 하나의 복합음인 반면 [tj]와 [kw]는 두 개 음의 연쇄일 수 있다.

차례

역자 일러두기

저자의 전사법을 최대한 따르는 것을 원칙으로 하되, 가독성을 위하여 영어 원서에서 언어 예시를 이탤릭체로 구분한 것과 달리 번역서에서는 이탤릭체로 표시하지 않았다. Shanghai Chinese(Shanghainese), Cantonese를 비롯한 중국어의 갈래는 맥락에 따라 상하이 중국어, 광둥 중국어 또는 상하이 방언, 광둥 방언 등으로 번역하였으며, 중국어 예시는 한어병음과 함께 한자(간체자) 표기를 함께 제시하였다. 또한 잘 알려지지 않은 언어에 대한 간략한 소개를 [역자 주]에서 제공하였다.

제1장

서론

많은 사람들에게 음절이 무엇인지 명확해 보일 수도 있다. 예를 들어, 영어 단어 buy는 하나의 음절이며, 중국어 단어 ni 你 '너, 당신'도 마찬가지이다. 영어 단어 city는 두 개의 음절을 가지며, 중국어 단어 mayi 蚂蚁 '개미'도 두 개의 음절로 구성된다. 단어 potato는 세 개의 음절을 가지며, 단어 syllabification는 여섯 개의 음절을 포함한다.

그러나 이러한 명확성은 사실이 아닐 수 있다. 어떤 단어는 음절을 세는 것이 쉽지만 다른 단어는 해답이 그다지 확실하지 않기 때문이다. 예를 들어, 단어 hour나 shower는 하나의 음절인가 아니면 두 개의 음절인가? 또한 음절의 수는 셀 수 있지만 음절 경계가 항상 명확한 것은 아닌 경우도 종종 있다. 예를 들어, city와 happy의 음절 경계는 어디인가? smile의 모든 음은 하나의 음절에 속하는가, 또는 [s]와 [l]는 음절 [mai]의 외부에 있는가?

언어학자들은 다양한 해답에 대해 고민해 왔다. (1)은 hour, flour, flower, shower의 음절이 몇 개인가에 대한 몇 가지 견해이다. 이들의 차이는 어두 자음을 보는 관점에 있다.

(1)

	hour	flour	flower	shower
Jones(1950)	1	1	1	1
Hanks(1979)	1	1	2	2
Baayen et al.(1993)	2	2	2	2
Kenyon and Knott(1944)	1	1	1 또는 2	1 또는 2
Kreidler(2004)	1	1	1	1
Merriam-Webster (2004)	1 또는 2	1 또는 2	1 또는 2	1 또는 2
Gussmann(2002)	2	2	2	2

Jones(1950), Hanks(1979), Baayen et al.(1993)은 모두 영국 영어에 대한 기술인 반면 분석은 상이하다. 마찬가지로 Kenyon and Knott(1944), Kreidler (2004), Merriam-Webster(2004)는 모두 미국 영어에 대해 언급하지만 그들의 분석도 서로 다르다. Gussmann(2002)은 어떤 영어의 갈래를 다루는지 명시하지 않았지만, 어떤 갈래이든 아마 이 단어들을 모두 2음절로 분석할 것이다.

다음으로 음절 경계를 살펴보자. (2)는 happy에 대한 네 가지 분석이다. 여기에서 음절 경계는 점 '.'으로 나타내며, 밑줄 친 [p̲]는 [p]가 첫 음절과 둘째 음절에 둘 다 속하는 "양음절적(ambisyllabic)"이라는 것을 의미한다.

(2)   happy 분석

[hæ.pi]   Hayes(1995), Halle(1998), Gussmann(2002)

[hæp.i]   Selkirk(1982), Hammond(1999)

[hæp̲i]   Kahn(1976), Giegerich(1992), Kreidler(2004)

[hæp.pi]   Burzio(1994)

어중에 출현하는 [p]는 첫 번째 음절 또는 두 번째 음절에 속하거나, 두 개 음절에 모두 속하는 것으로 취급되었다. 또한 어중의 [p]는 하나의 음으로 간주되기도 하고, 두 개의 음으로 간주되기도 하였다. 실험 연구도 항상 명확한 답을 제공하는 것은 아니다. 예를 들어, Krakow(1989)와 Turk(1994)는 음성적 단서에 근거하여 이러한 음의 연쇄가 VC.V로 음절화하는 것을 발견하였다. 그러나 Treiman and Danis(1988)에 의하면 VCV 연쇄에서 강세가 첫 번째 V에 놓이면 피험자들은 음절화 판단에 일관성을 보이지 않는다.

이제 smile을 예로 늘어 단어 경계의 자음에 대해 살펴보자. (3)은 이에 대한 세 가지 분석이다.

(3)   smile 분석

[smail]   Kahn(1976), Selkirk(1982),
           Blevins(1995), Coleman(1996)

[smai.l]   Burzio(1994)

[s.mai.l] Harris(1994), Gussmann(2002)

많은 사람들이 smile의 모든 음이 하나의 음절에 속한다고 생각한다. 그러나 어떤 사람들은 성절적인 [ɬ]처럼 [l]가 독립적인 음절에 속한다고 생각한다. 또한 [s]와 [l]가 각각 독립적인 음절에 속한다고 보는 견해도 있는데, 이는 공모음(empty vowel)에 의하여 지지된다.

음절 정의의 어려움은 잘 알려져 있다. 일부 학사들이 덜 확정적인 접근을 취하는 것도 놀랍지 않다. 예를 들어 Jones(1950:130-1)는 음절을 단어에서 돋들림(prominence)이나 소리 크기의 정점으로 간주한다. 단어 cat은 [æ]에서 하나의 정점을 가지므로 하나의 음절이다. 단어 happy는 [æ]와 [i]에서 두 개의 정점을 가지므로 두 개의 음절이다. 이 관점은 음절 경계를 명시할 필요를 피하면서, 기본적으로 모음과 특정 공명 자음의 수를 음절의 수와 같은 것으로 본다. 그러나 음절이 모음이나 소리 크기의 정점으로부터 도출된다면, 음절을 전제할 필요 자체가 없을 것이다. 따라서 일부 학자들은 음절구조가 음운론에서 어떤 역할을 하더라도 단지 이차적인 역할일 뿐이라고 여긴다(Chomsky and Halle 1968, Steriade 1999, Blevins 2003).

그러나 어려움이 있다고 해서 음절 개념을 부정하는 것은 성급하다. 실제로 음절의 개념은 거의 자음과 모음의 개념만큼 중요하다. 어떤 학자들은 음절이 자음과 모음보다 더 근본적인 개념이라고 주장한다. 예를 들어 Ladefoged(2001:170)는 단어는 "단어 전체, 또는 적어도 음절 전체로" 기억에 저장되며, 그 안에서 "자음과 모음은 개별 개체가 아니"라고 주장한다. 이와 마찬가지로 문자 체계의 발명과 관련하여, Ladefoged(pp.172-3)는 "알파벳 문자는 거의 확실히 단지 한번 발명된 반면, 음절 문자는 독립적으로 여러 체계가 발명되었으며", 이는 "음절을 모음과 자음으로 나누는 것이 자연스럽지 않음을 보여준다"고 주장한다.

만약 음절이 실재하는 것이라면, 음절 구조가 무엇인지, 그리고 언어에 따라 음절 구조가 어느 정도까지 달라질 수 있는지 궁금하다. 예를 들어, prism과 같이 [m]가 영어에서 음절이 될 수 있다면, 티베트-버마 언어인 르가롱어(Jiarong, rGyalrong)의 [mdok] '색깔', 폴란드어의 mgla [mgwa] '안개', 아프리카 언어인 멘데어(Mende)의 [mba] '~이다'도 각각 두 개의 음절이라고 예측해야 하는가? 일반적으로 [mdok]과 같은 음의 연쇄를 분석하는 방법은 모든 언어에서 동일한가, 아니면 언어에 따라 분석이 달라질 수 있는가?

이 책은 이러한 물음에 대한 답을 탐색한다. 음절은 음으로 구성되고 음은 자질로 구성되므로, 2장은 음과 자질에 대한 논의로 시작한다. 3장은 음절 구조 이론을 검토하고, CVX 이론이라는 새로운 제안을 주장한다. 이 이론에 의하면 최대 음절 크기는 CVX, 즉 CVV이나 CVC이며, 단어 경계에 있는 추가적인 자음은 형태론으로 설명한다.

이와 같은 연구는 두 가지 접근, 즉 대량의 언어에 대한 피상적인 조사와 적은 수의 언어에 대한 심도 있는 분석 가운데 하나를 선택한다. 이 책은 후자를 선택하였다. 이는 언어의 음절 구조는 잘 알려진 언어에서조차 항상 일견지하에 명확한 것이 아니기 때문이다. 예를 들어 영어에 대한 대부분의 분석은 매우 큰 음절을 전제하지만, 심도 있는 분석은 영어의 최대 음절이 CVX임을 드러낸다. 따라서 피상적인 조사는 상당히 상이하고 잘못된 결론에 도달할 수 있다.

4장에서 7장은 표준중국어와 싱하이 중국어이 음절 구조를 논의한다. 음절 내부에서 음의 결합을 지배하는 제약이 논의의 초점이다. 예를 들어, 중국어의 최대 음절은 C^GVX이며, X는 C나 G(활음), 또는 V이다. 만약 음이 자유롭게 결합할 수 있다면 2,000개가 넘는 C^GVX 형식이 표준중국어에 있을 것이다. 그러나 약 400개만이 사용된다. 그렇다면 왜 수많은 결합이 사용되지 않는가? 사용되지 않는 음절을 배제하는 일반적인 제약이 있는가? 제약에 물리적인 이유가 있는가? 음절 구조가 강세 및 성조와 상호작용하는가? 4장에서 7장은 이러한 물음들을 논의할 것이다.

8장에서 10장은 영어와 독일어를 논의한다. 이 언어들에 출현하는 긴 자음군은 CVX보다 더 큰 음절을 요구하는 것처럼 보인다. 그러나 이 책은 어중(word-medial) 음절들은 CVX보다 크지 않으며, 단어 경계의 추가적인 자음들은 형태론에 의해서 독립적으로 설명할 수 있다는 것을 보일 것이다.

11장은 티베트-버마 언어인 르가롱어를 논의한다. 르가롱어는 많은 언어에 나타나지 않는 [rp-], [zd-], [bst-], [nzd-], [ʒngr-]와 같은 어두 자음군이 풍부하다. 르가롱어의 분석은 긴 어두 자음군을 갖는 다른 언어의 분석에도 영향을 미친다.

이 책이 드러내는 핵심적인 사안은 두 가지이다: (i) 단어 경계의 자음은 형태론으로 설명할 수 있으며, (ii) 모든 언어는 (4)와 같은 두 개의 기본적인 음절 구조를 갖는다. (4)에서 σ는 음절 마디이며, (O)는 선택적 두음, R은 운이다. X는 시간 단위(timing slot), 즉 하나의 음이 차지하는 자리이다.

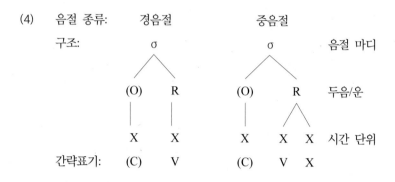

(4) 음절 종류: 경음절   중음절

구조: σ   σ   음절 마디

(O)   R   (O)   R   두음/운

X   X   X   X   X   시간 단위

간략표기: (C)   V   (C)   V   X

간략표기에서 경음절 즉 약강세 음절은 (C)V, 중음절 즉 강세 음절은 (C)VX이다. (C)는 선택적 두음이며, X는 말음이다. (C)V에서 V는 [ə]와 같은 단모음이나 [m̩]와 같은 성절 자음이다. CVX에서 세 개의 시간 단위는 각각 단순음(single sound)이나 "복합음(complex sound)"으로 채워질 수 있다. 예를 들어 [kw]와 [bl]는 복합음 [kʷ]와 [bˡ]로 합병되어 두음 단위 C를 채울 수 있다. 2장은 복합음이 형성되는 특수한 조건을 논의하는데, 이는 다른 학자들의 주장보다 더욱 엄격하다.

이 책의 심사자는 CVX가 음성적 단위인지 아니면 음운적 단위인지에 대한 의문을 제기하였다. 이에 대한 답은 두 가지 모두라는 것이다. CVX는 음소, 즉 음(sound)의 층위보다 상위의 구조적 단위라는 점에서 음운적이다. 이와 동시에 음절에서 음소가 어떻게 실현되어야 하는가에 대해서 시간적 제약을 부여한다는 점에서 음성적이다. 한 음절에서 두 개의 자음이 동시에 발음되어야 하는지 그렇지 않은지는 이러한 시간적 제약의 예이다.

이 책은 음절 구조에 대한 일반적 이론을 제공하는 것을 목적으로 하지만, 언어 자료에 대한 기술(description)도 마찬가지로 중요하게 다루었다. 이 책은 각 언어에 대하여 어휘나 음절 목록 전체의 정량적 자료를 제공하여, 독자가 이 책과 다른 이론적 체계로도 언어 자료를 분석할 수 있도록 하였다.

이 책은 주로 '인류 언어의 최대 음절 크기는 무엇인가'라는 한 가지 이론적 문제에 초점을 둔다. 이와 마찬가지로 흥미로운 또 다른 문제는 '최대 크기를 넘지 않는 음절들 가운데 서로 다른 언어들에서 사용되거나 사용되지 않는 음절들은 무엇이며, 그 이유는 무엇인가'이다. 이 두 번째 문제는 다른 이론적 문제들과 함께 12장에서 논의할 것이다.

1.1. 음절 구조 기술에 사용하는 일반적 용어

이 절은 관련 문헌에서 일반적으로 사용되는 음절 구조에 대한 용어를 검토한다.

음절. 이 용어는 몇 가지 서로 다른 것을 가리킬 수 있다. 일반적으로 이 용어는 하나의 모음을 지니는 단어를 가리키며, 이 때 모음은 이중 모음이나 삼중 모음도 포함된다. 예를 들어, cat은 하나의 음절이며 smiles도 마찬가지이다. 이러한 단어를 단음절 단어라고도 한다. 이와 다른 용법에서는 음절이 특정 이론의 구체적인 단위를 가리킨다. 예를 들어 Lowenstamm(1996)에 따르면, 모든 음질은 CV이며, C는 자음, V는 단모음이다. C나 V는 공(empty) 자음 또는 공모음일 수 있으며, 이는 ∅으로 표시한다. 따라서 cat은 두 개의 음절 [kæ.t∅]을 지니며, smiles는 다섯 개의 음절 [s∅.ma.∅i.l∅.z∅]를 갖는다.

중국어를 비롯한 일부 언어는 음절이 성조를 포함한다. 예를 들어, 표준중국어에서 [ma1] 媽 '엄마'와 [ma2] 麻 '삼, 마'는 서로 다른 단어이다. [ma1]

는 1성 즉 높은수평조 또는 H이며, [ma2]는 2성 즉 오름조 또는 LH이다. 따라서 [ma1]와 [ma2]는 서로 다른 음절이다. 그러나 우리는 음절 [ma]가 서로 다른 성조를 갖는다고 말할 수도 있다. 이러한 용법에서는 "음절"이라는 용어가 성조를 포함하지 않는다.

이 책은 "음절"이라는 용어를 느슨하게 사용하여 음절을 특정한 의미로 제한하지 않을 것이다. 다행히 이 용어가 어떤 의미를 가리키는지는 대체로 문맥에서 명확하다.

두음과 **운**. 음절은 두음과 운으로 나눌 수 있다. 운은 압운을 하는 두 음절이 갖는 공통된 부분이다. 두음은 운에 선행하는 부분이다. 예를 들어, 영어에서 pin [pɪn]과 twin [twɪn]은 압운을 한다. 이 두 음절의 공통된 부분은 [ɪn]이다. 따라서 [p-]와 [tw-]는 두음이고, [-ɪn]은 운이다. Clements and Keyser(1983:13)는 "핵음(nucleus)"이라는 용어를 사용하여 pin의 [ɪn]과 bat의 [æt] 부분을 지칭하였는데, 이 책은 운이라고 부를 것이다.

음절의 두음이나 운의 크기는 음절이 무엇을 포함할 수 있는가에 대한 관점에 따라 달라진다. 예를 들어, 영어의 최대 음절을 CCCVXC(X는 V 또는 C)로 간주하면 strike [straik]의 음절 두음은 [str]이고 운은 [aik]이다. 이에 반해, 영어의 최대 음절을 CCVX로 생각하면, strike [straik]의 음절 두음은 [tr]이고 운은 [ai]이며, 어두 [s]와 어말 [k]는 이와 별도로 설명해야 한다.

압운을 하는 부분은 운보다 클 수도 있다. 예를 들어, 영어에서 biker와 hiker는 압운을 한다. 여기에서 압운을 하는 부분은 [aikɚ]로, 운 [ai]와 음절 [kɚ]로 이루어져 있다. 이는 압운은 음절이 어디에서 끝나는지 알려주지 않는다는 것을 의미한다. 따라서 showers와 flowers가 압운을 하는 것은 알지만, [auɚz]가 음절의 운이라고 결론내릴 수 없다. 그러나 압운을 하는 부분은 항상 두음과 운의 경계에서 시작하므로, 음절을 두 부분으로 나누는 것을 정당화한다. Davis(1988)와 같은 일부 언어학자는 운을 하나의 단위로 보는 견해를 반박한다. Breen and Pensalfini(1999)와 같은 다른 언어학자들은 어떤 언어는 각 음절이 모음으로 시작하며 두음이 없다고 제안한다. 그러나 필자는 이러한 주장을 따르지 않는다.

핵음(정점)과 **말음**. 운이 하나의 음을 가지면 이를 핵음 또는 정점(peak)이라고 한다. 운에 두 개의 음이 있으면, 두 번째 음은 일반적으로 자음이며 이를 말음이라고 한다. 예를 들어, [pɪn] pin에서 [ɪ]는 핵음이며 [n]는 말음이다. [bʌtn̩] button은 첫 번째 핵음이 [ʌ]이고, 두 번째 핵음은 성절 비음인 [n̩]이다.

이중 모음과 장모음은 몇 가지 복잡한 문제가 있다. 예를 들어, 단어 how에서 이중 모음을 하나의 모음 [au]로 간주하면 이 이중 모음이 핵음이다. 이중 모음을 모음과 활음의 결합인 [aw]로 보고 활음 [w]를 자음으로 간주하면, [a]는 핵음이고 [w]는 말음이다. 그러나 이중 모음을 두 개의 모음 [au]로 구성된 것으로 간주하면, [a]를 핵음으로 [u]를 말음으로 볼 수도 있고, 두 모음을 모두 분지하는(branching) 하나의 핵음에 속한다고 볼 수 있다. 장모음도 이와 유사한 문제가 있다. 예를 들어, 단어 bee에서 장모음 [iː]를 하나의 음으로 간주하면, 이 모음은 핵음이다. 그러나 [iː]를 두 개의 음인 [ii]로 보고 말음이 자음일 필요가 없다고 본다면, [iː] 즉 [ii]의 두 번째 부분을 말음으로 간주할 수 있다. 또는 [iː]를 자음 [j]를 포함하는 [ij]로 볼 경우 [j]가 말음이다.

운의 크기가 VVC(VV는 이중 모음 또는 장모음)만큼 클 수 있다고 간주하면, C는 말음이어야 하므로 VV가 핵음이어야 한다. 예를 들어, like의 [aik]와 bees의 [iːz]에서 [k]와 [z]가 말음이므로 [ai]와 [iː]는 핵음이어야 한다. 그러나 필자의 주장과 같이 운의 최대 크기가 VX(X는 C 또는 V)인 경우, 무엇이 X를 채우든지 상관없이 단순히 V를 핵음, X를 말음이라고 할 수 있다.

무게: 경(light), **중**(heavy), **초중**(superheavy). 음절의 무게 즉 길이는 음절이 무거운지 가벼운지 또는 긴지 짧은지를 가리킨다. 경음절은 운이 V인 음절

로, V는 단모음이나 성절 자음이다. 중음절은 운이 VX인 음절로, X는 [iː]와 같은 장음절의 후반 부분이거나 [ai]와 같은 이중 모음의 후반 부분, 또는 [an]과 같이 자음이다. 음절 무게는 강세와 관련되며, 중음절은 강세를 끌어당기는 반면 경음절은 그렇지 않다. 대부분의 언어에서 음절의 두음은 음절 무게에 영향을 미치지 않는데, 이는 수수께끼로 남아 있는 사실이다(두음이 강세에 영향을 미치는 것으로 보고된 예와 그에 대한 가능한 분석에 대해서는 Everett and Everett 1984, Davis 1988, Goedemans 1998, Gordon 2005 참조).

음절의 운이 VXC(VVC 또는 VCC)일 때 이를 초중음절이라고 한다. 초중음절은 어말 위치가 아니면 드물게 출현한다. 필자는 8장에서 영어의 모든 비어말(non-final) 초중음절은 단순히 중음절임을 주장할 것이다.

개음절과 **폐음절**. 개음절은 모음으로 끝나는 음절이며 폐음절은 자음으로 끝나는 음절이다. 이중 모음은 또 다시 문제를 야기한다. 예를 들어, 단어 how에서 이중 모음을 모음으로 끝나는 [au]로 간주하면 이는 개음절이다. 그러나 이중 모음을 자음으로 끝나는 [aw]로 본다면 이는 폐음절이다. 마찬가지로, 미국 영어 단어 fur의 핵음을 모음 [ɚ]로 보면,[1] [biɚ] beer, [foɚ] four와 같은 음절은 개음절이다. 그러나 fur의 핵음을 성절 자음 [r]로 보면, [bir] beer와 [for] four와 같은 음절은 폐음절이다. 성절 자음은 또 다른 문제를 낳는다. 예를 들어, and의 축약 형태인 음절 [n]은 개음절인가 폐음절인가? 핵음 뒤에 다른 음이 출현하지 않는다는 의미에서는 개음절인 것 같다. 그러나 음절이 자음으로 끝나기 때문에 다른 폐음절과 유사하다.

모라. 모라는 음절 무게 즉 길이를 측정하는 또 다른 단위이다. 중음절은 두 개의 모라를 지니며 경음절은 하나의 모라를 갖는다. 최대 두 개의 시간 단위를 갖는 기본 음절 구조에 초점을 둔다면, 각 모라는 운을 구성하는

---

1   [역자 주] 원문의 [ɝ]를 [ɚ]로 정정함.

하나의 단위에 대응한다.

음절 두음이 모라의 일부인지 아닌지 명확하지 않다. 대부분의 학자들은 두음의 출현이 음절의 모라 수에 영향을 미치지 않는다는 데에 동의한다. 그러나 두음이 핵음과 모라를 공유한다고 주장하거나(Hyman 1985 등), 두음[2] 자체가 모라를 갖는다고 주장하는 학자도 있다. 이 두 견해의 차이는 (5)의 단어 pie에 보인다. S는 음절을, M은 모라를 나타낸다.

(5)

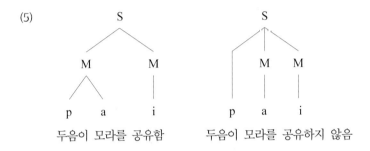

두음이 모라를 공유함   두음이 모라를 공유하지 않음

단어 경계에는 추가적인 자음들이 출현할 수 있다. 이러한 자음에 대하여 모라를 갖지 않는 음절 또는 음절이 없는 모라와 같은 특수한 구조가 제안되기도 하였다(Fery and van de Vijver 2003). 필자는 3장에서 단어 경계의 자음은 형태론으로 설명할 수 있음을 주장할 것이다. 따라서 특수한 모라 구조를 제안할 필요가 없다.

추가(appendix). 추가는 기본 음절 구조에 속하지 않으나 기본 음절 구조에 부가되는 추가적인 자음이다. 이 용어는 단어 경계에 나타나는 추가적인 자음을 설명하기 위하여 사용된다(Borowsky 1989). 예를 들어, 기본 음절은 운이 두 개의 단위만을 가지므로 help의 기본 구조는 [hɛl]이다. 어말 [p]는 기본 구조에 더해진 추가인 것이다. 이는 (6)에 보이는 바와 같다.

---

2   [역자 주] 원문의 'nucleus'를 'onset'으로 정정함.

(6)

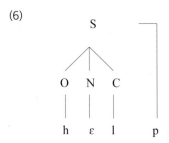

추가를 사용하면 단순한 기본 음절 구조를 유지할 수 있다. 그러나 추가를 설정하는 것은 두 가지를 전제한다: (i) 음은 단독으로 존재할 수 없으며 반드시 음절에 속해야 한다, (ii) 음절은 반드시 명시적인 모음이나 성절 자음을 가져야 한다. 만약 모든 음이 음절에 의존해야 하는 것이 아니라면, 추가를 사용하지 않고도 단순한 음절 구조를 유지할 수 있다. 예를 들어, help는 [p]가 선행 음절에 속하지 않는 [hɛl.(p)]로 분석할 수 있다. 마찬가지로, 음절이 명시적인 모음을 가질 필요가 없으며 공모음 [∅]을 가질 수 있다고 전제하면 단순한 음절 구조를 유지할 수도 있다(Burzio 1994, Harris 1994). 예를 들어, help는 [hɛl.p∅]로 분석할 수 있다. 추가적인 자음들이 음절이 아니라 단어에 부가된다고 주장한 Vaux(2004) 또한 단순한 음절 구조를 유지할 수 있다.

양음절적(Ambisyllabic). 하나의 음이 두 음절에 동시에 속하면 그 음은 양음절적이다. 미국 영어 단어 [sɪɾi] city의 양음절적 분석에서 첫 음절은 [sɪɾ]이고 두 번째 음절은 [ɾi]로, 하나의 음인 [ɾ]가 첫 음절과 둘째 음절에 둘 다 속한다(Kahn 1976, Clements and Keyser 1983, Giegerich 1992). 양음절적 음은 [ðɪssup] this soup의 [ss], [ðættaim] that time의 [tt]와 같은 진정한 겹자음, 즉 긴 자음과는 다르다. 겹자음은 두 개의 음으로 간주되어 각 음절에 하나씩 속하기 때문에, 두 음 모두 양음절적이지 않다.

1.1.1. 음절 용어 요약

3장에서 논의할 바와 같이, 단어 경계의 추가적인 자음을 형태론적으로 설명하면 단지 (7)과 같은 두 가지 음절 구조를 전제하는 것으로 충분하다. (7)에서 M은 모라로 간주되는 시간 단위를 가리키며, 두음은 선택적이다.

(7)   경음절   중음절

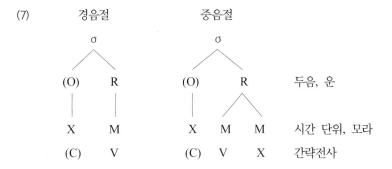

(8)은 (7)의 구조를 사용하여 음절 구조를 기술하는 데 사용하는 일반적인 용어를 풀이한 것이다.

(8) 음절 구조 기술에 사용하는 일반적 용어

추가(appendix)	(이 책은 사용하지 않음)
폐음절(closed)	자음 말음을 가지는 음절
말음(coda)	운의 두 번째 단위 (핵음에 후행하는 성분)
중음절(heavy)	운이 두 개의 단위를 가짐, (C)VX
경음절(light)	운이 한 개의 단위를 가짐, (C)V
모라(mora)	운을 구성하는 단위
핵음(nucleus)	운의 첫 번째 단위
두음(onset)	음절의 선택적 첫 번째 단위 (운에 선행하는 성분)
개음절(open)	말음이 없거나, 말음이 자음이 아닌 음절
운(rhyme)	음절의 압운 성분
무게(weight)	운의 길이

---------- 제2장 ----------

자질, 음, 복합음, 굴곡 금지 원칙

한 언어에 CVC 음절이 허용된다면, [bait]는 적합한 음절인가? 이에 대한 답은 음이 무엇인가에 달려 있다. 만약 [ai]가 하나의 음이라면 대답은 '그렇다'이다. 그러나 [ai]를 두 개의 음으로 간주한다면 대답은 '그렇지 않다'일 것이다. 마찬가지로, [kwɪk]과 [kɪts]는 CVC에 적합한가? 우리는 [k]와 [w]가 하나의 음인 [kʷ]로 병합될 수 있으며, [t]와 [s]는 파찰음 [tˢ]를 형성하는 것을 알고 있다. 따라서 이들은 [kʷɪk]과 [kɪtˢ]가 되므로 답은 '그렇다'일 것으로 예상한다. 그렇다면 [srɪk]과 [frɪk]은 어떠한가? 어떤 두 음이 "복합음"이라고 불리는 하나의 음으로 병합될 수 있고 어떤 음들은 병합될 수 없는지에 대한 이론이 있지 않는 한, 이에 대한 답은 그다지 명확하지 않다. 2장은 말소리의 음이 무엇인지, 음이 무엇으로 구성되는지, 그리고 가장 중요한 문제인 어떤 환경에서 두 개의 음이 복합음을 형성할 수 있는지를 논의한다. 이 책은 굴곡 금지 원칙(Duanmu 1994)을 위반하지 않는 경우에만 두 개의 음이 복합음을 구성할 수 있다고 제안한다.

2.1. 음이란 무엇인가?

말소리는 다소 추상적 개념인 자음과 모음, 즉 "분절음"이라고도 하는 음으로 구성된다. 예를 들어, 영어 단어 [kæt] cat은 세 개의 음으로 이루어져 있다. 음이라는 개념은 간단해보일 수 있지만, 실제로 이 개념은 전혀 명확하지 않다. 여기에서는 두 가지 문제를 논의한다. 첫 번째는 최소 음(minimal sound)의 개념에 관련되며, 두 번째는 단어나 음절이 음들로 "분할될" 수 있는가의 문제와 관련된다.

2.1.1. 최소 음은 무엇인가?

알파벳을 사용하는 언어의 화자들은 각각의 알파벳 기호가 음을 나타낸다는 인상을 갖는 경우가 많은데, 항상 그런 것은 아니다. 예를 들어, 영어에서 철자 x는 ax에서 두 개의 음 [ks]를 나타낸다. 철자 sh는 she에서 하나의 음 [ʃ]를 나타낸다. 철자 ch는 character처럼 [k]를 나타내기도 하고, church처럼 [tʃ]를 나타내기도 한다. 음 [k]는 cat에서는 철자 c, queen에서는 철자 q, king에서는 철자 k, character에서는 철자 ch로 나타난다.

음성 기호는 음을 더 잘 나타낼 수 있다. 그러나 기호와 음의 관계도 항상 일대일 대응하는 것은 아니다. 예를 들어, church의 첫 번째 음은 두 개의 기호 [tʃ]로 나타내고, pan의 첫 번째 음인 [pʰ]도 두 개의 기호로 나타낸다. 장모음은 어떤 목적을 위해서는 두 개의 음으로 간주되기도 하지만, bee의 모음을 [i]로 나타내는 것과 같이 하나의 기호가 장모음을 나타내는 데 사용되는 경우도 있다(Ladefoged 2006:39).

일반적으로 음운론자들은 음을 의미를 분별할 수 있는 최소 단위로 정의한다. 한 개의 음만 상이한 한 쌍의 단어를 최소대립쌍이라고 한다. (1)은 최소대립쌍의 예이다.

(1)   최소대립쌍
       [bai]   by
       [dai]   die

(1)의 두 단어는 첫 부분인 [b]와 [d]만 다르며, 이 차이가 의미의 차이를 가져 온다. 따라서 [b]와 [d]는 음이다. 그러나 (2)의 단어는 최소대립쌍이 아니다.

(2)   최소대립쌍이 아님
       [mɪst]   mist
       [mɪlk]   milk

(2)의 두 단어는 마지막 부분인 [st]와 [lk]가 다르며, 이 차이가 의미의 변별을 야기한다. 그러나 [st]와 [lk]는 더 작게 분할할 수 있기 때문에 하나의 음이 아니다. 예를 들어, [rɪst] wrist와 [rɪsk] risk, [rɪst] wrist와 [rɪpt] ripped를 각각 비교해보면, [st]가 [s]와 [t]로 구성된다는 것을 알 수 있다.

그러나 어떤 것이 이미 충분히 작은지 또는 더 작게 분할되어야 하는지 어떻게 알 수 있는가? 위의 논의는 최소 음을 알고 있다고 암묵적으로 전제 하지만, 이 전제는 명확하지 않다. 예를 들어 (3)의 쌍을 살펴보자.

(3)   최소대립쌍?
       [hau]   how
       [hi:]   he

많은 학자들이 그랬던 것처럼 각 모음 또는 이중 모음이 하나의 음이라고 생각하면(Kreidler 2004, Ladefoged 2006 등), (3)의 두 단어는 최소대립쌍이다. 그러나 [au]와 [ai]를 비교해보면, 이중 모음을 두 부분으로 나누는 것이 가능하다. 즉 [au]는 [a]+[u], [ai]는 [a]+[i]로 나눌 수 있다. 이와 마찬가지로, 영어의 [ti:n] teen과 [tɪn] tin을 비교해보면, 모음 [i:]는 거의 단모음 길이의 두 배이다. 따라서 길이의 측면에서 [i:]는 두 개의 음과 같다. 또한 [i:]를 [ii]로 생각하여 [ai]와 비교한다면, [ii]를 [i]+[i]로 간주하는 것도 타당하다.

어떤 음운론자들은 음을 정의하는 원칙이 있는 것이 아니며, 서로 다른 언어에서 상이한 정의를 사용할 수 있다고 여긴다(Chao 1934, Odden 2005 등). 예를 들어, [st]는 영어에서 두 개의 음으로 분석되지만, Padgett(1995)는 카바르디안어(Kabardian)[1]에서 하나의 음으로 정의한다. 심지어 동일한 언어에 대해서도 음을 정의하는 여러 가지 방법이 있을 수 있다. 예를 들어, 중국어를 분석할 때, 대부분의 사람들은 [pʰ]를 하나의 음으로 간주하지만, Hockett(1947)과 Martin(1957)과 같은 일부 학자들은 두 개의 음인 [p]+[h]로 간주한다. 마찬가지로 어떤 음운론자들은 중국어에서 [ao], [au], [an], [aŋ]과 같은 운 전체를 하나의 음으로 간주하며 "운 음소(rhyme phoneme)"라고 부른다(You et al. 1980).

음에 대한 보편적인 정의가 없다면 여러 가지 정의 가운데 하나를 선택하는 기준은 무엇인가? 일반적으로 고려되는 사항은 음소적 경제성으로, 이는 도출되는 음 목록의 크기가 최대한 작아야 한다는 것이다. 예를 들어, 한 언어에 세 가지 유기 파열음 [pʰ, tʰ, kʰ]와 세 가지 무기 파열음 [p, t, k]가 있다고 가정하자. 유기 파열음을 하나의 음으로 간주하면 이 언어에는 여섯 개의 음이 있다. 그러나 유기 파열음을 두 개의 음으로 간주하여 각각 [ph, th, kh]로 본다면, 이 언어는 단지 네 개의 음 [p, t, k, h]를 갖는다.

그러나 음소적 경제성은 종종 다른 중요한 사항과 충돌한다. [f]와 [v]를

---

1 [역자 주] 러시아 남부, 북 캅카스 지역의 카바르디노발카르 공화국과 카라차예보체르케스카야 공화국에서 주로 사용되며, 터키, 요르단, 시리아에서도 사용된다. 화자는 약 65만 명으로, 압하스어(Abkhaz), 아디게어(Adyghe)와 함께 북서 캅카스어파에 속한다.

예로 들어 보자. 이들은 더 이상 분해될 수 없는 최소 단위인가? 그렇지 않다. [f]와 [v]는 (4)의 여러 조음 자질로 이루어진다.

(4)   [f]   [v]
　폐쇄(closure)   마찰   마찰
　조음자(articulator)   순치   순치
　성대   무성   유성

(4)의 [f]와 [v]는 좁은 성도 개방을 갖는 마찰음이며, 윗니와 아랫입술로 폐쇄를 형성하는 순치음이다. 이 두 음은 성대의 상태에 있어서만 차이가 있다. 즉 [v]는 성대가 진동하는 유성음인 반면, [f]는 진동하지 않는 무성음이다. 실제로 열 개 남짓한 자질로 모든 음을 나타낼 수 있다. 그렇다면 자질을 음으로 간주하여 [f]와 [v]를 각각 세 개의 음으로 간주해야 하는가? 그렇게 하면 영어의 "음"의 수를 약 40개에서 단지 열 개 남짓으로 줄임으로써 더 나은 음소적 경제성을 분명히 확보할 수 있다. 그러나 이렇게 하지 않는 데에는 두 가지 이유가 있다. 첫째, 음은 발음할 수 있어야 하는데, "마찰", "유성"과 같은 단일 자질은 단독으로 출현할 수 없으며 다른 자질을 수반해야 한다. 둘째, 우리는 음들이 시간에 따라 차례로 배열된다고 여긴다. 따라서 동일한 시간 단위에서 출현하는 동시적 요소는 서로 다른 음으로 간주하지 않는다.

최소 음을 정의하는 것이 어렵기 때문에 자음과 모음이 실재하는가에 대하여 의심하는 학자들도 있다. 예를 들어, Ladefoged(2001)는 "단어는 음의 연쇄로 저장되지 않는다. 그들은 단어 전체, 또는 적어도 음절 전체로 저장되며, 그 안에서 자음과 모음은 개별적 개체가 아니며", "음절을 모음과 자음으로 나누는 것은 자연스럽지 않다"고 주장한다.

2.1.2. 분할 가능한가?

Goldsmith(1976)는 "절대 분할 가설(Absolute Slicing Hypothesis)"이라는 용어로 단어가 자음과 모음으로 나뉠 수 있다는 전제를 가리킨다. 이 전제는 전통적 음운론과 IPA(International Phonetic Alphabet)의 핵심적인 전제이다. Goldsmith는 분할 분석에 반대하는 두 가지 주장을 제기하며, "자립 분절 음운론(autosegmental phonology)"으로 부르는 대안적 모델을 주장한다.

첫 번째 주장은 말소리는 단일 층위의 요소들, 즉 자음, 모음으로 이루어진 것이 아니라 서로 독립적인 여러 층위의 요소들로 구성된다는 것이다. 다시 말하면, 말소리는 여러 층위의 "자립적인 분절음"으로 구성된다. 따라서 "자립 분절 음운론"이라는 개념이 형성된다. 예를 들어, 성조 층위와 자음-모음 층위의 두 층위를 생각해보자(자음-모음 층위 자체가 여러 층위로 이루어질 수도 있다). 각 층위의 독립성은 한 층위에 있는 요소의 삭제가 반드시 다른 층위의 요소의 삭제를 유발하는 것이 아니라는 사실로부터 볼 수 있다. (5)는 음절의 삭제 없이 성조가 삭제될 수 있다는 것을 보여주며, (6)은 성조의 삭제 없이 음절이 삭제될 수 있다는 것을 드러낸다.

(5)   성조 삭제, 음절 유지 (상하이 중국어)

성조   LH   LH   →   LH   →   L   H

음절   wã   dɤ   wã   dɤ   wã   dɤ

黃豆 '노란 콩 (대두)'

(6)   음절 삭제, 성조 유지 (표준중국어)

성조   L   LH   →   L   LH   →   LH

음절   wo   mən   wom   wom

我们 '우리'

(5)에서 합성어의 두 번째 음절이 성조를 소실하였지만 음절은 그대로 남아 있다. (6)은 평소 발화에서 발생하는데, 두 번째 음절이 운을 소실하여 첫 번째 음절로 병합된다. 그러나 성조 또는 적어도 성조의 H 부분이 유지되어 병합된 음절에서 다시 나타난다.

분할 분석에 반대하는 두 번째 주장은 서로 다른 층위에 있는 요소들 간의 관계가 항상 일대일 대응하는 것이 아니므로 모든 층위를 가로지르는 경계를 설정하기 어렵다는 점이다. 예를 들어, Goldsmith는 (7a)처럼 하나의 성조가 두 개의 모음에 연결되거나, (7b)처럼 두 개의 성조가 하나의 모음에 연결될 수 있다고 주장한다.

(7)   a. 하나의 성조와 두 모음 연결   b. 두 성조와 하나의 모음 연결

이러한 구조에 대하여 분할 분석은 모든 층위에서 타당한 "분절음"을 얻기 위해서 어떻게 서로 다른 층위를 가로질러 분할할 것인지 결정해야 한다.

Pulleyblank(1986:12-14)는 자립 분절 모델에 대한 문제점을 지적한다. Goldsmith의 주장대로 임의의 두 층위에 있는 요소들이 서로 연결될 수 있다면 타이밍의 충돌에 직면하게 된다는 것이다. 예를 들어, 세 개 층위 A, B, C가 있고 각 층위에 두 개의 요소가 있는 A1, A2, B1, B2, C1, C2를 생각해 보자. (8a)는 층위 A와 C의 타이밍 관계이며, (8b)는 층위 A와 B의 타이밍 관계 및 층위 B와 C의 타이밍 관계이다. 시간적 순서는 각 층위에서 왼쪽에서 오른쪽의 순서로 정의되며, 층위 간의 연결선은 연결되는 요소들이 동시에 발음되는 것을 의미한다.

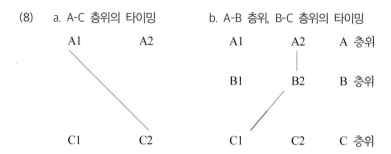

(8) a. A-C 층위의 타이밍   b. A-B 층위, B-C 층위의 타이밍

타이밍 관계가 동일성 교체(identity substitution), 즉 X와 Y가 시간적으로 동일하고 Y가 Z에 선행하면 X는 Z에 선행한다는 것을 전제하면, (8)로부터 모순적인 결론 (9)가 도출된다.

(9) a. (8a)에서 (연결선에 따라) A1과 C2가 동시적이고 (선형적 순서에 따라) A1이 A2에 선행하므로, (동일성 교체에 따라) <u>C2는 A2에 선행한다.</u>

   b. (8b)에서 (연결선에 따라) A2와 B2, C1이 동시적이고 (선형적 순서에 따라) C2가 C1에 후행하기 때문에, (동일성 교체에 따라) <u>C2는 A2에 후행한다.</u>

C2는 A2에 선행하는 동시에 후행할 수 없기 때문에 모순이 된다. 이는 Goldsmith(1976) 모델이 전체적인 시간적 조정(coordination)이 부족하다는 것을 보여준다.

Pulleyblank가 제안한 해결책은 타이밍을 조정하는 특수한 층위를 포함하는 것으로, 이 층위는 CV-층위(McCarthy 1979a) 또는 X-층위(Kaye and Lowenstamm 1984, Levin 1985)일 수 있다. 필자는 이 층위를 "시간 층위(timing tier)", 이 층위의 단위를 "시간 단위(timing slot)"라고 부를 것이다. 모든 서로 다른 층위는 상호 연결되는 것이 아니라 직접 시간 층위에 연결된다. 시간 층위를 사용하면 음 또는 분절음의 개념을 다시 나타낼 수 있다. 즉, 음은 주어진 시간 단위에 연결된 일련의 자질들이다. 또한, 시간 층위는 최소 음이 무엇인지 정의하는 문제에 대한 해답을 제안하는데, 이는 다음 절에서 논의하기로 한다.

2.1.3. 말소리 음의 정의

시간 층위는 음이 무엇인지 정의하는 데 해결책을 제공하는 듯하지만, 최소 시간 단위가 무엇인지 명확하지 않다는 문제가 여전히 남는다. 성조와 모음의 관계를 예로 들어 다시 살펴보자.

Goldsmith(1976), Pulleyblank(1986)를 비롯한 많은 언어학자들은 단모음이 연속적으로 조음되는 둘 이상의 성조와 연결될 수 있다고 본다. 예를 들어, (10)의 구조는 짧은 오름조를 나타낸다.

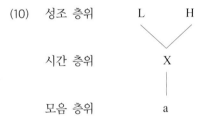

(10)   성조 층위   L   H

시간 층위   X

모음 층위   a

이 모음은 하나의 시간 단위에 연결되기 때문에 단모음이다. 그런데 이 구조는 몇 가지 문제가 있다. X는 최소 시간 단위를 나타내는가? 만약 그렇다면, 오름조는 L이 반드시 H 앞에 출현해야 하는데, 어떻게 이 시간 단위가 성조 층위에서 다시 분리될 수 있는가? 만약 X가 하나의 최소 시간 단위가 아니라 두 개의 시간 단위이며 각 성조에 한 개씩 연결된 것이라면, [a]는 하나의 최소 모음인가 아니면 두 개의 최소 모음인가?

Duanmu(1994)는 이 문제에 대한 해결책을 제안한다. Duanmu에 의하면

(10)과 같은 구조를 뒷받침할 강력한 증거는 없으며, 모음은 둘 이상의 성조를 지닐 때 장모음화하여 두 개 또는 그 이상의 음으로 간주할 수 있다. 이러한 결론은 Woo(1969)의 주장을 뒷받침한다. Woo에 의하면 단모음은 하나의 성조만을 지닐 수 있다. Duanmu(1994)가 맞다면, Goldsmith(1976)의 주장보다 음운 구조가 간단해진다. 예를 들어, 시간은 시간 층위에서만 부호화(encode)하는 것으로 충분하며, 다른 층위에서는 타이밍이나 하위 타이밍(sub-timing)을 부호화할 필요가 없다.

이러한 사항들을 고려하여, 필자는 (11)과 같이 두 가지 요인으로 말소리 음을 정의한다.

(11)   말소리 음은 일련의 자질들로서, (a) 자질들은 하나의 시간 단위에서 실현되며, (b) 어떠한 자질도 동일한 조음자에 의해 두 번 실현되지 않는다.

(11)의 두 요인은 서로 관련된다. 왜냐하면 조음자는 하나의 시간 단위인 약 70ms 동안 두 가지 동작을 완성할 수 없기 때문이다. 다시 말하면, 하나의 시간 단위만 있기 때문에 어떠한 자질도 주어진 조음자에 의해 한 번 이상 실현될 수 없다. 이 정의에 따르면 [iː]는 두 개의 시간 단위를 갖기 때문에 두 개의 음이다. [ai] 또한 두 개의 음이다. 왜냐하면 [ai]는 두 개의 시간 단위를 가지며, 혀 높이와 관련된 두 가지 동작, 즉 혀가 낮아졌다가 높아지는 동작이 사용되기 때문이다. 그러나 [pʰ]는 두 개의 시간 단위가 필요하다는 분명한 증거가 없으므로 하나의 음이다. [pʰai]와 [pai]는 모음의 길이가 기식(aspiration)의 길이 차이를 상쇄하여 비슷한 음길이를 갖는다. 또한 기식은 [p]의 개방 후에 이어지지만, [ʰ]의 동작(gesture), 즉 성문 확장(spread glottis)은 [p]와 동시에 만들어진다. 더 많은 예는 다음 절에서 논의하기로 한다.

2.2. 자질

대부분의 음운론자들은 음이 자질들로 구성된다고 전제한다. 이 전제는 적어도 네 가지 이유가 있다. 첫째, 자질은 음이 어떻게 만들어지는지를 나타낸다. 예를 들어, [p]는 성대가 진동하지 않고(무성) 입술(순음)을 닫아서(파열음) 형성된다. 둘째, 자질은 음들 사이의 유사성과 차이점을 보여준다. 예를 들어, [p]는 "무성 양순 파열"이고 [b]는 "유성 양순 파열"이다. 따라서, [p]와 [b]는 두 자질이 유사하며 하나의 자질이 다르다. 셋째, 자질은 음의 자연 부류를 드러낸다. 예를 들어, 영어의 복수 접미사는 map, cat, back, fourth 등에 추가되면 [s]이고, job, food, mug, pen, mom, pill, bee, cow 등에 추가되면 [z]이다. 전자의 단어는 "무성음" 부류에 속하는 [p, t, k, θ]로 끝나며, 후자의 단어는 "유성음" 부류에 속하는 [b, d, g, n, m, l, i, u]로 끝난다. 마지막으로, 자질은 가능한 음과 불가능한 음을 더욱 잘 나타낼 수 있다. 이에 대해서는 아래에서 논의하기로 한다.

말소리 음은 조음자로 만들어지기 때문에 자질을 이해하는 가장 간단한 방법은 자질을 조음 동작(articulatory gesture)으로 보는 것이다. 어떤 언어학자들은 일부 자질을 음향적 또는 청취적 개념으로 정의해야 한다고 주장한다(Jakobson et al. 1952, Ladefoged 1980, 1992 등). 그러나 이 책에서의 논의는 조음 자질만을 고려하는 것으로 충분하다.

우리가 자질을 조음 동작으로 보면, 모든 자질에 대하여 동작을 수행하는 조음자를 명시해야 한다. 필자는 편의상 자질을 조음으로 명명하지만, 하나의 조음 동작이 둘 또는 둘 이상의 자질을 수반하기도 한다. 예를 들어, 연구개 폐쇄를 만드는 동작은 설배(Dorsal) 조음자에 대해서 [-후설]과 [+파열] 자질을 수반한다. 필자는 Ladefoged and Halle(1988), Halle(1992, 1995, 2005) 및 그들이 인용한 연구들에 따라서 (12)와 같이 여섯 개의 조음자를 설정한다.

(12)

축약형	조음자
VC	성대(Vocal-cords)
SP	연구개(Soft palate)
TR	설근(Tongue root)
Dor	설배(Dorsal)
Cor	설정(Coronal)
Lab	순음(Labial)

　　조음자의 명칭은 조음자가 성도에서 움직일 수 있는 부분이라는 사실을 반영한다. 예를 들어, "성대"라는 명칭은 일반적인 명칭인 "성문"("Glottal" 또는 "Glottis")보다 낫다. 왜냐하면 후자는 성대 움직임의 결과이기 때문이다. 마찬가지로 치경과 경구개도 조음자가 아니다. 치경과 경구개는 움직일 수 없고, 그 위치에서 만들어지는 폐쇄는 설정과 설배에 의해서 시작되기 때문이다.

　　이상적인 자질의 명칭은 동작의 움직임도 반영해야 한다. 예를 들어, 비음은 연구개가 낮아지기 때문에 [하강(lowered)]이 [비음(nasal)]보다 더 나은 자질 명칭이다. (13)은 성조 자질을 제외하고 이 책에서 사용되는 자질을 조음자와 함께 제시한다. 자질은 괄호 [ ] 안에 표기하였으며, 조음자 이름은 첫 글자를 대문자로 표기하였다.

(13)

자질	조음자	다른 이름
[파열(stop)]	다양	
[마찰(fricative)]	다양	가장자리 폐쇄 (edge closure)
[성문 확장(spread)]	성대(Vocal-cords)	유기(aspirated)
[이완(slack)]	성대(Vocal-cords)	유성(voiced)
[하강(lowered)]	연구개(Soft-palate)	비음(nasal)

[허뿌리 전진 (advanced)]	설근(Tongue-root)	긴장(tense)
[고설(high)]	설배(Dorsal)	
[저설(low)]	설배(Dorsal)	
[후설(back)]	설배(Dorsal)	
[전방(anterior)]	설정(Coronal)	
[설측(lateral)]	설정(Coronal)	
[원순(round)]	순음(Labial)[2]	

[파열] 자질은 [지속(continuant)] 자질이라고도 하는데, 완전 폐쇄를 가리킨다. 이 자질은 입술, 설정이나 설배와 같은 여러 조음자로 만들어질 수 있다. [마찰] 자질도 여러 가지 조음자로 만들어질 수 있다. [마찰] 동작은 정의하기가 다소 어렵기 때문에, 일부 연구는 마찰음을 단순히 [−공명(−sonorant), −파열]로 나타낸다(Chomsky and Halle 1968, Halle and Clements 1983). 필자는 [마찰]을 조음자의 가장자리로 만드는 폐쇄로 간주한다. 예를 들어, [s]는 설정의 가운데는 열려있지만 설정의 가장자리가 입천장 쪽으로 가까이 접근한다. 이와 같은 폐쇄는 난기류를 생성하는 좁고 강한 기류를 만드는데, 이는 마찰 소음의 특징이다. [성문 확장] 자질은 성대가 서로 떨어져 있는지의 여부를 가리키며, 음이 유기음인지를 결정한다. [이완] 자질은 성대가 이완되어 있는지 또는 경직(stiff)되어 있는지를 가리키며, 자음을 조음할 때 성대가 진동하는가의 여부를 결정한다(Halle and Stevens 1971) [하강] 자질은 연구개의 위치를 가리키며, 음이 비음인지를 결정한다. [−하강]이 [+파열]과 동일하게 연구개가 비강을 막고 있다는 것을 의미할 수도 있는데,

---

2   [역자 주] Labial은 자질 명칭에서 '순음'으로 번역하되, 본문에서 조음 동작이나 특성을 설명할 경우 '입술'로 번역하였다.

이럴 경우에는 [하강] 자질을 사용할 필요가 없다. [혀뿌리 전진] 자질은 혀뿌리, 즉 설근의 위치를 가리킨다. 이 자질은 영어에서 모음이 beet처럼 긴장음인지 아니면 bit처럼 이완음인지를 결정한다(Halle and Stevens 1969). [고설], [저설], [후설]은 혓몸, 즉 설배의 위치를 가리킨다. [전방] 자질은 설정, 즉 혀끝이 치아 방향인 앞쪽에 위치하는지 아니면 권설(retroflex)처럼 뒤쪽에 놓이는지를 가리킨다. 치-치경-권설과 같이 설정 자질이 세 가지로 구분되는 언어에서는 추가 자질이 필요할 수도 있다. [설측] 자질은 [(혀끝) 좁힘(narrow (tongue tip))]으로 부르는 것이 나은데, 조음 동작을 할 때 혀의 양 옆이 열려 있기 때문이다. 마지막으로, [원순] 자질은 입술로 만들어진다.

[파열]과 [마찰] 자질은 조음 방법 자질, 협착(stricture) 자질, 또는 조음자-자유(articulator-free) 자질로 불려왔다. 이들은 하나 이상의 조음자에 의하여 만들어질 수 있다. 그러나 모든 조음자가 [파열]이나 [마찰]을 만들 수 있는 것은 아니다. 특히 설근은 [파열]을 만들 수 없으며, 연구개는 비강에 [마찰]을 만들 수 없다(연구개 마찰음 [x]는 구강에서 설배로 만드는 것이지, 연구개로 만드는 것이 아니다).

어떤 음운론자들은 하나의 음이 각 협착(stricture) 자질에 대해서 하나의 값만을 가질 수 있다는 점에서 협착 자질이 음 전체에 속한다고 본다(Clements 1985, Sagey 1986, Halle 1992, 2005). 예를 들어, 비록 [ʷ]의 입술 조음자는 파열 폐쇄를 갖지 않지만 [kʷ] 음은 [+파열]로 명세된다. 이러한 관점은 음을 파열음, 마찰음, 공명음 등으로 구분하는 전통적인 분류법을 따른다. 한편, 협착 자질은 조음자 속성이므로, 각 조음자가 고유한 협착 자질 값을 갖는다고 보는 음운론자들도 있다(Browman and Goldstein 1989, Keyser and Stevens 1994, Padgett 1995). 예를 들어, [kʷ] 음은 설배 조음자에 대해서는 [+파열]을 가지며, 입술 조음자에 대해서는 [-파열]을 갖는다. 협착 자질은 궁극적으로 개별 조음자에 의해 실행되므로, 필자는 후자의 견해를 따를 것이다.

IPA 전통에서는 조음자와 자질이 구분되지 않는다. 예를 들어, [p]는 세 개의 자질인 "무성", "순음", "파열"을 지니는 것으로 간주된다. 반면 Sagey (1986), Ladefoged and Halle(1988), Halle(1992)는 조음자와 자질을 구분한다. 예를 들어, [p]는 입술 조음자가 만드는 [+파열] 자질과 성대 조음자가 만드는 [-유성] 자질을 갖는다. 흥미롭게도, Halle(2005)는 조음자를 다시 자질로 간주하여 IPA 전통으로 회귀한다. 예를 들어, [p]는 [-유성], [순음], [+파열]로 나타내는데, 이 가운데 [순음]은 단일 값(mono-valued)을 갖는 자질이다. 필자는 Sagey(1986), Ladefoged and Halle(1988), Halle(1992)를 따라서 자질과 조음자를 구분할 것이다.

상용되는 자질 용어 가운데 이 책의 자질 목록에 포함되지 않은 것들이 있다. (14)는 그 중 일부를 자질 구조 설명과 함께 제시한다.

(14)　　전통적 용어　　　　　　　　자질 구조
　　　　권설(retroflex)　　　　　　　설정―[-전방]
　　　　구개/분산(palatal/distributed)　설정, 설배―[-후설]
　　　　자음성(consonantal)　　　　　(음절 내 위치)
　　　　파찰(affricate)　　　　　　　[+파열, +마찰]
　　　　공명(sonorant)　　　　　　　[-파열, -마찰]

[권설] 자질은 설정―[-전방]으로 나타낸다. [분산] 자질은 구개음을 기술하는 데 자주 사용된다. 이 책의 분석에서 구개음은 설정과 설배의 조합으로, 주로 설배―[-후설]을 갖는다. [자음성] 자질은 활음을 고모음으로부터 구분할 때 자주 사용된다. 필자는 음절 내의 서로 다른 위치로 활음과 고모음을 구분할 것이다. 마지막으로 [공명]은 [-파열, -마찰]로 대체한다.

이 책에서는 다루지 않겠으나, 자질에 대한 다른 몇 가지 흥미로운 문제들이 있다. 예를 들어, [설측]이 다른 조음자들에 의하여 만들어질 수 있는가,

[+저설]은 설근을 함축하는가, [−후설]은 설정을 함축하는가 등의 문제이다. 이 외에도, 어떤 음운론자들은 모든 자질과 조음자들이 자질 기하학(feature geometry)이라고 부르는 수형 구조로 조직되어 있다고 주장하는데(Clements 1985, Sagey 1986, Ladefoged and Hall 1988, McCarthy 1988, Halle 1995, Padgett 1995 등), Halle(2005)는 수형도가 상당히 간단할 수 있다고 주장한다. 이 책에서는 조음자 상위의 수형 구조에 대해서는 논의하지 않을 것이다.

2.3. 파찰음 표기

파찰음 분석은 자질 이론에서 문제가 되었다. 파찰음을 어떻게 연속적인 조음 동작이 아니라 동시적인 조음으로 나타내는가에 어려움이 있다. 연속적인 조음 동작, 또는 굴곡 자질(contour features)은 동일한 조음자에 의해서 만들어지는 둘 이상의 자질을 수반한다. 예를 들면, 연구개에 의한 [+비음, −비음], 입술에 의한 [−원순, +원순], 또는 설배에 의한 [−고설, +고설]과 같다. 이러한 조음 동작은 일반적으로 하나의 음보다 두 배 정도의 시간이 소요된다. 또한 만약 연속적인 조음 동작을 허용하면, 가능한 음을 지나치게 많이 예측하게 된다(Duanmu 1994). Halle and Clements(1983), Sagey(1986)를 비롯한 연구는 파찰음을 연속적인 조음 동작인 [+파열, −파열]로 나타낸다. Chomsky and Halle(1968)는 [개방 지연(delayed release)] 자질을 사용하는데, 이 자질은 단순 조음 동작으로 해석하기 어렵다. Jakobson, Fant, and Halle (1952), Steriade(1989), Clements(1999)는 파찰음을 치찰 파열(strident stop)로 제안하지만, 어떻게 [치찰]을 조음 동작으로 해석하는지가 분명하지 않다. Lombardi(1990)은 파찰음이 [+파열]와 [−파열] 조음을 동시적으로 하여 만들어진다고 주장하지만, 어떻게 동일한 조음자가 두 개의 상반된 조음 동작을 동시에 만드는지 명확하지 않다.

필자는 파찰음이 [+파열]과 [+마찰]의 동시적 조음 동작으로 만들어진다고 주장한다. [+파열] 조음 동작은 완전 폐쇄를 만들며, [+마찰] 조음 동작은 조음자의 가장자리에 부가적인 힘을 더한다. 기류는 조음자의 가장자리보다 중앙에서 폐쇄를 먼저 개방하기 때문에, 가장자리에 부가된 힘이 짧은 마찰 효과를 야기한다. 즉 파찰음을 위한 조음 동작은 동시적으로 만들어지지만 조음의 공기역학적 원리로 인하여 음성적 결과는 연속적이 된다.

2.4. 자질은 선천적인가?

자질이 선천적인가의 문제는 이견이 있다. 자질은 걸음, 웃음, 기침, 삼키기와 눈 깜빡이기 등과 같이 가장 자연스러운 동작인가 아니면 습득되는 것인가? 선천적인 동작이라고 주장하는 학자들은 주로 파열음과 마찰음의 차이, 유성 자음과 무성 자음의 차이 등과 같이 여러 언어에서 발견되는 일반적인 유형을 제시한다. Ladefoged(1992), Pierrehumbert(1980)와 같이 선천적인 동작에 대해 비판적인 학자들은 주로 상이한 방언이나 언어에서 서로 대응되는 것으로 보이는 음에 나타나는 미세한 차이를 가리킨다. 예를 들어, 캘리포니아 영어의 [θ]는 혀를 돌출하는 경우가 흔하지만, 남부 영국 영어의 [θ]는 혀가 돌출되는 일이 흔하지 않다. 흥미롭게도, Sapir(1921)는 걷기는 선천적인 능력이지만, 언어적 능력은 선천적이 아니라 습득되는 것이라고 주장한다. 왜냐하면 말소리는 "특정할 수 있는 한계가 없이" 다양해 보이기 때문이다.

선천적 자질에 대해 비판하는 학자들은 조음 동작이 선천적이라면 모든 언어에서 정확히 동일한 방식으로 실현되어야 한다고 전제하는 듯하다. 그러나 이 전제는 불필요하다. 예를 들어, 걷기가 선천적인 능력이라고 가정하더라도, 산악 지대에 사는 사람들은 평원에 사는 사람들과 다른 걸음걸이 스타일을 습득할 수도 있다. 자주 무거운 짐을 지고 걷는 사람들은 그렇지 않은 사람들과 다른 스타일의 걸음걸이를 습득할 수도 있다. 이는 선천적 능력의 실현은 환경의 영향을 받을 수 있다는 것을 의미한다. 만약 그렇다면, 선천적 자질의 실현 또한 물리적, 언어적 환경에 의해 미세하게 조정될 수 있다. [t]를 예로 들면, 이 음을 더욱 자주 사용하는 언어의 [t]와 덜 자주 사용하는 언어의 [t]가 완전히 동일하지는 않을 수 있다. 마찬가지로, 만약 A라는 언어는 [t]가 [i] 앞에서 주로 출현하지만 B라는 언어는 [t]가 [i] [u], [a] 앞에서 모두 동일하게 출현한다면, 언어 A의 [ti]는 언어 B의 [ti]와 다소 다를 것이다. Bybee(2001)와 Pierrehumbert(2001)가 주장한 바와 같이, 음소 목록이나 음소 배열 같은 언어의 음운 유형, 어휘 빈도 등의 많은 요인이 음운적 개체(entity)의 실현에 영향을 미칠 수 있다. 그렇다면, 선천적 자질의 개념은 동일한 자질이 언어마다 다를 수 있다는 사실과 양립한다. 이는 걸음 걸이가 사람에 따라 다른 것과 마찬가지이다.

자질이 불연속적 즉 범주적인가 아니면 연속적인가도 이와 관련되는 문제이다. 선천적 자질을 주장하는 사람들은 자질이 불연속적이라고 생각하는 경우가 많다. 선천적 자질을 비판하는 사람들은 일반적으로 자질이 연속적이라고 믿는다. 다른 모든 조건이 동일하다면, 불연속적 자질을 전제하는 이론이 더 낫다. 왜냐하면 그러한 이론은 예측하는 음의 수가 적고, 예측을 수정하는 것이 쉽기 때문이다. 자질이 선천적으로 불연속적인가의 문제에 대한 이견에도 불구하고, 성인 언어에서 자질이 불연속적이고 범주적이라는 데는 일반적으로 견해가 일치한다.

2.5. 음의 자질 표기 예시

대부분의 음은 두 개나 세 개 자질만을 사용한다. 예를 들어 (15)의 자음을 살펴보자. 독자의 편의를 위하여 [이완] 대신 [유성], [하강] 대신 [비음] 등 전통적인 자질 이름을 사용하며, 조음자와 조음자가 실현하는 자질 사이에 선(—)을 그었다. Keyser and Stevens(1994)와 Padgett(1995)를 따라서 각 조음자는 협착(stricture) 자질인 [파열]와 [마찰]에 대하여 고유한 값을 갖는다고 전제한다.

(15)	음	자질 구조
	[p]	순음—[+파열]
		연구개—[-비음]
		성대—[-유성]
	[m]	순음—[+파열]
		연구개—[+비음]
	[s]	설정—[+마찰]
		성대—[-유성]
	[ʃ]	설정—[+마찰, -전방]
		설배—[+마찰]
		성대—[-유성]
	[ʧ]	설정—[+파열, +마찰, -전방]
		설배—[+파열, +마찰]
		성대—[-유성]
	[l]	설정—[+설측]

미명세된(unspecified) 자질들은 함축되거나 환경에 의해 결정된다. 예를 들어, [마찰]이 미명세된 음은 [-마찰]이며, [파열]이 미명세된 음은 [-파열]

임을 전제한다. 마찬가지로, 연구개가 미명세된 마찰음은 비강 폐쇄, 즉 연구개—[-비음] 또는 연구개—[-하강]임을 전제한다. 반면 어떤 자질은 환경에 의해 결정된다. 예를 들어, 미국 영어에서 [p]는 pan에서는 [+유기]이지만 happy에서는 [-유기]이다. 미명세 이론은 자질이 명세되는 정도를 예측하는데, 이에 대해서는 아래에서 논의할 것이다. 여기에서는 모든 자질이 모든 음에 명세되는 것은 아니라고 말하는 것으로 충분하다. 모음도 마찬가지이다. (16)은 영어 모음으로, 긴장 모음은 설근 아래에 [+혀뿌리 전진] 자질을 가지는 것으로 분석하였다.

(16)	음	자질 구조
	[a]	설배—[+저설, +후설]
	[i]	설배—[+고설, -후설]
		설근—[+혀뿌리 전진]
	[ɪ]	설배—[+고설, -후설]
		설근—[-혀뿌리 전진]
	[u]	설배—[+고설, +후설]
		순음—[+원순]
		설근—[+혀뿌리 전진]

일반적으로 변별적인 자질만 명세된다. 예를 들어, 영어에서 유성 모음과 무성 모음은 변별적이지 않으므로 [유성]은 모음에 미명세된다. 반면, 긴장 모음과 이완 모음은 변별적이므로 [혀뿌리 전진]은 명세된다.

모든 표기에서 각 조음자는 해당 자질에 대하여 한 가지 값만을 수행한다. 예를 들어, 순음은 [+원순] 또는 [-원순]을 수행하며, 두 값을 모두 수행하지 않는다. 하나의 음에서 개별 자질이 두 번 출현할 수 있지만, 이는 서로 다른 두 조음자에 의해서 동시에 만들어질 경우에만 가능하다. 예를 들어, [ʃ]에서

[+마찰]은 설정과 설배 둘 다에 의해 만들어진다. [kʷ]에서 [+파열]은 설배에 의해 만들어지고, [-파열]은 입술에 의해서 만들어진다. [m]에서 [+파열]은 입술에서 만들어지며, [+비음]을 [-파열]과 동일하다고 간주하면 [-파열]은 연구개에 의해서 만들어진다.

2.6. 복합음과 굴곡 금지 원칙

복합음은 둘 또는 둘 이상 음의 병합으로 볼 수 있다. 병합은 조음 동작이 겹치는 것으로 볼 수 있는데(Browman and Goldstein 1989), (17)–(19)와 같이 세 가지 유형이 있다.

(17)　상이한 조음자 ([F]는 임의의 자질로, 동일하거나 상이할 수 있음)

　　　시간-1　　　　　시간-2　　　　　　시간-1

　　　조음자$_a$—[F]　　　　　　　　　　→　조음자$_a$—[F]

　　　　　　　　　조음자$_b$—[F]　　　　조음자$_b$—[F]

　　　예: [k](설배—[+파열]) + [w](순음—[+원순]) → [kʷ]

(18)　동일한 조음자, 상이한 자질

　　　시간-1　　　　　시간-2　　　　　　시간-1

　　　조음자$_a$—[F$_i$]　　　조음자$_a$—[F$_j$]　　→　조음자$_a$—[F$_i$, F$_j$]

　　　예: [t](설정—[+파열]) + [s](설정—[+마찰]) → [tˢ](설정—[+파열, +마찰])

(19)　동일한 조음자, 상이한 값을 갖는 동일한 자질

　　　시간-1　　　　　시간-2

　　　조음자$_a$—[+F$_i$]　　조음자$_a$—[-F$_i$]　　→　?

　　　예: [m](연구개—[+비음]) + [b](연구개—[-비음]) → [mb](연구개—[+비음, -비음])

(17)은 서로 다른 조음 동작을 하는 두 조음자가 조음 동작을 동시에 할 수 있다는 것을 나타낸다. (18)은 두 개의 조음 동작을 독립적으로 하는 하나의 조음자도 두 조음 동작을 동시에 할 수 있다는 것이며, (19)는 하나의 조음자가 동일한 자질의 상반된 값을 만드는 것이다. (17)의 유형은 이견이 없다. 파찰음에 대해서는 상이한 분석이 있지만, 대부분의 학자들은 (18)의 유형도 받아들인다. 그러나 (19)의 유형에 대해서는 논쟁이 있다. Sagey(1986)는 두 종류의 복합음을 구분한다. 첫 번째 종류의 복합음은 둘 또는 둘 이상의 구강 조음자를 동시에 수반한다. 여기에서 "구강 조음자"는 입술, 설정, 설배를 가리킨다. (17)이 이 종류에 해당한다. Sagey가 "굴곡 분절음"이라고 부른 두 번째 종류의 복합음은 본질적으로 연속적인 두 개 음이 빠르게 발음되는 것이다. Sagey는 (18)과 (19)가 모두 이 두 번째 종류에 속한다고 본다. 예를 들어, Sagey의 분석에서 파찰음 [ts](또는 [tˢ])는 연속적인 조음 동작인 설정—[+파열, -파열]을 수반한다. 선비음화한(pre-nasalized) 파열음 [ᵐb]는 연속적인 조음 동작인 연구개—[+비음, -비음]을 수반한다. 또한 [â] 즉 짧은 내림조의 [a]는 연속적인 조음 동작인 성대—[+고조(+H), -고조(-H)]를 수반한다.

그러나 Duanmu(1994)가 주장한 바와 같이, 선비음화한 파열음, 그리고 짧은 내림조나 오름조가 하나의 소리로 존재한다는 설득력 있는 증거는 없으며, 파찰음에 대하여 연속적인 조음 동작을 전제할 필요가 없다. 그렇다면 복합음도 일반적 음과 동일한 제약, 즉 어떠한 자질도 동일한 조음자에 의해서 두 번 만들어지지 않는다는 제약을 준수하는 더욱 단순한 이론을 유지할 수 있다((11)의 정의 참조). 이 제약은 Duanmu(1994)의 굴곡 금지 원칙(No Contour principle)으로 불리며, (20)에 기술한 바와 같다.

(20) 굴곡 금지 원칙

조음자는 하나의 음에서 동일한 자질(F)을 두 번 만들 수 없다.

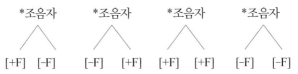

이 제약은 각 조음 동작은 더 이상 단축할 수 없는 일정한 양의 시간이 필요하다는 물리적 제약을 반영한다.

굴곡 금지 원칙은 연쇄하는 음의 시간 순서의 차이가 변별적으로 사용될 수 없다는 점에서 복합음의 모든 자질이 동시적임을 전제한다. 예를 들어, [p]+[l]와 [l]+[p]의 병합은 동일하며, [pˡ]와 [ˡp]는 차이가 없다. 그러나 필자는 3장에서 [l]+[p]의 병합이 매우 드물게 출현하는 이유와 [p]+[l]의 병합이 말음 위치에서 드물게 나타나는 이유에 대하여 논의할 것이다.

복합음은 일반적으로 두 개의 음성 기호로 나타낸다. 그러나 어떤 때는 하나의 기호만으로 표기하기도 한다. 예를 들어, 영어에서 this year에서 나타나는 바와 같이 [s]와 [j]는 [ʃ]로 병합할 수 있다. [ʃ]는 [s]와 [j]를 내포하지만 하나의 기호이다. 복합음이 단순음보다 더 많은 조음자를 사용할 필요가 없다는 점에 주의할 필요가 있다. 예를 들어, [tˢ]는 [t]와 [s]의 병합이지만 하나의 구강 조음자 즉 설정만을 사용한다. 반면 [u]는 단순음으로 간주되지만 입술과 설배 두 개의 구강 조음자를 사용한다.

자질 구조는 IPA 기호보다 가능한 복합음과 불가능한 복합음을 잘 예측한다. 예를 들어, IPA 기호는 (21)과 같이 두 기호를 병합하는 것을 모두 허가한다.

(21)   IPA 기호에서 허가되는 가능한 음

[p^k], [k^p], [k͡p]; [k^m], [^{k}m], [k͡m]

그러나 모든 조합이 가능한 음은 아니다. 예를 들어, [p^k], [k^p], [k͡p]가 서로 구별된다는 증거는 없다. 자질 분석에서 [p]+[k]의 조합을 나타내는 방법은 단지 한 가지이며, 이는 (22)와 같다. (22)에서 성대 자질은 생략한다.

(22)   [k]   설배—[+파열]

       [p]   순음—[+파열]

       [k]+[p]   설배—[+파열], 순음—[+파열]

[k]+[p]는 설배와 순음 동작이 동시에 만들어지므로, 적합한 IPA 기호는 [k͡p]이어야 한다. 마찬가지로, [k^m], [^{k}m], [k͡m]도 서로 구별된다는 근거가 없다. 사실 이들은 자질 구조에서 모두 가능한 음이 아니다. [k]+[m]는 (23)과 같이 네 가지 가능한 결과가 있는데, [k^m], [^{k}m], [k͡m]는 포함되지 않는다.

(23)   [k]   설배—[+파열], 연구개—[-비음]

       [m]   순음—[+파열], 연구개—[+비음]

       [ŋ͡m]   설배—[+파열], 순음—[+파열], 연구개—[+비음]

       [k͡p]   설배—[+파열], 순음—[+파열], 연구개—[-비음]

       *[k͡pŋ͡m]]   설배—[+파열], 순음—[+파열], 연구개—[-비음, +비음]

       *[ŋ͡mk͡p]]   설배—[+파열], 순음—[+파열], 연구개—[+비음, -비음]

[k]는 [-비음]이고 [m]는 [+비음]이기 때문에 서로 상충된다. 만약 [+비음]을 선택하면 [k]+[m]의 결과는 [ŋ͡m]로 [m͡n]과 동일하며 이는 가능한 음이다. 만약 [-비음]을 선택하면 결과는 [k͡p]로 [p͡k]와 동일하며, 이 역시 가능한 음이다. Sagey(1986)에 따르면 [비음]의 두 값을 유지하면서 연속적으로 배

열할 수도 있다. 만약 순서가 [-비음, +비음]이면 결과는 [k͡pŋ͡m]이다. 만약 순서가 [+비음, -비음]이면 결과는 [ŋ͡mk͡p]이다. 그러나 이 책의 분석에서 [k͡pŋ͡m]와 [ŋ͡mk͡p]는 가능한 음이 아니다. 왜냐하면 두 경우 모두 자질 [비음]이 연구개 아래에서 두 번 출현하기 때문이다. Sagey의 이론은 [ou]와 [ai]와 같은 "하향 이중 모음"이나 [ia]와 [ua]와 같은 "상향 이중 모음"을 하나의 복합음으로 나타낼 수 있지만, 이 책의 분석에서는 복합음으로 나타낼 수 없다.

2.6.1. 파찰음

필자의 자질 이론은 Sagey(1986)보다 허가하는 복합음이 적은 경우도 있지만 Sagey보다 많은 경우도 있는데, 파찰음이 이에 해당한다. (24)와 (25)의 자질 표기를 살펴보자.

(24)   동일한 조음자를 갖는 파찰음

음	자질 구조
[t]	설정—[+파열]
[s]	설정—[+마찰]
[tˢ]	설정—[+파열, +마찰]

(25)   상이한 소음자를 갖는 파찰음

음	자질 구조
[pˢ]	순음—[+파열], 설정—[+마찰]
[pˣ]	순음—[+파열], 설배—[+마찰]
[kˢ]	설배—[+파열], 설정—[+마찰]
[kʲ]	설배—[+파열, +마찰], 설정—[+마찰]

(24)의 파찰음은 동일한 조음자인 설정을 사용한다. 이러한 파찰음은 필자의 이론과 Sagey(1986)에서 모두 허가된다. 또한 필자의 이론은 Keyser and Stevens(1994), Padgett(1995)을 따라 각 조음자가 고유한 [파열], [마찰] 값을 가질 수 있다. 따라서 (25)와 같이 하나의 조음자가 파열 조음 동작을 만들고 또 다른 조음자가 마찰 조음 동작을 만드는 것이 가능하다. 즉, Prinz and Wiese(1991), Wiese(1996)가 제안한 바와 같이 모든 파열음은 모든 마찰음과 결합하여 파찰음을 만들 수 있다. 이에 반해, Sagey(1986)는 하나의 조음자가 파열음을 만들면 다른 조음자는 [p͡t]와 같이 파열음을 만들거나 [pʲ]와 같이 접근음을 만들 수 있지만, [pˢ]와 같이 마찰음을 만들 수는 없다. 필자의 이론은 음절 구조 분석에 더욱 잘 부합한다. 예를 들어, 보통 [pʰ]으로 전사되는 음 [pˣ]는 표준중국어에 출현하며, [pˢ]와 [kˢ]를 복합음으로 간주하는 것은 독일어의 음절 분석과도 관련된다. [kˡ]를 인정하는 것은 힌디어의 음절 분석과 관련된다(Kumar 2005).

2.6.2. 구개음과 자음-접근음군

자질 구조는 동일한 조음자를 갖는 음들 간의 미세한 차이도 나타낼 수 있다. 예를 들어, (26)의 모든 음은 설정과 설배 두 조음자를 사용하는 것으로 표기되는 구개음 특성을 갖는다. 이 음들의 차이는 각 조음자에 대하여 [파열]과 [마찰] 값이 다르다는 데 있다.

(26)　[j]　　설정—[−파열, −마찰]
　　　　　　설배—[−파열, −마찰]
　　　　[ç]　　설정—[−파열, −마찰]
　　　　　　설배—[−파열 +마찰]

[ɕ]	설정—[-파열, +마찰]
	설배—[-파열, +마찰]
[sʲ]	설정—[-파열, +마찰]
	설배—[-파열, -마찰]
[tʲ]	설정—[+파열, -마찰]
	설배—[-파열, -마찰]
[tsʲ]	설정—[+파열, +마찰]
	설배—[-파열, -마찰]
[tɕ]	설정—[+파열, +마찰]
	설배—[-파열, +마찰]
[kʲ]	설정—[-파열, -마찰]
	설배—[+파열, -마찰]

이제 자음과 접근음으로 구성된 복합음을 살펴보자. 이 복합음들은 음절 두음 위치에서 자주 보이는데, (27)은 몇 가지 예이다.

(27) 음   자질 구조

[rʷ]	순음—[+원순]
	설정—[-전방]
[kˡ]	설배—[+파열]
	설정—[+설측]
[kˡʷ]	순음—[+원순]
	설배—[+파열]
	설정—[-전방]
[trʷ]	순음—[+원순]
	설정—[-전방, +파열, +마찰]

(27)의 음은 모두 영어에 출현한다. 특히 영어 [r]는 음절 시작 위치에서 [rʷ]인데, 일부 화자, 특히 아동은 단지 [w]로 발음한다. 나머지 복합음 세 개는 일반적으로 [kl], [kr], [tr]로 전사되며, 각각 두 개의 음으로 이루어진 자음군으로 간주된다. 그러나 자질 구조에서 이 음들은 모두 복합음으로 나타낼 수 있다. [l]와 [r]는 [kl], [kr], [tr]에서는 무성음, [gl], [gr], [dr]에서는 유성음인데, 이러한 사실은 복합음 분석과 일치한다는 점이 흥미롭다.

[tr]([tʳʷ])는 설정 조음자가 [+파열, +마찰] 자질을 가지므로 파찰음이며, 이 견해는 상당히 일반적이다(Jones 1950, Abercrombie 1967, Gimson 1970, Wells 1990, Lawrence 2000). Rob Burling(개인 담화) 또한 그의 친구가 try는 파찰음으로 시작하는 단어인 chry로 써야 한다고 주장한 적 있다고 말한 바 있다. 이 책의 분석은 이러한 직관과 일치한다.

[tl]와 [dl] 자음군은 덜 명확하지만, 영어에서 이들을 복합음으로 나타내는 것이 가능해 보인다. 이는 (28)과 같다.

(28) [d]   설정—[+파열]
      [l]   설정—[+설측]
      [dl]   설정—[+파열, +설측]

[l]는 영어에서 유일한 설측음이기 때문에 협착 자질이 미명세될 수 있다. 이에 따라 [dl]와 [tl]를 복합음으로 나타내는 것이 가능하다. 그렇다면 영어에서 [dl], [tl]가 두음으로 사용되지 않는 이유에 대한 의문이 제기된다. 이에 대한 가능한 답은 영어에서 모든 가능한 복합음이 사용될 필요가 없다는 것이다. 예를 들어, [ts]와 [dz]는 가능한 복합음이지만, 중국어에서는 두음으로 사용되는 반면 영어에서는 두음으로 사용되지 않는다(Tswana와 같은 예외적인 경우 제외). 마찬가지로, [pw], [bw]는 순음—[+파열, +원순]으로 나타낼 수 있는 가능한 복합음이지만, 스페인어에서는 사용되는 반면 영어에서는

이 음들도 사용되지 않는다.

2.6.3. VNC 자음군

또 다른 흥미로운 예는 비음 N과 자음 C가 동일한 조음 위치를 공유하는 VNC 자음군이다. 이 경우 VNC는 VC로 분석할 수 있다. (29)는 이에 해당하는 예로, 논의 대상인 음만 자질 표기하였다.

(29)   VNC → VC (예. [tɛnt] → [tɛ̃t] tent, [pʌmp] → [pʌ̃p] pump)
      [ɛ]   설배—[−후설, −고설, −저설]
      [n]   설정—[+파열]
            연구개—[+비음]
    t[ɛ̃]t   설배—[−후설, −고설, −저설]
            연구개—[+비음]

VNC는 주의하여 발음하면 세 개의 음으로 발음할 수 있다. 또는 VN을 하나의 음으로 병합하여 두 개 음으로 발음할 수도 있다. VN → V의 병합은 중국어와 영어에서 발견된다. 상하이 중국어와 같은 일부 중국어 방언에서 비음 말음은 조음 위치가 변별적이지 않으며 단지 N의 비음성이 모음에 보존된다. 영어는 tent와 pump에 보이는 바와 같이 비음의 조음 위치 자질은 후행하는 자음과 동일하다. 따라서 영어에서도 N이 비음성이 모음에 보존되어야 하는 유일한 자질이다.

2.6.4. [Vʔ] 자음군

모음과 성문 파열음을 복합음으로 병합하는 것도 가능하다. 이는 (30)에 보인다.

(30) [Vʔ] → [Vˀ], 예. [aʔ] → [aˀ]

[a]   설배─[+후설, +저설]

[ʔ]   성대─[+좁힘(constricted)]

[aˀ]   설배─[+후설, +저설]

          성대─[+좁힘]

[Vʔ] → [Vˀ]는 상하이 중국어에서도 발견된다. 빠른 발화에서 [Vʔ]은 [Vˀ]으로 발음될 수 있고, 주의하여 발화하면 두 개의 음으로 발음될 수 있다.

2.7. 자음 대 모음

이 책의 분석은 자음을 모음으로부터 분리하는 전통적 자질인 [자음성 (consonantal)]을 사용하지 않았지만, 여전히 몇 가지 유용한 부류를 구분할 수 있다. (31)에서 영어의 범주를 살펴보자.

(31) 부류   자질 구조

      모음   설배─[-파열, -마찰](전통적 모음)

      성절음   [-파열, -마찰](모음, 비음, [r]와 [l])

      강세를 받을 수 있는 음 [-파열, -마찰, -설측](모음, [r], 비음)

전통적 모음은 설배─[-파열, -마찰]로 나타낼 수 있다. 영어의 성절음은 전통적인 모음, 비음, [r], [l]를 포함하며, 구강이나 비강 통로에 대해서 [-파열, -마찰]로 나타낼 수 있다. 미국 영어와 중국어에서 성절음은 [l]를 제외하고 모두 강세를 받을 수 있다. 따라서 [l]를 제외한 성절음 부류는 [-파열,

–마찰, –설측]으로 명세할 수 있다. 강세 비음은 흔하지는 않지만, [hm]과 같은 감탄사(interjection)에 출현할 수 있다. 선행 연구의 분석은 미국 영어의 단어 fur와 bird의 성절음이 모음 [ɚ]인지 아니면[3] 자음 [r]인지에 대한 해답을 제공하기 어렵다. 그러나 이 책의 분석은 전통적 자질인 [자음성]이나 [모음성(vocalic)]을 사용하지 않고도 모음과 유사한 음들의 서로 다른 부류를 나타낼 수 있다.

2.8. 길이와 이중 모음

한 언어에 [t]와 [tt], [a]와 [aa]([aː])와 같이 단음과 장음이 모두 있는 경우가 있다. 음의 길이는 (32)와 같이 시간 단위로 나타낼 수 있으며, (32)에서 각 자질 구조는 음성 기호로 간략표기하였다.

(32)   길이 표기

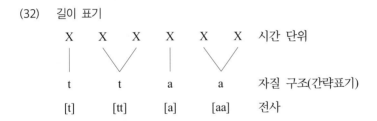

시간 단위의 표기는 길이를 직접적으로 나타낸다. 즉, 단음은 하나의 시간 단위를 가지며, 장음은 두 개 또는 간혹 세 개의 단위를 가진다. 이중 모음은 두 개의 시간 단위로 표기한다. 이는 (33)과 같다.

---

3   [역자 주] 원문의 [ɝ]를 [ɚ]로 정정함.

(33)   이중 모음 표기

이 분석은 이중 모음이 [-고설, +고설]과 같이 연속적인 조음 동작을 수반하기 때문에 하나의 음으로 나타낼 수 없다는 것을 보여준다. 또한, 이중 모음은 장모음처럼 행동한다. 예를 들어, 영어에서 장모음과 이중 모음은 어말 자음이 없어도 강세를 받는 단음절에 출현할 수 있지만 단모음은 출현할 수 없다.

2.9. 미명세

일부 자질은 미명세될 수 있다는 것이 미명세 이론의 기본적인 주장이다. Halle(1962)의 주장에 따르면, 예측가능한 자질은 잉여 규칙(redundancy rule)으로 채워질 수 있기 때문에 음은 어휘에서 최대한 미명세된다. 이러한 방식으로 가능한 최소의 기호를 사용하여 더 나은 경제성을 획득한다. 미명세를 지지하는 두 가지 다른 근거가 있는데, 이는 더욱 직접적이다. 첫 번째는 투명성(transparency) 효과로, ABC 음의 연쇄에서 마치 B가 투명한 것처럼 A가 C에 영향을 미칠 수 있으며 그 역도 성립한다는 것이다. 고전적인 예는 (34)의 터키어이다.

(34)	어근	복수	속격	복수-속격	
	ip	ip-ler	ip-in	ip-ler-in	'줄, 로프'
	son	son-lar	son-un	son-lar-un	'종료'

복수 열에 보이는 접미사의 모음은 어근의 모음으로부터 [후설] 값을 취한다. 즉, 어근의 모음이 [-후설]이면 접미사의 모음은 [-후설]이며('ip-ler'의 [i]와 [e]), 어근의 모음이 [+후설]일 때 접미사의 모음은 [+후설]이다('son-lar'의 [o]-[a]). 속격 열에서 접미사의 모음은 [후설]과 [원순]의 값을 어근의 모음으로부터 취한다. 어근의 모음이 [-후설, -원순]이므로 접미사의 모음이 [-후설, -원순]이고('ip-in'의 [i]와 [i]), 어근의 모음이 [+후설, +원순]이므로 접미사의 모음이 [+후설, +원순]이다('son-un'의 [o]와 [u]). 미명세 분석에 따르면, 자질은 그에 대해 명세되지 않은 음을 통과할 수 있지만 명세된 음은 통과할 수 없다. (34)에서 자음은 [후설]과 [원순]에 대해서 미명세되므로, 이 자질들은 자음을 통과할 수 있다. '종료'의 복수-속격 형식 'son-lar-un' [o]-[a]-[ɯ]의 모음 연쇄에서 마지막 모음은 [o]의 [+원순]에 동화되지 않는다는 점이 흥미롭다. 이는 두 모음 사이에 있는 [a]가 [-원순]으로 명세되어 이 자질이 세 번째 모음으로 확산되기 때문이다.

두 번째 현상은 명세된 자질은 변화에 저항한다는 것이다. 예를 들어, 터키어에서 복수 접미사 모음은 선행 모음에 상관없이 [-고설, -원순]을 유지한다. 속격 접미사의 모음은 선행 모음에 상관없이 [+고설]을 유지한다. 일반적으로 음은 자신의 명세된 자질을 바꾸지 않으며, 단지 미명세된 자질을 인접한 음들로부터 받아들인다.

음이 기저 층위와 표면 층위에서 어느 정도 미명세될 수 있는가의 문제는 다소 이견이 있다(Steriade 1987, Archangeli 1988, Keating 1988, Rice 1992, Inkelas 1994). 그러나 관련 논쟁은 이 책의 논의와 크게 관련되지 않는다.

2.10. 음과 음소

이상의 논의에서 제시한 음의 정의는 음성(phones)의 전통적인 개념과 유사하다. 그러나 모어 화자가 모든 음이나 음성이 다르다고 느끼는 것은 아니다. 예를 들어, 미국 영어에서 pen의 'p'는 open의 'p'와 다르다. 전자는 [pʰ]이고 후자는 [p]이다. 그러나 미국 영어 화자는 일반적으로 [pʰ]와 [p]가 같다고 여긴다. 모어 화자가 동일한 것으로 여기는 서로 관련된 음들을 변이음이라고 하며, 각 변이음들의 집합이 음소에 해당한다.

두 개의 음소가 동일한 방식으로 실현되는 경우도 있다. 예를 들어, (35)와 같이 영어에서 [s]는 [j] 앞에서 [ʃ]가 될 수 있다.

(35) [sj] → [ʃj]

  [ðis jeɚ] → [ðiʃ jeɚ]　　　　　　this year

  [ou ɛs ju] → [ou ɛʃ ju]　　　　　O<u>S</u>U (Ohio State University)

(35)와 같이 발음하는 화자들에게는 음소 [s]와 [ʃ]가 둘 다 [ʃ]로 실현될 수 있다. 따라서 음 또는 음성 [ʃ]를 접할 때, 첫 번째가 음소 [s]로부터 왔는지 [ʃ]로부터 왔는지 확실하지 않다. 이에 대한 해답을 알기 위해서는 언어에 대한 정보가 더 필요하다. 예를 들어, 영어 화자들은 단어 this [ðis]는 있지만 *thish [ðiʃ]와 같은 단어는 없다는 것을 알기 때문에 (35)의 첫 번째 단어는 this이어야 한다.

그러나 또 다른 복잡한 경우는 음이나 음성이 두 개 음소가 병합한 결과일 때가 있다는 것이다. 예를 들어, 많은 표준중국어 화자들은 [ɲ] 음을 발음하는데, 이는 (36)의 예와 같이 [n]와 [j]의 병합으로부터 온 것이다.

(36)　　[nj] → [ɲ]

　　　　[njan] → [ɲan]　　年 '해, 년'

　[ɲ] 음은 우리가 [n]와 [j]을 예상할 때만 출현한다. 마찬가지로 영어에는 복합음인 파찰음 [tˢ]가 있는데, 이 음은 [t]와 [s]를 예상할 때만 출현한다.

　이와 같은 예들은 최소 대립쌍의 분석이 생각보다 더 복잡하다는 것을 보여준다. 예를 들어, [AXB]와 [AYB] 단어쌍에서 X와 Y가 각각 하나의 음이고 [A_B]가 환경이면, X와 Y가 동일한 음소에 속하지 않는다고 결론내릴 수 있다(자유 변이는 논외로 함). 그러나 X 또는 Y가 하나의 음소에 속한다고 결론내릴 수는 없다. 왜냐하면, X 또는 Y는 [s]와 [ʃ]의 예와 같이 두 개의 가능한 음소에 속할 수도 있고, [ɲ]=[n]+[j]의 경우와 같이 두 음소의 병합일 수도 있기 때문이다. 따라서 Halle(1962)와 Chomsky(1964)가 주장한 바와 같이, 음소 분석은 개별 언어에서 어휘의 모든 단어를 포함하여 전체적인 음 체계를 고려해야 한다.

2.11. 요약

　자질과 말소리 음에 대한 이상의 간략한 논의는 단지 조음 자질만을 전제한다. 모든 분석에서 필요한 최소한의 조음자를 전제하며 [자음성]이나 [공명] 자질 등을 사용하지 않으므로, 다른 분석보다 더 적은 수의 자질을 전제한다. 또한 음은 동일한 조음자에 대하여 같은 자질이 둘 이상의 값을 가질 수 없다는 굴곡 금지 원칙을 전제한다. 필자는 이와 같은 최소주의 자질 이론이 많은 가능한 복합음을 나타낼 만큼 강력하며, 다른 많은 음을 배제할 만큼 제한적이라는 점을 제시하였다. 또한 자질 이론이 가능한 복합음과 가능하지 않은 복합음에 대하여 정확한 예측을 한다는 것을 논의하였다. 복합음에 대한 이해는 이어지는 장에서 진행될 음절 구조의 논의에 필수적이다.

제3장

음절 구조 이론

3.1. 음절의 정의

음성학적으로 음절을 정의하는 것이 매우 어렵다는 사실은 잘 알려져 있다. 일반적인 견해는 음절을 음성적 돋들림(prominence)의 정점으로 보는 것이지만, 이러한 정의는 음절 경계에 대한 정보를 거의 제공하지 않는다. 또한 stop, extra, cats의 [s]와 같이 어떤 음성적 정점은 왜 음절로 간주되지 않는지에 대한 이유도 명확하지 않다. 널리 알려진 또 다른 정의는 음절이 흉곽 신축(chest pulse), 즉 공기 압력의 신축과 관련된다는 것이다. 그러나 이 정의 역시 음절 경계에 대하여 설명하지 않는다. 그리고 Gimson(1970)이 지적한 바와 같이, seeing [siːɪŋ] 같은 단어에서 흉곽 신축이 명확히 두 번 이루어지는지는 의문이 든다. 또한 미국 영어에서 beer [biə˞] 등의 단어가 1음절인지 2음절인지도 결정할 수 없다.

이러한 문제는 음절이 실체를 지니는 언어 단위인지에 대한 의문을 제기한다. Chomsky and Halle(1968)는 음절을 유의미한 음운적 실체로 간주하지 않으며, Gimson(1970), Steriade(1999), Blevins(2003)도 유사한 의문을 제기한 바 있다.

그러나 음절이 상당히 명확한 경우도 있다. 예를 들어, Canada는 3음절, America는 4음절이라는 데 사람들의 의견이 일치한다. 또한 after는 af-ter, cactus는 cac-tus, whiskey는 whis-key로 나눌 수 있다는 데 동의한다. 삶이나 죽음을 정의하기 어렵다는 이유로 생물학자가 생물 연구를 중단하지 않는 것과 마찬가지로, 음절 정의의 어려움이 음절 연구를 막아서는 안 된다. 이 책은 최대 음절 크기, 가능한 두음, 음절 경계 설정 등 음절에 대한 많은 문제가 논의될 수 있으며, 합리적인 해결책이 도출될 수 있다는 것을 보일 것이다. 이러한 논의의 결과는 음절을 이해하는 데 구체적인 진전을 가져올 수 있다.

3.2. 최대 음절 크기와 단어 경계 자음

음절 구조 이론은 개별 언어의 최대 음절 크기를 전제하는 경우가 많으며, 최대 음절보다 작은 음절은 이론적으로 적법하다. 예를 들어 최대 음절이 CCVCC이면, CVCC, CCVC, CVC, CV 음절은 일반적으로 적법하다.

어중 음절은 일반적으로 상당히 간단하지만, 단어 경계에는 추가적인 자음이 출현한다는 것은 잘 알려져 있다. 이는 그리스어(Steriade 1982), 영어(Borowsky 1986), 독일어(Giegerich 1985, 1989), 벨라쿨라어(Bella Coola, Bagemihl 1991),[1] 스포가인 살리시어(Spokane Salish, Bates and Carlson 1992),[2] 폴란드어

---

1 [역자 주] 캐나다 브리티시 콜롬비아에 있는 벨라쿨라에서 사용되는 언어로, 누할크어(Nuxalk)라고도 한다. 유창한 화자가 10명 정도에 불과한 위기 언어(endangered languages) 가운데 하나이다.

(Bethin 1992), 그루지아어(Georgian, Butskhrikidze 2002), 르가롱어(Jiarong, Gyalrong, rGyalrong, Lin 1993)에도 나타나는 현상이다. 따라서 최대 음절 크기는 단어 경계의 자음을 분석하는 방법과 상당한 관련이 있다. (1)은 영어의 어말 자음 분석의 예이다.

(1)   운의 크기와 단어 경계 자음 분석

분석	texts	helped	최대 운
모든 음(all-in)	[tɛksts]	[hɛlpt]	VCCCC
접미사 제외(suffix-out)	[tɛkst]s	[hɛlp]t	VCCC
설정음 제외(coronals-out)	[tɛk]sts	[hɛlp]t	VCC
어중음 기반(medial-based)	[tɛk]sts	[hɛl]pt	VC
2단계(two-step)	[[tɛk]sts]	[[hɛl]pt]	VCCCC

"모든 음(all-in)" 분석은 Jones(1950), Abercrombie(1967), Haugen(1956ab), Fudge(1969), Hoard(1971), Kahn(1976), Hammond(1999), Hall(2002a), Blevins (2003) 등의 많은 학자들이 주장하였다. 그러나 이는 두 가지 문제점이 있다. 첫째, 이 분석은 어중 음절이 작은 이유를 설명할 필요가 있다. 둘째, 모든 음이 음절에 포함되어야 하는 이유를 제시해야 한다. 음절을 구성하지 않은 채로 자음을 발음하는 것이 불가능하다고 생각할 수 있다. 그러나 영어는 shh [ʃ], pff [pf], psst [ps]와 같이 자음으로 이루어진 감탄사가 있으며, 영어 화자들은 [s]나 [f]를 단독으로 발음하는 데 문제가 없다 이러한 발화가 음절이 아니라면, 자음은 음절 내에 포함되지 않고서 발음될 수 있으므로 "모든 음" 분석은 필요하지 않다. 만약 이러한 발화가 음절이라면 다른 문제가

---

2   [역자 주] 미국 몬타나주, 아이다호주, 워싱턴주의 인디안 보호구역에서 주로 사용되는 언어로, 위기 언어 가운데 하나이다.

생긴다. [s]가 단독으로 음절을 구성하거나 또는 [t]와 함께 음절을 구성할 수 있으므로, texts 같은 단어를 1음절로 분석할 필요가 없다. [tɛk][s][ts]처럼 3음절이 될 수도 있는 것이다.

"접미사 제외(suffix-out)" 분석은 Selkirk(1982)가 주장하였으며, "모든 음" 분석보다 작은 음절을 제안한다. "설정음 제외(coronals-out)" 분석은 Kiparsky (1981) 등이 주장하였는데, 영어 대부분의 어말 자음이 설정 자음인 [s, z, t, d, θ]라는 사실에 근거한다. 어말 설정 자음을 제외하면 최대 운은 VCC이다. Giegerich(1985)와 Borowsky(1986)가 주장한 "어중음 기반(medial-based)" 분석은 어중 위치의 운이 VX, 즉 VV 또는 VC에 제한된다는 점에 근거한다. 따라서 더 많은 단어 경계 자음이 제외된다.

"접미사 제외", "설정음 제외", "어중음 기반" 분석은 상대적으로 작은 음절 크기를 제시하지만, 이들은 모두 단어 경계의 추가적인 자음을 설명하지 못하는 문제가 있다. 필자는 이 문제를 형태론으로 설명할 수 있다고 주장할 것이다. 따라서 단어 경계에서 확대된 음절 크기를 가정할 필요가 없으며, 경계와 비경계 위치에서 모두 일관된 음절 크기를 주장할 수 있다.

"2단계(two-step)" 분석은 Kiparsky(1981), Steriade(1982), Borowsky(1989), Giegerich(1992)가 제시하였다. 이 분석은 음절이 두 단계로 형성된다고 주장한다. 첫 번째 단계는 핵심 음절만 형성되고 일부 단어 경계 자음은 배제된다. 두 번째 단계는 단어 경계 자음이 인접 음절에 의해서 흡수된다. 따라서 Kiparsky는 texts를 [[tɛk]sts]로 분석한다. 여기에서 안쪽 괄호는 핵심 음절을 가리키며 바깥 괄호는 최종 음절을 가리킨다. 그러나 "2단계" 분석의 장점은 명확하지 않다. 예를 들어, 이 분석은 어떤 자음은 흡수되는 반면 어떤 자음은 흡수되지 않는지에 대하여 설명하지 않는다. 또한 단어 경계 자음을 형태론적으로 설명할 수 있다면, 그 음들이 음절에 흡수되거나 부가되어야 한다고 주장할 필요가 없다. 더 나아가, 음절이 더 많은 자음을 취할 수 있다면 왜 어중 위치에서는 그렇게 하지 않는가? 마찬가지 이유로, 단어 경계 자음이 단어에 부가된다는 주장도 이점이 없다(Vaux 2004).

요약하면, 단어 경계 자음을 독립적으로 설명할 수 있다면 어중 음절과 유사한 최대 음절 크기를 일관성 있게 유지할 수 있다.

3.3. 공요소와 CV 분석

최대 음절 크기는 또한 공요소(empty elements) 분석과도 관련된다. 음운론에는 두 종류의 공요소가 있다. 첫 번째 종류는 음성적 실체를 갖는다. 큰 구(phrase)의 경계에서 실현되는 휴지가 잘 알려진 예이다. 또 다른 예는 강세 음절 사이의 공박자(empty beat) 또는 시에서 행 끝의 공박자이다. (2)의 예에서 ∅는 공박자를 가리킨다.

(2)   음성적 실체를 갖는 공요소(휴지)
       (Ding ∅) (Dong ∅) (bell ∅) (∅ ∅)
       (Kitty's) (in the) (well ∅) (∅ ∅)

(2)의 리듬은 여러 언어에서 아동의 시에 많이 나타난다(Burling 1996). 만약 행을 따라 박자를 맞추어보면, 각 행은 4개의 음보를, 각 음보는 2개의 박자를 갖는다. 첫 행에서 첫 번째와 두 번째 음보의 두 번째 박자는 글로 표기된 음절이 없는 공박자이다. 마찬가지로 각 행에서 마지막 세 박자도 공박자이다. 공박자는 표기되지 않지만 휴지나 선행 음절의 연장인 음성적 실체를 갖는다.

두 번째 종류의 공요소는 음성적 실체를 지니지 않는다. 예를 들어, Lowenstamm(1996)과 Scheer(2004)는 자음과 모음 둘 다 단어의 모든 위치에서 공요소가 될 수 있다고 주장한다. 또한 모든 음은 CV 음절로 음절화한다. (3)은 두 가지 예로, ∅는 공자음 또는 공모음이다. 선행 연구에서 단음절로 간주된 단어는 CV 분석(CV-only analysis)에서 대부분 다음절로 분석된다.

(3)　　CV 분석
　　　　mix　[mɪ][k∅][s∅]
　　　　spiked　[s∅][pa][∅i][k∅][t∅]

　[spa]와 [s∅][pa], [pai]와 [pa][∅i], [kt]와 [k∅][t∅]는 각각 원칙적으로 차이가 없기 때문에 공요소는 순수하게 추상적이다. 그런데 CV 분석은 반드시 [spa]는 [s∅][pa], [pai]는 [pa][∅i], [kt]는 [k∅][t∅]로 나타낼 것을 요구한다. 이러한 측면에서 ∅의 사용은 이론 내부적(theory internal), 또는 순환적이다.

　CV 분석은 두 가지 문제가 있다. 첫째, 단어 경계에서 어떤 자음들은 공모음과 출현할 수 있는 반면 어떤 자음들은 출현할 수 없는지에 대한 설명이 필요하다. 예를 들어, 영어에서 stop은 가능하지만 *ftop은 가능하지 않다. 따라서 [s∅]는 어두 위치에 출현할 수 있지만 [f∅]는 출현할 수 없는 이유를 설명해야 한다. 마찬가지로, text는 가능하지만 *texp은 가능하지 않다. 따라서 영어 어말 위치의 추가적인 자음들이 주로 [s, z, t, d, θ]인 이유를 설명해야 한다. 다른 이론과 마찬가지로 CV 분석 또한 [s]가 어두 위치에, [s, z, t, d, θ]가 어말 위치에 특별하게 출현하는 이유를 설명해야 한다. 그러나 만약 이 음들이 특별하다는 점에 동의한다면, 이들이 반드시 공모음과 출현해야 한다거나 음절화해야 한다는 전제는 불필요하다.

　CV 이론의 또 다른 문제는 대안적 해결안도 가능하다는 점이다. 그러나 어느 안을 선택해야 하는지 결정하기가 어렵다. (4)에서 spiked에 대한 세 가지 분석을 살펴보자.

(4)   순수한 공요소를 사용하여 spiked를 분석하는 가능한 방법

CVX 분석   [s∅ ∅][pai][k ∅t]

CV 분석   [s∅][pa][∅i][k∅][t∅]

VC 분석   [∅s][∅p][a∅][ik][∅t]

CVX 분석은 음절 크기가 크지만, 음절과 공요소의 수가 적다. 반면 CV 분석과 VC 분석은 음절 크기가 같으며, 공요소와 음절의 수도 동일하다. 그러나 세 가지 해결책은 모두 단어를 분석하는 데 문제가 없기 때문에, 이 가운데 어떤 분석을 채택해야 하는지 명확하지 않다.

결론적으로, 음성적 실체가 없는 공요소를 설정하거나 CV 이론을 채택하는 이점은 없다.

3.4. CVX 이론

CVX 이론은 단어가 (5)와 같은 조직적 구조를 갖는다고 제안한다.

(5)   단어 구조에 대한 CVX 분석: CmCS...SCCm

S...S   최대 크기가 CVX인 하나 또는 하나 이상의 음절

C   잠재적(potential) 모음과 이형태 금지(anti-allomorphy)에 의해 가능한 선택적 자음

Cm   하나 또는 하나 이상의 선택적 접사 또는 접사와 유사한 (affix-like) 자음

비경계 음절부터 살펴보자. CVX 이론은 어중 위치에서 최대 음절은 CVV 또는 CVC 세 개의 음을 갖는다고 주장한다. [hau] how, [bi:] bee는 CVV, [bɛt] bet은 CVC의 예이다. 필자는 더 나아가 VX가 운(rhyme)으로 불리는

성분(constituent)을 구성한다고 주장한다(Davis(1988)는 운에 대하여 의문을 제기한 바 있음). 이 성분을 주장하는 데에는 세 가지 이유가 있다. 첫째, 잘 알려진 바와 같이 두음이나 운의 내부는 제약이 있는 반면 두음과 운 사이에는 제약이 적다(Kessler and Treiman 1997). 둘째, 일반적으로 두음은 강세에 영향을 미치지 않지만 말음은 자주 영향을 미친다(두음이 강세에 절대로 영향을 미치지 않는다는 주장은 Goedemans(1998) 참조). 셋째, VX는 음절의 압운 단위이다. 따라서 buy [bai]는 why [wai]와 압운을 하지만, 두음 [b]와 [w]는 제외된다. 이에 반해, 말음을 제외하고 CV가 하나의 성분을 구성하는 것을 보여주는 음운 현상은 없다. 따라서 CVX의 구조는 (6)과 같다.

(6)   최대 음절: CVX

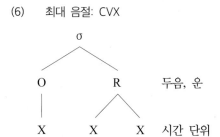

CVX는 (6)의 구조의 간략표기이다. (6)의 구조는 두 번째 단위를 반드시 모음으로 채울 것을 요구하지 않는다. 따라서 두 번째 단위는 성절 자음으로 채울 수도 있다. (7)은 몇 가지 예를 제시한다.

(7)   음절의 예
       전사   CVX
       [bæt]   [b æ t]   bat
       [bai]   [b a i]   buy
       [wai]   [u a i]   why

[jæm]	[i æ m]	yam
[bi:]	[b i i]	bee
[æn]	[æ n]	Ann
[n:]	[n n]	魚 '물고기'　(상하이 중국어)
[sz:]	[s z z]	四 '넷, 4'　(표준중국어)

몇 가지 흥미로운 점이 있다. 첫째, C 단위는 bat처럼 자음이 채울 수도 있고 why와 yam처럼 활음으로 전사되는 고모음이 채울 수도 있다. 둘째, 상하이 중국어 [n:] 魚 '물고기'와 표준중국어 [sz:] 四 '넷, 4'와 같이 V 단위는 성절 자음으로도 채울 수 있다. 이 문제는 나중에 다시 논의할 것이다. 마지막으로, (8)에 보이는 바와 같이 [ii], [nn], [zz]는 동일한 음의 중첩이 아니라 하나의 음이 두 개의 시간 단위에 이중으로 연결된 것이다. 이중으로 연결된 음은 하나의 조음 동작이 두 개의 시간 단위에서 지속된다.

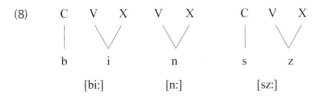

(8)

이어지는 3.4.1에서 3.4.6은 CVX 음절 내 음의 분포 및 CVX를 초과하는 것처럼 보이는 음 연쇄에 내한 논의이다.

3.4.1. 공명도, 정점 규칙과 C 규칙

3.4.1은 CVX 음절 내 음의 분포에 대한 논의이다. [ni]의 음을 예로 들면, [n]가 CV에 이중으로 연결되고 [i]가 X에 연결되는 음절 [nni]를 형성할 수

있을까? 이 책은 오랜 전통을 따라 공명도 즉 소리의 크기가 음절 내에서 음의 분포를 결정한다고 전제한다. Jespersen(1904)에 따르면, 말소리 음은 (9)와 같이 공명도 등급에 따라 위계가 정해진다. (9)에서 '>'는 "공명도가 더 크다"는 것을 의미한다.

(9)   공명도 등급 (Jespersen 1904:192):

저모음 > 중모음 > 고모음 > r-음 > 설측음 > 비음 > 유성 마찰음 > 유성 파열음 > 무성 마찰음 > 무성 파열음

공명도 등급은 음운 자질로부터 추론할 수 있다. 예를 들어, 모음 가운데 [+저설]은 [-저설]보다 공명도가 크고, [-고설]은 [+고설]보다 공명도가 큰데, 추론 과정은 생략하기로 한다(관련 주장은 Hooper 1976a, Kiparsky 1981, Steriade 1982, Rice 1992 참조). 음절 내에서 공명도가 가장 큰 소리가 핵음이다. 이를 (10)의 정점 규칙(peak rule)이라고 하자.

(10)   정점 규칙
공명도가 가장 큰 음이 CVX의 V 단위를 채워야 한다.

공명도가 가장 큰 음은 V를 채우고 난 후 C 또는 X도 채울 수 있다. (11)의 예에서 ∅는 채워지지 않은 두음을 가리킨다.

(11)   정점 규칙의 예

	입력형	CVX 분석	정점 규칙 위배
(a)	[bi]	[bii], *[bbi]	[i] > [b]
(b)	[sz]	[szz], *[ssz]	[z] > [s]
(c)	[ia]	[iaa], *[∅ia], *[iia]	[a] > [i]
(d)	[i]	[∅ii], [iii]	
(e)	[n]	[∅nn], [nnn]	
(f)	[æn]	[∅æn], *[ææn]	??

(a), (b), (c)의 적법하지 않은 형식은 V에 있는 음이 X에 있는 음에 비하여 공명도가 낮기 때문에 정점 규칙을 위배한 것이다. 예를 들어 *[ssz]는 V가 [z]보다 공명도가 낮은 [s]로 채워져 있다. 또한 공명도가 가장 큰 소리는 [iii]처럼 C까지 확장될 수 있으며, [iaa]나 [iii]처럼 X까지 확장될 수 있다. 마지막으로, 어떤 입력형은 두 가지 또는 그 이상의 분석을 허용한다. 예를 들어, 입력형 [i]는 [∅ii] 또는 [iii]로 음절화할 수 있다. 사실 [i]는 X가 없는 [∅i]로도 음절화할 수 있으며, [n]도 마찬가지이다. 그러나 *[æn]은 정점 규칙으로 배제할 수 없기 때문에, *[æn]이 적법하지 않다면 새로운 규칙인 (12)의 C 규칙이 필요하다.

(12)   C 규칙
         CVX의 C 단위는 비고모음(non-high vowels)으로 채울 수 없다.

Vennemann(1988:70)은 [rn]이 두 가지 방식으로 음절화할 수 있다는 흥미로운 견해를 제시한다. 이는 lantern [læn.trn]처럼 [r]가 핵음을 담당할 수도 있고, apron [ei.prn]처럼 [n]가 핵음을 담당할 수도 있기 때문이다. [r]가 [n]보다 공명도가 크면 정점 규칙은 [prn]을 배제해야 한다. 이에 대하여 CVX 분석은 두음 단위가 하나이므로 [prn]을 [pʳn]으로 설명한다. [pʳn]에서 [pʳ]는 복합음이다. 복합음의 공명도가 폐쇄의 정도가 더 큰 조음자와 동일하면, 즉 [pʳ]의 공명도가 [p]의 공명도와 같으면, [pʳn]은 정점 규칙을 위배하지 않는다.

정점 규칙과 C 규칙은 CVX 음절 내에서 음의 분포를 충분히 설명한다. 반면 다른 분석에서는 두음 자음군(onset cluster)을 설명할 때도 공명도를 사용하는데, 이는 3.4.2에서 논의한다.

3.4.2. 두음 자음군: 공명도 분석 대 복합음 분석

많은 언어는 [pr, pl, br, bl, fr, fl, kj, kw, ...]와 같이 파열음과 접근음으로 이루어진 두음 자음군을 허용한다. 대부분의 분석은 (13)과 같이 공명도 규칙이 두음 자음군을 지배한다고 전제한다(Selkirk 1982, Steriade 1982). (14)는 영어의 예이다.

(13) 두음 자음군에 대한 공명도 분석
공명도는 두음 자음군에서 충분히 증가해야 한다.

(14) 두음 자음군에 대한 공명도 분석의 예

자음군	평가
pr	좋음: 공명도의 충분한 증가
fr	좋음: 공명도의 충분한 증가
θr	좋음: 공명도의 충분한 증가
sr	좋음: 공명도의 충분한 증가
*fn	좋지 않음: 공명도의 불충분한 증가

공명도 증가의 정도는 공명도 등급으로 측정한다. 즉, 두 음의 공명도 등급이 멀리 떨어져 있을수록 공명도 증가 정도가 커진다. 영어 두음의 공명도 분석은 8장에서 논의하기로 한다.

CVX 이론에는 두음 자음군이 없다. 두음 자음군처럼 보이는 것은 복합음으로(2장 참조), 필자의 주장과 예는 각각 (15), (16)과 같다.

(15) 두음 "자음군"에 대한 복합음 분석
두 개 음은 복합음을 형성할 경우에만 CVX의 C 단위에 적합하다.

(16)   a. 복합음을 형성할 수 있는 자음군: pr, fr, pl, kr......

          b. 복합음을 형성할 수 없는 자음군: θr, ʃr, ʃm, ʃn, sr, sl, sm, sn, st, sp, sk, sf......

공명도 분석에서 [θr]와 [sr]는 공명도 상승이 [fr]와 동일하므로 둘 다 좋다. 이에 반해 복합음 분석에서는 [fr]는 좋지만 *[θr]와 *[sr]는 좋지 않다. 이는 [f]와 [r]는 서로 다른 조음자를 사용하기 때문에 복합음을 형성할 수 있지만, [θ]와 [r]는 동일한 조음자가 서로 다른 자질 값을 사용하기 때문이다. 따라서 [θ]와 [r]는 굴곡 금지 원칙(No Contour Principle, 2장)을 위배하므로 복합음을 형성하지 못한다. [fr]와 [θr]의 자질 구조는 (17), (18)과 같다.

(17)   [f]   순음―[+마찰]

          [r]   설정―[-마찰]

          [f] + [r]   순음―[+마찰], 설정―[-마찰]

(18)   [θ]   설정―[+마찰, +전방]

          [r]   설정―[-마찰, -전방]

          [θ] + [r]   *설정―[+마찰, -마찰, +전방, -전방]

마찬가지로, [sr](*설정―[+마찰, -마찰])와 [ʃn](*연구개―[-비음, +비음])는 복합음을 형성하거나 두음을 담당할 수 없으며, (16b)의 자음군도 모두 이와 같다.

공명도 분석과 복합음 분석은 각기 다른 예측을 하기 때문에, 두 분석의 주장을 검증할 수 있다. 공명도 분석은 [θr, ʃr]와 같은 자음군은 적절한 공명도 상승이 있으므로 어중 위치에서 두음으로 출현할 수 있다고 예측한다. 또한 [s]와 [ʃ]는 공명도 규칙에서 자유롭기 때문에 [ʃm, ʃn sr, sl, sm, sn, st, sp, sk, sf]와 같은 자음군도 어중 위치에서 두음으로 출현할 것으로 예측한다. 이에 반해 복합음 분석은 이러한 자음군은 두음에 출현할 수 없으며 어중 위치에서 나타나지 않을 것으로 예측한다. 8장은 언어 증거가 복합음 분석을 뒷받침한다는 것을 논의할 것이다.

3.4.3. VVN 운과 VNC 운

영어에서 대부분의 비어말(non-final) 운은 VX에 제한되지만, VXC 운도 가끔 발견된다(Borowsky 1989). 두 가지 잘 알려진 경우는 VNC와 VVN으로, VNC의 C는 symptom의 [imp]처럼 무성음이며, VVN은 council의 [aun]과 같다. 두 경우 모두 N은 후행하는 C와 동일한 조음 위치를 갖는다. 예를 들어, [mp]는 두 음이 순음이고 [ns]는 두 음이 설정음이다.

Borowsky(1989)와 Hall(2001)은 조음 위치가 같은 NC 자음군을 하나의 음으로 간주할 수 있다고 주장한다. 그러나 자질 이론에서 [mp], [ns]와 같은 NC 자음군은 굴곡 금지 원칙을 위배하여 적법하지 않은 구조인 연구개—[+비음, −비음]이므로 복합음이 될 수 없다. Borowsky(1989)와 Hall(2001)은 VNC와 VVNC 문제에 대하여 설명하지 않는다. Goldsmith(1990:151)는 영어가 핵음과 말음 사이에 부가적인 공명음을 허용한다고 주장하는데, 그 근거가 명확치 않다.

NC는 복합음을 구성할 수 없지만 VN은 복합음 V를 형성할 수 있으므로, VNC는 VC가 되고 VVNC는 VVC가 된다. 이 분석은 세 가지 이점이 있다. 첫째, VNC[3]를 VC로 나타내는 것은 자질 이론에 부합한다(2장). 둘째, 이러한 분석은 영어에서 모음이 비음 말음 앞에서 비음화하는 잘 알려진 사실에

---

3   [역자 주] 원문의 VNV를 VNC로 정정함.

부합한다. 셋째, simple [sĩpɫ], sinker [sĩkə], symptom [sĩptəm], council [kãũ
sɫ]처럼 VNC가 종종 V̩C로 실현된다는 독립적인 음성적 판단에 부합한다
(Malécot 1960, Bailey 1978, Fujimura 1979, Cohn 1993 등). 8장은 이 문제를
다시 논의할 것이다.

3.4.4. V:C 운

어중 위치에 출현하는 또 다른 종류의 VXC 운은 미국 영어 aesthetic [i:sθ
ɛtɪk]의 [i:s], also [ɒ:lso]의 [ɒ:l]과 같은 V:C이다. V:C의 모음은 긴장음
(tense)으로 음운적으로 두 개의 소리로 취급된다. 강세 단음절의 운은 bit
[bɪt], bet [bɛt]과 같이 VC이거나 bee [bi:], law [lɒ:]와 같이 V:이며, *[bɪ],
*[bɛ]와 같은 V는 허용되지 않는다. 이는 긴장 모음은 이완 모음과 자음의
결합에 상응한다는 것을 보여준다.

그러나 V:C 운을 세 개의 소리를 지닌 것으로 간주하여 운의 크기를 VXC
로 확대하면 두 가지 문제가 야기된다. 첫 번째 문제는 일반적으로 VCC
운이 어중 위치에 출현하지 않는다는 것이고, 두 번째 문제는 이중 모음
VV를 갖는 VVC가 어중 위치에서 잘 발견되지 않는다는 것이다(8장 참조).
그러므로 V:C는 일반적이지 않은 특별한 경우이다.

긴장 모음은 길어질 수 있지만 모든 환경에서 그럴 필요가 있는 것은 아니
라고 보는 깃이 운의 그기를 확대하는 것보다 더 나은 분석이다(Pike 1947,
Jones 1950, Abercrombie 1967, Giegerich 1985, Alcantara 1998). 이러한 분석에
서 V:C는 VC로 나타낼 수 있는데, V는 긴장음이고 짧지만 여전히 이완
모음과는 구분된다. 예를 들어, aesthetic [isθɛtɪk]의 [i]는 bee의 [i:]에 비하
여 짧지만 [ɪ]와는 구별된다. 마찬가지로 also [ɒlso]의 [ɒ]는 author의 [ɒ:]보
다 짧다. 이 분석이 맞다면 운의 최대 크기는 여전히 VX이다.

3.4.5. 형태론과 단어 경계 자음

단어 경계에서 나타나는 추가적인 자음을 살펴보자. 첫째, help [hɛlp]와 hype [haip]의 [p]와 같이 어말 위치에서 VX를 초과하는 자음에 대하여 (19)의 세 가지 분석이 있다. [ ]는 음절 경계를 나타낸다.

(19)   어말 VXC에 대한 분석

    a.   [...VXC]   큰 운(large rhyme)

    b.   [...VX]<C>   음절 외(extrasyllabic)

    c.   [...VX][C(V)]   (잠재적(potential) 모음의) 두음

분석 (a)는 VXC 전체를 큰 운(large rhyme)으로 간주한다(Khan 1976, Kiparsky 1981, Giegerich 1992, Harris 1994, Blevins 1995, Hall 2001 등). 그런데 비어말 운은 VXC가 아니라 VX에 제한되기 때문에 이 분석은 문제가 있다 (Giegerich 1985, Borowsky 1989). Hall(2001)은 비어말 위치의 운은 VX이지만 어말 위치의 운은 VXC라고 주장한다. 그러나 이는 사실에 대한 설명이 아니라 재기술한 것에 불과하다. 또한 VXC 운이 있다면 VX 운보다 음성적으로 돋들릴 것으로 예상되지만 이를 뒷받침할만한 증거가 없다.

분석 (b)는 어말 위치의 자음을 음절 외 요소로 간주한다(McCarthy 1979b, Hayes 1982, Borowsky 1989, Giegerich 1989, Goldsmith 1990, Gussmann 2002). 이로써 최대 크기의 운 VX를 어말과 비어말 음절에 일관성 있게 적용할 수 있다. 그러나 왜 어말 위치의 자음은 음절화하지 않는지, 그리고 음절화하지 않는 자음이 왜 허용되는지의 문제가 있다.

분석 (c)는 어말 위치의 자음을 후행 모음의 두음으로 간주한다. 모음에 대해서는 두 가지 관점이 있을 수 있다. 첫 번째 관점은 모음을 완전히 추상적인 것으로 보는 것이다(Burzio 1994). 두 번째 관점은 모음을 실체적인 것으로

보는데, 이는 접미사의 어두 위치에 있는 모음이다(Giegerich 1985, Borowsky 1986). 단어가 항상 접미사를 지니는 것은 아니므로, 이 모음을 "잠재적 모음"으로 부르기로 한다. 예를 들어, help의 [p]는 단어가 단독으로 출현할 때는 추가적인 자음이지만, helper와 helping, helpless에서는 후행 모음의 두음이다. 이 분석의 문제는 왜 어두 위치에 모음이 출현하는 접사가 없을 때도 어말 자음이 여전히 출현하는가 하는 것이다. 필자의 분석은 출현 환경에 상관없이 형태소의 동일한 모습을 유지하고자 하는 패러다임 일치(paradigm uniformity) 또는 "이형태 금지(anti-allomorphy)"로 알려진 규칙을 채택한다(Burzio 1996). (20)은 어말 자음이 출현하는 환경이며, (21)은 이에 해당하는 예이다.

(20)　　어말 자음 출현 환경

　　　　a. 잠재적 모음: 어말 자음은 어두 모음을 갖는 접미사의 잠재적 모음의 두음이 될 수 있다.

　　　　b. 이형태 금지: 출현 환경에 상관없이 형태소의 동일한 모습을 유지하라.

(21)　　어말 자음　잠재적 모음으로 설명　　　이형태 금지로 설명

　　　[hɛl]p　　[hɛl][pɪŋ], [hɛl][pɚ]　　　[hɛl]p, [hɛl]p[fʊl], [hɛl]p[lɪs]

　　　help　　helping, helper　　　　　help, helpful, helpless

　　　[rɪɜ]k　　[rɪs][kɪŋ], [rɪs][ki]　　　[rɪs]k, [rɪs]k[fri]

　　　risk　　risking, risky　　　　　risk, risk-free

이 분석은 어말 자음이 선행하는 운이 최대 크기인데도 허용된다는 점에서 마치 음절 외 요소인 것처럼 행동할 수 있다는 것을 정확히 예측한다. 또한 어말 VC가 어말 모음, 즉 가벼운(light) 운처럼 행동할 수 있다는 것도 예측한다. 이와 같이 추가적인 자음의 존재를 설명할 수 있기 때문에, 그

자음이 선행하는 음절에 통합되어야 한다는 것을 전제할 필요가 없다. 이로써 최대 크기의 운이 어말과 비어말 음절에서 모두 일관되게 VX임을 주장할 수 있다.

이 책의 심사자는 file과 같은 단어에서 [l]가 연구개음화하여 다크(dark) [l]가 되는 것은 [l]가 운에 있다는 것을 나타내므로 [fail]로 음절화해야 한다고 지적하였다. CVX 분석에서 [ail]은 가능한 운이 아니다. 그러나 다른 두 가지 다른 해결책이 있다. 첫째, 모든 화자에게 [l]는 운에서 다크 [l]이고, 일부 화자에게 두음에서 "맑은(clear)" 것은 사실이다. 그러나 음절화하지 않은 [l]가 다크 [l]인지 맑은 [l]인지는 분명하지 않다. 둘째, 더 나은 분석은 file을 두 음절 [fai][ɬ]로 간주하는 것이다. 여기에서 [ɬ]는 성절적이며 운을 구성하므로 다크(dark) [l]이다.

또한 잠재적 모음 분석은 한 언어에 CV 접두사가 있으면 추가적인 자음이 어두 위치에서 "잠재적 말음"으로 출현할 수 있다는 점을 예측한다. 이는 (22)와 같이 도식화할 수 있다.

(22) 어두 자음   잠재적 모음과 이형태 금지로 설명
      어근   잠재적 모음으로 설명   이형태 금지로 설명
      CCVC   [CV–C][CVC]   C[CVC]

11장은 티베트-버마어인 르가롱어(rGyalrong)가 이에 해당되는 언어임을 논의할 것이다. (23)은 Lin(1993:36)의 예로, [tɕʰ]는 파찰음이다.

(23) 어근   잠재적 모음으로 설명   이형태 금지로 설명
      ntɕʰok   [kɐ–n][tɕʰok]
      '파임'   '파임'

      ʒba   [tə–ʒ][ba]   ʒ[ba–n][tɕʰok]
      '얼굴'   '얼굴'   '얼굴 파임 (보조개)'

nteʰok '파임'의 어근은 CCVC로, CV 접두사나 어말 모음을 갖는 단어에 후행하면 어근의 첫 번째 C는 선행하는 V의 말음이 된다. 이와 마찬가지로 ʒba '얼굴'의 어근은 CCV인데, CV 접두사에 후행하면 어근의 첫 번째 C가 선행하는 V의 말음이 된다. ʒba-nteʰok '보조개'처럼 접두사가 없을 때는 어근의 첫 번째 C는 이형태 금지를 따른다.

잠재적 모음 분석은 개별 언어에서 추가적인 자음의 출현 여부와 출현 환경을 예측한다. 어두 모음을 갖는 접미사가 있는 언어는 추가적인 자음이 어근의 마지막 위치에 출현할 수 있다. 어말 모음을 갖는 접두사가 있는 언어는 추가적인 자음이 어근의 시작 위치에 출현할 수 있다. 이어지는 장에서 논의할 언어 사실들은 이를 뒷받침한다.

잠재적 모음과 이형태 금지를 고려할 때 최대 크기의 운은 VXC이다. 그러나 (24)와 같이 VXC를 초과하는 추가적인 자음을 갖는 영어 단어가 있다.

(24) VXC를 초과하는 어말 자음

단어	음	VXC 초과
saved	[seivd]	[d]
risked	[rɪskt]	[t]
text	[tɛkst]	[t]
texts	[tɛksts]	[ts]
sixths	[sɪksθs]	[θs]

영어에서 VXC를 초과하는 어말 자음은 [t, d, s, z, θ]에 제한된다. 이러한 자음은 음성적으로 설정 조음자에 의해 만들어지므로, 설정성 자음이 특별하다고 제안할 수도 있다. 이를 (25)와 같이 설정음 가설이라고 하자.

(25) 설정음 가설

설정 장애음은 음절로 설명할 필요가 없다. 즉, 음절이 최대 규모이더라도 설정 장애음은 예외적으로 음절에 부가될 수 있다.

한편 영어에서 [t, d, s, z, θ]가 자음 접미사로 사용되는 것을 볼 수 있는데, 실제로 이 음들은 영어의 유일한 자음 접미사이다. 이러한 사실은 VXC를 초과하는 어말 자음에 대하여 새로운 설명을 제공한다. 즉 이 음들은 음절에 속하기 때문이 아니라 접사이기 때문에 유지되는 것이다. Goldsmith(1990: 127)도 이와 유사한 제안을 한 바 있다. Goldsmith는 자음 형태소는 음절에 속하지 않더라도 출현이 "허가된다"고 주장한다. 이를 (26)의 접사 규칙으로 설정하자.

(26) 접사 규칙(초안)

접사인 음은 음절에 부합하는가의 여부와 상관없이 발음될 수 있다.

접사 규칙은 직관적으로 자연스럽다. CELEX lexicon of English(Baayen et al. 1993)에 의하면, 54,447개의 기본 단어 가운데 41,911개의 단어가 자음으로 끝난다. 이는 대부분 영어 단어의 마지막 음절이 최대 규모라는 것을 의미한다. 만약 선행 음절이 최대 규모일 때 접미사인 자음이 발음되지 않는다면, 우리는 접미사가 있는지 없는지 알 수 없는 경우가 많기 때문에 접미사를 사용하는 것이 상당히 무의미해질 것이다.

설정음 가설을 주장하든 접사 규칙을 주장하든 상관없이 운 크기 VX를 확대할 필요가 없다. 왜냐하면 모든 음이 이미 설명되기 때문이다. 따라서 모든 음이 음절로 통합되거나 음절에 의해 수용되어야 한다고 전제할 필요 또한 없다.

설정음 가설과 접사 규칙은 서로 다른 예측을 한다. 설정음 가설에 따르면 추가적인 설정 자음은 어말뿐만 아니라 어중 위치에도 나타나야 한다. 이에 반해 접사 규칙은 단어 경계에서만 추가적인 설정 자음이 발견될 것으로 예측한다. 영어, 독일어, 르가롱어는 접사 규칙을 지지하며, 이에 대해서는 8, 10, 11장에서 논의할 것이다.

영어에서 VXC를 초과하는 모든 어말 자음이 접미사인 것은 아니다. 예를 들어, text [tɛkst]의 어말 [t]는 접미사가 아니다. 마찬가지로, Herbst [ɛrpst]의 어말 [st]도 접사가 아니다. 설정음 가설에 따르면 이러한 추가적인 자음은 설정음이기 때문에 허용된다. 그렇다면 접사 규칙은 이를 어떻게 설명할 수 있는가?

첫 번째 설명은 독일어와 영어 두 언어에서 설정 자음이 접미사로 사용되므로 모든 어말 설정 자음이 접미사로 인지된다고 보는 것이다(Fujimura 1979, Pierrehumbert 1994). 두 번째는 우리가 설정음 접미사에 익숙하기 때문에 다른 어말 설정음도 자연스럽게 받아들인다고 설명할 수 있다. (27)과 (28)은 이 두 가지 설명이다.

(27) 인지적 접사(perceived affixes)
접사와 유사한 소리는 접사로 취급될 수 있다.

(28) 음성적 친숙성
형태론이 하나 또는 하나 이상의 음 C_m이 특정 음운 환경(예. VXC를 초과하는 어말 위치)에서 출현할 것을 요구한다면, 형태론적 요구를 만족하지 않더라도 동일한 음운 환경에서 출현하는 C_m을 수용한다.

(27) 또는 (28)의 분석이 맞다면 접사 규칙은 (29)와 같이 수정할 수 있다.

(29) 접사 규칙(최종안)
접사 또는 접사와 유사한 음은 음절에 부합하는가의 여부와 상관없이 발음될 수 있다.

8장과 10장은 영어와 독일어의 많은 단어가 접사 규칙으로 설명된다는 것을 논의할 것이다.

3.4.6. [lp]는 두음이 될 수 있는가? [pl]는 말음이 될 수 있는가?

plum과 같은 단어의 [p]와 [l]는 복합음 [pˡ]를 형성하므로 CCVC가 아니라 CVC이다(2장 참조). 이에 대하여 몇 가지 의문이 제기될 수 있다. 첫째, 왜 lpum과 같은 단어는 없는가? [l]와 [p]가 복합음을 형성할 수 있다면 이 단어는 CVC에 적합하기 때문이다. 이에 대한 답은 복합음의 모든 조음 자질은 동시적이므로 [p]+[l]와 [l]+[p]는 동일하다는 것이다. 따라서 lpum은 plum과 같다.

왜 help는 [l]와 [p]가 말음에서 복합음 [pˡ]를 형성하여 [hɛpˡ]로 실현되지 않는지에 대한 의문 역시 제기될 수 있다. 이는 앞서 논의한 "이형태 금지"로 설명되므로 [p]를 음절로 통합할 필요가 없기 때문이다. 또한 [lp] 연쇄는 hel.per의 연쇄와 더욱 비슷하므로 이형태 금지를 만족시키는 더 좋은 형식이다.

다음 의문은 복합음 [kˡ], [pˡ]이 말음에 출현하는 tikl, tepl 같은 영어 단어가 왜 없는가이다. 이에 대한 답은 [l]는 성절적일 수 있으므로 tikl과 tepl은 2음절이라는 것이다. Lamontagne(1993)이 지적한 바와 같이, 실제로 영어에는 그러한 단어가 있으며 tickle, nipple이 그 예이다.

마지막으로, 왜 가상 단어 neplsa, tiklny에서와 같은 어중 말음 [pˡ], [kˡ]이 없는가에 대해서도 의문이 제기될 수 있다. 이는 [l]가 성절적일 수 있으므로 neplsa나 tiklny(neppelsa나 tickelny로도 표기 가능)는 3음절이 되기 때문으로 설명할 수 있다. 또 다른 가능한 설명은 언어는 일반적으로 두음에 비해서 말음의 수가 적다는 것이다. 예를 들어, 광둥 중국어(Cantonese)는 약 15개의 자음이 두음이 될 수 있지만 말음은 [p, t, k, m, n, ŋ] 6개이다. 마찬가지로, 표준중국어는 약 20개의 자음이 두음으로 허용되지만 말음은 [n, ŋ] 2개다. 따라서 단순히 영어는 [pʰ], [kʰ]을 두음으로 허용하는 반면 말음으로는 허용하지 않는 것일 수도 있다.

3.4.7. 요약

많은 언어에서 최대 음절 크기가 적어도 CVX라는 것은 의심의 여지가 거의 없다. 필자는 음절 크기가 최대 CVX이며 C, V, X는 각각 복합음일 수 있음을 주장하였다. 추가적인 자음이 단어 경계에서 발견될 수 있는데, 이는 형태론적으로 설명할 수 있다. 특히 단어는 조직적 구조 C_mCSCC_m를 가지며, 여기에서 C_m은 하나 또는 하나 이상의 접사 또는 접사와 유사한 자음이다. C는 접사의 잠재적 모음에 의해 가능하며, S는 최대 크기가 CVX인 하나 또는 하나 이상의 음절이다.

영어는 어두 모음을 갖는 접미사가 많고 어말 모음을 갖는 접두사가 소수 있다. 또한 자음 접미사는 있지만 자음 접두사는 없다. 따라서 영어에서 최대 크기의 단음절은 (30)과 같다.

(30)   영어의 최대 크기 단음절
$CSCC_m$
S: 최대 CVX로, C, V, X는 복합음일 수 있다.

독일어도 이와 유사한 방식으로 분석할 수 있다. 8장과 10장은 이 분석을 지지하기 위하여 영어와 독일어의 대량의 정량적 자료를 제시할 것이다.

이전 분석 방법과 마찬가지로 CVX 이론도 단음절 단어의 최대 크기에 대하여 언어 간 변이를 예측한다. 그러나 이전 분석이 변이를 음절의 매개 변수(parameter)의 결과로 보는 것과 달리 CVX 이론은 형태론으로부터 변이를 도출한다. 따라서 CVX 이론을 "형태론적" 접근으로, 음절 매개 변수를 주장하는 전통적 분석을 "음운론적" 접근으로 부르기로 하자. (31)은 두 분석의 비교로, "음운론적" 접근은 Blevins(1995)와 유사하다.

(31) 단음절 크기의 변이에 대한 설명(S는 최대 CVX)

최대 크기	형태론적 접근(CVX)	음운론적 접근(매개 변수)
S	V-어말 접두사, V-어두 접미사 또는 C 접사 없음	두음 분지(branching)나 말음 분지 없음
CS	V-어말 접두사 있음	두음 분지
C_mS	C 접두사 있음	두음 분지; 추가(appendix)
SC	V-어말 접미사 있음	말음 분지
SC_m	C 접미사 있음	말음 분지; 추가
CSC	V-어말 접두사와 V-어두 접미사 있음	두음 분지와 말음 분지
SCC_m	V-어두 접미사와 C 접미사	말음 분지와 추가

⋮

CVX 이론의 주요 주장은 언어의 형태론과 단음절 단어의 최대 크기 사이에 상관성이 있다는 것이다. 이 상관성은 이전 연구에서는 제안된 바 없으나, 이 책의 후속 장에서 논의할 언어들은 이것이 사실이라는 것을 보일 것이다. 이 상관성이 전반적으로 사실이라면, 형태론적 자질이 인정되어야 하므로 "음운론적" 접근은 잉여적이다. (32)는 두 가지 접근의 차이를 요약한 것이다.

(32)		CVX 접근	전통적 접근 (음절 매개 변수)
변이 예측		Y	Y
추가적인 자음(들) 설명		Y	Y
형태적 변이		Y	(Y)
음절 매개 변수		N	Y
음절 크기의 일관성		Y	N
과잉 예측		N	Y

두 접근은 단음절 단어 크기의 언어 간 차이 및 단어 경계의 추가적인 자음을 설명한다. 그러나 CVX 분석은 음절 매개 변수를 전제하지 않고도 일관성 있는 음절 크기를 유지한다. 반면, 전통적 분석도 마찬가지로 형태적 변이를 전제해야 하기 때문에 음절 매개 변수의 전제는 잉여적이다. 또한 전통적 분석은 다양한 음절 크기를 전제하며 과잉 예측이 훨씬 많다.

3.5. 음절 경계

영어와 같이 CVC, CV, VC 음절을 허용하는 언어에서 CVCVC는 어떻게 음절화하는가? CV.CVC와 CVC.VC가 모두 가능할 것 같다. 그러나 개별 단어가 단지 한 가지 방식으로만 음절화한다넌 음질화의 중의성이 해결되어야 한다. 이 절은 이와 관련한 몇 가지 주장을 논의한다.

3.5.1. 화자 직관

Chomsky(1957)에 의하면, 문법은 가능한 언어 구조와 가능하지 않은 언어 구조를 정의하는 일련의 규칙들이다. 또한 모어 화자는 문법을 습득하였기 때문에 자신의 언어에서 적법한 구조를 판단하는 직관을 갖는다. Haugen (1956ab)에 의하면 화자들은 천천히 발음하게 하면 단어를 음절로 분리할 수 있다. Halle(1962) 또한 화자들은 실제로 존재하는 단어가 아니더라도 어떤 음의 연쇄가 적법하게 형성되었는지 판단하는 직관이 있다고 주장한다. 예를 들어 [bɪk], [θod], [gnait], [vnig]는 영어의 실제 단어가 아니지만, 앞의 두 단어는 가능한 단어인 반면 뒤의 두 단어는 그렇지 않다.

그러나 최근 연구에 의하면 가능한 단어에 대한 화자의 판단이 항상 명확한 것은 아니다(Frisch et al. 2000, Myers and Tsay 2005, Zhang 2007). 또한 음절 경계에 대한 일관적인 판단을 도출하는 것이 어렵다는 점도 많은 연구에서 논의되었다(Gimson 1970, Treiman and Danis 1988, Giegerich 1992, Hammond 1999, Steriade 1999, Blevins 2003).

Giegerich(1992)는 실험 방법을 개선하면 화자의 직관을 조사할 수 있다고 주장한다. 즉 화자에게 개별 단어의 각 음절을 두 번씩 발음하도록 요청하되, after를 af-af-ter-ter로 발음하는 것처럼 음절 경계가 모호하지 않은 단어부터 시작한 후 상대적으로 어려운 단어를 제시하여 어떻게 처리하는지 관찰하는 것이다. apple은 어려운 단어의 예로, ap-ap-ple-ple로 음절 경계가 나뉘는 것으로 조사되었다. 이에 근거하여 Giegerich는 apple이 ap-ple로 음절화하며 [p]는 두 음절에 속하는 양음절적인(ambisyllabic) 것으로 간주한다.

그런데 이 주장은 몇 가지 문제가 있다. 첫째, apple의 산출이 ap-ap-le-le이 아니라 ap-ap-ple-ple인 것은 음절이 ap-ple이라는 것을 의미하는가? 아니면 le-le [l-l]이 화자가 피하고자 하는 부자연스러운 음절의 연쇄라는 것을 의미하는가? 둘째, 단어 text를 생각해보자. 산출 결과가 tek-tek-st-st이면 음절은 [tɛk]이고 [st]는 음절에 속하지 않는다고 결론내릴 수 있다. 그러나 결과가 text-text이면 이는 음절이 [tɛkst]라는 것을 의미하는가? 아니면 화자가 음절에 속하지 않는 자음군 [st]를 반복하기를 피하고자 하는 것을 의미하는가? 마지막으로, Giegerich는 화자의 판단이 항상 명확한가에 대해 논의하지 않는다. 모어 화자를 대상으로 한 필자의 실험은 판단이 달라질 수 있다는 것을 보여준다. 예를 들어 city의 산출형은 cit-cit-ty-ty가 될 수도 있고 ci-ci-ty-ty가 될 수도 있다. 따라서 실험이 결정적인 해답을 제공하지는 않는 듯하다.

그러나 화자의 직관이 없기 때문에 음절 경계가 없다고 결론 내려서는 안 된다. 모든 것이 직관적으로 명확한 것은 아니기 때문이다. 예를 들어, 우리가 이렇게 색깔을 보는지, 어떻게 음식을 소화하는지, 어떻게 걷는지에 대해서 항상 인식하는 것은 아니다. 또한 직관에 의존한다면 지구가 평평하다고 잘못된 결론을 내릴 수도 있다.

3.5.2. 어두 규칙과 어말 규칙

단어는 주로 음절로 시작하기 때문에 어중 위치의 두음은 어두 위치의 두음과 유사할 것이라고 예측하는 것이 자연스럽다. 마찬가지로, 단어는 일반적으로 음절로 끝나기 때문에 어중 위치의 운이 어말 위치의 운과 비슷할 것이라고 자연스럽게 예측한다. Haugen(1956a:196)이 지적한 바와 같이, 이러한 생각은 "어두와 어말 자음군에 근거하여 음절 나누기"에 사용될 수 있다. (33)와 (34)는 이 생각을 두 가지로 진술한 것이다. 필자는 Vennemann의 "음절 머리(syllable heads)" 대신 익숙한 용어인 "음절 두음(syllable onsets)"을 사용한다.

(33)   Vennemann(1988:32-3)
        a. 어두 규칙(Law of Initials): 어중 위치의 음절 두음은 해당 언어에서 가능한 어두 위치의 음절 두음과 다르지 않을수록 선호된다.

b. 어말 규칙(Law of Finals): 어중 위치의 음절 말음은 해당 언어에서 가능한 어말 위치의 음절 말음과 다르지 않을수록 선호된다.

(34)   Blevins(2003:203)

a. C_0가 어두 위치에서 가능하면 C_0는 음절 시작 위치에서 가능하다.

b. C_0가 어두 위치에서 가능하지 않으면 C_0는 음절 시작 위치에서 가능하지 않다.

c. C_0가 어말 위치에서 가능하면 C_0는 음절 마지막 위치에서 가능하다.

d. C_0가 어말 위치에서 가능하지 않으면 C_0는 음절 마지막 위치에서 가능하지 않다.

e. V_q가 어두 위치에서 가능하면 V_q는 음절 시작 위치에서 가능하다.

f. V_q가 어두 위치에서 가능하지 않으면 V_q는 음절 시작 위치에서 가능하지 않다.

g. V_q가 어말 위치에서 가능하면 V_q는 음절 마지막 위치에서 가능하다.

h. V_q가 어말 위치에서 가능하지 않으면 V_q는 음절 마지막 위치에서 가능하지 않다.

Vennemann에 의하면, 어중 위치에서 출현하는 두음과 운은 단어 경계에서 출현하는 두음과 운과 비슷해야 하지만 그 역은 성립하지 않는다. 예를 들어, VCCC 운은 어중 위치에서 나타나지 않기 때문에, text의 어말 운 VCCC는 어중 운과 반드시 비슷하지는 않다. 이에 반해 Blevins(2003)는 모든 어두 자음군이 어중 위치에서 두음으로 출현하며, 모든 어말 자음군이 어중 위치에서 말음으로 출현할 것으로 예측한다. 예를 들어, text에서 [-kst] 가 어말 위치에 출현하므로 어중 위치에서도 말음으로 출현 가능하다고 예측한다. 그러나 이와 같은 말음은 어중 위치에서 출현하지 않는다. 이러한 면에서 볼 때 Blevins는 많은 과잉 예측을 한다.

단어 경계의 추가적인 자음을 제외하면, 단어 경계 음절과 어중 위치의 음절 간에 두 가지 유사성 관계를 유지할 수 있다. 따라서 필자는 (35)과 같이 유사성 관계를 정의한다.

(35) 단어 경계 음절과 어중 위치 음절의 관계

　　a. 어두 규칙(Law of Initials, LOI): 어두 위치의 두음과 어중 위치의
　　두음은 서로 유사해야 한다.

　　b. 어말 규칙(Law of Finals, LOF): 어말 위치의 운과 어중 위치의
　　운은 서로 유사해야 한다.

어두 규칙과 어말 규칙은 다른 요인들과 상호작용할 수 있다. 예를 들어,
어떤 언어에 어말 강세가 없으면, 이 언어는 어말 위치에 C를 허용하지 않으
며 CVC.CV 단어를 가질 수 있다. 이 단어의 첫 음절은 어말 규칙을 위배한
다. 그러나 이러한 요소를 제외하면 어두 규칙과 어말 규칙은 대체로 언어
사실에 부합할 것으로 예상한다.

이 새로운 정의는 어중 위치와 단어 경계에서 모두 음절화를 잘 설명할
수 있다. 예를 들어, 어중 위치의 운이 VX로 제한되기 때문에 text의 운은
[st]를 포함할 수 없다. 또한 어두 위치에 두음 [ft]나 단어 마지막 위치에
[ɛ]가 없기 때문에 hefty는 he.fty가 아니라 hef.ty로 음절화한다. (36)은 또
다른 예이다.

(36) 어두 규칙과 어말 규칙에 의한 음절화

[sɪŋ.ɚ] singer　　　　좋음: sing, Urbana

*[sɪ.ŋɚ] singer　　　　어두 규칙 위배: [ŋ-]은 어두 위치의 두음이 아님

　　　　　　　　　　어말 규칙 위배: [ɪ]는 어말 위치에서 발견되지
　　　　　　　　　　않음

[sɪɾ.i] city　　　　　좋음: sit, east (sit in에서처럼 어말 위치의 [t]는
　　　　　　　　　　탄설음일 수 있음)

*[sɪ.ɾi] city　　　　　어말 규칙 위배: [ɪ]는 어말 위치에서 발견되지
　　　　　　　　　　않음

[æt.ləs] atlas	좋음: at, Las Vegas
*[ætl.əs] atlas	어말 규칙 위배: [-tl]는 어말 위치의 말음이 아님
*[æ.tləs] atlas	어두 규칙 위배: [tl-]는 어두 위치의 두음이 아님
*[wɪ.ski] whiskey	어말 규칙 위배: [ɪ]는 어말 위치의 운이 아님
[wɪs.ki] whiskey	좋음: miss, Kyoto
*[wɪsk.i] whiskey	좋음: risk, east, 그러나 운이 VX를 초과함
[tai.ni] tiny	좋음: tie, need
*[tain.i] tiny	좋음: fine, east, 그러나 운이 VX를 초과함

어두 규칙과 어말 규칙은 singer, city, altas의 음절화를 명확히 결정한다. 운의 길이에 제한이 없다면 whiskey나 tiny는 음절화가 분명하지 않다. 이 문제를 해결하기 위하여 Vennemann(1988)은 추가적인 규칙을 몇 가지 제안한다. 단일 음 두음을 선호하는 두음 규칙과 단일 음 핵음을 선호하는 핵음 규칙, 단일 음 말음을 선호하는 말음 규칙이다. 이 규칙들은 CVX 음절을 선호하며 whiskey나 tiny의 음절화의 불분명함을 해결할 수 있다.

그러나 CVX를 전제할 때에도 어두 규칙과 어말 규칙으로 해결할 수 없는 또 다른 불명확성이 있다. 이는 (37)에 보인다.

(37)   어두 규칙과 어말 규칙을 적용할 때도 나타나는 불명확성

*[kæ.nəd.ə]	Canada	LOF 위배: [-æ]는 어말 위치의 운이 아님
[kæn.əd.ə]	Canada	좋음: can, admitted, a
[kæn.ə.də]	Canada	좋음: can, a, Dakota

(37)의 문제를 해결하기 위해서는 추가적인 전제가 필요하다.

3.5.3. 강세 음절 최대화

Hoard(1971)에 의하면, "강세 음절은 최대 수의 분절음을 수용한다." 또한 Bailey(1978)는 "발화 속도가 빨라질수록, 자음군의 더 많은 자음이 인접한 두 핵음 중 더 강한 악센트를 가진 핵음으로 음절화해야 한다"고 주장하며, Wells(1990)와 Hammond(1999)도 이와 유사한 견해를 제시한다. (38)은 이들의 주장을 보여주는 예이다.

(38)   강세 음절 최대화
   Bailey(1978):   tiger [taig.ɚ], capital [kæp.ət.l̩], ability [ə.bɪl.ət.i],
         multiply [mʌlt.ə.plai]
   Wells(1990): city [sɪt.i], dolphin [dɒlf.ɪn], cauldron [kɔ:ldr.ən]
   Hammond(1999): fealty [fɪlt.i], bulky [bʌlk.i], alcove [ælk.kov]

강세 음절 최대화 분석은 두 가지 문제가 있다. 첫 번째 문제는 이 분석은 VX를 초과하는 큰 운을 많이 예측하는 반면 실제로 그러한 자음군이 일반적으로 출현하지 않는다는 것이다(8장 참조). 두 번째 문제는 비강세 음절의 음절화가 불분명하다는 점이다. 예를 들어, Canada는 [kæn.əd.ə] 또는 [kæn.ə.də]로 음절화할 수 있다. 두 경우 모두 강세 음절은 최대화된다. 그러나 이 분석은 비강세 음절이 말음을 취할 수 있는지의 여부에 대해서는 설명하지 않는다.

3.5.4. 최대 두음

Pulgram(1970)과 Kahn(1979)이 주장한 최대 두음 규칙에 의하면, 모음 사이의 자음은 최대한 후행 모음의 두음으로 음절화해야 한다. 최대 두음 규칙을 적용하면 음절화가 불분명한 경우가 없다. (39)는 최대 두음 규칙에 의한 음절화의 예이다.

(39) 최대 두음 규칙에 의한 음절화

[sɪŋ.ɚ]	singer	*[sɪ.ŋɚ], [ŋ-]은 가능한 두음이 아니기 때문
[æt.ləs]	atlas	*[æ.tləs], [tl-]는 가능한 두음이 아니기 때문
[tai.ni]	tiny	*[tain.i], [n-]는 가능한 두음이기 때문
[lɛ.mən]	lemon	*[lɛm.ən], [m-]는 가능한 두음이기 때문
[kæ.nə.də]	Canada	*[kæn.əd.ə], [n-]와 [-d]는 가능한 두음이기 때문

Steriade(1982:77)와 Clements and Keyser(1983:37)는 더 나아가 범언어적으로 VCV는 V.CV로 음절화한다고 주장하며, 많은 학자들이 이에 동의한다.

최대 두음 분석의 한 가지 문제는 어말 규칙을 준수하지 않는다는 것이다. 예를 들어, [lɛ.mən] lemon에서 첫 번째 음절은 [ɛ]로 끝나는데, [ɛ]는 어말에서는 발견되지 않는다. 이 문제를 피하기 위하여 Pulgram(1970)과 Kahn (1976)은 VCV에서 첫 번째 V가 이완 모음이면서 강세 모음일 경우 음절화는 VCV이며, C는 첫 음절과 둘째 음절에 동시에 속한다는 조건을 추가한다. 이와 유사하게, Selkirk(1982)는 첫 번째 V가 이완 모음이면서 강세 모음일 경우 V.CV가 VC.V로 변화하는 규칙을 제안한다. 그러나 많은 다른 연구들은 어말 규칙을 무시하고 최대 음절 규칙을 엄격하게 사용한다(Halle and Vergnaud 1987, Baayen et al. 1993 등). 두 번째 문제는 최대 두음 분석이 언어 사실에 의해 지지되지 않는다는 점이다.

예를 들어, 어두 모음을 갖는 단어가 종종 음성적으로 성문 파열음으로 시작한다는 것은 잘 알려진 사실이다. (40)은 영어의 두 가지 예이다.

(40)　out　[ʔaut]

　　　Ann　[ʔæn]

(40)과 같은 사실은 모든 음절이 두음을 필요로 한다는 증거로 해석되는 경우가 많다. 즉 두음 자음이 없을 때 성문 파열음이 추가되는 것으로 간주된다.

그러나 성문 파열음에 대해서는 두 가지 설명이 가능하다. 하나는 성문 파열음을 의도적인 소리로 보는 것이며, 다른 하나는 의도하지 않은 조음 동작으로 이해하는 것이다. 후자에 의하면 성도가 갑자기 모음 조음을 시작할 수 없기 때문에, 성문 파열음은 모음이 발음되기 전의 의도하지 않은 상태를 반영한다. 성문 파열음을 의도적인 소리로 보는 견해에 의하면, 성문 파열음은 선행 단어가 있는지의 여부와 상관없이 출현한다. 이에 반해, 의도적이지 않은 소리로 보는 견해에 따르면 성문 파열음은 선행 단어가 있는 경우에는 출현하지 않는다. (41)과 같은 언어 자료는 성문 파열음이 의도적이지 않은 조음 동작이라는 것을 뒷받침한다.

(41)   성문 파열음이 출현하지 않음
        ran out   [rænaut] / *[rænʔaut]

어두 모음을 갖는 단어가 다른 단어에 후행하는 경우, 화자가 매우 천천히 발화하지 않는 이상 성문 파열음은 추가되지 않는다. 이에 대하여 첫 번째 단어의 어말 자음이 두 번째 단어의 두음으로 이동하였다고 제안할 수도 있다. 그러나 영어는 일반적으로 단어 경계를 넘어서 재음절화하지 않는다. (42)는 Ladefoged(1972)와 Wells(1990)에서 가져온 예로, 각각의 두 표현은 차이가 있다.

(42)   (I'm going to get my) lamb prepared 대 (I'm going to get my) lamp repaired
        nitrate 대 night-rate
        plum pie 대 plump eye

이와 마찬가지로 (43)의 (a), (b), (c)의 두 표현도 각각 서로 다르다. (43)에서 모음 길이는 표시하지 않고, 관련 음절 경계만 표시하였다. (a)는 Kiparsky (1979)에서 가져온 예이다.

(43) (a) at ease   [æɾ.iz] / *[æ.tʰiz] / *[æt.ʔiz]

          a tease   [ə.tʰiz]

     (b) beef eater   [bif.iɾɚ] / *[bif.ʔiɾɚ]

          bee feeder   [bi.fiɾɚ]

     (c) beat owls   [biɾ.aulz] / *[bi.tʰaulz]

          be towels   [bi.tʰaulz]

미국 영어에서 [tʰ]와 [ɾ]는 [t]의 변이음이며, [tʰ]는 강세 음절의 두음으로 출현한다. at ease에서 [tʰ]는 출현할 수 없으며, 이는 [t]가 첫 번째 음절에 속한다는 것을 의미한다. [ʔ]도 추가될 수 없는데, 이는 두음이 필수적이 아니라는 것을 보여준다. beef eater와 bee feeder의 차이도 동일한 사실을 드러낸다. beef eater에서 [f]는 단어 경계를 넘어서 음절화하지 않는다. 만약 [f]가 단어 경계를 넘어서 음절화한다면, (b)의 두 표현은 발음이 동일해야 한다. 그러나 첫 번째 단어의 [i]의 길이에 음성적 차이가 있는 것 같다. 즉 [i]는 beef보다 bee에서 더 길다. 또한 beef eater에서 [ʔ]가 추가되지 않으므로 두음이 필수적이 아니라는 것을 보여준다. 동일한 분석이 beat owls와 be towels의 차이에도 적용된다.

요약하면, 두음 최대 규칙을 뒷받침하는 명확한 증거는 없다. Kahn(1976)은 유기음화(aspiration)나 탄설음화(flapping)와 같은 변이형 규칙이 두음 최대 분석을 뒷받침한다고 주장하는데, 필자는 아래에서 이 주장의 증거 역시 설득력이 없다는 것을 보일 것이다.

3.5.5. 무게 강세 원칙

무게 강세 원칙(weight-stress principle, WSP)은 여러 학자들에 의해서 다양한 형식으로 제기되었으며(Prokosch 1939, Fudge 1969, Hoard 1971, Bailey 1978, Selkirk 1982, Murray and Vennemann 1983, Kager 1987, Prince 1990, Wells 1990, Hammond 1999, Duanmu 2000 등), 음성적 근거도 있다(Krakow 1989, Turk 1994, Redford and Randall 2005). 무게 강세 원칙과 상반되는 예가 보고된 바 있으나(Davis 1988:85-8) 설득력 있는 증거가 없으므로 여기에서는 논의하지 않겠다. (44)와 (45)는 WSP의 정의와 예로, V는 짧은 강세 모음, X는 C 또는 V, v는 비강세 모음을 가리킨다.

(44) 무게 강세 원칙
  a. 강세 음절은 중음절이어야 한다(VX 운)
  b. 비강세 음절은 경음절이어야 한다(운이 v 또는 성절 C)

(45) | 좋음 | 나쁨 | 이유 | 예(해당 부분 밑줄) |
|---|---|---|---|
| (a) VC.v | *V.Cv | 무게 강세 원칙 (a) | city |
| (b) VC.VX | *V.CVX | 무게 강세 원칙 (a) | rabbi |
| (c) v.CVX | *vC.VX | 무게 강세 원칙 (b) | attack |
| (d) v.Cv | *vC.v | 무게 강세 원칙 (b) | Canada |
| (e) VV.Cv | *VVC.v | 최내 운 크기는 VX | cola |
| (f) VC.Cv | *VCC.v | 최대 운 크기는 VX | whisper |

무게 강세 원칙은 (a)~(d)를 명확하게 음절화한다. (e)와 (f)도 불명확성이 없는데, 운의 최대 크기가 VX로 제한되므로 VVC.v와 VCC.v를 배제하기 때문이다. 또한 무게 강세 분석은 어두 규칙과 어말 규칙도 만족시킨다는

것을 볼 수 있다. 3.5.6은 무게 강세 분석이 변이형 설명도 가능하다는 것을 논의할 것이다.

무게 강세 원칙은 얼마나 많은 정보가 어휘에 포함되는가의 문제를 제기한다. 일부 연구는 영어의 어휘에 음절이나 강세가 포함되지 않는다고 전제하는 대신 음절 형성과 강세 할당 규칙을 설정한다(Halle 1962, Halle and Vergnaud 1987, Zec 1988 등). 이에 반해 어휘가 많은 저장된 정보를 담고 있다고 주장하는 연구도 있다(Vennemann 1974, Selkirk 1980, Clements and Keyser 1983, Giegerich 1992, Bromberger and Halle 1989, Burzio 1996, Hayes 1995, Halle 1997, Pater 2000, Ladefoged 2001, Pierrehumbert 2001, Vaux 2003, Port 2006, Coleman and Pierrehumbert 2007 등). 필자는 후자를 따라서 음절 구조와 강세가 어휘에 저장된 정보의 일부임을 가정한다.

3.5.6. 유기음화, 탄설음화, 어중 위치의 음절 경계 음

Kahn(1976)은 음절화가 미국 영어의 유기음화(aspiration), 탄설음화(flapping) 같은 변이형 규칙을 설명하는 데 도움이 된다고 주장한다. (46)은 Kahn의 분석을 요약한 것이며, (47)은 예이다. (47)에서 C는 양음절적, 즉 첫 번째와 두 번째 음절에 모두 속한다는 것을 나타낸다.

(46)   Kahn의 음절화, 유기음화, 탄설음화 규칙
        VCV → V.CV 최대 두음 규칙
        V.Cv → VCv 양음절 규칙(v는 비강세 음절)
        유기음화: [p, t, k]는 음절 두음일 때 유기음화한다.
        탄설음화: [t], [d]는 양음절적일 때 탄설음화한다.

(47) potato의 분석

[pə.té:.to] 최대 두음 규칙

[pə.té:t̬o] 양음절 규칙

[pʰə.tʰé:ɾo] 유기음화, 탄설음화

potato는 어말 [o]가 비강세이므로 양음절 규칙이 두 번째 [t]에 적용되어 [pə.té:t̬o]가 산출된다. 따라서 이 분석은 유기음화와 탄설음화을 정확하게 예측한다. 그러나 Kahn의 분석은 af.ter에서 문제가 생긴다. [ft]는 영어에서 두음이 아니므로 [t]가 이 단어의 두 번째 음절을 시작함에도 불구하고 유기음화하지 않기 때문이다. 이에 대하여 Kahn은 after는 a.fter로 음절화하며 [ft]가 두음이라고 주장하나 이를 뒷받침할 증거가 거의 없다.

Borowsky(1986)는 양음절 규칙을 폐기하고, Khan과는 다른 재음절화 규칙과 탄설음화를 채택한다. (48)과 (49)는 Borowsky의 분석이다.

(48) Borowsky의 음절화, 유기음화, 탄설음화

VCV → V.CV 최대 두음 규칙

V.Cv → VC.v 재음절화 (v는 비강세 모음)

탄설음화: 모음 사이의 [t]나 [d]는 말음 위치에서 탄설음화한다.

(49) potato의 분석

[pə.té:.to] 최내 두음 규칙

[pə.té:t.o] 재음절화

[pʰə.tʰé:ɾ.o] 탄설음화

potato의 [o]가 비강세이므로 재음절화 규칙에 의하여 두 번째 [t]가 선행 모음의 말음으로 이동하여 [pə.té:t.o]가 도출된다. 그 다음에 두 번째 [t]에

탄설음화가 적용된다. 두음인 첫 번째 [t]는 탄설음화가 적용되지 않는다. 그런데 이 재음절화 규칙은 Borowsky가 다른 경우에 가정했던 운 크기인 VX를 위배한다는 점에 주의할 필요가 있다. 예를 들어, 긴장 모음은 VV로 간주되므로 potato의 두 번째 운 [e:ɾ]는 VVC이다. 이와 마찬가지로 mighty는 [t]가 탄설음화하여 [maiɾ.i]로 음절화하기 때문에, 첫 번째 운은 VX를 초과한다. VVC 운은 Hoard(1971), Selkirk(1982), Wells(1990), Hammond(1990)도 제안한 바 있다.

Jensen(2000)은 또 다른 유기음화와 탄설음화 규칙을 제안한다(Iverson and Salmons 1995, Davis 1999, Davis and Van Dam 2001 참조). 이 분석은 양음절적음이나 재음절화가 필요하지 않으며, 최대 두음 규칙으로 충분하다. (50)과 (51)은 Jensen의 분석이다.

(50) Jensen의 음절화, 유기음화, 탄설음화 규칙
      VCV → V.CV 최대 두음 규칙
      유기음화: [p, t, k]는 어두 또는 음보 시작 위치에서 유기음화한다.
      탄설음화: 모음 사이의 [t], [d]는 어두 또는 음보 시작 위치가 아닐
              때 탄설음화한다.

(51) potato   at ease
      [pə.té:.to]   [æt.íz]   음절화, 최대 두음 규칙
      [pʰə.tʰé:.ɾo]   [æɾ.íz]   유기음화, 탄설음화

potato에서 [p]는 어두 위치에 있기 때문에 유기음화한다. 강세 음절이 음보를 시작한다고 가정하면, 첫 번째 [t]는 음보 시작 위치에 있으므로 유기음화한다. 두 번째 [t]는 어두 위치나 음보 시작 위치가 아니므로 탄설음화한다. 이와 마찬가지로, 단어 경계를 가로지르는 재음절화가 없다고 가정하면 at ease에서 [t]는 첫 번째 모음의 말음이다. [t]는 어두 위치 또는 음보 시작

위치가 아니므로 탄설음화한다. 따라서 [t]는 potato [pʰə.tʰé:.ɾo]처럼 두음
위치, 또는 at ease [æɾ.íz]처럼 말음 위치에서 탄설음화할 수 있다. 또한 at
ease [æɾ.íz]⁴처럼 강세 모음에 선행하거나 hit it [híɾ.ɪt]처럼 비강세 모음에
선행할 때도 탄설음화할 수 있다. Jensen은 after [æf.tɚ] 분석도 문제가 없다.
[t]가 음보 시작 위치가 아니므로 유기음화하지 않기 때문이다.

　　Khan(1976), Borowsky(1986), Jensen(2000)이 관찰한 바와 같이, 유기음화
와 탄설음화는 강세에 민감하다. 강세의 역할을 인정하면, 최대 두음 규칙
없이도 음절화를 도출할 수 있다. (52)와 (53)에 제시된 해결안은 무게 강세
원칙(WSP)으로 음절화를 설명하며, Jensen(2000)과 동일한 규칙으로 유기음
화와 탄설음화를 설명한다. (54)는 무게 강세 분석과 다른 분석의 비교이다.

(52)　무게 강세 원칙에 의한 음절화, 유기음화, 탄설음화

　　　무게 강세 원칙: VCv → VC.v, vCV → v.CV

　　　유기음화: [p, t, k]는 어두 또는 음보 시작 위치에서 유기음화한다.

　　　탄설음화: 모음 사이의 [t], [d]는 어두 또는 음보 시작 위치가 아닐
　　　　　　　　 때 탄설음화한다.

(53)　　potato　　　　at ease

　　　　[pə.té:.to]　　[æt.íz]　　　무게 강세 원칙에 의한 음절화

　　　　[pʰə.tʰé:.ɾo]　[æɾ.íz]　　　유기음화, 탄설음화

(54)　네 가시 분석의 비교

	at ease	city	potato	
	[æɾ.íz]	[síɾi]	[pʰə.tʰé:ɾo]	Kahn(1976)
	[æɾ.íz]	[síɾ.i]	[pʰə.tʰé:.ɾ.o]	Borowsky(1986)

4　[역자 주] 원문의 [æɾ.ís]를 [æɾ.íz]로 정정함.

[ær.íz]	[sí.ɾi]	[pʰə.tʰé:.ɾo]	Jensen(2000)
[ær.íz]	[síɾ.i]	[pʰə.tʰé:.ɾo]	무게 강세 원칙

(54)의 네 가지 분석은 at ease에서 단어 경계를 가로지르는 재음절화가 없다는 점에서 일치한다. 그러나 city와 potato의 분석에서 차이가 있다. Kahn은 city의 [ɾ]를 양음절적으로 분석하지만, Jensen은 두음으로 간주한다. potato의 [ɾ]를 Kahn은 양음절적으로, Borowsky는 말음으로 간주하는 반면, Jensen과 무게 강세 원칙은 두음으로 분석한다. 특히 무게 강세 분석에서 potato의 첫 번째 음절이 비강세이고 경음절이기 때문에 첫 번째 [t]는 말음이 아니다. 두 번째 [t]도 말음이 아닌데, 이는 [e:]가 장음이므로 VX 운을 채우기 때문이다. 무게 강세 분석은 다른 분석과는 다르게 음절화하는 동시에, 유기음화와 탄설음화도 설명한다.

Hoard(1971)은 또 다른 예에 대해 언급한다. motto의 [t]는 탄설음화하지만, veto, Hittite, satire의 어중 [t]는 탄설음화하지 않는다는 것이다. (55)는 이에 대한 무게 강세 분석이다.

(55) motto   [mɑ:][ɾo] 또는 [mɑɾ][o]
      veto   [vi:][tʰo:]
      Hittite [hɪt][tʰai](t)
      satire   [sæ:][tʰai][ɚ] 또는 [sæt][tʰai][ɚ]

motto는 두 번째 음절이 비강세이므로 [t]가 음보 시작 위치가 아니다. 이에 반해 veto, Hittite, satire는 두 번째 음절이 강세 음절이므로 두음 [t]는 음보 시작 위치이며 유기음화한다. 이 분석은 Hittite의 [tt]와 같이 영어에서 간혹 겹자음이 출현할 수 있다는 Hoard의 주장과 일치한다.

Blevins(2003)는 음절화의 방식과 상관없이 어두 규칙과 어말 규칙을 만족시킬 수 없는 단어가 있다고 주장한다. (56)은 이에 해당하는 예인 lemon이다.

(56)　음절화　　　　문제점
- [lɛ.mən]　어말 규칙 위배: 어말 [ɛ]가 출현하지 않음
- [lɛm.ən]　어두 규칙 위배: 어두 [ə]가 출현하지 않음 ?

[lɛ.mən]은 어말 위치에서 발견되지 않는 [ɛ]가 음절 말 위치에 있다. Blevins는 어두 위치의 모음은 성문 파열음이 선행한다고 전제한다. 따라서 [lɛm.ən]은 Blevins가 어두에 출현하지 않는다고 주장한 [ə]가 음절 시작 위치에 있다. 그러나 Blevins의 주장은 단독으로 발음된 단어에만 해당되며, 다른 단어와 함께 발음된 단어에는 적용되지 않는다. 예를 들어, 단독으로 발음된 out은 성문 파열음이 선행할 수 있지만, ran out [rænaut]는 성문 파열음이 없다. 따라서 연속 발화 환경에서 발음되는 단어를 고려한다면, lem.on 이 어두 규칙과 어말 규칙을 모두 만족시키는 정확한 음절화이다. (57)은 Betty에 대한 분석이다.

(57)　음절화　　단독 발음 단어　　연속 발화 환경에서 발음된 단어
- [bɛɾ.i]　음절 말 [ɾ]; 음절 시작 [i]　좋음: at ease
- [bɛ.ɾi]　음절 말 [ɛ]; 음절 시작 [ɾ]　어말 규칙 위배: 어말에 [ɛ]가 출현하지 않음

단독으로 발음된 단어는 두 가지 음절화 모두 문제가 된다. 왜냐하면 [ɾ]와 [ɛ]는 어말 위치에서 출현하지 않으며, [i]와 [ɾ]는 어두 위치에서 출현하지 않기 때문이다. 그러나 연속 발화 환경에서 발음된 단어의 경우 [bɛɾ.i]는 문제가 되지 않지만 [bɛ.ɾi]는 문제가 된다. [bɛɾ.i]의 음절 말 [ɾ]와 음절 시작 [i]는 at ease처럼 단어 경계에서 발견되지만, [bɛ.ɾi]의 음절 말 [ɛ]는 어말

위치에서 발견되지 않기 때문이다.

그러나 단어 경계 위치의 음절 유형이 어중 위치의 음절 유형과 일치하지 않는 경우도 있다. (58)은 Wells(1990)에 인용된 영국 영어 nostalgic이다.

(58)   음절화   문제점
    (a) [nɒ.stæl.dʒɪk] 어말 규칙 위배: 어말에 이완모음 [ɒ]가 출현하지 않음
    (b) [nɒs.tæl.dʒɪk] 어두 규칙 위배: 어두에 무기음 [t]가 출현하지 않음

(58a)는 음절 말 위치에 이완 모음이 있는데 이는 어말 위치에서는 발견되지 않는다. (58b)는 음절 시작 위치에 무기음 [t]가 강세 모음에 선행하는데, 이는 어두 위치에서는 발견되지 않는다. 따라서 두 가지 분석은 모두 단어 경계의 음절 유형에 맞지 않는다. gestation도 [dʒɛs.tei.ʃn]과 [dʒɛ.stei.ʃn]으로 음절화할 수 있는데, 동일한 문제가 있다. 이러한 예는 어중 위치의 음절 경계는 단어 경계에 있는 음절 경계와 다른 조건을 따른다는 것을 보여준다. 이는 또한 nostalgic을 [nɒs.tæl.dʒɪk]으로 음절화하면, [t]가 유기음화하지 않는 것이 동일한 음절에 있는 두음 [s]에 의해 촉발된 것이 아니라는 것을 보여준다. 따라서 stay와 같은 단어에서 [s]는 두음일 필요가 없다.

3.5.7. 요약

(59)는 운이 VX를 초과하는지(VX+), 음절화가 불명확한지, 어중 위치의 음절 경계가 단어 경계에서의 유형과 일치하는지에 대하여 네 가지 음절화 분석을 비교한다.

(59)

	불명확성	VX+	단어 경계 음절 유형
어두 규칙과 어말 규칙	Y	?	Y
강세 음절 최대화	Y	Y	Y
최대 두음 분석	N	N	N
무게 강세 원칙	N	N	Y

어두 규칙과 어말 규칙은 단어 경계의 음절 유형에 기반한다. 그러나 whis.key와 whisk.ey 같이 음절화의 불명확성이 있다. whisk.ey와 같이 운이 원칙적으로 VX를 초과할 수 있으나, 이들을 VX로 제한하기 위하여 추가적인 규칙을 제시할 수도 있다(Vennemann 1988). 강세 음절 최대화 분석 또한 Can.ad.a와 Can.a.da 같이 음절화의 불명확성이 있으며, whisk.ey와 같이 운이 VX를 초과하는 것을 허용한다. 최대 두음 분석은 음절화의 불명확성이 없고, 일반적으로 VX를 초과하는 운을 도출하지 않는다. 그러나 le.mon과 같이 이완 모음이 음절 말에 출현하는 것을 허용하는 것은 단어 경계의 음절 유형과 일치하지 않는다. 무게 강세 분석이 모든 면에서 가장 만족스럽다.

3.6. a/an 교체와 [r] 연결

영어의 관사는 어두 자음을 갖는 단어 앞에서는 a, 어두 모음을 갖는 단어 앞에서는 an이다. 이 교체가 두음이 음절 필수 요소임을 보여주는 것이라고 주장할 수 있는데, 이는 (60)과 같다.

(60) a/an 교체에 대한 [n] 삽입 분석

[n] 두음으로 추가　　an apple, an attack

[n] 불필요　　　　　 a pear, a potato

그러나 이 분석은 세 가지 문제점이 있다. 첫째, [n]가 후행 모음의 두음을 제공하기 위하여 추가되었다면 관사 자체는 왜 두음을 필요로 하지 않는가? 둘째, be_on time, go_again, buy_apples, panda_act, three_Iranians와 같은 다른 환경에서는 왜 [n]가 추가되지 않는가? 이에 대하여 be, buy, three는 활음 [j]가, go는 활음 [w]가, panda는 삽입된 [r]가 후행하므로, 이들이 후행 모음의 두음으로 기능한다고 제안할 수도 있다. 그러나 a [r] apple처럼 왜 a 뒤에는 [r]가 출현하지 않는가? a [j] Iranian처럼 왜 [j]가 [i] 앞에는 출현하지 않는가? 셋째, 관사의 원래 형태는 어원적으로 'one'으로부터 온 an이지 a가 아니다. 따라서 설명이 필요한 것은 모음 앞의 [n] 삽입이 아니라 자음 앞의 [n] 탈락이며, 이는 두음에 대한 요구와 관련이 없다.

원래 관사의 형태가 an이라는 어원적 사실을 고려하면, 무게 강세 원칙으로 관사의 교체를 설명할 수 있다. an은 비강세이므로 경음절이며 말음 [n]를 지닐 수 없다. 따라서 (61)과 같이 [n]는 후행 단어로 이동하거나 탈락한다.

(61)　　a/an 교체에 대한 [n] 탈락 분석

	[n] 이동	[n] 이동하지 않음	[n] 탈락
an apple	[ə][næp][l]	*[ən][æp][l]	*[ə][æp][l]
		비강세 VX	탈락 불필요
a bee	*[ə][nbi:]	*[ən][bi:]	[ə][bi:]
	적법하지 않은 [nb]	비강세 VX	가장 좋음

삽입 분석과 탈락 분석은 모두 음절화가 때때로 단어 경계를 넘을 수 있다는 것을 전제한다. 특히 단어가 완전히 비강세일 경우 그러하다. 또한 두 분석 모두 an aim과 a name이 똑같이 발음된다고 예측한다. 그런데 이 예측은 일상 발화에는 적용되지만 신중한 발화에는 적용되지 않는다(Halle 1972, Kahn 1976, Kiparsky 1979). 신중한 발화를 어떻게 분석하는가와 무관하게, [n] 삽입 분석이나 두음 필수 규칙에는 분명한 이점이 없다.

이와 관련하여 유사한 예가 better [r] off, for [r] it 등과 같은 영어의 [r] 연결, law [r] and order, idea [r] of와 같은 [r] 삽입이다. 이는 음절이 두음을 필요로 하기 때문에 [r]가 추가된 것처럼 보일 수 있다. 그러나 연결적 [r]는 기저형에 존재하므로 변이형은 삽입이 아니라 탈락이다. 특히 어말 [r]를 발음하지 않는 화자의 경우, 후행 단어가 [r]를 수용할 수 없는 경우를 제외하면 [r]가 후행 단어로 이동한다. 이는 (62)와 같다.

(62)   [r] 탈락 분석

	[r] 이동	[r] 이동하지 않음	[r] 탈락
for us	[fo][rʌs]	*[for][ʌs]	*[fo][ʌs]
		음절말 [r]	탈락 불필요
for her	*[fo][rhɚ]	*[for][hɚ]	[fo][hɚ]
	적법하지 않은 [rh]	음절말 [r]	가장 좋음

[r] 삽입은 유추의 결과로 볼 수 있다. 예를 들어, [lɔ:] lore와 [lɔ:(r)ənd] lore [r] and의 관계로부터 [lɔ:] law와 [lɔ:(r)ənd] law [r] and의 관계가 유추될 수 있다. 따라서 음절은 두음을 지닐 수 있지만 두음이 필수가 아니라는 결론을 도출할 수 있다.

3.7. 자음 사이의 모음 삽입

어떤 언어에서는 자음군에 삽입(epenthetic) 모음이 출현할 수 있다. 예를 들어, Dell and Elmedlaoui(1985)는 버버어(Berber)[5]에서 단어가 자음으로만 구성될 수 있다고 주장하는 반면, Coleman(2001)은 음절 핵음을 담당하는 삽입 모음을 갖는다고 주장한다.

이와 마찬가지로 티베트-버마 언어인 르가롱어는 보기 드문 두음 자음군을 지니는데, Lin(1993)은 그러한 자음군이 삽입 모음을 지닐 수 있다는 점을 지적한다. 예를 들어, [kə-n-mʧʰə] '일찍'은 [kə-nə-mʧʰə]로 발음될 수 있다. 전자의 음절화는 [kən][mʧʰə]이며, 일반적이지 않은 두음 자음군인 [mʧʰə]를 포함한다. 후자의 음절화는 [kə][nəm][ʧʰə]으로 일반적이지 않은 두음 자음군은 없다. 폴란드어 또한 lgnąć '매달리다'의 [lgn], mknąć '종종걸음 치다'의 [mkn] 같은 보기 드문 어두 자음군을 가진 것으로 알려져 있다. 그러나 폴란드 모어 화자인 실비아 수터(Sylvia Suttor)의 발음은 이러한 자음군이 삽입 모음을 지니는 [ləgən]와 [məkʰn]인 듯하다. 따라서 영어 화자에게 lgnąć는 3음절처럼 들리며, mknąć는 2음절처럼 들린다. 삽입 모음의 존재로 인해 상이한 음절 구조 분석 방법이 늘어나는 것은 분명하다.

11장은 삽입 모음을 갖는 르가롱어에 대한 논의를 통하여 삽입 모음이 음절화 분석에 미치는 영향을 살펴볼 것이다.

---

5   [역자 주] 아프리카아시아어족에 속하는 언어로, 주로 북아프리카 지역 모로코, 알제리아, 리비아 등에서 사용된다.

3.8. 최대 음절 크기 매개 변수가 있는가?

많은 음운론자들은 언어마다 최대 음절 크기가 다르다고 생각한다. 생성 음운론에서 변이에 대한 일반적 접근은 일련의 매개 변수를 설정하는 것이다(Chomsky 1981). 매개 변수 및 매개 변수의 가능한 값을 설정하면, 얼마나 많은 인류 언어가 가능하며 그 언어들이 어떤 특성을 지니는지 예측할 수 있다.

Blevins(1995)는 영어의 최대 음절 크기 분석을 위하여 여섯 개의 이분적 매개 변수와 값(또는 "설정(settings)")을 제안한다. 이는 (63)과 같이 정리할 수 있다. Clements and Keyser(1983:28-30)도 이와 유사한 매개 변수를 제안한 바 있다.

(63) 최대 음절 크기 분석을 위한 이분적 매개 변수 (Blevins 1995:219)

매개 변수	영어 설정
두음이 두 개의 음을 가질 수 있는가?	Y
핵음이 두 개의 음을 가질 수 있는가?	Y
말음이 허용되는가?	Y
말음이 두 개의 음을 가질 수 있는가?	Y
추가적인 자음이 어두 위치에 출현하는가?	N(Y)
추가적인 자음이 어말 위치에 출현하는가?	Y

말음에 대한 두 가지 매개 변수는 상호의존적이며, 세 가지 선택, 즉, 말음 없음, 한 개 음을 갖는 말음, 두 개 음을 갖는 말음이 가능하다. 다른 네 가지 매개 변수는 상호독립적이다. 따라서 최대 음절 구조의 가능한 유형은 48개이다.

Blevins의 분석에 의하면, 개별 언어가 모든 매개 변수에 대해 "N"을 선택할 경우 가장 간단한 음절이 선택되며, 개별 언어가 모든 매개 변수에 대해 "Y"를 선택할 경우 가장 복잡한 음절이 선택된다. 영어는 가장 복잡한 음절 구조 중 하나를 갖는다. 특히 split에서와 같은 어두 [s]를 추가적인 자음으로 간주한다면 영어는 모든 매개 변수에 "Y"를 선택한 것이다. 이러한 언어는 경계가 아닌 위치에서 CCVVCC를 허용하며 단음절에서 CCCVVCCC 음절을 허용한다. 실제로 Clements and Keyser(1983:32)는 C와 V가 각각 적어도 세 번씩 반복 출현할 수 있으므로, 가능한 최대 음절은 적어도 CCCVVVCCC 라고 주장한다.

CVX 이론은 이와 같은 초대형 음절이 불가능할 뿐만 아니라 불필요하다고 예측한다. 필자는 8장에서 영어에서 어중 위치의 음절은 CVX에 제한되며 CC 자음군으로 보이는 음은 복합음임을 논의할 것이다. 또한 단어 경계에서 보이는 추가적인 자음군은 최대 음절 크기에 대한 매개 변수 선택의 결과가 아니라 형태론적 결과이다. 즉 V-어말 접두사는 어두 자음을, V-어두 접미사는 어말 자음의 출현을 가능하게 하며, 자음 접사는 추가적인 자음군을 형성한다. 만약 다른 언어도 이와 동일한 방식으로 분석할 수 있다면, 최대 음절 크기를 위한 매개 변수를 전제할 필요가 없다. 오히려 모든 언어는 동일한 최대 음절 크기인 CVX를 가진다.

모든 매개 변수가 "N"으로 설정되면 최대 음절 크기는 CV이다. Blevins (1995)는 미국 인디안 언어인 카유바바어(Cayuvava)[6]를 이러한 예로 제시한다. 이 언어는 [tr, pr]와 같은 일부 CC 두음을 갖지만(Key 1961), 이러한 두음은 복합음으로 분석할 수 있다. 이제 음절이 CV로 구성된 언어가 있다고 가정하자. 실제로 상하이 중국어가 이러한 언어이다(6장 참조). 이 경우 최대 음절 크기 즉 CVX에 대조되는 CV를 도출하기 위한 매개 변수가 필요

---

6   [역자 주] 볼리비아 아마존에서 사용되는 위기 언어 중 하나이다.

한가? 필자는 이 물음에 대한 답이 '그렇지 않다'임을 주장한다. CV 음절은 강세 음절일 때 장음화하기 쉬우므로 [CV:]나 CVV로 실현되기 때문이다. 이는 상하이 중국어에서 사실이며(Zhu 1995), 카유바바어에도 적용될 것이다. 그러므로 음성적 반증이 없는 한 최대 음절 크기가 CVX보다 더 작다고 가정할 필요는 없다. 12장은 CV 음절에 대해 다시 논의할 것이다.

3.9. 불완전한 사료 문제

"불완전한 자료(spotty-data)"라는 용어는 설득력 있는 일반화를 도출하기에 데이터가 충분하지 않은 경우가 많다는 사실을 가리킨다. 심지어 개별 언어의 전체 어휘를 조사할 때도 불완전한 자료의 문제가 존재한다. 이 문제를 이해하기 위하여 미국 영어에서 가능한 단어와 실제 단어 사이의 비율을 살펴보자. (64)는 CVC와 CVCVC 단어이다.

(64) 영어에서 "불완전한 자료" 문제

단어 형식	가능한 단어	사용되는 단어	사용 비율(%)
CVC	2,415	615	25.5
CVCCVC	5,832,225	6,000	0.1

접사와 동음어를 제외하면 넝어는 약 3,000개의 비굴절형(uninflected) 단음절 단어가 있다(9장 참조). 이는 CVVC(842), CVC(615), CCVVC(453), CCVC(326)를 포함한다. 두 번째로 빈도가 높은 형식인 CVC는 615개 음절이 포함된다. 영어는 24개의 자음, 5개의 단모음(이완 모음)이 있기 때문에, 두음에서 [ŋ]을 제외하고 말음에서 [h, tr, dr]를 제외하면, 가능한 CVC 음절은 2,415개이다($23 \times 5 \times 21 = 2,415$). 이는 가능한 전체 CVC 단어의 단지

25%만이 사용된다는 것을 의미한다. 더 많은 단모음을 가지는 방언에서는 실제 출현하는 음절의 비율이 더 낮아질 것이다. 더 나아가 2음절 단어를 고려하면 실제로 출현하는 음절의 비율은 훨씬 더 작아진다. 예를 들어, 어떤 모든 CVC 음절이 2음절 단어를 형성할 수 있다면 약 6,000,000개의 2음절 단어가 가능하지만, 영어에서는 단지 약 6,000개의 비굴절형 2음절 단어가 사용된다. 이는 가능한 모든 2음절 단어의 0.1%만이 실제로 사용된다는 것을 의미한다.

영어에서 가능한 단어 가운데 이렇게 많은 단어가 사용되지 않는 이유가 무엇인가? 대부분의 2음절 단어를 배제하는 음운적 제약이 있다고 추측할 수도 있다. 그러나 2음절 조합의 99%를 배제하는 음운적 제약은 알려진 바 없다. 필자의 견해로는, 이 물음에 대한 답은 단순히 언어가 단어를 만드는 데 많은 형태소를 필요로 하지 않는다는 것이다. 특히 필자는 9장에서 영어와 중국어가 약 10,000개의 형태소를 각각 사용하며, 이 중 많은 형태소가 낮은 빈도로 사용된다는 점을 논의할 것이다. 한 언어에서 단지 10,000개의 형태소가 필요하다면, 일반적으로 이 형태소들은 가능한 단어의 매우 작은 일부를 차지한다.

개별 언어가 가능한 모든 단어의 1% 또는 단지 몇 %만을 필요로 한다면 어떤 단어들이 선택되는가? 두 가지 가능성이 있는데, 하나는 단어가 대개 임의적이거나, 다른 하나는 단어가 음운적 원칙에 의해서 선택되는 것이다. 일반적으로 한 언어의 어휘를 보면 다양한 음운적 일반화를 도출할 수 있다. 그러나 어휘가 임의적 단어의 집합인지 아니면 체계적인 단어의 집합인지 모른다면, 그 일반화가 실제적인지 아니면 인위적인지를 판단할 수 없다.

대부분의 형태소가 단음절인 중국어는 실제 단어와 가능한 단어의 비율이 더 높다(5장 참조). 그러나 실제 출현하는 단어는 여전히 가능한 단어의 작은 비중을 차지할 뿐이다. 그러므로 중국어의 모든 현상에 대해서 의문을 제기할 수 있다. 예를 들어, Yip(1988:82)은 중국어 광둥 방언에 두 개의 순음 자음을 지니는 음절, 즉 [pim], [map]처럼 순음이 두음과 말음에 출현하는 음절에 대한 제약이 있다고 제안한다. 그러나 [pəm] '펌프'처럼 일부 예외가 있다는 것을 언급한다. 그렇다면 광둥 방언은 두 개의 순음 자음의 출현을 허용하지 않는다고 해야 하는가, 아니면 원칙적으로 두 개의 순음 자음을 사용할 수 있으나, 우연히 그런 단어가 전혀 또는 많이 사용되지 않는다고 해야 하는가? 이와 관련하여 단어성 또는 비단어성에 대한 모어 화자의 직관은 그다지 도움이 되지 않는다. 왜냐하면 직관은 음운적 원칙이 무엇인가를 나타내는 것이 아니라, 단순히 개별 단어가 그 언어에 있는지 없는지를 반영하기 때문이다. 또는 비단어(non-word)가 실제 단어와 얼마나 유사한지, 또는 비단어가 얼마나 많은 실제 단어와 유사한지를 반영하기 때문이다.

불완전한 자료 문제는 진정한 음운적 일반화를 도출하기 어려울 때가 많으며, 개별 언어가 어떤 종류의 규칙을 지니는지 판단하기 어려울 수도 있다는 점을 보여준다.

3.10. 요약

어떤 언어가 큰 음절을 갖는 것으로 보일 때, 이는 단어 경계에서 나타나는 추가적인 자음 때문인 경우가 많다. 모든 자음을 음절화해야 한다고 가정하면 CCCCVCCC(Hooper 1976a:229)나 CCCVVVCCC(Clements and Keyser 1983:32)처럼 매우 큰 음절을 설정해야 한다. 이 경우 과잉 예측의 문제가 생기는데, 비경계 음절이 훨씬 작은 이유를 설명할 수 없기 때문이다. 단어 경계의 추가적인 자음을 제외하면, 경계와 비경계 위치에서 모두 더 작고 일관성 있는 음절 크기를 유지할 수 있다. 그러나 추가적인 자음이 단어 경계에서 출현하는 이유를 설명해야 하는데, 이 문제는 만족스럽게 해결된 적이 없다.

CVX 이론은 두 가지 주장을 한다. 첫째, 비경계 음절의 최대 크기는 CVX, 즉 CVC 또는 CVV이다. 둘째, 단어 경계의 추가적인 자음은 형태론으로부터 예측 가능하다. 어두 모음을 갖는 접미사가 있는 언어는 추가적인 자음이 어말 위치에서 허용된다. 이는 추가적인 자음이 접미사 모음의 두음으로 기능할 수 있기 때문이다. 마찬가지로 어말 모음을 갖는 접두사가 있는 언어는 추가적인 자음이 어두 위치에서 허용된다. 이는 추가적인 자음이 접두사의 말음으로 기능할 수 있기 때문이다. 또한 한 언어에 자음 접사가 있으면, 자음 접사는 음절 구조에 맞는지와 상관없이 추가될 수 있다. 이러한 주장은 실증적인 예측을 하는데, 이어지는 장에서 이를 검증할 것이다.

복합음의 개념은 얼마나 많은 기저형 음이 세 개의 단위 CVX를 채울 수 있는지 설명한다(2장 참조). 극단적인 경우 여섯 개의 기저형 음이 CVX 음절을 구성할 수 있는데, (65)는 이러한 예이다.

(65)　단어　　　음　　　　CVX
　　　prints　　[prɪnts]　　[p͡rɪ͡t͡s]

prints는 여섯 개의 기저형 음이 세 개의 복합음으로 병합된다. [p͡r]는 [p]와 [r], 비음화한 모음 [ɪ̃]는 [ɪ]와 [n], 파찰음 [t͡s]는 [t]와 [s]로부터 형성된다.

세 개 이상의 음이 하나의 음절에 부합한다면, 왜 음절이 더 많은 음, 예를 들어 여섯 개의 음을 가질 수 있다고 하지 않는가에 대한 의문을 제기할 수 있다. 이에 대한 대답은 모든 음의 조합이 음절에 부합하는 것은 아니기 때문이다. CVX 이론은 단지 복합음으로 병합될 수 있는 셋 또는 셋 이하 음의 조합만이 음절을 구성할 수 있다고 예측한다. 이를 뒷받침하는 언어 자료는 이어지는 장에서 제시할 것이다. 이에 반해 다른 이론들은 복합음을 형성하는 셋 또는 셋 이하의 음의 조합들을 제외하고 대부분의 다른 조합들이 음절을 형성할 수 없는 이유를 설명해야 한다.

이 장은 또한 음절화에 대한 몇 가지 분석에 대해서 논의하였다. 필자는 어두 또는 어중 위치에서 음절이 두음을 필요로 한다는 증거가 거의 없다는 점을 주장하였다. 그 대신 두 가지 독립적인 원칙인 무게 강세 원칙과 운 크기에 대한 VX 제약으로 명확한 음절화 및 변이형과 단어 경계 효과에 대한 만족스러운 설명을 충분히 제공할 수 있다.

CVX 이론을 검증하기 위해서는 이론상 모든 언어를 관찰하여 모든 비경계 음절이 CVX 내에 있는지, 단어 경계의 모든 추가적인 자음이 형태론으로부터 예측 가능한지 조사해야 한다. 시작 단계로서, 우리는 음운론과 형태론에서 충분한 양의 자료가 있는 언어들로부터 논의를 시작할 수 있다. 이어지는 장에서 필자는 다섯 개의 언어, 즉 표준중국어, 상하이 중국어, 영어, 독일어, 르가롱어를 상세히 분석할 것이다. 표준중국어와 상하이 중국어는 작은 음절 목록을 가지고 있기 때문에 선택하였다. 어중 위치에서 음 결합을 지배하는 제약을 설정하기 위하여 이 두 언어의 음절 목록을 전면적으로 분석할 수 있다. 또한 표준중국어와 상하이 중국어 간의 음절 말음의 아주 작은 차이가 성조 양상의 큰 차이를 야기한 점에 대해서도 논의할 것이다. 영어와 독일어는 큰 자음군을 가지기 때문에 선택하였다. 선행 연구의 분석은 자음군이 초대형 음절을 요구한다고 주장한다. 르가롱어는 큰 어두 자음군 때문에 선택하였다. 선행 분석은 이 자음군을 거의 설명하지 못하였다. 필자는 이 언어들에 대한 분석이 CVX 이론의 구체적인 증거를 제공한다는 점을 주장할 것이다.

제4장

중국어 음절 구조

4.1. 음절 경계

중국어는 방언에 상관없이 음절 경계가 대부분 명확하다. 중국어 단어의 대다수는 단음절이며, 단어의 최대 크기는 CGVV 또는 CGVC이다.[1] 여기에서 C는 자음, G는 활음(glide), VV는 장모음 또는 이중 모음을 나타낸다. 필자는 중국어 음절을 CGVX로 나타내는데, CG는 복합음(complex sound) C^G로 실현된다. 다음절 단어는 주로 외래어이며, 이 경우에도 음절 경계가 명확하다. 특히 음길이 유형과 변이음은 어중 음절 경계에 대한 단서를 제공한다. (1)은 표준중국어의 예이다.

---

1   [역자 주] 이 책은 중국어의 '단어'와 '형태소'를 뚜렷하게 구분하지 않고 사용함을 밝힌다.

(1)　표준중국어의 어중 음절 경계

발음	음절 경계	의미
[maajii]	[maa.jii]	蚂蚁 '개미'
[maanau]	[maa.nau]	玛瑙 '호박(보석의 일종)'
[mæ̃nkuu]	[mæ̃n.kuu]	曼谷 '방콕'

'개미'에서 [aa]의 음길이는 어중 음절 경계가 [maa.jii]임을 나타낸다. '호박'에서 [aa]의 음길이, 그리고 비음화나 전설모음화가 발생하지 않는 점은 어중 음절 경계가 [maa.nau]라는 것을 보여준다. '방콕'의 첫 번째 모음은 [a]의 변이음으로, 모음이 전설모음화하여 [æ]가 되고 비음화한 것은 어중 위치의 음절 경계가 [mæ̃n.kuu]임을 가리킨다. 또한 어두에 [nk]가 출현할 수 없다는 점도 음절 경계가 n과 k 사이에 있다는 점을 뒷받침한다.

중국어는 자음으로 이루어진 접두사가 존재하지 않는다. 일부 방언에서 자음 접미사가 출현하지만, 이는 음절 구조에 영향을 미치지 않는다. 예를 들어, 표준중국어의 자음 접미사인 지소사 [ɚ]는 [niau] + [ɚ] → [njaɚ] '(작은) 새'와 같이 그것이 결합하는 음절의 말음을 대체한다. 따라서 접미사 결합 후에도 음절은 CGVX 구조를 유지한다.

중국어 단어는 대부분 강세가 실현되는 단음절이며, 온음절(full syllables) 또는 중음절(heavy syllables)이라고 한다. 강세가 실현되지 않는 음절은 주로 문법적 단어로, 약음절(weak syllables) 또는 경음절(light syllables)이라고 한다. 강세 음절은 어휘 성조를 지니며, 어휘 성조를 지니지 않는 비강세 음절에 비하여 음길이가 길다. 반면 비강세 음절은 운 축약을 거친다(이에 대한 논의는 추후 진행). 필자는 강세 음절은 중음절이며 비강세 음절은 경음절이라는 점에서 강세 음절과 비강세 음절이 서로 다른 구조를 지닌다고 주장할 것이다. 음절 구조는 일상 발화, 휴지 앞의 경계에서 일어나는 장음화의 영향을 받을 수도 있다. 또한 일부 방언에서 CGVVC 음절이 보고된 바 있는데, 이 문제도 함께 논의할 것이다. 우선 논란이 많은 두 가지 문제인 (a) 두음이 필수적 요소인가, (b) 활음(G)이 독립적인 음인가에 대하여 논의를 시작할 것이다.

4.2. 두음: 필수적인가, 선택적인가?

모음으로 시작하는 음절에 두음이 추가되는 경우 [ʔ]가 가장 일반적이다. (2)의 두 가지 예에서 [∅]는 Chao(1968)의 "진정한 모음(true vowel)" 두음에 해당한다.

(2) 표준중국어의 영두음(zero onset) 효과
   [ʔɤɤ] / [ɣɤɤ] / [ŋɤɤ] / [∅ɤɤ] 鵝 '거위'
   [ʔæ̃n] / [ɣæ̃n] / [ŋæ̃n] / [∅æ̃n] 安 '평화'

어두 위치에서 [ʔ, ɣ, ŋ]은 '거위'와 같은 음절에서만 선택적으로 출현하며 서로 변별적이지 않다. (이러한 음절에서 모두 [ŋ]을 발음하는 화자들도 있을 수 있는데, 그들에게 [ŋ]은 실체를 지니는 소리이며 어두 모음으로 시작하는 음절은 존재하지 않는다.) 이와 같은 소리의 존재에 근거하여, 일부 언어학자는 모든 음절이 두음을 지니며 정상적인 누음 사음(C)이니 활음(G)을 갖지 않는 음절은 "영두음"을 지니는 것으로 간주한다(Chao 1948, 1968, F. Li 1966). 필자 또한 Duanmu(1990, 2000)에서 영두음 효과는 음절 구조에서 필수적인 두음 위치를 무언가로 반드시 채워야 하는 결과임을 제안한 바 있다.

그러나 3장에서 필자는 음절에 두음이 필수적이라는 확실한 증거가 없음을 주장하였다. 특히 어두 모음을 갖는 단어에서 어두 성문 파열음은 의도하

지 않은 조음자 동작이다. 즉 성도가 모음에 필요한 동작을 즉각 취할 수 없기 때문에, 성문 파열음은 모음이 발음되기 이전의 의도하지 않은 상태를 반영한다. 또한 [rænaut]/*[rænʔaut] ran out과 같이 선행하는 단어가 있는 경우 어두 모음을 갖는 단어는 성문 파열음 없이 발음된다.

중국어에서 어두 모음을 갖는 비강세 음절이 어말 자음을 갖는 음절에 후행할 때, 선행 음절의 자음과 후행 음절의 모음 사이에는 성문 파열음이 출현하지 않는다(이에 대한 논의는 추후 진행). 그러나 Chao(1968:20)에 따르면, 중국어에서 어두 모음을 갖는 강세 음절이 어말 자음을 갖는 음절에 후행할 때, 자음이 모음과 직접 연결되지 않으며 영두음이 두 음 사이에 있는 듯하다. (3)의 표준중국어 예를 살펴보자.

(3)   [mjæ̃n] + [au] → *[mjæ̃nau] (참조: 영어 ran out [rænaut])
       棉袄 '면 저고리'

영어와는 달리 (3)의 [au]는 [n]와 직접 연결될 수 없다. (4)는 이에 대한 Duanmu(1990, 2000)의 분석이다.

(4)   [mjæ̃n] + [∅au] →   a. [mjæ̃nʔau]
       棉袄 '면 저고리'   b. [mjæ̃nɣau]
                               c. [mjæ̃ŋɣau]
                               d. [mjæ̃ŋŋnau]
                               e. *[mjæ̃nau]

(4)의 분석에서, [n]와 [au] 사이에 영두음의 여러 가지 음성 실현형이 삽입되어 [n]와 [au]가 서로 연결되지 않는다. 더 나아가 (4c)와 (4d)에서는 영두음이 [n] → [ŋ]의 변화를 유도한다.

그러나 Xu(1986)와 Wang(1993)이 지적한 바와 같이, 연속(connected) 발화

에서 (4)의 형식은 모두 부자연스럽다. 단어들이 연속 발화될 때 가장 자연스러운 발음은 (5)이다. (5)는 비음 폐쇄(closure) 또는 어떠한 형식의 영두음도 없다.

(5)　　[mjæ̃n] + [au] → [mjæ̃:au]　棉袄 '면 저고리'

Xu는 더 나아가 (6)의 예와 같이 VNV 연쇄에 VN.V, V.NV, VN.NV의 세 가지 대립이 있음을 주장한다. (6)에서 '어려움을 뒤집다'는 대립의 상호 비교를 위하여 만들어낸 구로, 의미적으로는 어색하지만 음운적으로는 자연스럽다. (Xu가 제시한 VN.NV의 예는 [pæ̃n.njæ̃n] 半年 '반년'으로, 다른 두 예와 다른 성조를 갖는다.)

(6)　　VNV의 세 가지 대립

V.NV　　[faː]　+ [næ̃n]　→ [faː.næ̃n]　'반항하다'　　发难

VN.V　　[fæ̃n]　+ [æ̃n]　→ [fæ̃ː.æ̃n]　'판결을 뒤집다'　翻案

VN.NV　[fæ̃n]　+ [næ̃n]　→ [fæ̃n.næ̃n]　'어려움을 뒤집다' 翻难

비음은 두음 위치에 출현할 경우에만 구강 폐쇄가 요구된다. 비음 말음이 모음에 선행할 때에는 구강 폐쇄가 허용되지 않는다. 비음 말음이 휴지 앞에 출현하면 구강 폐쇄가 선택적이며, 비음 말음이 다른 비음 앞에 출현할 때는 구강 폐쇄의 길이를 더 늘일 수 있다. 따라서 VN.V는 구강 폐쇄가 없고, VN.NV의 구강 폐쇄는 V.NV의 구강 폐쇄보다 길다. 또한 VN.V와 VN.NV 는 첫 번째 음절의 모음 길이에 차이가 있다. 요약하면, 영두음을 뒷받침하는 증거는 없으며, V.NV와 VN.V의 대립은 선행 음절의 비음 말음을 어두 모음을 갖는 음절의 두음 위치로 이동할 수 없다는 것을 보여준다. (7) 또한 영두음이 없음을 보여준다.

(7) 영두음 없음

[daaʀʀ] / *[daaʔʀʀ] / *ʔ[daaɣʀʀ] / *[daaŋʀʀ] 大鵝 '큰 거위'

[maaæ̃n] / *[maaʔæ̃n] / *ʔ[maaɣæ̃n] / *[maaŋæ̃n] 马鞍 '말 안장'

(7)은 화자가 느리게 발화하지 않는 이상 [ʔ]가 추가될 수 없다. 또한 [ɣ]는 판단이 어려울 수는 있지만 그 존재를 뒷받침할만한 명확한 증거가 없다. 항상 [ŋ]을 영두음에 발음하는 화자들을 제외하면 [ŋ] 역시 사용될 수 없다.

VN.V이 구강 폐쇄를 갖는 유일한 경우가 있는데, 이는 두 번째 V가 감탄 어기조사 [a] 啊와 같이 비강세일 때이다. (8)은 이에 해당하는 예이다.

(8) 후행 모음이 비강세일 경우 비음의 구강 폐쇄

[næ̃n] + [a] → [næna] 难啊! '어렵군!'

[mãŋ] + [a] → [mãŋa] 忙啊! '바쁘군!'

Duanmu(1990, 2000)는 이런 경우는 어중 위치의 자음이 길어져서 첫 음절의 말음과 둘째 음절의 두음의 역할을 동시에 하는 겹자음이 된다고 주장한다. Duanmu는 더 나아가 활음에도 동일한 분석을 적용하여 (9)와 같이 'VG.V → VG.GV'로 분석할 것을 제안한다.

(9) 겹자음을 사용하는 분석

[næ̃n] + [a] → [næ̃nna] 难啊! '어렵군!'

[mãŋ] + [a] → [mãŋŋa] 忙啊! '바쁘군!'

[xau] + [a] → [xauwa] 好啊! '좋아!'

[lai] + [a] → [laija] 来啊! '오렴!'

그러나 이 분석은 두 가지 문제점이 있다. 첫째, 감탄 어기조사는 두음 단위를 가지고 있는가? 만약 가지고 있다면, 왜 이미 영두음으로 채워져 있지 않는가? 만약 가지고 있지 않다면, 왜 선행 자음이 겹자음이 되어야 하는가? 둘째, 겹자음 분석이 성립하려면 (a) 두 모음 사이에 출현하는 비음이나 활음이 일반적인 비음이나 활음보다 두 배로 길고, (b) VN.v와 VN.Nv(v는 비강세 모음)가 대립한다는 것을 증명하여야 한다. 그러나 (a)나 (b)의 증거가 제시된 바 없다. 따라서 (10)과 같이 겹자음을 사용하지 않는 분석으로도 충분하다.

(10) 겹자음을 사용하지 않는 분석

[nãẽn]	+	[a]	→	[nãẽn.a]	难啊!	'어렵군!'
[mãŋ]	+	[a]	→	[mãŋ.a]	忙啊!	'바쁘군!'
[xau]	+	[a]	→	[xau.a]	好啊!	'좋아!'
[lai]	+	[a]	→	[lai.a]	来啊!	'오렴!'

겹자음을 사용하지 않는 분석은 3장에서 논의한 영어의 ran out, ran a (bell)의 분석과 동일하다. 그러나 표준중국어에서 왜 비음 말음이 비강세 모음 앞에서 구강 폐쇄를 가지는 반면, 강세 모음 앞에서는 구강 폐쇄를 가지지 않는가에 대한 의문은 여전히 남는다. 이에 대한 답은 동화에 있는 듯하다. 구강 폐쇄를 지니지 않는 비음이 구강 폐쇄를 지니는 비음보다 공명도가 더 높으며, 강세 모음이 비강세 모음보다 공명도가 높다는 점을 전제하면, 비음 말음이 공명성을 지니는 두 모음 사이에서 공명성이 더 높아지고 구강 폐쇄를 잃는 것은 자연스럽다.

그렇다면 영어는 왜 비음 말음이 후행 모음이 강세이든 비강세이든 항상 구강 폐쇄를 지니는지 의문이 제기될 수 있다. 필자는 해답이 사용 빈도에 있다고 제안한다. 영어는 거의 모든 자음이 말음 위치에 출현할 수 있는 반면, 표준중국어는 단지 두 개만 말음 위치에 놓일 수 있다. 따라서 각 자음 말음은 영어보다 표준중국어에서 훨씬 높은 빈도로 사용된다. Fidelholtz

(1975)와 Bybee(2001)에 의하면, 사용 빈도가 높은 단어는 사용 빈도가 낮은 단어에 비해서 축약이 발생하기 쉽다. 이는 중국어와 영어의 VN의 차이를 설명한다. 즉 중국어의 VN은 사용 빈도가 높고 축약되는 반면, 영어의 VN은 사용 빈도가 높지 않고 축약되지 않는다. 여러 중국어 방언에서 비음 말음이 모두 소실된 현상도 이와 관련된다. 예를 들어, 상하이 방언에서 VN은 V 또는 비음화한 V로 변하였다. 다른 중국어 방언들도 이 방향으로 변화하는 듯하다.

요약하면, 발화 시작 위치의 영두음 효과는 아마 의도하지 않은 것이며, 발화 중간 위치에서는 영두음이나 단어 경계를 뛰어넘는 재음절화의 증거가 없다. 이 결론은 3장에서 영어에 대해서 내린 결론과 유사하다.

4.3. CG 분석

CGVX에서 운은 VX만을 포함한다는 것은 분명하다. 이는 표준중국어에서 서로 압운하는 단어에서 나타나는데, (11)의 예는 공통적인 압운 부분이 VX인 [æ̃n]이라는 것을 보여준다.

(11)   표준중국어에서 압운하는 단어

[mæ̃n]	慢	'느리다'
[mjæ̃n]	面	'국수'
[jæ̃n]	艳	'화사한'
[tæ̃n]	蛋	'달걀'
[tjæ̃n]	店	'상점'
[wæ̃n]	万	'만, 10,000'
[twæ̃n]	断	'끊다'

논란이 되는 것은 CG에 대한 분석이다. CG가 함께 두음 단위를 차지한다고 주장하는 학자들이 있는 반면(Cheung 1986, Duanmu 1990, Ao 1992, Wang 1993), G가 V와 함께 하나의 단위를 공유한다고 분석하는 견해도 있다(Bao 1990:342, Goh 2000). 또한 G가 단독으로 하나의 단위를 차지한다고 보는 견해도 있다. 이 견해를 지지하는 학자들 가운데 G가 구조적으로 C에 더 가깝다고 보는 학자들도 있고(Firth and Rogers 1937, Bao 1990:328, Fu 1990), G가 구조적으로 V에 더 가깝다고 여기는 학자들도 있다(R. Cheng 1996, C. Cheng 1973, Wang 1957, Ji 1988, Lin 1989, Baxter 1992). 이 외에도 어떤 학자들은 G가 C와 V에 가변적으로 관련된다고 여긴다(Chao 1934, Li 1983, Lin 1989, Bao 1990, Fu 1990). 음소적 경제성, 공기(co-occurrence) 제약, 언어 게임 등 다양한 자료로부터 근거가 수집되었는데, 근거에 대한 해석은 아직 이견이 있다(이에 대한 논의는 Duanmu 1990, 2000 참조). 필자는 CG가 하나의 소리, 즉 C^G를 형성한다는 것을 주장한다.

첫 번째 논거는 영어 [swei] sway '흔들다'와 중국어 [swei] 岁 '나이'에서 [sw]가 상당히 다르게 들린다는 Chao(1934)의 관찰에서 비롯된다. 영어는 [w]의 원순이 [s] 이후에 시작하여 [sw]가 두 개의 서로 다른 음으로 들린다. 반면 중국어는 [w]의 원순이 [s]와 동시에 시작되어 [sw]가 하나의 음처럼 들린다. 따라서 이 차이를 드러내는 가장 간단한 방법은 영어에서는 두 개의 음 [sw]를 사용하고, 중국어에서는 [s^w]와 같이 하나의 음을 사용하거나, 또는 중국어 CG를 모두 C^G로 나타내는 것이다 두 번째 논거는 중국어에서 모든 CG 또는 C^G는 복합음으로 나타낼 수 있으므로(2장 참조), CG를 두 개의 음으로 나타낼 필요가 없다는 것이다. 세 번째 논거는 G의 존재가 눈에 띄게 음절의 길이를 증가시키는 것은 아니며 CVX와 CGVX의 음길이가 대체로 비슷하므로, 이 둘에 대하여 동일한 음절 구조를 사용하는 것이 적합하다는 것이다. 즉 CG 또는 C^G로 채워지는 하나의 두음 단위가 있는 음절

구조를 설정한다. 네 번째 근거는 표준중국어 [nj]와 [ɲ]([njau]/[ɲau] 鳥 '새'),
[sj]와 [ɕ]([sjau]/[ɕau] 小 '작다')와 같이 CG가 C와 교체되는 경우가 있다. 이는
(12)와 같이 자질 구조로 간단히 설명할 수 있다.

(12)　음　　　자질 구조

[ɕ]	설정—[+마찰]
	설배—[+마찰]
[sʲ]	설정—[+마찰]
	설배—[-파열, -마찰]
[ɲ]	설정—[+파열]
	설배—[+파열]
	연구개—[+비음]
[nʲ]	설정—[+파열]
	설배—[-파열, -마찰]
	연구개—[+비음]

　[ɕ]와 [sʲ]의 차이는 설배 자질에 대하여 [ɕ]는 [+마찰]이고 [sʲ]는 [-파열,
-마찰]이라는 것이다. 마찬가지로 [ɲ]와 [nʲ]의 차이는 설배 자질에 대하여
[ɲ]는 [+파열]이지만 [nʲ]는 [-파열, -마찰]이라는 데 있다. 마지막으로, C^G
분석의 다섯 번째 근거는 C^G 이외의 다른 구조를 주장할만한 설득력 있는
근거가 없다는 점이다.

　C^G 분석에 대한 일반적인 비판은 C^G 분석이 너무 많은 음소를 전제한다는
것이다. 특히 C^G 분석은 [p, t, k, s, f, ..., j, w]뿐만 아니라 [pʲ, tʲ, kʲ, sʲ,
fʲ, ...]를 전제한다. 이에 반해 CG가 두 개의 음으로 구성된다고 간주하면
[p, t, k, s, f, ..., j, w]만 전제하면 된다. 그러나 C^G는 음성적으로 하나의
소리이며, 모든 분석은 [p, t, k, s, f, ..., j, w]와 [pʲ, tʲ, tʷ, kʷ, sʷ, sʲ, fʲ, ...]

둘 다 언어에 존재한다는 사실을 인정해야 한다. 또한 [pʲ, tʲ, tʷ, kʷ, sʷ, sʲ, fʲ, ...]의 존재를 인정하는 것이 이들을 추가적인 음소로 설정한다는 것을 의미할 필요는 없다. 2장에서 논의한 바와 같이, 두 개의 음소는 하나의 음으로 병합될 수 있다. 따라서, [pʲ, tʲ, tʷ, kʷ, sʷ, sʲ, fʲ, ...]를 음성 층위에서 복합음으로 인정하는 것이 반드시 기저 음소 목록의 확대를 의미하는 것은 아니다.

4.4. 강세 음절 구조

전통적 표기에서 중국어 강세 음절은 한 개부터 네 개까지의 음을 지닌다. (13)은 표준중국어의 예이다.

(13)　전통적 표기

C	V	GV	VC	CV	VG
[m]	[ɤ]	[wa]	[an]	[ta]	[ai]
嗯	鹅	蛙	安	大	爱
'응?'	'거위'	'개구리'	'평화'	'크다'	'사랑하다'

CVG	GVG	CVC	CGV	CGVC	CGVG
[fei]	[wai]	[tʰaŋ]	[kwa]	[xwaŋ]	[njau]
飞	外	糖	瓜	黄	鸟
'날다'	'바깥'	'설탕'	'박과 식물'	'노랗다'	'새'

그러나 잘 알려진 바와 같이 모든 강세 음절은 음길이가 길다. 또한 필자는 CG가 하나의 음인 C^G임을 주장하므로, 이에 따라 (14)의 분석을 제시한다.

(14) 필자의 분석

[m:]	[ɤː]	[waː]	[ãn]	[taː]	[ai]
呣	鹅	蛙	安	大	爱
'응?'	'거위'	'개구리'	'평화'	'크다'	'사랑하다'

[fei]	[wai]	[tʰãn]	[kʷaː]	[xʷãn]	[nʲau]
飞	外	糖	瓜	黄	鸟
'날다'	'바깥'	'설탕'	'박과 식물'	'노랗다'	'새'

음절에 따라 두음이 있거나 없을 수 있지만, 모든 음절은 운 VX를 갖는다. 온음절 구조는 (15)와 같다.

(15) 강세 음절 구조 (두음은 선택적)

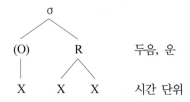

두음, 운

시간 단위

이 책은 음절 구조를 (C)VX로 축약하여 나타내지만, VX는 성절 자음으로도 채워질 수 있다. (16)는 몇 개의 단어를 예로 든 것이다.

(16) (C)VX 표기의 예

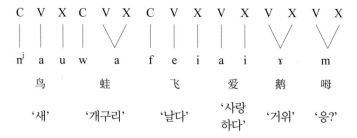

CG가 둘 다 출현하면 두음 단위를 공유한다. C 또는 G 하나만 출현하면 C나 G가 단독으로 두음 단위를 차지한다. 모음이 한 개 출현하는 경우 모음은 길게 실현되는데, 이는 모음이 운의 두 개 단위를 차지하기 때문이다. 마찬가지 이유로 성절 자음도 길게 실현된다. 성절 자음은 표준중국어에서 감탄사에서만 출현하기 때문에 중요하지 않은 듯 보일 수도 있다. 그러나 다른 방언에서는 어휘적 단어로도 출현할 수 있다. 예를 들어, 상하이 중국어에서 [n]는 성조에 따라서 '물고기' 또는 '다섯, 5'를 의미한다. 또한 Ramsey (1987)와 Duanmu(2000)에 의하면 마찰음은 표준중국어에서 성절적일 수 있다. (17)은 [sz:] 四 '넷'에 대한 분석이다.

(17)   성절 자음

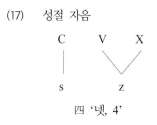

四 '넷, 4'

전통적 분석은 모든 음절이 모음을 지닌다고 전제하며, (17)의 운에 해당하는 음을 '설첨 모음'이라고 하는 특수한 모음으로 간주한다. 그러나 자음이 강세 음절의 운을 담당할 수 있으면 설첨 모음을 전제할 필요가 없다.

4.5. 비강세 음절 구조

전통적 표기에서는 중국어의 비강세 음절도 한 개에서 네 개까지의 음을 갖는다. (18)은 표준중국어의 예로, ASP는 상표지(aspect marker)를 가리킨다.

(18) 전통적 표기

	단어		예		
V	[a]	감탄사	[nan-a]	难啊!	'어렵다-감탄사 (어렵군!)'
CV	[lə]	ASP	[mai-lə]	买了	'사다-ASP (샀다)'
CGV	[kwo]	ASP	[mai-kwo]	买过	'사다-ASP (산적이 있다)'
CVG	[tʰəu]	'머리'	[mu-tʰəu]	木头	'나무-머리 (나무)'
CGVC	[tʰjan]	'날, 일'	[tʂʰwən-tʰjan]	春天	'봄-날 (봄)'

그러나 음성학 연구에 따르면, 비강세 음절의 운은 음길이가 짧고 운이 축약된다(Woo 1969, Lin and Yan 1988). 특히 VC와 VG 운이 비강세일 때, 말음이 탈락하며 운의 길이가 약 50% 줄어든다. (19)는 Lin and Yan(1988)의 예이다.

(19) 비강세 음절의 운 축약 1

[ti:] + [fãŋ] → [ti:.fə̃]   地方   '땅-방향 (장소)'

[fãŋ]은 비강세일 때 말음 [ŋ]이 탈락하고 비음화된 모음은 슈와로 축약된다. 유사한 현상이 이전 연구에서도 논의된 바 있는데, (20)은 Gao and Shi (1963:84-5)가 제시한 예이다.

(20) 비강세 음절의 운 축약 2

[muu] + [tʰou] → [muu.tʰo]   木头   '나무-머리 (나무)'

[nau] + [tai] → [nau.te]   脑袋   '뇌-주머니 (뇌)'

(20)은 준합성어(pseudo-compounds)이다. 준합성어는 구조적으로는 합성 어이지만 의미의 측면에서 하나의 단어이다. 이음절 합성어에서 두 번째

음절은 종종 비강세 음절이 되는데, 이 경우 운이 짧아진다. 필자는 비강세 음절이 운의 두 번째 단위를 소실하는 것으로 분석한다. (21)은 비강세 음절 구조를 보여준다.

(21)   비강세 음절 구조 (두음은 선택적)

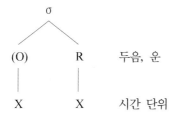

필자는 (C)V로 음절 구조를 간략하게 나타내지만, V는 성절 자음으로도 채워질 수 있다. (22)는 몇 개의 단어를 예로 든 것이다.

(22)   (C)V 분석의 예

강세 음절과 마찬가지로, CG가 둘 다 출현하는 경우 C와 G는 두음 단위를 공유한다. C 또는 G 하나만 출현하는 경우는 단독으로 두음 단위를 차지한다. 비강세 음절의 운은 하나의 단위만 가지므로 모음이 짧으며 말음이 존재하지 않는다.

4.6. 일상 발화와 모음이 없는 음절

일상 발화는 음이 탈락하거나 변화하기 때문에 신중한 발화에서 출현하지 않는 새로운 음절이 생성된다. 예를 들어, 표준중국어에서 신중한 발화는 [m]로 끝나는 음절이 없지만, 일상 발화는 (23)과 같은 음절이 발견된다.

(23)　wo mən → wom
　　　나 복수
　　　我们 '우리'

신중한 발화에서 '우리'는 [woo.mən]이다. 그러나 일상 발화에서는 두 음절이 종종 하나의 음절 [wom]으로 합쳐진다. 또한 음절이 무성 마찰음을 포함한 유기음 두음과 3성을 갖는 경우, 후행하는 비저모음(non-low vowels)이나 성절 자음이 종종 무성음화한다. 따라서 표준중국어에서 [kʰɤ] → [kʰx] 可 '가능하다', [tɕʰi] → [tɕʰɕ] 起 '일어서다'와 같은 많은 무성 음절이 생성된다. 무성음 또는 무성 음절은 중국어에만 고유한 것이 아니다. 버버어(Berber)도 유사한 예가 보고된 바 있다.

4.7. 어말 위치와 비어말 위치

앞서 논의한 바와 같이 이 책은 중국어에 중음절 (C)VX와 경음절 (C)V 두 가지 음절 유형이 있다고 제안한다. 중음절의 운은 두 개의 단위를 갖는다. 따라서 모든 중음절은 비슷한 음길이를 지니며, 경음절도 서로 유사한 음길이를 지닐 것으로 예상할 수 있다. 이는 적어도 통제된 환경에서는 사실인 듯하다(Howie 1976, Lin and Yan 1988). 그러나 휴지에 선행하는 위치에서는 음절의 길이가 길어진다는 사실도 잘 알려져 있다. 예를 들어 Woo(1969)에 의하면, 표준중국어 3성 음절은 휴지에 선행하는 위치에서는 성조 자질 H가 추가적으로 실현되며, 운의 평균 음길이 또한 비어말 위치의 운에 비해서 50% 길다. Woo는 어말 위치에서 3성 음절의 운이 세 개의 단위를 가진다고 제안한다. 어말과 비어말 위치에서 3성 음절의 차이는 (24)의 [ma3] 믁 '말'에 보이는 바와 같다.

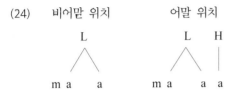

(24)   비어말 위치   어말 위치

실제로 어떤 언어학자들(Chao 1933:132)은 어말 위치에서 온전히 실현된 3성 음절이 두 개의 음절처럼 들린다는 점을 지적한다. 따라서 휴지 앞에서 음길이가 길어진 음절은 (25)처럼 분석할 수도 있다.

(25)   C   V   X   .   V
        | | | |
        m   a   a   .   a

(25)의 분석은 중음절 CVX와 경음절 V을 포함하며, 두 음절 모두 이 책에서 제안하는 음절 유형에 부합한나.

4.8. CVVC 음절

CVVC 음절은 전통적 분석에서도 보고된 바 있다. 이 절에서는 광둥 중국어와 푸저우 중국어의 두 가지 예를 살펴보기로 한다. 필자는 CVVC 음절은 분포가 제한적이므로 독립적인 음절 유형으로 간주할 필요가 없다는 것을 보일 것이다.

4.8.1. 광동 방언의 VVC 운

Huang(1970)에 의하면, 광동 방언은 7개의 모음이 있으며, [y]를 제외하고 모두 장모음과 단모음의 구분이 있다. (26)은 말음에 따라 분류한 운 목록으로, Huang의 전사를 IPA 기호로 변환하였다. 성절 운 [m, ŋ]은 포함하지 않았다.

(26)   모음의 음길이를 포함하는 광동 방언 운(Huang 1970)

장모음	a:	a:i	a:u	a:m	a:n	a:ŋ	a:p	a:t	a:k
단모음		ai	au	ʌm	ʌn	ʌŋ	ʌp	ʌt	ʌk
장모음	ɛ:					ɛ:ŋ			ɛ:k
단모음		ei							
장모음	i:		i:u	i:m	i:n		i:p	i:t	
단모음						eŋ			ek
장모음	ɔ:	ɔ:i			ɔ:n	ɔ:ŋ		ɔ:t	ɔ:k
단모음			ou						
장모음	u:	u:i			u:n			u:t	
단모음						oŋ			ok
장모음	œ:					œ:ŋ			œ:k
단모음		ɵy			ɵn			ɵt	
장모음	y:				y:n			y:t	

광동 방언은 역사적으로 존재하였던 말음 [p, t, k]와 [m, n, ŋ]을 보유하고

있다. 흥미로운 점은 [aːm], [aːp], [iːm]과 같이 VX 운의 크기를 초과하는 VVC 운이 많다는 것이다. 그러나 [a]를 제외한 모든 모음은 장모음과 단모음의 형식이 상보적 분포를 이룬다. [a] 또한 대부분의 장-단 쌍이 모음의 음질에 차이가 있다. 음길이가 변별적 자질로 보이는 유일한 쌍은 [aːi]-[ai]와 [aːu]-[au]이다. 그러나 다른 연구들은 이 쌍을 [aːi]-[ɐi]와 [aːu]-[ɐu]와 같이 서로 다른 모음으로 전사한다(Zee 2003). 따라서 광둥 방언에서 모음의 길이는 음운적 기능을 담당하지 못하며, VVC 운은 모두 VC 운으로 분석할 수 있다. (27)은 Zee(2003)의 전사이다.

(27) 모음 길이가 변별적이지 않은 광둥 방언 운(Zee 2003)

장모음	a	ai	au	am	an	aŋ	ap	at	ak
단모음		ɐi	ɐu	ɐm	ɐn	ɐŋ	ɐp	ɐt	ɐk
장모음	ɛ					ɛŋ			ɛk
단모음		ei							
장모음	i		iu	im	in		ip	it	
단모음						ɪŋ			ɪk
장모음	ɔ	ɔi			ɔn	ɔŋ		ɔt	ɔk
단모음			ou						
장모음	u	ui			un			ut	
단모음						ʊŋ			ʊk
장모음	œ					œŋ			œk
단모음		ɵy			ɵn			ɵt	
장모음	y				yn			yt	

이와 같은 전사는 VVC 운을 설정하지 않는다. 따라서 광둥 방언은 CVX 이론에 문제가 되지 않는다고 결론내릴 수 있다.

4.8.2. 푸저우 방언의 VVC 운

푸저우 방언에서 대부분의 운은 음절의 성조 및 음절이 어말 위치에 출현하는가의 여부에 따라 두 개의 교체(alternating) 형식을 갖는다. Feng(1998)에 의하면 푸저우 방언은 (28)의 GVX 목록을 갖는다. GVX가 두 개의 교체 형식을 가질 경우, 두 형식을 '/'로 구분하였다.

(28)　푸저우 방언 GVX 목록

	a/ɑ	ɛ/ɑ	o/ɔ	œ/ɔ	ai/ɑi	au/ɑu
ɛu/ɑu						
i/ei	ia/iɑ	ie/iɛ				iau
ieu/iɛu						
u/ou	ua/uɑ		uo/uɔ		uai/uɑi	
uoi/uɔi						
y/øy			yo/yɔ	øy/ɔy		
	aŋ/ɑŋ					
ŋ (n, m)						
iŋ/ɛiŋ	iaŋ/iɑŋ	ieŋ/iɛŋ			ɛiŋ/aiŋ	
uŋ/ouŋ	uaŋ/uɑŋ		uoŋ/uɔŋ		ouŋ/ɔuŋ	
yŋ/øyŋ			yoŋ/yɔŋ	øyŋ/ɔyŋ		
	aʔ/ɑʔ	ɛʔ	oʔ/ɔʔ	œʔ		
iʔ/eiʔ	iaʔ/iɑʔ	ieʔ/iɛʔ			ɛiʔ/aiʔ	
uʔ/ouʔ	uaʔ/uɑʔ		uoʔ/uɔʔ		ouʔ/ɔuʔ	
yʔ/øyʔ			yoʔ/yɔʔ	øyʔ/ɔyʔ		

Feng은 '/' 앞의 형식을 "긴장(tense)" 형식, 뒤의 형식을 "이완(lax)" 형식으로 부른다. "이완" 형식은 음절이 어말 위치에 있으면서 L, MHM 또는

MH 성조를 지닐 때 실현된다. "긴장" 형식은 음절이 비어말 위치에 있을 때 성조에 상관없이 사용되며, H, HM 또는 M 성조를 지닐 때 위치에 상관없이 사용된다.

[aiŋ]이나 [aiʔ]을 비롯한 상당수의 운이 VX 크기를 초과하는 VVC로 보인다. 어말 위치에서 출현하여 음길이가 길어지는 "이완" 형식을 차치하더라도, 여전히 VVC로 보이는 [εiŋ]과 [εiʔ]과 같은 "긴장" 운이 있다. 그러나 푸저우 중국어는 비음 말음이 하나밖에 없다는 점에 주목할 필요가 있다. 즉 [VVŋ]은 비유화한 운 [Ṽ Ṽ]으로 분석할 수 있으며, [VVʔ] 또한 성문음화한 모음 [VVˀ]로 분석할 수 있다. 이러한 재분석은 자질 이론에 완전히 부합한다(2장 참조). 진정한 VVC 운은 [ain]/[aim]이나 [aik]/[aip]과 같은 변별적 쌍을 발견할 때에만 성립된다. 그러나 푸저우 중국어에는 이와 같은 대립 쌍이 보이지 않기 때문에, 푸저우 중국어 또한 CVX 이론에 큰 문제를 야기하지 않는다.

본 연구의 분석은 몇 가지 음성적 예측을 한다. 첫째, 비어말 위치에서 [VVŋ] 운은 비음 말음이 폐쇄 구간을 갖지 않는 [Ṽ Ṽ]가 되거나, 모음이 단모음으로 간략화하여 [Vŋ]이 될 수 있다. 마찬가지로, 비어말 위치에서 성문 말음은 폐쇄 음길이를 가지지 않는 [VVˀ]가 되거나, 모음이 단모음으로 축약되어 [Vʔ]이 될 수 있다는 것을 예측한다. 이와 관련된 음성학 연구를 아직 접하지 못하였기 때문에, 이 예측들은 향후 연구 과제로 남겨두기로 한다.

4.9. 요약

전통적 분석에서 성조를 지니는 온음절과 성조를 지니지 않는 약음절은 둘 다 최소 C 또는 V에서 최대 CGVX에 이르는 구조를 갖는다. 이와는 달리 필자는 중국어에 두 가지 음절 유형이 있다고 주장한다. 모든 온음절은 중음절인 (C)VX이고 모든 약음절은 경음절인 (C)V이다. 두음 C는 선택적이므로, 없을 수도 있고 C나 G, 또는 C^G에 의해서 채워질 수도 있다. 운 VX나 V는 자음에 의해 채워지는 경우도 간혹 있다. 전통적 분석을 지지하는 유일한 근거는 음소적 경제성이다. 그러나 이 책의 분석은 음소적 경제성을 희생하지 않으면서 더 많은 음성적, 음운적 사실을 설명할 수 있다.

제5장

표준중국어

최근 조사(Chinese National Committee on Language Affairs 2004)에 의하면, 중국 대륙에서 인구의 53%가 표준중국어를 사용하며, 이 중 20%가 유창한 화자이다. 유창한 화자의 약 1/10 정도가 눈에 띄는 악센트 없이 표준중국어를 구사할 것으로 추정하면, 표준중국어를 유창하게 구사하는 화자는 중국 인구의 1/10인 약 1억 3천 명이며, 악센트가 없는 표준중국어 화자는 중국 인구의 1/100인 약 1천 3백만 명 정도일 것이다.

5.1. 음 목록과 성조

표준중국어는 활음을 제외하면 (1)의 19개의 자음이 있다. 제한된 환경에서 사용되는 자음은 괄호 안에 표기하였다.

(1) 표준중국어 자음

순음	치음	경구개음	권설음	연구개음
p, pʰ	t, tʰ			k, kʰ
	ts, tsʰ	(tɕ, tɕʰ)	tʂ, tʂʰ	
f	s	(ɕ)	ʂ, ʐ	x
m	n			ŋ
	l			

두음   p, pʰ, t, tʰ, k, kʰ, ts, tsʰ, tʂ, tʂʰ, f, s, ʂ, ʐ, x, m, n, l, (tɕ, tɕʰ, ɕ)

말음   n, ŋ

대부분의 자음은 음절 시작 위치에 출현할 수 있지만, 음절 말 위치에 출현할 수 있는 자음은 두 개밖에 없다. 세 개의 경구개음은 자음-활음이 결합하거나 핵모음이 [i] 또는 [y]일 경우에만 출현한다. 화자에 따라 [tɕ, tɕʰ, ɕ] 대신 [tsʲ, tsʰʲ, sʲ]로 발음하기도 한다. 따라서 [tɕ, tɕʰ, ɕ]는 [ts, tsʰ, s]가 구개음화한 변이음으로 볼 수 있다(Duanmu 2000). 유기음 [pʰ, tʰ, kʰ, tsʰ, tʂʰ]는 종종 후설 모음 앞에서 [pˣ, tˣ, kˣ, tsˣ, tʂˣ]가 된다. [ŋ]은 대부분 화자의 발화에서 두음으로 출현하지 않는다. 어떤 화자는 모음으로 시작하는 일부 음절에서 [ŋ]을 두음으로 발음하기도 한다.

[tʂ, tʂʰ, ʂ, ʐ]는 혀끝을 치경 뒤쪽으로 말아 올려서 발음하며 일반적으로 "권설(retroflex)" 자음으로 불린다. Lee and Zee(2003)는 협의의 권설음을 주장하는데, 이에 따르면 권설음은 반드시 혀의 아랫면이 입천장에 접촉해야 한다. 그러나 중국어의 [tʂ, tʂʰ, ʂ, ʐ]에서는 이와 같은 접촉을 발견할 수 없으므로, 권설 대신 "후치조"라는 용어를 사용한다. 또한 Lee and Zee는 기호 [tʂ, tʂʰ, ʂ, ʐ] 대신 [tʃ, tʃʰ, ʃ, ɹ]¹로 전사하는데, 이는 두 가지 문제점이 있다. 첫째, [ʃ]는 [j]와 유사한 경구개음이지만 [tʂ, tʂʰ, ʂ]는 경구개음이 아니다.

둘째, 중국어와 같은 유형의 권설음, 즉 뒤로 말린 혀끝으로 내는 소리와 "진정한" 권설음, 즉 혀끝이 뒤로 말리는 동시에 혀의 아랫면과 입천장이 접촉하는 소리가 변별적인 언어는 알려진 바 없다. 그렇다면 이 음을 위해서 별도의 기호를 사용할 필요가 없다.

[ʐ]는 추가적인 설명이 필요하다. 음성적으로 [ʐ]는 권설 모음 [ɚ](또는 강세를 받은 권설 모음 [ɝ])와 다르다. Duanmu(2000) 등의 연구는 이 둘을 모두 [r]로 전사하여, [ʂr] 事 '일, 사건'과 지소 형태(diminutive form) [ʂər] 事儿 '일, 사건'과 같이 전사하였다. (이 책은 事는 [ʂʐ], 事儿는 [ʂɝ]로 전사한다.) 지소 형태 事儿의 운은 미국 영어 fur의 모음처럼 하나의 장음이므로 하나의 기호 [ɝ]를 사용하는 것이 좋다. 따라서 접사가 추가된 형식과 접사가 없는 형식을 구분하는 방법은 두 가지, 즉 [ʂr]-[ʂɝ]와 [ʂʐ]-[ʂɝ]가 있다. 이 두 가지 방법 가운데 필자는 [ʂʐ]-[ʂɝ]를 선택하였다. 이는 [ʂ]와 [ʐ]의 관계가 [s]와 [z]의 관계와 유사하기 때문이다. 예를 들어, 음절 [sz] 死 '죽다'와 음절 [ʂʐ] 史 '역사'에서 운은 각각 두음의 유성음에 상응한다. 또한 일상 발화에서 무성 음화로 인하여 [sz] 死 '죽다'는 [ss]가 되고, [ʂʐ] 史 '역사'는 [ʂʂ]가 된다. [ʐ]를 사용하는 것에 대한 비판도 있다. 다른 모든 파열음과 마찰음은 무성음 인데 [ʐ]만 유일한 유성 장애음이기 때문이다. 이에 대하여, [ʂ]와 [ʐ]의 차이 는 유성성에 있지 않으며 기식성의 차이 즉 [ʂʰ]와 [ʂ]라고 설명할 수도 있을 것이다. 또 다른 가능한 설명은 음운 체계가 항상 완벽하게 균형적일 필요는 없다는 것이다. 즉, 하나의 마칠음만 유성음이고 나머지 자음은 무성음인 체계가 불가능하지는 않다고 설명할 수 있다.

[sz] 死 '죽다'와 [ʂʐ] 史 '역사'는 단어 [m̩] 呒 '응'이나 [hm̩] 噷 '흥!'과 같이 성절 자음을 지닌다. 성절 자음은 (1)에 포함되지 않지만, 5.5에서 별도

---

1   Lee and Zee(2003)를 따라 원문의 [tʃ, tʃʰ, ʃ, ɻ]를 [tʃ, tʃʰ, ʃ, ɻ]로 정정함.

로 논의할 것이다.

(2)는 표준중국어 모음이며, 제한된 환경에서 사용되는 모음은 괄호 안에 표기하였다.

(2)   표준중국어 모음

고모음/활음	i	u	y		
중모음	ə	(ɤ)	(e)	(o)	(ɚ)
저모음	a				
이중 모음	ai	au	əi	əu	

고모음은 핵음 위치에 있지 않은 경우 활음으로 간주되는데, 고모음과 활음의 다른 차이는 없다. 중모음 [ɤ]는 길고 [ə]는 짧으므로, [ɤ]는 긴 [ə]로 볼 수 있다. 중모음 [e, o]는 [e] 呃 '아!(깨달음)'와 [o] 哦 '아!(동의)'와 같은 감탄사에 출현한다. 또한 [ə]의 변이음으로 출현하는데, [o]는 개음절에서 [w] 뒤에서 출현하고([uə] → [wo] 我 '나'), [e]는 개음절에서 [j]나 [y] 뒤에서 출현한다([iə] → [je] 叶 '나뭇잎', [yə] → [ɥe] 月 '달'). 이중 모음은 두 모음의 결합으로 분석하며, [əi], [əu]는 각각 [ei], [ou]로 실현된다. 저모음 [a]는 말음이 [n]일 때 [æ]와 유사하고, 개음절이나 말음이 [ŋ]일 경우 [ɑ]에 가깝다. 고모음 중 [i]와 [u]는 말음 위치에 출현할 수 있지만 [y]는 출현할 수 없다.

권설 모음 [ɚ] 또는 [ɝ]는 보통 [r]로 전사하는데, 미국 영어 단어 fur의 모음과 같다. 표준중국어에서 권설 모음은 두 가지 환경에서 나타난다. 첫 번째는 단독 음절 [aɚ](또는 [ɚ]로 전사)에서 출현하여, 성조에 따라 儿 '아들', 耳 '귀', 二 '둘, 2' 등의 단어를 나타낸다. 두 번째는 [ɚ]가 지소 접미사로 사용되어, [pʰai] + [ɚ] → [pʰaɚ] 牌儿 '패, 간판'과 같이 원래 음절의 말음을 대체한다. 이에 대해서는 5.4에서 논의하기로 한다.

표준중국어의 온음절은 네 개의 어휘 성조 가운데 하나를 갖는다. 반면 비강세 음절은 어휘 성조를 지니지 않는다. (3)은 음절 ma를 예로 들어 표준중국어에서 성조가 실현되는 방식을 보여준다.

(3) 표준중국어 성조

T1	T2	T3	T4	T5	성조 이름
H	LH	L	HL	(L)	성조 자질
maa	maa	maa	maa	mə	IPA(성조 미포함)
ma1	ma2	ma3	ma4	ma5	한어병음 (숫자로 성조 표기)
mā	má	mǎ	mà	ma	한어병음(구별기호로 성조 표기)
妈	麻	马	骂	吗	
'엄마'	'삼, 마'	'말'	'꾸짖다'	'어기조사'	

온음절의 어휘 성조는 주로 T1~T4로 부르며, 비강세 음절에서 어휘 성조가 없는 것을 T5로 부르기도 한다. 또한 [a]는 비강세 음절에서 종종 [ə]로 축약된다. T1은 H(높은성조), T2는 LH(오름조), T3은 L(낮은성조), T4는 HL(내림조)이다. T5는 성조가 없는데, 주로 낮은 음높이로 실현된다. 한어병음 체계에서 성조는 1-5까지의 숫자를 사용하거나, 모음 위에 구별기호를 추가하여 나타낸다.

요약하면, 표준중국어는 19개 사음이 있으며, [ŋ]을 제외한 18개 자음은 두음 위치에 출현할 수 있다. 말음 위치에는 [n]와 [ŋ]만 출현할 수 있다. 감탄사와 권설 모음을 제외하면 표준중국어는 다섯 개의 모음이 있는데, 세 개의 고모음과 한 개의 중모음, 한 개의 저모음이다. 온음절은 네 개의 어휘 성조 중 하나를 지니며, 비강세 음절은 어휘 성조를 지니지 않는다.

5.2. 음절 목록

중국어에서 각 음절은 개별 문자 단위인 "한자"에 해당한다. 따라서 음절 목록은 한자 목록과 밀접한 관련이 있으며, 일반적으로 하나의 한자는 개별 단어 또는 형태소에 대응한다.

중국어 한자의 총 수는 수만 개에 달한다. 한자는 새롭게 생성되거나 더 이상 사용되지 않게 되거나, 모양이 변할 수 있기 때문에 정확한 수를 알기 어렵다. 예를 들어, 당(唐)대 측천무후(則天武后, AD 625-705)는 자신을 위해서 한자 曌를 새로 만들었는데, 이는 해(日)와 달(月)이 하늘(空)을 비추는 것을 나타낸다. 이 단어는 照 '비추다'(표준중국어 [ʈʂau])와 발음이 같다. 이 한자를 만든 의도는 측천무후가 온 나라 또는 온 세상을 해와 달을 합한 것만큼 밝게 비춘다는 뜻을 나타내기 위한 것이다. 마찬가지로, 한자 濆(표준중국어로 [fen])은 '강둑'을 나타내는데, 아직도 쓰촨(四川)성 야안(雅安)의 강 이름인 펀장(濆江)에 사용된다. 그러나 다른 곳에서는 거의 사용되지 않는다. 잘 알려진 『강희자전(康熙字典)』은 청(清)대 강희제(康熙帝, 玄烨)가 승인하여 1716년에 출판되었으며, 47,035개의 한자가 수록되어 있다.

5.2.1. 음절 빈도와 동음어 밀도

현재 얼마나 많은 한자가 중국어에 사용되고 있을까? Da(2004)는 고대와 현대 문헌을 모두 포함하는 258,852,642개 한자로 구성된 코퍼스를 조사하여 12,041개의 개별 한자를 발견하였다. 이는 『강희자전』에 수록된 한자의 약 1/4에 해당한다. 코퍼스에 수록된 한자 항목(tokens) 99% 이상이 상위 출현 빈도 4,000개 한자로 구성된다. 나머지 8,000개 한자는 1% 미만으로 출현한다. (4)는 이 자료를 보여준다.

(4)　　　상위 빈도　　누적 비율 (%)

1,000	86.1740171074
2,000	95.5528960759
3,000	98.3248125395
4,000	99.304578085
5,000	99.7320610697
6,000	99.9267977338
7,000	99.9802177024
8,000	99.992322659
9,000	99.9966166078
10,000	99.9986162011
11,000	99.9995630719
12,000	99.9999841609

현대 문헌에서 사용되는 한자의 수는 더 적다. (5)는 코퍼스 종류별로 전체 한자 항목의 99%를 차지하는 상위 빈도 한자의 수이다(Da 2004).

(5)

코퍼스 유형	총 항목	99%를 차지하는 한자
고전 문헌	65,348,624	4,433
현대 문학	87,249,603	3,050
현대 비문학 문헌	106,254,415	2,445
합계	258,852,642	3,591

이 자료는 현대 문학을 포함하여 현대 문헌을 읽는 데 약 3,000개의 한자만 알면 충분하다는 것을 나타낸다.

이제 한자가 나타내는 음절의 수를 살펴보자. 『현대한어사전(现代汉语词典)』(中国社会科学院, Chinese Academy of Social Sciences Institute of Linguistics

1978)에 따르면, 표준중국어는 성조 구분을 포함하면 1,334개 음절, 성조 구분을 포함하지 않으면 413개 음절이 있다. 그러나 어떤 음절은 고전 문헌이나 문학 작품에만 출현하는 저빈도 한자에 해당한다. 국가어언문자공작위원회(国家语言文字工作委员会, Chinese National Committee on Language Affairs 1988)에 따르면, 2,500개 상용 한자로 구성된 기본 어휘는 문학 이외 현대 문헌에서 출현하는 한자의 99%를 차지한다. 상용 한자는 단지 1,001개 음절을 반영하는데, 이는 (6)과 같다.

(6) 표준중국어 음절

단어 유형	전체 한자	상용 한자
한자	12,041	2,500
음절(성조 포함)	1,334	1,001
음절(성조 미포함)	413	386

필자는 중국어 워드 프로세서 NJ Star 프로그램을 사용하여 한자를 한어 병음 발음으로 변환하고, 상용 한자의 음절 수를 측정하였다. 일부 한자는 둘 이상의 발음을 갖는데, 발음에 따라 의미가 달라지는 경우도 있고 그렇지 않은 경우도 있다. 예를 들어, 長은 chang2 '길다' 또는 zhang3 '자라다'이며, 熟는 shou2 '익숙하다' 또는 shu2 '익다'이다. 一는 어말 위치에서는 yi1이며, T4 앞에서는 yi2, 다른 성조 앞에서는 yi4이다. 한자가 둘 이상의 발음을 갖는 경우, NJ Star 프로그램이 제공한 발음 가운데 첫 번째 발음만 사용하였다. 일반적으로 첫 번째 발음이 더 자주 사용되는 발음이다.

(6)의 자료는 표준중국어의 음절은 단지 1,334개에 불과하지만, 일반 화자는 이 음절들에 대해서도 모두 알거나 확실히 아는 것은 아닐 수 있다는 점을 보여준다. 이는 Myers and Tsay(2005)의 최근 연구에서도 확인된다. 이 연구에 의하면, 표준중국어에서 가능한 음절에 대한 수용성 판단(acceptability judgments)은 점진적인(gradient) 경향이 있으며, 어휘 빈도에 의해 영향을 받는다.

이제 동음어 밀도를 살펴보자.[2] 중국어에서 각각의 한자는 서로 다른 의미를 갖는다. 어떤 한자는 둘 이상의 의미를 갖기도 한다. 간단하게, 하나의 한자가 하나의 단어 또는 형태소에 해당한다고 가정하자. 음절보다 한자가 훨씬 더 많기 때문에, 평균 중국어 음절은 상당히 많은 단어, 즉 동음어를 나타낸다. (7)은 이를 보여준다.

(7)   표준중국어 동음어 밀도

단어 유형	전체 한자	상용 한자
동음어 평균 수(성조 포함)	9.0	2.5
동음어 평균 수(성조 미포함)	29.2	6.5

동음어 수량은 균등하게 분포하지 않기 때문에 어떤 음절은 다른 음절보다 더 많은 동음어를 갖는다. (8)과 (9)는 "동음어 밀도 값"으로, 개별 음절에 해당하는 한자의 수를 측정한 결과의 일부이다. 1~4의 숫자는 성조를 나타낸다.

---

2   [역자 주] 중국어에서 대부분의 한자는 음절 및 형태소에 대응하지만, 한자와 단어가 일대일 대응하는 것은 아니다. 따라서 이 챕터의 'homophone density'는 엄밀한 의미에서 동음자 밀도를 가리킨다. 그러나 여기에서 중국어 음절 구조에 대한 논의는 단음절 어휘에 집중되며, 저자는 한자, 형태소, 단어를 엄격히 구분하지 않으므로, 'homophone density'는 '동음어 밀도'로 번역하였다. 이는 8~11장의 영어, 독일어, 르가롱어의 동의어 밀도와 비교 논의를 용이하게 한다.

(8)   표준중국어 최상위 5개와 최하위 2개 밀도 값 (성조 포함)
      : 상용 한자 2,500개(1,001개 음절)에 근거한 동음어 밀도 값과 음절 수

	밀도 값	음절 수
	20	1 [sz4]
	15	1 [i4]
최상위 5개	13	2 [fu4, tɕan4]
	12	3 [tɕi2, tɕi4, y4]
	11	2 [li4, tʂʐ1]
최하위 2개	2	229 (전체의 23%)
	1	432 (전체의 43%)

(9)   표준중국어 최상위 10개 밀도 값 (성조 미포함)
      : 상용 한자 2,500개(1,001개 음절)에 근거한 동음어 밀도 값과 음절 수

밀도 값	음절 수
38	1 [sz]
36	1 [tɕi]
33	1 [tʂʐ]
32	1 [i]
31	1 [tɕan]
29	1 [fu]
27	1 [y]
23	1 [ɕi]
22	4 [jan, ɕan, tɕʰi, li]
20	4 [tʂu, wəi, tɕe, tɕau]

몇 가지 흥미로운 사실에 대해 언급할 필요가 있다. 첫째, (8)에 보이는 바와 같이, 음절의 절반 정도는 동음어가 없다. 둘째, 일반적으로 가장 "자연스러운" 또는 "무표적"이라고 여겨지는 음절, 즉 [ma], [pa], [ta]와 같이 아동

이 일찍 습득하는 음절이나 세계 언어에 가장 보편적으로 나타난다고 생각되는 음절이 높은 동음어 밀도 값을 갖는 음절에 포함되지 않는다. 특히 Hooper(1976a:225)는 (a) 이상적인 음절은 파열음 C를 갖는 CV이며, (b) 이상적인 음절이 가장 높은 빈도로 출현한다고 주장한다. 그러나 표준중국어에서 가장 높은 빈도로 출현하는 음절은 [ʂ]로, CC이며 파열음 두음을 갖지 않는다. 또한 [fu], [i], [y]는 파열음 두음이 없기 때문에 [pa]와 [ti]보다 덜 이상적인 음절로 평가되지만, 전자가 후자보다 훨씬 높은 출현 빈도를 보인다. 셋째, 가장 출현 빈도가 높은 음절인 [ʂ]는 [ʂ]와 [ʐ]로 구성되는데, [ʂ]와 [ʐ]는 범언어적으로 매우 보편적이지 않다. 넷째, 대부분의 영어 단음절 단어는 각각 하나의 단어만을 나타낸다. 중국어는 동음어가 많기 때문에 발화 시 중의성을 어떻게 피하는지에 대한 의문이 제기될 수 있다. 이에 대한 해답은 대부분 중의성이 맥락에 의해서 해결된다는 것이다. 예를 들어, sun과 son은 영어에서 동음어이지만 중의성이 발생하는 맥락은 거의 없다.

5.2.2. 음소 빈도

2,500개 상용 한자 기본 어휘에 나타나는 음소 빈도를 살펴보자. 3장에서 논의한 음절 분석에 근거하여(Duanmu 2000 참조) 2,500개 한자에 포함된 모든 기저형 음소를 계산하면, 총 7,014개의 음소 항목이 있다. 음소의 빈도는 7,014개의 항목에서 출현하는 횟수이다. (10)은 분석 결과이다.

(10) 표준중국어 2,500개 상용 한자 기본 어휘의 음소 빈도

음소	빈도	출현 비율
i	1,001	14.27
a	963	13.76
u	940	13.40
ə	787	11.22
n	594	8.18
ŋ	468	6.67
ts	275	3.92
s	209	2.98
ts^h	156	2.22
l	155	2.21
ʈʂ	153	2.18
ʂ	141	2.01
t	126	1.80
y	126	1.80
p	121	1.73
x	114	1.63
k	112	1.60
$ʈʂ^h$	112	1.60
t^h	108	1.54
m	101	1.44
f	90	1.28
p^h	74	1.06
k^h	66	0.94
ʐ	42	0.60
합계	7,014	100.00

(10)으로부터 몇 가지 현상을 관찰할 수 있다. 첫째, 대부분의 모음은 순위가 높다. 이는 대부분의 음절이 하나의 자음(비음 말음 [n], [ŋ] 제외)과 적어도 하나의 모음을 지니기 때문이다. 표준중국어는 모음이 5개밖에 없지만 자음은 19개이므로, 모음이 더 높은 빈도로 출현할 것으로 예측할 수 있다. 둘째, 모음 [y]는 다른 모음에 비해서 훨씬 낮은 빈도로 출현한다. 이는 [y]가 범언어적으로 일반적이지 않은 모음이라는 사실을 반영하는 것으로 보인다. 셋째, [n]와 [ŋ]이 가장 빈도가 높은 자음이라는 것은 예상 밖일 수 있다. 그러나 이들은 말음 위치에서 허용되는 유일한 자음이므로 출현 빈도가 높다. 두음 위치에서 [n]는 단지 45번 출현하고 [ŋ]은 전혀 출현하지 않는다. 넷째, 설정 자음은 순음 자음과 설배 자음에 비해서 출현 빈도가 높다. 이는 혀끝이 가장 활동적인 조음자라는 견해에 부합한다. 다섯째, 권설 자음 [tʂ]와 [ʂ]는 다른 많은 언어에 나타나지 않는다는 사실에도 불구하고 비교적 높은 순위를 차지한다. 마지막으로, 인류 언어에서 [m]는 가장 높은 빈도로 출현하는 음 가운데 하나이지만, 표준중국어에서는 다소 낮은 순위에 있다(Maddieson 1984).

5.2.3. 두음과 운 빈도

2,500개 상용 한자, 즉 형태소를 모두 두음과 운으로 나누면, 총 2,500개의 운과 그보다 약간 적은 수의 두음이 있다(어떤 음절은 두음을 갖지 않음). 4장에서 논의한 바와 같이, 핵전 활음(pre-nucleus)은 두음이다. 예를 들어, [nʲan]에서 두음은 [nʲ](또는 일부 화자들에게는 [ɲ])이고 운은 [an]이다. 또한 Duanmu (2000)에 의하면, 고핵모음은 두음으로 확산된다. 예를 들어, 기저형 [si]는 [sʲi]로 실현되며, 이때 운은 [i]이고 두음은 [sʲ] 또는 [ɕ]이다. 이 분석 방법에 따르면 55개의 두음이 있으며, 두음 빈도는 (11)의 괄호에 보이는 바와 같다. Ø는 두음의 부재를 가리키며 30개 한자가 이에 해당한다.

(11)   표준중국어 2,500개 상용 한자 기본 어휘의 55개 두음 빈도 순위

ts^j (177)   j   (143) s^j (120) $t\underline{s}$ (107) $\underline{s}$ (107) ts^h (78)   w (77)

ts^{hj} (75)   p   (75) l^j (75) x^w (72)   f   (60) k^w (58)   ɥ (54)

t   (54)   k   (54)   m   (53) t^h (49) $t\underline{s}^w$ (46)   x (42) $t\underline{s}$ (41)

l   (41) ts^h (40) p^j (38) t^w (36) t^j (36) $t\underline{s}^{hv}$ (34) $\underline{s}^w$ (34)

$ts^ɥ$ (33) p^h (33) k^{hw} (33) k^h (33) $s^ɥ$ (32) t^{hw} (30) f^w (30)

Ø   (30) t^{hj} (29)   s   (29) l^w (29) s^w (28) p^{hj} (27) m^j (26)

ts^w (24) $ts^{hɥ}$ (24)   ʐ (23) m^w (22) n^j (18)   n (18) $t\underline{s}^{hw}$ (17)

$ʐ^w$ (15) p^{hw} (14) $l^ɥ$ (10) p^w (8) n^w (8) $n^ɥ$ (1)

홍미로우면서도 다소 놀라운 것은 권설음 [t$\underline{s}$], [t$\underline{s}^h$], [$\underline{s}$]는 최상위 빈도에 속하는 반면, 일반적인 설정 자음 [t], [t^h], [s]는 그렇지 않다는 점이다.

2,500개 운은 21개 종류로, 세 가지의 보편적 유형 VC, VG, V 또는 C로 구분할 수 있으며, 빈도는 (12)와 같다. 21개 운 가운데 두 개는 성절 자음 [z̩]와 [z]이다. 운 [o, e, ɤ]는 음소 [ə]의 변이음이다. [o]는 [u] 또는 순음 자음 뒤에서 출현하며, [e]는 [i] 또는 [y] 뒤에서 출현한다. [ɤ]는 중음절인 개음절에서 출현한다.

(12)   표준중국어 2,500개 상용 한자 기본 어휘의 21개 운 빈도 순위

an (349)   u (206)   aŋ (194)   i (192)   au (189)   əŋ (178)   a (134)

əu (120)   əi (116)   ən (109)   uŋ (96)   o (96)   ai (93)   e (89)

z̩ (84)   ɤ (78)   y (74)   in (71)   z (27)   aɚ (4)   ə (1)

유형	수
VC	1,001(40%)
VG	518(21%)
V 또는 C	981(39%)
합계	2,500

(12)로부터 몇 가지 현상을 발견할 수 있다. 첫째, [i]는 가장 빈도가 높은 음소이지만, [u]가 [i]보다 빈도가 높은 운이다. 둘째, [i, a, u]는 가장 기본적인 모음으로 간주되지만, 단독으로 운을 구성하는 최상위 빈도 운은 이 모음들이 아니다. 셋째, 운의 61%는 말음을 지니거나 이중 모음이다. 운의 39%만이 V나 C로 구성된다.[3]

5.2.4. 성조 빈도

(13)은 2,500개 상용 한자 기본 어휘의 성조 빈도를 나타낸다.

(13)   표준중국어 2,500개 상용 한자 기본 어휘의 성조 빈도 순위

성조 유형	T1	T2	T3	T4	T5	합계
수	587	627	444	837	5	2,500
	23.5%	25.1%	17.8%	33.5%	0.2%	100.0%

T4 음절이 가장 많으며, T3 음절은 T4의 절반 정도이다. T5 음절은 세 개의 감탄사(la 啦, me 嘛, ne 呢), 두 개의 문법 조사(상 표지 le 了, 명사화 표지 de 的)로, 주로 비강세 형식에서 출현한다. 이와 같은 결과로부터 중국어의 대부분 단어가 강세 음절이라는 인상을 받을 수도 있다. 그러나 Duanmu et al.(1998)의 자연 발화 코퍼스 연구에 의하면, 전체 음절의 약 1/3이 비강세이다. 이는 많은 온음절이 맥락에서, 특히 합성어(compounds)에서 비강세가 되어 어휘 성조를 소실하고 T5가 되기 때문이다. (13)은 자연 발화에서 나타나는 강세 소실을 반영하지 않는다.

동음어를 제외하면 1,001개의 음절이 있으며, 이들은 (14)와 같이 상당히

---

3   [역자 주] 원문의 41%를 39%로 정정함.

균등하게 네 개의 성조로 나뉜다. T2 음절은 평균보다 약간 적으며 T4 음절은 평균보다 약간 많지만, 두 경우 모두 큰 차이는 보이지 않는다.

(14) 표준중국어 2,500개 사용 한자 기본 어휘의 성조 빈도 순위
      (동음어 제외)

성조 유형	T1	T2	T3	T4	T5	합계
수	249	220	245	282	5	1,001
	24.9%	22.0%	24.5%	28.2%	0.5%	100.0%

원칙적으로 모든 온음절은 네 개 어휘 성조 가운데 하나를 지닐 수 있다. 그러나 네 개 성조를 모두 갖는 음절은 1/5에 불과하다. 이는 (15)에 보인다.

(15) 표준중국어 2,500개 사용 한자 기본 어휘의 성조 밀도 (동음어 제외)

음절 당 성조 수	1	2	3	4	5	합계
음절 수	74	91	135	85	0	385
	19%	24%	35%	22%	0%	100.0%

대부분의 음절은 세 개의 성조를 지니며, 40% 이상의 음절이 한 개 또는 두 개의 성조를 갖는다. 왜 다섯 개의 성조를 모두 갖는 음절은 없는지 의문을 제기할 수 있다. 이는 비강세 음절만 T5를 지니며 비강세 음절은 상이한 모음을 가지기 때문이다. 예를 들어, T5 음절 [mə](감탄사 嘛)는 ma 대신 me로 표기한다. 만약 ma로 표기한다면, 이 음절(모음 길이는 무시)은 앞에서 소개한 (3)의 5개 성조를 모두 가지게 된다.

5.3. 부재하는 음절에 대한 설명

표준중국어 온음절은 최대 네 개의 기저형 음, CGVX를 가질 수 있다.

여기에서 C는 자음, G는 활음, V는 모음, X는 이중 모음의 핵후 활음(offglide)이거나 자음이다. 온음절은 네 개 성조 가운데 하나를 지닐 수 있다. 원칙적으로 가능한 온음절의 수는 성조 구분을 포함하지 않으면 1,900개, 성조 구분을 포함하면 7,600개이다. 이는 (16)에 보이는 바와 같다. [y]는 말음 자리에 출현하지 않으며 [ɚ]는 주로 접미사가 추가된 단어에 국한되기 때문에, [y]와 [ɚ]는 X의 선택 대상에 포함되지 않는다. 또한 비강세 음절은 제외하였으며, 음절 당 네 개의 가능한 성조가 있다고 전제하였다.

(16) 표준중국어에서 가능한 음절 결합

	선택 가능한 수	설명
C	19	18개 자음 중 하나 또는 C 부재
G	4	[j, w, ɥ] 중 하나 또는 G 부재[4]
V	5	5개 모음 중 하나
X	5	[i, u, n, ŋ] 중 하나 또는 X 부재
합계	1,900	성조 구분 포함하지 않음
	7,600	성조 구분 포함 (음절 당 4개 성조)

『현대한어사전(現代汉语词典)』(中国社会科学院, Chinese Academy of Social Sciences Institute of Linguistics 1978)에 실제 출현하는 표준중국어의 온음절 수는 훨씬 적다. (17)은 이를 보여준다.

(17) 표준중국어 온음절의 실제 출현 수와 예측 수

	실제 출현	가능	부재 비율
성조 구분 미포함	404	1,900	79%
성조 구분 포함	1,297	7,200	82%

4　[역자 주] [u]를 [w]로 정정함.

성조 구분의 포함 여부를 막론하고, 실제 출현하는 음절은 가능한 음절의 1/5 정도에 불과하다.

(17)의 자료는 흥미로운 문제를 제기한다. 이렇게 많은 음절이 부재하는 이유는 무엇인가? 이 문제가 상당히 곤혹스러운 이유는 중국어는 음절의 구분이 부족하기 때문에 많은 이음절어가 생겨났다고 일반적으로 받아들여지기 때문이다(Guo 1938, Wang 1944, Karlgren 1949, Lü 1963, Li and Thompson 1981, Chen 2000a). 이에 대하여 중국어는 현재 이음절 단어를 사용하기 때문에 음절 목록이 축소되는 것을 걱정할 필요가 없다고 주장할 수도 있다. 그러나 이러한 추론은 순전히 가설적이다. 이와 같은 추론 대신 부재하는 음절 형식 가운데 적어도 일부에 대해서는 음운적 이유를 제시하는 분석이 필요하다.

논의를 간단하게 하기 위하여 GVX 부분에 초점을 맞추도록 하자. 표준중국어는 (18)과 같이 100개의 가능한 GVX 형식이 있다. 여기에서 성조 구분은 무시하였으며, [ə] 모음과 성절 자음도 제외하였다. 이에 대해서는 5.4와 5.5에서 별도로 논의할 것이다.

(18)	선택 가능한 수	설명
G	4	[j, w, ɥ] 중 하나 또는 G 부재[5]
V	5	5개 모음 중 하나
X	5	[i, u, n, ŋ] 중 하나 또는 X 부재
합계	100	

(19)는 100개의 가능한 GVX 형식이다. 첫 번째 열은 X의 선택 대상을 나타내며, 상단 행은 G의 선택 대상을 나타낸다. 0은 G 또는 X의 부재를 의미한다. 명확하게 나타내기 위하여, 핵모음 앞의 고모음은 활음으로 표기하였다.

---

5   [역자 주] [u]를 [w]로 정정하였다.

(19)

X \ G		0-	j-	w-	ɥ-	
[-0]	i	+	(+)	–	–	ji = i
	u	+	–	(+)	–	wu = u
	y	+	–	–	(+)	ɥy = y
	ə	+	+	+	+	
	a	+	+	+	–	
[-n]	in	+	(+)	–	–	jin = in
	un	–	–	–	–	
	yn	+	–	–	(+)	ɥyn = yn
	ən	+	–	+	–	
	an	+	+	+	+	
[-ŋ]	iŋ	–	–	–	–	
	uŋ	+	+	(+)	–	wuŋ = uŋ
	yŋ	–	–	–	–	
	əŋ	+	+	+	–	
	aŋ	+	+	+	–	
[-i]	ii	(+)	(+)	–	–	ii = i, jii = ji
	ui	–	–	–	–	
	yi	–	–	–	–	
	əi	+	–	+	–	
	ai	+	+	+	–	
[-u]	iu	–	–	–	–	
	uu	(+)	–	(+)	–	uu = u, wuu = wu
	yu	–	–	–	–	
	əu	+	+	–	–	
	au	+	+	–	–	

실재형 (+)   35
부재형 (– 또는 (+))   65
합계   100

(+)는 오른쪽 열에 설명한 바와 같이 서로 구분되지 않는 형식을 가리킨다. 예를 들어 [ji]와 [i]는 구분되지 않는다. 이러한 경우 긴 형식을 (+)로 표시하였다. 많은 GVX 형식이 부재한 것을 볼 수 있는데, 이에 대해서 (20)의 두 가지 설명이 가능하다.

(20)   부재하는 음절 형식에 대한 두 가지 설명
      a. 부재 형식은 임의적 선택 또는 우연에 기인한다.
      b. 부재 형식의 일부 또는 대다수는 체계적인 제약에 기인한다.

(a)에서 개별 언어에서 음절의 선택은 임의적이며, 이에 대한 추가적인 설명은 필요하지 않다. (b)에서 부재 형식은 음절 구조에 대한 체계적인 제약을 가리킨다. (b)는 두 종류의 근거가 필요하다. 첫째, 부재하는 많은 음절 형식을 설명할 수 있는 상당히 자연스러운 제약이 있다는 것을 보여야 한다. 둘째, 그 제약들이 중국어 방언과 다른 언어에도 적용된다는 것을 보여야 한다. 필자는 (b)를 지지하며, (21)의 네 가지 제약을 제안한다.

(21)   음절 구조 제약
운 조화   VX는 [원순]과 [후설]에서 상반된 값을 가질 수 없다.
             *[+후설][−후설], *[−후설][+후설]
             *[+원순][−원순], *[−원순][+원순]
병합   동일한 자질을 갖는 두 성분은 하나의 긴 자질로 병합된다.
             X X → X X
             | | ∨
             F_i F_i F_i
활음 확산   고 핵모음은 두음 C로 확산된다.
             [Ci] → [C^{j}i], [Cu] → [C^{w}u], [Cy] → [C^{ɥ}y]
Y 확산   핵모음 [y]는 핵전 활음 G로 확산된다.
             [jy] → [ɥy], [wy] → [ɥy]

운 조화는 [후설]의 상반된 값을 배제한다. 그러나 [후설] 자질이 미명세된 음은 [+후설] 또는 [-후설]과 모두 결합할 수 있다. 따라서 [+후설][Ø후설], [-후설][Ø후설], [Ø후설][-후설], [Ø후설][+후설]은 허용된다. [원순]도 이와 마찬가지이다.

운 조화와 병합의 음성적 이유는 조음의 편이로 보인다. 즉, 하나의 운에서 조음자가 빨리 움직여서 두 개의 상반된 조음 행위를 하는 것(예. [+후설][-후설])이나 하나의 운에서 동일한 조음 동작을 두 번하는 것(예. [-후설][-후설])은 어렵다. 그렇다면 다른 언어에서도 유사한 제약을 발견할 수 있을 것인데, 이 주제는 이 책의 범위를 넘어선다.

활음 확산은 역행 동화(anticipatory process)이다. 이 규칙은 두음이 G나 C^G이면 적용되지 않는다. 예를 들어, 활음 확산은 [wi] → [ɥi] 또는 [wʲi], [tʷi] → [tʲi] 또는 [tʷʲi], [ju] → [ɥu] 또는 [jʷu]와 같은 변화를 요구하지 않는다. 그러나 두음에 이미 활음이 있는 경우에도 활음 전파가 적용될 때가 있는데, 이에 대해서는 추후 논의하도록 한다. 또한 두음 자리는 선택적이므로(3장 참조), 두음이 없는 경우에는 활음 확산이 적용되지 않는다. 이것은 영어에서 단어 [ist] east가 [jist]로 변하지 않는 이유를 설명한다. [jist]는 다른 단어인 yeast로, yeast는 두음이 있지만 east는 두음이 없다.

Y 확산은 활음 확산과 관련되는 것으로 보인다. Y 확산은 활음이 이미 있는 경우에도 발생하지만 활음 확산은 그렇지 않다는 데 차이가 있다.

(19)의 GVX 표에서 25개 VX 행 가운데 아홉 개는 운 조화와 병합으로 인해서 제외된다. 이는 (22)에 보인다. 여기에서 [n]는 [-후설]로, [ŋ]은 [+후설]로 간주한다. 표준중국어는 중모음과 저모음이 각각 한 개이므로, [후설]과 [원순]이 미명세되기 때문에 어떠한 활음이나 모음과도 결합할 수 있다.

(22)   운 조화와 병합에 의하여 제외되는 행

       *[un] 행   전설이 다름

       *[iŋ] 행   전설이 다름

       *[yŋ] 행   전설이 다름

       *[ui] 행   전설과 원순이 다름

       *[yu] 행   전설이 다름

       *[yi] 행   원순이 다름

       *[iu] 행   전설과 원순이 다름

       *[ii] 행   병합, [ii] = [iː]

       *[uu] 행   병합, [uu] = [uː]

온음절은 모두 중음절이므로, [i] 또는 [u]를 지니는 운은 실제로 [iː] 또는 [uː]이다(4장 참조). [ii]는 병합에 의하여 [iː]로 변하기 때문에 [iː]와 구분되지 않는다. 마찬가지로 [uː]와 [uu]도 구분되지 않는다.

이제 (23)과 같이 운의 16개 행이 남으며 모두 운 조화를 만족한다. 중모음 [ə]와 저모음 [a]는 원순과 전설 자질이 미명세된다.

(23)

행	설명
[i]	
[u]	
[y]	
[ə]	
[a]	
[in]	둘 다 [-후설]
[yn]	둘 다 [-후설], [n]는 [원순] 미명세
[ən]	[ə]는 [후설] 미명세
[an]	[a]는 [후설] 미명세

[uŋ]	둘 다 [+후설], [ŋ]은 [원순] 미명세
[əŋ]	[ə]는 [후설] 미명세
[aŋ]	[a]는 [후설] 미명세
[əi]	[ə]는 [후설] 미명세
[ai]	[a]는 [후설] 미명세
[əu]	[ə]는 [후설] 미명세
[au]	[a]는 [후설] 미명세

운 [in]은 [-후설][-후설]이며, (24)와 같이 병합을 거친다.

결과는 여전히 [in]이므로 다른 운과 중복되지 않는다. 이와 마찬가지로, [yu]와 [uŋ]도 병합을 거치지만 여전히 독립적인 운이다.

(23)의 16개 행은 (25)에 나열된 64개 형식을 포함한다. 여기에서 활음 확산은 여섯 개, Y 확산은 네 개이다. 오른쪽 열은 활음 확산과 Y 확산으로 동일해진 쌍을 제시한다. 예를 들어, [u]와 [wu]가 동일하므로 [Cu]는 [Cʷu]가 된다.

(25)   활음 확산(G)에 의하여 제외되는 칸

VX\G	Ø -	j -	w -	ɥ -	
i	+	G	–	–	[ji] = [i]
u	+	–	G	–	[wu] = [u]

y	+	Y	Y	G	[jy] = [ɥy], [wy] = [ɥy], [ɥy] = [y]
ə	+	+	+	+	
a	+	+	+	–	
in	+	G	–	+	[jin] = [in]
yn	–	Y	Y	G	[jyn] = [ɥyn], [wyn] = [ɥyn], [ɥyn] = [yn]
ən	+	–	+	–	
an	+	+	+	+	
uŋ	+	+	G	–	[wuŋ] = [uŋ]
əŋ	+	+	+	–	
aŋ	+	+	+	–	
əi	+	–	+	–	
ai	+	+	+	–	
əu	+	+	–	–	
au	+	+	–	–	

35개 출현 형식은 +로 표시하고, 출현하지 않는 19개 형식은 –로 표시하였다. 출현하지 않는 형식은 (26)에 열거하였는데, 절반 정도는 설명이 가능한 것으로 보인다. 필자는 그들이 독립적인 운으로 출현하지 않는 이유에 대하여 설명하였다. [wi]-[wəi]나 [ɥuŋ]-[juŋ]과 같은 변이형은 각 쌍에서 어떤 변이형이 기저형이고 어떤 변이형이 부재형 또는 도출형인지 결정할 수 있는 원칙이 없는 듯하다.

(26)

형식	설명
wi	[wəi]의 변이형
ju	[jəu]의 변이형
win	활음 확산이 [win]에 적용되면 [ɥin]과 동일

ɥuŋ				활음 확산이 [juŋ]에 적용되면 [juŋ]과 동일
ɥəu	ɥau	wəu	wau	두음과 말음이 [+원순]-[+원순]
ɥi	ɥu	yn		
ɥəi	jəi			
jən	ɥən	ɥəŋ		
ɥaŋ	ɥai	ɥa		

표준중국어에서 [wi]는 [wəi]의 변이형이며, [ju]는 [jəu]의 변이형이다. [win]과 [juŋ]은 각각 핵전 활음와 고 핵모음이 있다. 이미 활음이 있더라도 활음 확산이 고 핵모음에 적용되면 [win]과 [juŋ]은 각각 [ɥin]과 [ɥuŋ]이 된다. 이는 [win]와 [ɥuŋ]이 독립적인 운으로 출현하지 않는 이유를 설명한다. [ɥəu], [ɥau], [wəu], [wau]는 두음과 말음이 모두 [+원순]인데, 이를 막는 이화(dissimilation) 효과가 있는 듯하다. 영어에서도 [wau]가 매우 드물다는 점이 흥미롭다. [wau]는 단지 powwow, bowwow, wow 세 단어에서만 나타난다. 그러나 [wəu]는 quote, quota, swollen, woeful, wont 등 더 자주 출현한다. 따라서 [wau]와 [wəu]를 완전히 배제할 적절한 이유는 없는 것 같다. 음절 [jəi]는 영어의 [jei]와 유사한데, [jei]는 주변적(marginal) 단어인 yea와 프랑스어에서 차용된 soigné 같은 몇몇 단어에만 출현한다. 마지막으로, 19개 부재형 가운데 12개가 [y] 또는 [ɥ]를 포함한다는 점도 흥미롭다.

[ɥuŋ]과 [iuŋ]이 활음 확산으로 인해 동일하다면, 비록 필자는 [iuŋ]을 기저형으로 간주하지만, 기저형은 [ɥuŋ] 또는 [iuŋ]이 될 수 있다. 이와 같은 기저형 설정의 모호성은 관련 연구에 보이는 혼란을 설명한다. 즉, 전통 중국어 음운론에서 음절을 핵전 활음에 따라서 분류하는 경우가 있다. 이 때 用 '사용하다'는 [juŋ]으로 간주되어 [j]-그룹으로 분류되기도 하고(Chao 1968), [ɥuŋ]으로 간주되어 [ɥ]-그룹으로 분류되기도 하였다(Hsueh 1986). 이 책의

분석은 두 형식이 모두 가능하므로 이와 같은 모호성을 해결하는 간단한 방법이 없음을 제시한다.

Duanmu(2003)는 삼중 모음 상승(triphthong raising)을 제안한다. 이에 따르면, 세 개의 모음 [고모음][중모음][고모음]을 가진 형식은 [고모음][고모음][고모음]으로 상승한다. 이 효과는 표준중국어에서 관찰된 바 있으며(Zee 2003), 조음 노력 감소의 관점에서 이해할 수 있다. 이 규칙은 [wəi]-[wi]와 [jəu]-[ju] 각 쌍의 교체를 설명한다. 이는 또한 [고모음][중모음][고모음]을 포함하는 [ɥəu], [wəu], [ɥəi], [jəi]가 출현하지 않는 이유를 설명한다. 그러나 영어는 삼중 모음 상승이 적용되지 않는데, [wi] we와 [wei] way를 구분하여 사용하기 때문이다. 또한 앞서 논의한 바와 같이 영어는 [wəu]를 상당히 자주 사용한다. GVX 형식 분석을 요약하면 (27)과 같다.

(27) GVX 형식 분석 요약

원인	형식의 수
운 조화	28
병합	8
활음 확산	6
Y 확산	4
부재하는 다른 형식	19
출현하는 형식	35
합계	100
부재 형식의 70%가 설명됨	
모든 형식의 81%가 설명됨	

부재하는 형식에 대하여 여러 가지 다른 설명을 제공하고자 할 수도 있다. 그러나 부재하는 모든 또는 대부분의 형식이 음운적 이유에 기인한다고 예

측하는 것은 현실적이지 않다. 예를 들어, 표준중국어에서 어떤 음절은 네 개 성조가 모두 실현되는데 어떤 음절은 왜 그렇지 않은지, 또는 표준중국어에서 [mʲan], [pʲan], [pʰʲan]은 출현하지만 [fʲan]은 왜 출현하지 않는지에 대한 이유는 알 수 없다. 따라서 필자는 부재하는 일부 형식을 단지 우연적 공백으로 간주한다.

5.4. [ɚ] 접미사

접미사가 추가되지 않은 표준중국어 단어에서 말음이 [ɚ]인 음절은 하나이다. 이 음절은 [aɚ], 즉 한어병음 er이며, 2,500개 상용 한자 기본 어휘에서 네 개의 단어 er2 儿 '아들', er2 而 '그러나', er3 耳 '귀', er4 二 '둘, 2'이다.

표준중국어에는 접미사 [ɚ]도 있는데, 일반적으로 지소적(diminutive) 의미를 갖는다. [ɚ]가 음절에 추가될 때, [i]를 포함하여 설정음이 말음이면 [ɚ]가 원래의 말음을 대체한다. 그 외의 경우는 [ɚ]가 운에 권설 자질을 첨가한다. 비강세 운 [ə]를 제외하면 표준중국어에는 20개의 운이 있다. (28)은 Duanmu (2000)의 분석에 근거하여 운과 그에 대응하는 접미사화한 형식을 제시한다.

(28)	접미사화하지 않은 20개 운	접미사화한 11개 운
	a, ai, an	aɚ (aʳ)
	ɑŋ	ɑŋʳ (ɑ̃ʳ)
	au	auʳ
	e	eʳ
	əŋ	əŋʳ (ə̃ʳ)
	əu	əuʳ

ɤ	ɤ^r
o	o^r
u	u^r
uŋ	uŋ^r (ũ^r)
z̩, z̩, əi, ən	ɚ
i, in	(jɚ)
y	(ɥɚ)
ar	(aɚ)

    [aɚ]를 제외한 대부분의 경우 [ɚ]는 별개의 소리로 실현되지 않으며 운 전체에 권설 음색을 추가한다. 이는 (28)에서 [ʳ]로 나타냈다. [i], [in], [y]의 경우, 접미사화한 형식은 [ɚ]이며, [z̩], [z̩], [əi], [ən]이 접미사화한 형식과 동일하다. 또한 운 [ɚ]는 단일 모음으로, 미국 영어 단어 fur의 모음과 유사하 다. 따라서 두 개의 기호 [ər]를 사용하는 것보다 Duanmu(2000)와 같이 단일 기호 [ɚ]를 사용하는 것이 낫다. [aɚ] 운은 접미사화한 형식이 없다(또는 접미 사화하지 않은 형식과 동일하다). 따라서 총 11개의 접미사화한 운 형식이 있다. [ŋ]으로 끝나는 운은 구강 폐쇄가 선택적이다. 말음 [ŋ]은 모음 [a]를 [ɑ]로 바꾼다.

    [ɚ] 접미사의 주요 효과는 설정음인 [i], [n], [z̩], [z̩] 또는 [y]를 말음 위치 로부터 멀어지게 하고 운에 있는 음에 권설 자질을 더하는 것이다. 운에 남아 있는 음은 설정 성분이 없으므로, [ɚ] 음색의 추가가 자질 구조에 문제 를 일으키지 않는다. 또한 새롭게 형성된 운은 음절 제약인 운 조화와 병합을 위배하지 않는다.

5.5. 성절 자음

필자는 [sz] 四 '넷, 4', [ʂz̩] 事 '일, 사건'과 같은 단어를 전사할 때 성절 자음 [z̩]와 [z̩]를 사용하였다. 감탄사 [m̩] 呣 '응'도 성절 자음이다.

어떤 음운론자들은 모든 음절에 모음이 있어야 하며 성절 자음은 없다고 주장한다(Luo and Wang 1957, Cheung 1986, Hsueh 1986, Coleman 1996, 2001). 그들은 [m̩]과 같은 감탄사는 주변적이므로 제외되어야 하며, [sz]나 [ʂz̩]와 같은 음절은 각각 모음을 포함하는 것으로 재분석되어야 한다고 주장한다. 이러한 특수한 모음은 "설첨 모음"으로 불리며, 성절 [z̩]는 [ɿ], 성절 [z̩]는 [ʅ]에 해당한다.

그러나 어떤 방언에서는 성절 자음이 어휘적 단어로 출현한다. 예를 들어, 상하이 중국어에서 [n̩]은 성조에 따라 魚 '물고기' 또는 五 '다섯, 5'를 의미하며, 이음절어 [m̩.ma] 媽媽 '엄마'에서 첫 번째 음절은 성절 [m̩]을 갖는다. 이러한 음절은 구강 통로가 완전히 폐쇄되므로 모음을 지닌다고 간주할 이유가 없다. 그러나 만약 모든 음절이 모음을 지녀야 한다고 생각한다면, 심지어 이러한 경우에도 감추어진 모음이 있다고 주장할 것이다. 따라서 Cheung (1986:150)은 광동 방언 단어 [m̩] 唔 '~없이'는 기저형이 [mi:m]이며, 감추어진 모음 [i:]가 발음되지 않는다고 주장한다. 그러나 이러한 감추어진 모음을 지지하는 근거는 없다. [n̩]과 [m̩]을 성절 자음으로 인정하면 성절 자음 [z̩]와 [z̩]도 받아들일 수 있다. 특별한 모음이나 감추어진 모음이 있다고 전제할 필요는 없다.

(29)와 같이, 성절 자음 [z̩]와 [z̩]의 분포는 다소 제한적이다. 성절 자음 [z̩]가 출현하는 음절은 세 개이며, [z̩]가 출현하는 음절은 네 개이다.

(29) 성절 자음 [z]와 [ʐ]의 출현

[z] tsz tzʰz sz

[ʐ] tʂʐ tʂʰʐ ʂʐ ʐʐ

(29)에서 음절 두음은 마찰음이거나 파찰음이다. 즉 [+마찰] 자질을 지닌다(2장 참조). 또한 운은 유성음이라는 점을 제외하면 두음의 마찰 성분과 유사하다. [z]와 [ʐ]가 다른 두음과 출현하지 않는다는 것은 그들이 독립적인 음이 아니라는 것을 나타낸다. 따라서 간단한 분석은 성절 자음 [z]와 [ʐ]가 두음에서 운으로 확산되었다고 보는 것이다(Pulleyblank 1984, Lin 1989, Wiese 1997, Duanmu 2000). (30)은 [tszz] 自 '자기, 자신'에 대한 분석으로, 운 [zz]는 온음절에서 길게 실현된다. O, N, C는 각각 두음, 핵음, 말음이다.

(30)

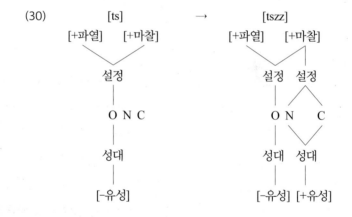

이 단어는 파열음 [ts]로 시작하는데, 이 음은 두 개의 조음자, 즉 [−유성] 자질을 지배하는 성대(vocal-cords, VC)와 [+파열], [+마찰]을 지배하는 설정을 지닌다. 핵음은 [+파열]이나 [−유성]이 허용되지 않는 것을 전제하면, [ts]는 두음에 연결되어야 한다. 다음으로 운에서 비어있는 단위가 [+마찰]([+파열]은 아님)의 확산을 야기한다. 운은 기정치 [+유성]을 갖는다. 따라서 결과는 두음 위치의 [ts], 운 위치의 [zz]이다.

위의 분석은 모든 마찰음과 파찰음이 각각 상응하는 성절 마찰음을 가질 것으로 예측한다. (31)은 표준중국어에 대한 예측이다.

(31) 마찰음, 파찰음   상응하는 성절 자음 ([-파열, +유성])
      [ts, tsʰ, s]   [z]
      [tʂ, tʂʰ, ʂ, ʐ]   [ʐ]
      [f]   [v] ([ʋ])
      [x]   [ɣ] ([ɹ])

[ts, tsʰ, s]와 [tʂ, tʂʰ, ʂ, ʐ]에 예측되는 성절 자음은 표준중국어에서 발견된다. [f]에 예측되는 성절 자음은 [fu]와 중복된다. [fu]는 종종 [fʋ]로 실현되는데, 모음 또는 성절 [v]는 순치음이다. [x]에 예측되는 성절 자음은 [xɣ]와 중복된다. [xɣ]의 [ɣ]는 종종 [ɰ]나 [ɣ]로 실현된다.

이상의 논의는 이 책의 분석이 성절 자음 [z]과 [ʐ]의 분포를 어떻게 설명하는지 보여주었다. 전통적 견해대로 그들이 설첨 모음 [ɿ]과 [ʅ]이면, 다른 모음처럼 자유롭게 출현할 것으로 예상해야 한다. 그러나 이는 실제와 다르다. [ɿ]와 [ʅ]가 모음 [i]의 변이음이라는 설명을 자주 볼 수 있는데(Dong 1958:81), [sz] 丝 '실크'와 [si] ([sʲi]나 [ɕi]로 실현) 西 '서쪽'와 같은 단어는 의미가 변별되는 최소대립쌍을 구성한다. 따라서 [z]와 [i]는 상보적 분포가 아니므로 동일한 음소의 변이음이 아니다. 이에 대한 전통적 분석의 해결책은 그다지 명확하지 않다.

Lee and Zee(2003)는 [z]와 [ʐ] 두 음에 대하여 기호 [ɹ]를 사용하였다. 그러나 이 전사가 음소적인지 변이음적인지 분명하지 않다. 만약 [ɹ]가 음소적 전사라면 이를 사용할 필요가 없다. 왜냐하면 이 음소의 출현은 완전히 예측 가능하기 때문이다. 만약 [ɹ]가 변이음적 전사라면 충분히 구체적이지 않다는 문제가 있다. [z]와 [ʐ]는 서로 다른 유형의 자음에 속하며 음성적 속성이 매우 다르기 때문이다.

평소 발화에서 고모음은 무성 마찰음을 포함한 유기음 두음과 낮은 성조를 지니는 음절에서 자주 무성음화한다. 그 결과, (32)와 같은 또 다른 성절 자음이 출현하게 된다. (32)에서 모음의 길이는 표시하지 않았으며, 무성음화로 인하여 성조가 들리지 않는 경우는 Ø으로 나타내었다.

(32)

		HL–L		HL–LØ	
[ʋ] → [f]		təu-fʋ	→	tou-ff	豆腐 '두부'
		HL–L		HL–Ø	
[z] → [s]		ʂaŋ-tsʰz	→	ʂaŋ-tsʰs	上次 '지난번'
		HL–L		HL–Ø	
[ʐ] → [ʂ]		li-ʂʐ	→	li-ʂʂ	历史 '역사'
		L–LH		Ø–LH⁶	
[ɣ] → [x]		kʰɣ-nəŋ	→	kʰx-nəŋ	可能 '가능하다'
		HL–L		HL–Ø	
[i] → [ɕ]		ji-tɕʰi	→	ji-tɕʰɕ	一起 '함께'
		H–L		H–Ø	
[y] → [ɕʷ]		tʂəŋ-tɕʰʷy	→	tʂəŋ-tɕʰʷɕʷ	争取 '쟁취하다'
		L–H		Ø–H	
[y] → [ɕʷ]		ɕʷy-tʷo	→	ɕʷɕʷ-tʷo	许多 '많은'

---

6   [역자 주] Ø–HL를 Ø–LH로 정정함.

$$
\begin{array}{llll}
 & \text{L–HL} & & \text{Ø–HL} \\
[\text{u}] \rightarrow [\text{x}^{\text{w}}] & \text{ş}^{\text{w}}\text{u-tɕa} & \rightarrow & \text{ş}^{\text{w}}\text{x}^{\text{w}}\text{-tɕa} \qquad \text{暑假 '여름 휴가'}
\end{array}
$$

$$
\begin{array}{llll}
 & \text{H–L} & & \text{H–Ø} \\
[\text{u}] \rightarrow [\text{x}^{\text{w}}] & \text{ɕin-k}^{\text{hw}}\text{u} & \rightarrow & \text{ɕin-k}^{\text{hw}}\text{x}^{\text{w}} \qquad \text{辛苦 '힘들다'}
\end{array}
$$

$$
\begin{array}{llll}
 & \text{L–HL} & & \text{Ø–HL} \\
[\text{u}] \rightarrow [\text{x}^{\text{w}}] & \text{t}^{\text{hw}}\text{u-t}^{\text{j}}\text{i} & & \text{t}^{\text{hw}}\text{x}^{\text{w}}\text{-t}^{\text{j}}\text{i} \qquad \text{土地 '토지'}
\end{array}
$$

무성음화는 음절의 모든 위치, 즉 음절 시작, 음절 중간, 음절 말 위치에서 발생할 수 있다. 무성음화한 [z̩, i, ɤ, u, y]는 [ş, ɕ, x, x^{w}, ɕ^{w}]와 유사하다. (32)의 전사는 운의 길이를 표시하지 않았지만, 무성음화한 음절은 원래 음절과 유사한 음길이를 갖기 때문에 여전히 독립적인 음절로 들린다. 무성음화한 모음이 여전히 모음 [i̥, ɤ̥, u̥, y̥]라고 주장할 수도 있다. 그러나 성절자음을 채택한다면 무성 모음을 전제할 필요가 없다.

5.6. 동음어 밀도와 빈도 및 음절 소실

중국어와 영어의 동음어 밀도를 비교하는 것은 흥미롭다. 논의의 편이를 위하여, 다음절어를 구성하는 대부분의 음절이 단음절어에도 출현한다고 가정하자. 이에 따라 영어의 분석을 단음절어에 제한할 것이다.

두 가지 영어 어휘 전자 데이터베이스를 비교해보자, CMUDICT lexicon (Weide 1998, version 0.6)은 127,008개 항목이 수록되어 있으며, CELEX lemma lexicon(Baayen et al. 1993)은 52,447개 항목을 수록하고 있다. 어휘 항목 크기의 차이는 서로 다른 어휘 선정 방식에 기인한다. CMUDICT는

bank–banked–banks–bank's–banks'처럼 서로 다른 철자로 쓰인 모든 형식을 포함하며, hosts의 [housts]–[houss]–[hous]처럼 발음이 다른 모든 형식을 어휘 항목으로 수록한다. 또한 CMUDICT는 고유 명사도 포함한다. 반면 CMUDICT는 대소문자와 의미의 차이를 고려하지 않는다. 예를 들어 Bill과 bill은 BILL이라는 하나의 항목으로 수록된다. 또한 bark (for a tree), bark (a boat), bark (the sounds of a dog), bark (to make a dog sound), bark (to strip tree bark)도 하나의 어휘 항목인 BARK로 수록된다. 이에 반해 CELEX lemma lexicon은 단어의 서로 다른 의미를 독립적 항목으로 수록하지만, 고유 명사나 동사 시제, 명사 복수형, 명사 소유격 등 규칙적 굴절형(regular inflection)은 제외한다. 예를 들어, bank는 수록되어 있으나 banks, banked, banks'나 bank's는 없으며, catch는 있지만 caught는 수록되어 있지 않다. 그러나 bark (for a tree), bark (a boat), bark (the sounds of a dog), bark (to make a dog sound), bark (to strip tree bark)는 모두 독립된 어휘 항목으로 수록되어 있다.

동음어 밀도를 발음 당 동음어의 수로 정의하면, 동음어를 정의하는 방법은 두 가지이다. 첫째, 철자는 다르지만 발음이 같은 단어들이고, 둘째, 서로 다른 의미를 지니면서 발음이 같은 단어들이다. 영어는 이 두 종류의 동음어 차이가 크지 않다. 이는 (33)의 CELEX 단음절어의 동음어 밀도에서 볼 수 있다.

(33)   CELEX lemma lexicon의 단음절 동음어 밀도

모든 단음절	6,760
중복되지 않는 철자	4,321
중복되지 않는 발음	3,801
의미에 근거한 동음어 밀도	6,760 ÷ 3,801 = 1.78
철자에 근거한 동음어 밀도	4,321 ÷ 3,801 = 1.14

(33)은 6,760개 항목 가운데 64%인 4,321개가 다른 철자법으로 쓰인다는 것을 보여준다. 따라서 의미에 기반한 동음어 밀도는 철자법에 기반한 동음어 밀도보다 훨씬 크지 않다(1.78과 1.14 비교). (34)는 CMUDICT의 동음어 밀도를 CELEX lemma lexicon의 동음어 밀도와 비교한 것이다. CMUDICT의 "의미에 근거한 밀도"는 CELEX에서 철자에 근거한 동음어 밀도가 의미에 근거한 동음어 밀도의 2/3 정도인 것을 참조하여 추정한 것이다.

(34)

	CMUDICT	CELEX
모든 단음절	16,479	6,760
중복되지 않는 철자	15,901	4,321
중복되지 않는 발음	10,253	3,801
철자에 근거한 동음어 밀도	1.55	1.14
의미에 근거한 동음어 밀도	(2.43)	1.78

 영어 단음절어의 동음어 밀도는 1과 2.5 사이라는 것을 알 수 있다. 이는 (35)의 표준중국어 동음어 밀도에 비해서 상당히 낮다.

(35) 표준중국어 단음절 동음어 밀도

어휘 유형	전체 한자	상용 한자
중복되지 않는 한자(형태소)	12,041	2,500
중복되지 않는 발음(성조 포함)	1,334	1,001
동음어 밀도	9.03	2.50

 사용되는 모든 한자를 고려하면(Da 2004), 동음어 밀도는 9.0이고, 2,500개 상용 한자를 고려하면 동음어 밀도는 2.5이다. 영어의 일부 동음이철어(同音異綴語)와 마찬가지로 일부 한자는 둘 이상의 의미를 갖기 때문에, (35)의 동음어 밀도는 영어의 "철자법에 근거한 동음어 밀도"에 해당한다. 따라서

중국어의 동음어 밀도는 영어에 비해서 훨씬 높다. (36)은 영어와 표준중국어의 동음어 밀도를 비교한 것이다.

(36) 철자법에 근거한 동음어 밀도

	영어	표준중국어
범위	1.14-2.43	2.50-9.03
평균	1.8	5.8

평균값으로 동음어 밀도의 범위를 비교하면, 중국어의 동음어 밀도는 영어보다 세 배나 높다(5.8과 1.8 비교). 영어와 중국어는 모두 10,000개나 되는 단음절 단어가 있다. 따라서 중국어의 높은 동음어 밀도는 어휘의 크기 때문이 아니라 음절 목록 크기의 차이에 기인한다. 중국어의 음절 목록은 영어 음절 목록의 작은 일부에 불과하기 때문이다.

중국어에는 많은 동음어가 있기 때문에, 중국어 화자가 음절을 신중하게 발음하며 이미 작은 음절 목록을 유지한다고 예상할 수도 있다. 놀랍게도 둘 다 아닌 듯하다. 중국어 자연 발화 코퍼스에 의하면(Duanmu et al. 1998), 전체 음절의 약 1/3이 약강세이며 축약된다. 또한, 성조 구분을 포함하면 중고 중국어(약 AD 600)는 3,000개의 음절이 있었으나 현대 표준중국어는 1,334개의 음절이 있다. 따라서 1,500년이라는 시간 동안 중국어는 음절의 절반 이상을 소실하였다. 뿐만 아니라 현대 중국어의 음절 목록은 계속해서 축소하고 있다. 예를 들어, 표준중국어는 더 이상 음절 말음 위치에서 [p, t, k, m]를 사용하지 않는다. 또한 영어와 달리 표준중국어는 [wi]와 [wei], [ji]와 [i]를 구분하지 않는다(영어의 we와 way, yeast와 east 구분 참조). 게다가 표준중국어의 약 1,334개 음절 중 약 200개는 거의 사용되지 않으며 아마도 사라지고 있는 듯하다. 이에 반해, 최근 또는 오늘날 영어에서 이와 유사한 정도의 음절 소실은 알려져 있지 않다.

왜 음절 목록이 작은 언어에서 대규모의 음절 소실이 발생하는 한편, 음절 목록이 큰 언어는 그렇지 않은지 의문이다. 많은 언어학자들은 중의성을 피하기 위하여 중국어가 음절 변별을 유지해야 할 시급한 필요가 있다고 생각한다(Guo 1938, Wang 1944, Karlgren 1949, Lü 1963, Li and Thompson 1981, Chen 2000a). 따라서 지속적인 음절 소실은 놀라운 일이 아닐 수 없다. 필자는 이에 대해 두 가지 설명을 제시한다. 첫째, 자연 발화에서는 모호성이 거의 생기지 않는다. 대부분의 모호성이 맥락에 의해서 해결되기 때문이다. 예를 들어, 영어에서 sun과 son은 동음어이지만 맥락에서는 거의 모호성의 문제가 야기되지 않는다. 둘째, 역설적으로 높은 동음어 밀도는 실제로 음절 소실을 촉진한다. 빈도 효과 연구에 따르면, 빈도가 높은 단어는 빈도가 높지 않은 단어에 비해서 더 축약되기 쉽다(Fidelholtz 1975, Hooper 1976b, Bybee 2001). 그렇다면 중국어는 영어보다 적은 수의 음절을 가지므로 음절이 더 빈번하게 사용된다. 따라서 중국어 음절은 축소나 변별의 소실을 거칠 가능성이 더 높다.

5.7. 요약

이 장은 표준중국어의 음, 성조, 음절 구조에 대한 정량적 자료를 제시하였다. 흥미로운 몇 가지 사상을 정리하면, 첫째, 중국어에서 빈도가 가장 높은 음이나 음절이 범언어적으로 가장 보편적이라고 여겨지는 음이나 음절과 반드시 일치하는 것은 아니다. 둘째, 중국어에서 실제로 출현하는 음절은 음의 가능한 모든 조합의 매우 작은 일부에 불과하다. 셋째, 출현하지 않는 음절의 대부분은 운 조화, 병합, 개음 확산, Y 확산의 네 가지 제약으로 설명할 수 있다. 이들은 조음의 편이를 위한 것으로 보인다. 마지막으로, 중국어

음절 목록은 빠른 속도로 계속해서 축소하고 있다. 어휘적 변별을 유지하거나 중의성을 피해야 할 긴급한 필요성이 있다면, 이는 예상할 수 없는 추세이다. 그러나 이러한 사실은 단어들이 맥락에서 사용될 때 중의성이 거의 문제가 되지 않는다는 견해를 지지하며, 고빈도로 사용되는 형식이 그렇지 않은 형식보다 축소와 변별의 소실을 거치기 더 쉽다는 주장을 지지한다.

제6장

상하이 중국어

상하이 중국어(Shanghai Chinese)는 중국 최대 도시인 상하이 지역에서 사용되는 중국어 우(Wu 吳) 방언의 일종이다. 우 방언은 중국어 화자의 8%가 사용하는 방언으로, 중국어 화자의 70% 이상이 사용하는 표준중국어(북방방언)에 이어 두 번째 규모이다. 또한 상하이 중국어는 중국어 방언 가운데 문헌으로 가장 잘 기록된 방언 가운데 하나이기도 하다. 이 방언에 대한 최초의 상세한 기술은 150여 년 이전에 보인다(Edkins 1953).

Xu and Tao(1997)는 현대 상하이 중국어를 세 갈래로 구분한다. 1920년 이전에 태어난 사람들이 사용하는 구 상하이어(Old Shanghai), 1940과 1965년 사이에 태어난 사람들이 사용하는 주류 상하이어(Mainstream Shanghai), 그리고 1965년 이후에 태어난 사람들이 사용하는 신 상하이어(New Shanghai)로 나눈다. 구 상하이어 화자는 많지 않을 것이며, 신 상하이어 화자가 주류가 되었을 것이다. 그러나 최근 상하이 중국어를 모르거나 사용하지 않는 체류자가 증가하였는데, 상하이 방언을 사용하는 부모를 둔 자녀들도 이에 포함된다.

4장에서 논의한 바와 같이, 중국어의 최대 음절은 CGVX이다. 중국어에 대한 전통적 분석에서는 일반적으로 자음과 모음을 나열하지 않는다. 그 대신 어두 C 목록과 후행하는 GVX 목록을 나열한다. 실제로 You et al.(1980)은 중국어 음절은 자음과 모음으로 분석해서는 안 되며, "두음 음소"(어두 C 목록)와 "운 음소"(GVX 목록)으로 분석해야 한다고 주장한다. 이러한 관점이 특이하게 보일 수 있지만, 이는 Ladefoged(2001)에도 반복된다. 이와 유사하게, Lee and Zee(2003)는 표준중국어 전사에서 "모음", "이중 모음"(예. [ei, ie, ou, uo]), "삼중 모음"(예. [uei, iou])을 나열한다. Lee and Zee 는 명백히 이중 모음(GV, VG)과 삼중 모음(GVG)을 음소로 간주하고 있다. 필자의 분석에서는 음이 구체적인 정의를 지니며(2장 참조), 이중 모음과 삼중 모음은 각각 둘 또는 세 개의 소리로 구성된다. 따라서 모든 GVX 형식을 자음과 모음으로 분석할 것이다.

상하이 중국어의 두드러진 특징은 어두 자음 목록은 안정적인 데 반해, GVX 목록이 빠르게 축소해왔다는 것이다. (1)의 네 종류의 상하이 중국어를 비교하면 이 점이 명확하다. (1)에서 Edkins는 Edkins(1853)가 기술한 것이며 (Qian(1997) 역), 구 상하이어, 주류 상하이어, 신 상하이어는 Xu et al.(1988)과 Qian(1997)이 기술한 세 가지 상하이 중국어이다. (1)에서 [ər]는 [ɚ]로 대체 하였으며, 소위 '설첨 모음'은 [z]로 대체하였다. 이 음들은 성절 자음과 함께 괄호 [ ] 안에 제시하였다.

(1)	종류	어두 자음	GVX 목록
	Edkins	28	56 + [z, zʷ, z̃ʷ, ɚ, m, ŋ]
	구 상하이어	27	44 + [z, zʷ, ɚ, m, n, ŋ]
	주류 상하이어	28	38 + [z, ɚ, m, n]
	신 상하이어	27	28 + [z, ɚ, m, n]

(2)는 Chen(2003:187)에서 가져온 단어의 예로, GVX 축소의 결과로 발생한 병합의 유형을 보여준다.

(2)   GVX 축약 결과로 인한 음절 병합

	客 '손님'	掐 '꼬집다'	磕 '부딪히다'	刻 '새기다'	渴 '목 타다'	哭 '울다'	壳 '껍데기'
Edkins	$k^h\alpha\textʔ$	$k^hæ\textʔ$	$k^he\textʔ$	$k^h\textʌ\textʔ$	$k^hø\textʔ$	$k^ho\textʔ$	$k^h\textɔ\textʔ$
구 상하이어	$k^h\textʌ\textʔ$		$k^h\textə\textʔ$		$k^hø\textʔ$	$k^ho\textʔ$	$k^h\textɔ\textʔ$
주류 상하이어	$k^h\textʌ\textʔ$		$k^h\textə\textʔ$			$k^ho\textʔ$	
신 상하이어	$k^h\textɐ\textʔ$					$k^ho\textʔ$	

CGV 이론으로 볼 때 상하이 중국어는 특이하지 않다. 왜냐하면 음절 최대 크기가 CVX를 초과하지 않기 때문이다. 특히 G는 어두 자음과 함께 복합음을 구성할 수 있으며, VX는 운 크기의 범위 내에 있다.

그러나 상하이 중국어는 두 가지 흥미로운 특성이 있다. 첫째, 진정한 말음이 없다. 다시 말하면, 상하이 중국어는 진정한 자음 말음을 지니는 VC와 이중 모음 VG 운을 갖지 않는다. 이는 특히 성조 분화와 관련하여 흥미로운 결과를 초래한다. 둘째, GVX 목록이 다소 불균형적인 듯하다. 왜냐하면 어떠한 음운 제약도 위배하지 않는 많은 GVX 형식이 출현하지 않기 때문이다. 이 장은 현재 우세한 부류인 신 상하이어의 분식을 통히어 이 두 가지 특징을 제시할 것이다.

6.1. 자음 목록

Qian(1997)에 의하면, 신 상하이어는 (3)과 같이 27개의 어두 자음이 있다.

(3)　　신 상하이어 자음(27개)

	순음	치음	경구개음	연구개음	성문음
파열음	p, p^h, b	t, t^h, d		k, k^h, g	ʔ
파찰음		ts, ts^h	tɕ, $tɕ^h$, dʑ		
마찰음	f, v	s, z	ɕ		h, ɦ
비음	m	n	ȵ	ŋ	
설측음		l			

치음 계열과 경구개 계열은 약간의 중복이 있다. 예를 들어, [ts, ts^h, s, z, n]는 [i] 또는 [y] 앞에서 출현하지 않으며, 경구개음 [tɕ, $tɕ^h$, ɕ, dʑ, ȵ]는 [i] 또는 [y] 앞에서 출현한다.

다른 우 방언과 마찬가지로, 상하이 방언은 파열음과 파찰음에 성대 자질의 3가지 대립이 있다. 이는 [−유성, −유기], [−유성, +유기], [+유성, −유기]로, [p, p^h, b]를 예로 들 수 있다. 무성 장애음(파열음, 마찰음, 또는 파찰음)으로 시작하는 음절은 맑은(clear) 발성이며 일반적으로 상대적으로 높은 성조를 갖는다. 유성 장애음으로 시작하는 음절은 숨소리(murmured) 발성이며 낮은 성조를 갖는데, 유성 장애음은 음보 시작 위치에서 무성음이 된다. 이러한 상관성은 잘 알려진 두음 유성성과 성조의 상호작용으로, "무성음 높은 성조", "유성음 낮은 성조"로 불린다. 동일한 상관성이 한국어에도 보인다. 한국어의 "유기", "긴장(tense)", "이완(lax)" 파열음은 각각 상하이 방언의 무성 유기, 무성 무기, 유성 파열음에 대응한다(Kim and Duanmu 2004).

6.2. GVX 목록

Qian(1997)에 의하면, 신 상하이어는 32개의 GVX 형식을 갖는데, 이는 주류 상하이어의 42개 보다 훨씬 적다. (4)는 GVX 목록으로, 주류 상하이어에는 있지만 신 상하이어에서 소실된 형식은 괄호 안에 제시하였다. Qian의 [ʌ]는 [a]로 대체하였다.

(4)　　GVX 목록: 신 상하이어 32개(주류 상하이어 42개)

m	n	ɚ	z			
o	i	u	y			
a	ia	ua	ã	iã	uã	(ia?)
ɐ?	uɐ?					
ɔ	iɔ					
ɤ	iɤ					
ɛ	(iɛ)	uɛ				
ø	(uø)	(yø)				
(ɤ̃)	(iɤ̃)	(uɤ̃)				
ən	in	uən	yn			
oŋ	ioŋ	o?	(io?)			
(ə?)	(uə?)					
iɿ?	yɿ?					

이 목록에 대하여 많은 의문이 제기될 수 있다. 예를 들어, 이 전사를 어떻게 해석해야 하는가? 얼마나 많은 모음이 있는가? 얼마나 많은 어말 자음이 있는가? 사용되는 GVX 형식과 사용되지 않는 형식을 어떻게 설명할 수 있는가? 등이다. 아쉽게도 Xu et al.은 GVX 형식을 더 이상 분석하지 않았다. 또한 상하이 방언의 음절에 대한 체계적인 연구도 진행된 바 없다.

[ɐ], [ə]와 같이 어떤 모음은 변별적이지 않다. 마찬가지로 말음 위치에서 [n]와 [ŋ]도 변별적이지 않다. 따라서 필자는 (5)~(8)의 해석을 제안하며, 이 해석에 따라 도출된 GVX 목록을 (9)와 같이 제시한다.

(5) [ɛ]에 대한 문제
[e]가 없음
제안: [ɛ] = [e]

(6) [ɻ]와 [ə]에 대한 문제
[ɻ]와 [ə]는 상보적 분포
제안: [ə] = [ɻ]

(7) [ɪ]에 대한 문제
[ɪ]는 [iɪʔ]과 [yɪʔ]에서만 출현
[i]와 [ɪ], [ɪ]와 [y]는 변별적이지 않음
제안: [iɪʔ] = [iʔ], [yɪʔ] = [yiʔ]

(8) [n], [ŋ], [˜]에 대한 문제
[n], [ŋ], [˜]는 상보적 분포
제안: 하나의 비음 N이 있으며 조음 위치가 미명세됨

(9) GVX 목록 수정안

m	n	ɚ	z
u			
a	ia	ua	aN	iaN	uaN	(iaʔ)
ɐʔ	uɐʔ		
(ɒN)	(iɒN)	(uɒN)	
o	oN	ioN	oʔ	(ioʔ)
ɔ	iɔ		
ɤ	iɤ	ɤN	uɤN	(ɤʔ)	(uɤʔ)
e	ue	(ie)	
ø	(uø)	(yø)	
y	yN		
i	iN	iʔ	yiʔ

일부 모음은 신 상하이에서 제한적으로 출현한다. 예를 들어, [u, ø]는 G나 X와 결합하지 않는다. [ɿ]는 단독으로 출현하지 않으며, [ɔ, e]는 각각 두 번밖에 출현하지 않는다. 또한 10개의 GVX 형식이 소실되었기 때문에 재조직화가 일어날 가능성이 있다는 것을 알 수 있다. 예를 들어, [io]가 없기 때문에 [iɔ]가 [io]로 실현될 가능성이 크며, [ɔ]는 소실되는 중일 수도 있다.

이러한 사실은 GVX 목록이 매우 안정적이지는 않다는 것을 의미한다. 모든 모음에 대해서 GVX 형식이 완벽하게 균형있게 분포할 것으로 기대할 수 없기 때문이다. 따라서 GVX 목록은 고전적인 생성음운론이 추구하던 바와 같이(Halle 1962) 일련의 정확한 규칙으로 기술하거나 생성할 수 없다. 오히려 GVX 목록을 변화 중인 체계로 보아야 한다. 아마 적어도 지난 150년 동안 상하이 방언은 계속해서 변화하는 체계였을 것이다.

그러나 GVX 목록이 완전히 혼란스러울 것으로는 예상하지 않는다. 오히려 변화를 이끄는 음운적 또는 음성적 규칙성을 발견할 수 있을 것이다. 예를 들어, 5장에서 논의한 운 조화, 병합, 활음 확산, Y 확산 등 주요한 음절 구조 제약이 위배되지 않을 것으로 예측한다. 또한 일부 형식의 부재 및 다른 형식의 소실 가능성 또는 곧 발생할 소실에 대하여 설명할 수 있을 것이다.

6.3. GVX 목록 분석

신 상하이어의 GVX 목록은 (10)에 제시한 사항을 참조하여 분석해야 한다. 수정된 목록은 (11)과 같으며, 핵음에 선행하는 고모음은 활음으로 표기하였다.

(10)   [ɐʔ, uɐʔ]은 [aʔ, uaʔ]

[iɔ]는 [io]

[VN]은 비음화한 모음 [Ṽ]

[Vʔ]은 성문음화한 모음 [Vˀ]

(11)   신 상하이어 GVX 목록 수정안 (총 32개)

m	n	ɚ	z		
u	Ø	ɔ			
y	ỹ				
i	ĩ				
o	jo	õ	jõ		
ɤ	jɤ	ɤ̃	uɤ̃		
e	we				
a	ja	wa	ã	jã	wã
iʔ	ɥiʔ	aʔ	waʔ	oʔ	

　[Ṽ]의 비음 자질 [˜]는 역사적 [m, n, ŋ]의 흔적이며, [Vʔ]의 자질 [ʔ]은 역사적 [p, t, k]의 흔적이다. 광둥 중국어를 비롯한 일부 중국 방언에서는 [m, n, ŋ, p, t, k]가 여전히 말음 위치에서 변별적이다.

　Xu et al.(1988)에 의하면, [VN]과 [Vʔ]을 각각 [Ṽ]과 [Vˀ]로 보는 관점은 음성적 기술과 일치한다. 이러한 분석에서 상하이 방언은 진정한 말음을 지니지 않는다. 모든 운은 V 또는 C이며, 길이 또는 무게는 강세에 의해 결정된다. Duanmu(1999)의 주장과 같이, 강세일 때 운이 길고([V:] 또는 [C:]) 비강세일 때 운이 짧다([V] 또는 [C]).

　필자는 더 나아가 모음 [ɔ]가 소실되는 과정에 있음을 주장한다. 왜냐하면 이 모음은 GVX 목록의 다른 음과 결합하지 않으며, 어떤 [ɔ] 음절은 이미 [o] 음절과 병합하였기 때문이다. 예를 들어, 단어 下 '아래'와 夏 '여름'은 둘 다 [ɦɔ]에서 [ɦo]로 변화하였다(Xu et al. 1988:54). 이에 반해 [ø]는 다른 음과 결합하지 않지만 여전히 유지되어야 한다. 왜냐하면 아래에서 주장할 바와 같이, [ø]를 지니는 GVX 형식 가운데 부재하는 대부분의 형식은 독립 적으로 배제할 수 있기 때문이다.

이러한 사항들을 고려하면, 신 상하이어에서 G, V, X를 채울 수 있는 음은 (12)와 같다. 성절 자음 [m, n, z], 권설 모음 [ɚ], 주변적(marginal) 모음 [ɔ]는 포함하지 않았다.

(12)　G　4　[i, u, y] 또는 G 없음
　　　 V　8　[i, y, e, ø, u, ɤ, o, a]
　　　 X　3　[ʔ, ˜] 또는 X 없음
　　　 총 가능한 GVX 형식: $4 \times 8 \times 3 = 96$

G는 네 개, V는 여덟 개, X는 세 개 중에서 선택이 가능하므로, 총 96개의 GVX 형식이 가능하다. 이 가운데 단지 27개, 즉 28%만이 발견된다.

5장은 운 조화, 병합, 활음 확산, Y 확산 네 가지 제약으로 부재하는 GVX 형식에 대하여 설명하였다. 신 상하이어는 진정한 말음이 없기 때문에 조화 와 병합은 효과가 없다. 따라서 관련이 있는 제약은 활음 확산과 Y 확산이다. 이 두 제약으로 인하여 다른 형식과 동일하게 되는 15개의 GVX 형식이 배제된다. 이는 (13)과 (14)와 같다.

(13)　활음 확산에 의하여 동일한 쌍 (총 9개)
　　　 ji = i, wu = u, ɥy = y
　　　 j ĩ = ĩ, w ũ = ũ, ɥ ỹ = ỹ
　　　 jiʔ = iʔ, wuʔ = uʔ, ɥyʔ = yʔ

(14)　Y 확산에 의하여 동일한 쌍 (총 6개)
　　　 jy = ɥy, wy = ɥy, j ỹ = ɥ ỹ, w ỹ = ɥ ỹ, jyʔ = ɥyʔ, wyʔ = ɥyʔ

부재하는 GVX 형식 54개는 여전히 설명이 필요하다. 아마 가장 분명한 제약은 GV와 VX에서 모음의 높이가 변별적이지 않다는 것이다. 이는 (15)의 자료에서 볼 수 있다. 같은 열의 고모음과 비 고모음 GVX 형식 쌍은 핵모음의 높이에 있어서만 다르다. 신 상하이어에서 사용되지 않는 GVX 형식은 괄호에 제시하였다.

(15)   GV와 VX의 핵모음 높이가 변별적이지 않음

고모음	(ju)	(wi)	(ũ)	ĩ	(uˀ)	iˀ	...
비 고모음	jo	we	õ	(ẽ)	oˀ	(eˀ)	...

[ɤ]를 [ɯ]로 해석하면, 신 상하이어의 여덟 개 모음은 (16)과 같이 고모음과 비 고모음 두 그룹으로 나눌 수 있다.

(16)   신 상하이어 모음

	비원순		원순	
고모음	i	ɯ (ɤ)	y	u
비 고모음	e	a	ø	o
	전설	후설	전설	후설

GV와 VX에서 핵모음의 높이가 변별적이지 않으면, 전체 GVX 형식 가운데 거의 절반이 사용되지 않을 것으로 예상할 수 있다. 이는 대체로 사실이다. 예외로 보이는 세 가지 경우가 있는데, 각 고모음과 비 고모음 GVX 형식 쌍에서 모음의 높이가 변별적이다. 이는 (17)에 보이는 바와 같으며, 여기에서 [ɤ]와 [ɘ]는 [ɯ]로 분석하였다.

(17)	고모음	jɯ (jɤ)	ũ (ən)	wɯ̃ (wən)
	비 고모음	ja	ã	wã

(17)도 모두 진정한 예외가 아닐 수도 있다. 특히 [ũ](원래 전사는 [ən])는 성절 비음 [ņ]으로 분석할 수 있으며, [wũ](원래 전사는 [wən])는 [wņ]으로 분석할 수 있다. Xu et al.(1988)의 원래 전사에 이미 신 상하이어에 성절 비음 [ņ]이 있다는 점을 기억할 것이다. 그러나 성절 비음의 변별성은 새로운 분석에서 여전히 유지될 수 있다. (18)은 이를 설명한다.

(18)　　Xu et al. 전사　　　　새로운 분석

　　　　[ņ]　　　　　　　　[ņ]: 두음이 없는 음절

　　　　[ən]　　　　　　　　[ņ]: 두음이 있는 음절

　　　　[uən]　　　　　　　[wņ]: 핵전 활음 [w]가 있는 음절

원래 성절 비음 [ņ]은 [ņ] 鱼 '물고기'처럼 두음이 없는 음절에 사용되었다. 반면 새로운 [ņ]([ən]에서 옴)은 [fņ] 粉 '가루'와 같이 두음이 있는 음절에도 사용된다. 또한 새로운 [wņ]([uən]에서 옴)은 [wņ] 温 '따뜻하다', [kʰʷņ] 困 '졸리다'와 같이 핵전 활음 [w]가 있는 음절에서 사용된다. 따라서 필자의 분석에서 변별성이 소실된 것은 아니다.

GV와 VX 형식에서 핵모음 높이가 거의 변별적이지 않다는 사실에 근거하여, 필자는 상하이 방언에 대한 언어개별적인 일반화를 (19)와 같이 제안한다.

(19)　　신 상하이어의 모음 높이에 대한 일반화

　　　a. GV에서 모음 높이는 변별적이지 않나.

　　　　예. ju = jo, wi = we

　　　b. [Ṽ]와 [Vʔ]에서 모음 높이는 변별적이지 않다.

　　　　예. ũ = õ, ĩ = ẽ, uʔ = oʔ, iʔ = eʔ

[Ṽ]에서 모음 높이가 변별적이지 않은 것은 음성적 설명이 가능하다. [Ṽ]는 연구개가 낮아지는데, 이로 인해서 혀 높이가 움직일 수 있는 구강 공간이

축소되기 때문이다.

(20)은 (19)의 일반화와 활음 확산, Y 확산의 결과이다. (20)에서 +는 출현 형식, (+)는 축약될 수 있는 출현 형식((18) 참조), -는 부재하는 형식을 가리 킨다. G는 활음 확산에 의해서 다른 형식과 동일해지는 형식을 나타내며, Y는 Y 확산에 의해서 다른 형식과 같아지는 형식을 가리킨다. H는 모음 높이가 변별적이지 않기 때문에 다른 형식과 같아지는 형식으로, 활음 확산 (G)이나 Y 확산(Y)은 적용되지 않는다. 예를 들어, [ji]는 G에 의해서 [i]와 같아지며 H에 의해서 [je]와 같아지므로, [ji]는 H가 아니라 G로 표시한다. 마찬가지로 [jy]는 Y에 의해서 [ɥy]와 같아지며 H에 의하여 [jø]와 같아지므 로, [jy]는 H가 아니라 Y로 표시한다. 두 개의 GVX 형식이 H에 의해서 구분이 없어지면, 두 형식 중 혀의 위치가 상대적으로 높은 모음 또는 낮은 모음을 H로 표시할 수 있다. 예를 들어, [ũ]와 [õ]가 변별적이지 않으므로 필자는 [ũ]는 H로, [õ]는 +로 표시하였다. 이는 Xu et al.(1988)이 [ũ]가 아니 라 [õ]를 제시하였기 때문이다. 마찬가지로 [ĩ]와 [ẽ]는 변별적이지 않은데, Xu et al.(1988)이 [ẽ]가 아니라 [ĩ]를 제시하였으므로, [ĩ]를 +로, [ẽ]를 H로 표시하였다. 둘 중 아무 형식도 출현하지 않을 때는 상대적으로 낮은 모음을 H로 표시하였다. 예를 들어, [jəʔ]와 [jaʔ]는 (13)에 의하여 변별적이지 않으며 두 형식 모두 출현하지 않으므로 [jaʔ]를 H로 표시하였다.

(20)

		0-	j-	w-	ɥ-
[V]	i	+	G	H	–
	e	+	H	+	H
	u	+	H	G	–
	o	+	+	H	H
	y	+	Y	Y	G
	ø	+	H	H	H
	ɯ (ɤ)	+	+	H	–
	a	+	+	+	H
[Ṽ]	ĩ	+	G	–	–
	ẽ	H	H	H	H
	ũ	H	H	G	–
	õ	+	+	H	H
	ỹ	+	Y	Y	G
	ø̃	H	H	H	H
	ɯ̃ (ən)	(+)	H	(+)	–
	ã	+	+	+	H
[Vʔ]	iʔ	+	G	–	+
	eʔ	H	H	H	H
	uʔ	H	–	G	–
	oʔ	+	H	H	H
	yʔ	–	Y	Y	G
	øʔ	H	H	H	H
	ɯʔ	H	–	H	–
	aʔ	+	H	+	H

출현 + : 25 (26%)

출현하지만 축약 가능 (+) : 2 (2%)

활음 확산 G : 9 (9%)

Y 확산 Y : 6 (6%)

모음 높이가 변별적이지 않음 H : 41 (43%)

부재 – : 13 (14%)

합계 : 96

부재하는 형식의 대부분은 H에 의해서 배제된다. 아직 남은 13개의 부재하는 GVX 형식은 (21)과 같다.

(21) 설명되지 않는 부재 형식 (총 13개)

ɥi	ɥu	ɥɯ	wĩ	ɥĩ	ɥũ	ɥɯ̃
wiʔ	juʔ	ɥuʔ	yʔ	jɯʔ	ɥɯʔ	

부재하는 형식 13개 가운데 9개가 [y]나 이에 대응하는 활음 [ɥ]를 지닌다는 점이 흥미롭다. 이는 [y]가 다른 음과 결합하는 데 있어서 생산적이지 않다는 것을 다시 한번 나타낸다.

6.4. 주류 상하이어의 음절 빈도 자료

Xu et al.(1988)은 주류 상하이어의 음절 목록 전체를 제공한다(신 상하이어의 음절 목록은 제공하지 않음). 또한 Xu et al.은 한자 어휘(단음절 형태소) 전체를 음절 구성과 성조에 따라서 구분하여 제공한다. 이 장은 음절 유형과 음의 빈도, 성조에 대한 통계 결과를 제시할 것이다. 모든 통계 자료는 필자가 계산한 것이다.

6.4.1. 음절 빈도와 동음어 밀도

(22)는 주류 상하이어와 표준중국어(SC)의 음절과 한자의 출현 빈도를 비교한다. "T-음절"은 성조 구분을 포함한 음절 유형이고, "음절"은 성조 구분을 포함하지 않은 음절 유형이다.

(22)　표준중국어와 주류 상하이어의 음절과 한자

	SC 전체 한자	SC 상용 한자	상하이 방언
한자(형태소)	12,041	2,500	5,943
T–음절(성조 포함)	1,334	1,001	705
음절(성조 미포함)	413	386	487

　상하이 방언의 5,943개 한자는 동일한 단어의 대체(alternative) 발음을 포함한다. 예를 들어, 大 '크다'를 의미하는 두 항목은 방언 고유의 구어음인 [du]와 표준중국어의 영향을 받은 서면음인 [dʌ]에 해당한다. 마찬가지로 牙 '치아'를 의미하는 두 항목은 [ŋʌ]가 방언 고유의 구어음이고 [ɦiʌ]가 표준중국어의 영향을 받은 서면음이다. 이러한 단어에 대해서 Xu et al.(1988)은 서면음을 두 밑줄로 표시하고, 구어음을 하나의 밑줄로 표시한다. 그러나 어떤 교체적 발음에 대해서는 표시하지 않았다. 예를 들어, 你 '너, 당신'은 서면음 [ni]와 구어음 [nõ]가 있는데, 이 두 발음 모두 밑줄로 표시되지 않았다. 어떤 단어들은 셋 또는 그보다 많은 발음이 있다. 예를 들어, 月 '달'은 네 개의 항목 [ɦioʔ, ŋioʔ, ɦyɪʔ, ŋyɪʔ]이 있는데, 이들 모두 밑줄로 표시되지 않았다.

　필자가 직접 측정한 바에 따르면, 5,943개 한자 가운데 적어도 237개는 서면음과 구어음을 모두 가지고 있다. 상용 한자만 서면음과 구어음을 가지며 5,943개 한자 가운데 약 절반 정도만 상용된다고 가정하면, 상하이 방언에서 상용 어휘의 약 8%가 서면음을 갖는다. 다른 방언에서도 유사한 비율이 나타나는지 알아보는 것도 흥미로울 것이다.

　표준중국어의 영향은 서면음에만 국한되지 않으며, 방언의 고유한 형태소가 단어를 구성하는 방식에도 미친다. 예를 들어, 토박이(native) 상하이 방언에서 '오늘'은 [tɕi-tso] 今早 '현재–아침'이고 '어제'는 [zoʔ-ɲeʔ] 昨日 '어제–

날'이다. 그러나 젊은 화자들은 [tɕi-tʰi] 今天 '현재-하늘', [zoʔ-tʰi] 昨天 '어제-하늘'이라고 하는데, 이는 표준중국어의 형태론을 따른 것이다. Xu and Tao(1997)의 추정에 의하면, 상하이 젊은 화자들이 사용하는 단어의 절반은 형태소 성분은 여전히 방언이지만 표준중국어 형태론을 따른다.

5,943개 한자는 상하이어에서 사용되는 모든 한자를 포함하는 것으로 보인다. 이 가운데 많은 한자는 잘 사용되지 않는 단어인 듯하다. 비록 Xu et al.(1988)은 사용 빈도를 제시하지 않지만, 이 한자들의 약 절반 정도, 즉 3,000개의 한자 정도만이 상하이 방언에서 상용될 것이다. 이 수치는 표준중국어의 상용 한자와 비슷하다. (23)은 표준중국어와 주류 상하이어에서 각 음절이 나타내는 평균 형태소의 수이다. 주류 상하이어의 기본 어휘 수치는 추정치이다(*로 표시).

(23) 표준중국어와 주류 상하이어 음절

	표준중국어 전체 한자	표준중국어 상용 한자	상하이어 전체 한자	상하이어 상용 한자
한자(형태소)	12,041	2,500	5,943	3,000*
T–음절 (성조 포함)	1,334	1,001	705	600*
음절 (성조 미포함)	413	386	487	400*
음절 당 성조	3.2	2.6	1.4	1.5*
음절 당 단어 (성조 포함)	9.0	2.5	8.4	5.0*
음절 당 단어 (성조 미포함)	29.2	6.5	12.2	7.5*

성조를 제외하면, 표준중국어와 상하이어는 음절 수가 비슷하며(상용 어휘 386과 400* 비교), 음절 당 동음어의 수가 비슷하다(6.5와 7.5* 비교). 그러나

성조를 포함하면, 표준중국어는 음절 당 동음어의 수가 상하이 방언보다 적다(상용 어휘 2.5와 5.0* 비교). 이는 표준중국어는 상하이 방언보다 평균 음절 당 성조가 더 많기 때문이다(상용 어휘 2.6과 1.5* 비교).

표준중국어와 마찬가지로 상하이어에서 동음어 밀도는 모든 음절이 동일하지 않다. (24)는 동음어 밀도가 가장 높은 20개 음절을 제시한다. (25)는 동음어 밀도 최하위 두 개에 해당하는 음절이다.

(24)   동음어 밀도 최상위 20개 음절 (성조 구분 미포함, 주류 상하이어 5,943개 한자에 기초, 밀도는 괄호 안에 제시)

ʨi(82), tsz(79), zz(75), zən(64), li(61), ɕi(61), ɦi(56), tsən(53), tɕʰi(52), tɕin(50), sz(48), ɦu(47), zø(46), ŋi(45), lin(44), ɦy(43), lu(43), Øi(43), ɦuɛ(42), dʑi(41)

(25)   동음어 밀도 최하위 2개 음절 (성조 구분 미포함, 주류 상하이어 5,943개 한자에 기초)

2 (총 26개)	dʑiA, dʑiã, gɛ, gəʔ, goʔ, gu, ɦm, ɦuã, Øã, Øən, Øn, Øuəʔ, vã, nən, nəʔ, ɕiAʔ, fɤ, kʰã, kuəʔ, ɦA, kʰø, pʰø, pʰoŋ, pø, tʰã, tiA
1 (총 34개)	gã, gã, gAʔ, gən, goŋ, guAʔ, ɦiã, ØiAʔ, Øuã, ØuAʔ, vA, viɔ, ziAʔ, zioŋ, lã, miɤ, ni, noʔ, ŋã, ŋã, ŋo, ŋø, ŋyʔ, fəʔ, ɦã, ɦuəʔ, pʰəʔ, pʰɤ, pʰo, tã, tɕʰiA, tɕʰioŋ, tɕʰyn, tiɤ

표준중국어와 마찬가지로, [pa], [ta]와 같이 일반적으로 가장 "자연스러운" 또는 "무표적인" 음절이라고 생각되는 음절은 높은 동음어 밀도 값을 갖는 음절에 포함되지 않는다. 실제로 [a]는 상위 20개 리스트에도 포함되지 않는다. 이에 반해 원순 전설모음 [y], [ø]와 성절 자음 [z]가 리스트에 포함된다. 또한 어떤 음절은 매우 높은 동음어 밀도를 가지지만, [gu], [ni]와 같이 상당히 일반적인 듯한 일부 음절을 포함하여 음절의 10% 이상은 단지 1개

또는 2개 단어만을 나타낸다.

6.4.2. 음 빈도

(26)은 주류 상하이어의 두음 C의 빈도이다. 이는 487개 음절에 기초하며, 성조와 동음자 밀도를 고려하지 않은 것이다. 음은 출현 빈도 순으로 제시하였다.

(26) 주류 상하이어 487개 음절 목록의 두음 C 빈도 (성조 구분 미포함, 빈도는 괄호 안에 제시)

ɦ(41), Ø(38), k(22), h(21), l(21), kʰ(20), m(20), t(19), pʰ(18), b(17), tʰ(17), p(16), d(16), g(15), ts(15), tsʰ(15), s(15), z(15), tɕ(15), n(14), tɕʰ(14), ɕ(14), v(13), dʑ(13), ȵ(13), ŋ(12), ʑ(11), f(10)

가장 높은 빈도는 [ɦ](41)와 [Ø](38)이다. 그러나 [ɦ]와 [Ø]는 다른 자음들과 조금 다르다. 이 음들은 두음 자음을 가지지 않는 음절에 추가된 특별한 기호이다. 특히 [ɦ]는 낮은 음역 성조를 가지며 자음이 없는 음절에 추가되었으며, [Ø]는 높은 음역 성조를 가지며 자음이 없는 음절에 추가된다. 대부분 자음의 경우 빈도는 10에서 20 사이이다. 파열음 가운데 연구개음이 순음이나 치음보다 빈도가 약간 더 높다.

(27)은 GVX 형식에 포함된 음의 빈도를 빈도 순으로 제시한다. 모든 음이 독립적 음소인 것은 아니다. 예를 들어, [ʌ]와 [a]는 동일한 음소에 속하는 것으로 보인다(6.2와 6.3 분석 참조).

(27) 주류 상하이어 487개 음절의 GVX의 음 빈도(성조 구분 미포함, 빈도는 괄호 안에 제시)

모음: i(123), o(72), ʌ(69), u(62), ə(53), ɔ(37), ø(31), ɛ(31), y(30), ɤ(30), ã(30), ã(29), ɿ(23)

자음: ʔ(114), n(49), ŋ(29), z(4)

성절 자음 [z]는 두음이 [ts, tsʰ, s, z]일 경우에만 출현하므로 낮은 빈도를 보인다. 비음 [n, ŋ]는 서로 변별적이지 않으며, [˜]와도 변별적이지 않다. [n, ŋ, ˜]는 동일한 음소의 변이음으로 간주할 수 있다. 그렇다면 이 음들의 총 빈도는 127이며, [ʔ]의 빈도와 유사하다.

대부분의 모음은 두음 자음보다 빈도가 높다. 이는 모음보다 자음이 많기 때문임이 분명하다. 표준중국어와 마찬가지로 [i]가 가장 출현 빈도가 높은 모음이다. 그러나 신 상하이어에서 병합된 [ʌ, a, ɑ]의 빈도를 더하면 128이 되어 [i]의 빈도와 유사하다.

6.4.3. 성조 빈도

상하이어에서 무성 두음을 지니는 음절은 오름조(LH) 또는 내림조(HL) 두 가지 성조를 가질 수 있으며, 유성 두음을 지니는 음절은 오름조(LH)만을 가질 수 있다. 무성 두음 음절의 오름조는 더 높고 보통 발성을 지닌다. 유성 두음 오름조는 상대적으로 낮고 숨쉬기(murmured) 발성을 갖는다. (28)은 두음의 유성성과 성조의 관계이다.

(28) 상하이 방언의 두음 유성성과 성조

	HL	LH
무성 두음	Y	Y (보통 발성, 높은 성조)
유성 누음	N	Y (숨쉬기 발성, 낮은 성조)

이는 대부분의 음절이 한 개 또는 두 개의 성조를 갖는다는 것을 의미한다. (29)의 자료는 이를 상세히 보여준다. "음절"은 성조 구분을 포함하지 않은 음절 수, "성조 밀도"는 음절 당 성조의 수, "성조-음절"은 성조 구분을 포함하는 음절 수, "한자"는 각 그룹의 음절에 해당하는 한자의 수를 가리킨다.

(29) 주류 상하이어 두음과 성조 밀도

두음	음절	성조 밀도	성조-음절	한자
무성	70	1	70	580
	181	2	362	2,575
유성	159	1	159	1,854
공명음	44	1	44	406
	29	2	58	442
	4	3	12	86
합계	487		705	5,943

예상한 바와 같이, 유성 장애음 두음을 갖는 음절은 각각 하나의 성조를 갖는다. 무성 장애음 두음을 갖는 각 음절은 하나 또는 두 개의 성조를 갖는다.

흥미로운 것은 공명음 두음을 갖는 음절로, 이는 유성 두음 또는 무성 두음과 동일한 양상을 보일 수 있다. 따라서 공명음 두음 음절은 세 개의 성조까지 가질 수 있다. 세 개의 성조를 갖는 음절은 드물며, 네 개의 음절만이 발견된다. 이는 (30)과 같다.

(30) 3개 성조를 갖는 음절

	내림조	높오름조	낮오름조
[mi]	'(술을) 마시다'	'꺼리다'	'쌀'
[mɛ]	'모든'	'예쁘다'	'석탄'
[ɲiã]	'이모, 아주머니'	'위를 향하다'	'어머니'
[mən]	'답답한'	'사납다'	'문'

(30)의 네 개 음절의 경우에도 내림조 또는 높오름조 성조를 지니는 단어는 많지 않다. 특히 [mi]는 내림조 단어가 네 개, 높오름조 단어가 두 개

있다. [mɛ]는 내림조 단어 두 개, 높오름조 단어가 세 개 있으며, [ŋiã]와 [mən]은 내림조와 높오름조인 단어가 각각 한 개 있다. 일반적으로 공명음 두음은 다른 성조보다 낮오름조가 더 많은 경향이 있다. 이는 (31)과 같다.

(31) 공명음 두음을 갖는 음절의 성조 빈도

두음	m	n	l	ɳ	ŋ	합계
내림조/높오름조	30	9	43	15	4	101
낮오름조	224	55	353	132	69	833

공명음 두음을 갖는 934개 음절 가운데(성조 구분 포함), 101개는 내림조 또는 높오름조이며 833개는 낮오름조이다. 이는 공명음이 유성 자음과 유사하다는 것을 보여준다.

내림조와 높오름조는 "높은 음역(upper register)" 성조, 낮오름조는 "낮은 음역(lower register)" 성조로 불린다(Yip 1980). 높은 음역과 낮은 음역 성조의 전반적인 빈도는 (32)와 같다. (32)에서 "음절"은 성조 구분을 포함하지 않으며, "성조–음절"은 성조 구분을 포함한다.

(32)

	음절	성조–음절	한자
높은 음역 성조	251(51.5%)	432(61.3%)	3,384(57%)
낮은 음역 성조	236(48.5%)	273(38.7%)	2,559(43%)
합계	487	705	5,943

무성 두음을 갖는 음절은 공명 두음을 포함한 유성 두음을 갖는 음절의 수와 거의 비슷하다. 그러나 높은 음역 성조가 더 많은데, 이는 무성 두음은 두 가지 가능한 성조가 있는 반면 유성 두음은 하나만 가능하기 때문이다. 한편, 낮은 음역 성조는 높은 음역 성조보다 더 높은 동음어 밀도를 보인다 (9.4(2,559/273)와 7.8(3,384/432) 비교). 따라서 높은 음역 성조를 지니는 한자

가 15% 더 많다.

(33)은 각 성조에 해당하는 한자의 수이다. LHʔ 성조는 성문음화한 모음을 지니는 음절에 나타난다. 이 성조는 짧으며 전통적으로 독립된 성조로 간주되었으나 음운적으로는 LH와 동일하게 행동한다.

(33) 성조 유형에 따른 한자 수

성조	높은 음역 성조	낮은 음역 성조	합계
HL	1,350(22.7%)	0(0.0%)	
LH	1,414(23.8%)	2,154(36.2%)	
LHʔ	620(10.4%)	405(6.8%)	
합계	3,384(56.9%)	2,559(43.1%)	5,943

(33)의 자료는 주류 상하이어에서 대부분의 한자가 LH 성조이며, 단지 22.7%의 한자가 HL 성조라는 것을 보여준다.

6.5. C와 GVX의 조합

주류 상하이어에는 28개의 두음 C와 42개의 GVX 형식이 있다. 만약 C와 GVX가 자유롭게 결합할 수 있다면 1,176개의 음절을 예상할 수 있다. 그러나 487개, 즉 40%만이 사용된다. 이 절은 어떤 음절이 부재하는지에 대하여 논의한다.

성절 자음과 [ɦ]로부터 논의를 시작하자. 이 음들의 모든 출현 형식은 (34)에 보인다. (34)에서 첫 행은 두음 C를 가리키며, +는 해당 형식이 출현함을 의미한다.

(34)

	ts	tsʰ	s	z	h	ɦ	Ø
z̩	+	+	+	+			
ɚ						+	
m̩						+	+
n̩							+
ŋ̩						+	+

신 상하이어에서 성절 [ŋ]은 [n]와 병합하였다. 성절 [z]는 [ts, tsʰ, s, z] 뒤에서만 출현하여, [z]가 모음이 없는 음절에서 두음 C가 연장된 것이라는 분석을 지지한다. 다른 성절 음은 단지 [ɦ, Ø]와 결합하며 [h]와는 결합하지 않는다. 그러나 [h]는 성문음이 아니라 연구개음 [x]일 수도 있다. 또한 앞서 논의한 바와 같이, [ɦ, Ø]는 두음 C가 없는 음절에만 사용된다. [ɦ]는 낮은 음역 성조를 지니며 두음이 없는 음절에 추가되는 반면, [Ø]는 높은 음역 성조를 지니며 두음이 없는 음절에 추가된다.

이제 경구개음 [tɕ, tɕʰ, dʑ, ɲ, ɕ, ʑ]를 살펴보자. (35)는 경구개음의 모든 출현 형식을 연구개음 및 치음과 비교하여 제시한다. +는 출현하는 형식을, (+)는 제한적으로 출현하는 형식을 가리킨다. 첫 행은 두음 자음이다. 첫 번째 열은 GVX로, X는 선택적 말음이며 V는 [i, u, y]를 제외한 모음이다. [i, u, y]는 핵음 위치에 있다. 연구개음은 Xu et al.(1988)이 [h]로 전사한 [x]를 포함한다.

(35)　주류 상하이어의 경구개음 분포

	n	ts, tsʰ, s, z	tɕ, tɕʰ, dʑ, ɲ, ɕ, ʑ	k, kʰ, g, ŋ, x
iX	(+)		+	
jVX			+	
yX			+	
ɥVX			+	
uX	+	+		+
wVX				+
VX	+	+		+

경구개음은 [i, y] 또는 이에 대응하는 활음 형식 앞에서만 출현한다. 반면 [ts, tsʰ, s, z]와 [k, kʰ, g, ŋ, x]는 이 환경에서 출현하지 않는다. 유일한 예외는 단어 [ni] '너, 당신'으로, 이는 상하이어 단어 [noŋ]의 서면음이다. [ni]를 제외하면 경구개음은 [ts, tsʰ, s, z], [k, kʰ, g, ŋ, x]와 상보적 분포를 이룬다. 그러나 경구개음을 음소 목록에서 어떻게 줄일 것인가의 문제는 명확하지 않다. 경구개음을 [k, kʰ, g, ŋ, x]와 동일한 음소 계열로 취급하고자 하면, [z]에 대응하는 [ɣ]가 없다. 그러나 신 상하이어에서 [z]가 소실된 점을 상기할 필요가 있다. 한편 경구개음을 [n, ts, tsʰ, s, z]와 동일한 음소 계열로 분석하고자 하면, [dʑ]에 대응하는 [dz]가 없다. 그러나 [z]가 소실된 후 남아 있는 [z]가 있는데, 이것이 [dʑ]에 대응하는 음이 될 수 있다. (36)은 두 가지 방법을 요약한 것이다.

(36) 경구개음을 도출하는 두 가지 방법

　　a. 경구개음을 연구개음으로부터 도출함

　　　　[i, y] 앞　　　tɕ　　tɕʰ　　dʑ　　ɲ　　ɕ　　(ʑ)

　　　　기타 환경　　　k　　kʰ　　g　　ŋ　　x

　　b. 경구개음을 치음으로부터 도출함

　　　　[i, y] 앞　　　tɕ　　tɕʰ　　dʑ　　ɲ　　ɕ　　(ʑ)

　　　　기타 환경　　　t　　tʰ　　z　　n　　s

(36)의 두 방법 중 무엇을 선택할 것인가의 문제는 그다지 명확하지 않으므로 후속 연구를 위해 남겨두기로 한다.

주요 공백과 관련한 마지막 음절 자료는 (37)에 보인다. 첫 행은 두음 자음, 첫 열은 GVX이다.

(37)	순음	치음	경구개음	연구개음
uX	+	+		+
wVX				+
yX		(+)	+	
ɥVX			+	

순음, 치음, 연구개음이 모두 [u]와 결합할 수 있는 반면, 단지 연구개음만 [w]와 결합할 수 있다. 또한 단지 경구개음만 [y, ɥ]와 결합할 수 있다. 유일한 예외 음절은 [ly]인데, 이는 13개 한자(형태소)에 해당한다.

6.6. 요약

표준중국어와 마찬가지로, 상하이어에서 사용되는 음절 목록은 모든 가능한 결합의 작은 일부에 불과하다. 대부분의 부재하는 음절은 음운적 일반화로 설명할 수 있다. 그러나 운 조화, 병합, 활음 확산, Y 확산이 표준중국어에서 부재하는 형식의 대부분을 설명하는 한편, 상하이어의 주요 제약은 GV, [V], [Vʔ]에서 핵모음의 높이가 변별적이지 않다는 것이다((19) 참조).

상하이어에 진정한 말음이 없다는 점도 매우 흥미롭다. 특히 전통적 전사에서 [VN] 운과 [Vʔ] 운은 각각 [Ṽ](비음화한 모음)과 [Vʔ](성문음화한 모음)로 분석할 수 있다. 따라서 모든 상하이 방언 음절은 (C)V로, C는 선택적 두음이며 V는 성절 자음일 수도 있다. 단지 (C)V만 존재하는 음절 목록은 흥미로운 결과를 초래한다. 즉 대부분의 상하이 방언 음절은 어휘 성조를 유지할 수 없고 성조를 소실하는 경우가 많다. 이러한 특징은 많은 중국어 방언에서는 나타나지 않는다. 7장은 이 효과에 대하여 논의할 것이다.

제7장

음절과 성조

중국어 음절이 단독으로 발음될 때 산출되는 성조를 보통 "인용 성조"라고 한다. 많은 중국어 방언에서 인용 성조는 음절을 단독으로 발음할 때와 다른 음절과 함께 발음할 때 모두 동일하게 유지된다. (1)은 표준중국어의 예이다.

(1) 표면형 H   H   H   LH   HL H   HL LH
     인용형 H   H   H   LH   HL H   HL LH
            san pei   san p^han   sz pei   sz p^han
            三杯   三盘   四杯   四盘
            '세 개의   '세 개의   '네 개의   '네 개의
            컵'   쟁반'   컵'   쟁반'

그러나 모든 중국어 방언이 이와 같은 것은 아니다. 특히 상하이 방언은 두 가지 측면에서 다른 많은 방언들과 뚜렷한 차이를 보인다. 첫째, 두음의 유무성 및 성문음화한 모음으로 인한 변이형을 제외하면, 상하이 방언(Xu et al.(1988)의 신 상하이어)은 인용 성조가 LH와 HL 두 종류뿐이다. 이는 중국

어 방언에서 가장 적은 수이다. 둘째, 상하이 방언은 성조 실현 단위에서 첫 음절을 제외한 음절의 인용 성조가 소실된다. 성조 실현 단위는 어두 강세를 지니는 단위이다(Duanmu 1999). (2)는 상하이 방언의 성조 유형을 도식화한 것으로, T는 인용 성조, 0는 성조 소실, -는 음절 경계를 나타낸다.

(2) 인용형 표면형

(a) HL-T-T-... → H-L-0-...

(b) LH-T-T... → L-H-0-...

(c) LH-...-T → L-...-H

마지막 유형 (c)는 제한적으로, 첫 음절이 유성 두음과 성문음화한 모음을 지닐 때 출현한다. 더욱 생산적인 두 가지 유형인 (a)와 (b)에 초점을 두어 논의하기로 하자. (3)은 (1)에 대응하는 상하이 방언으로, 표면형 성조를 인용형 성조 위에 제시한다.

(3) 표면형 H   L   H   L   L   H   L   H

인용형 HL   HL   HL   LH   LH   HL   LH   LH

se   pe   se   pø   sz   pe   sz   pø

三杯   三盘   四杯   四盘

'세 개의   '세 개의   '네 개의   '네 개의

컵'   쟁반'   컵'   쟁반'

표준중국어는 인용 성조가 안정적이지만 상하이 방언은 쉽게 분리되는 것을 볼 수 있다. (4)는 좀 더 긴 예를 간략전사한 것이다. SC는 표준중국어를, '|'는 상하이 방언에서 성조 실현 단위 간의 경계를 나타낸다.

(4)   상하이 방언과 표준중국어의 성조 유형

표면형	L-H	0	L-H	H-L	0	L-H
인용형	LH-LH	LH	LH-LH	HL-HL	LH	LH-HL
상하이 방언	ku-poʔ	lu	laʔ-laʔ	tʰi-se	lu	pã-pi
뜻	구베이	길	~에 있다	텐산	길	인근
표준중국어	ku-pei	lu	zai	tʰjan-ʂan	lu	pʰaŋ-pjan
인용형	L-L	HL	HL	H-H	HL	LH-H
표면형	LH-L	HL	HL	H-H	HL	LH-H

古北路辣辣天山路旁边。(상하이 방언)
古北路在天山路旁边。(표준중국어)
'구베이 도로는 톈산 도로 인근에 있다.'

인용 성조의 안정성에 있어서 뚜렷한 차이가 (4)에도 보인다. 표준중국어는 (4)의 첫 음절 [ku] 古 '오래되다'와 같이 L이 L 앞에서 LH로 변화하는 규칙이 적용되는 예외적인 경우를 제외하면 인용 성조가 변하지 않는다. 반면, 상하이 방언은 성조 실현 단위에서 첫 번째 음절을 제외하고 인용 성조가 모두 소실된다. 또한 유지된 인용 성조는 성조 실현 단위의 첫 두 음절에서 나뉘어 실현된다.

일부 언어학자들은 이러한 차이를 상하이 방언과 표준중국어의 유형적 차이로 설명한다. 예를 들어, Yue-Hashimoto(1987)는 표준중국어와 달리 상하이 방언은 좌측 부각형 성조 실현 단위를 갖는다고 주장한다. 마찬가지로 Chen(2000b)은 상하이 방언의 성조 단위가 좌측 핵 강세 규칙에 의해 지배되는 반면 표준중국어는 그렇지 않다고 설명한다. 그러나 이러한 유형적 접근은 차이를 재기술하는 것일 뿐, 상하이 중국어와 표준중국어의 차이가 나타나는 이유를 설명하지 못한다.

유형적 접근은 성조와 음절 구조 사이에 독립적으로 존재하는 관련성을 간과한다. 상하이 방언과 같이 인용 성조가 비안정적인 특성을 보이는 방언들은 이중 모음이나 진정한 말음이 없다. 반면, 표준중국어와 같이 인용 성조가 안정적인 특성을 보이는 방언들은 이중 모음 그리고, 또는 진정한 말음을 갖는다(Duanmu 1990, 1993, 1999). 즉 상하이 방언은 "단순운"만 있는 반면 표준중국어는 "복합운"이 많이 있으며, 이러한 운 구조의 차이로 상하이 방언과 표준중국어의 성조 특성의 차이를 설명할 수 있다.

7.1. 단순운과 복합운

"복합운"은 VC와 VG를 가리키며, 이 중 VG는 이중 모음이다. "단순운"은 이 밖의 다른 운을 가리킨다. (5)와 (6)은 각각 복합운과 단순운의 예이다.

(5) 복합운

	영어		표준중국어	
[VC]	[bæt]	bat	[pan]	半 '절반'
[VG]	[bai]	buy	[pai]	白 '희다'

(6) 단순운

	영어		표준중국어	
[V]	[ðə]	the	[lə]	了 '상 표지'
[V:]	[bi:]	bee	[mi:]	米 '쌀'

단순운은 영어의 [n] 'n (and의 축약형)이나 상하이 방언의 [n:] 鱼 '물고기'처럼 [C] 또는 [C:]일 수도 있다.

이와 관련하여 흥미로운 것은 표준중국어는 복합운이 많은 데 반해 상하이 방언은 복합운이 모두 소실되었다는 사실이다. (7)은 몇 가지 예를 제시한다.

(7)

표준중국어	상하이 방언		
[mai]	[ma:]	买	'사다'
[lau]	[lo:]	老	'늙다'
[lai]	[le:]	来	'오다'
[lan]	[le:]	蓝	'파란'
[fei]	[fi:]	飞	'날다'
[kəu]	[kɤ:]	狗	'개'
[faŋ]	[fã]	方	'사각형'

상하이 방언에서 [paʔ] 八 '여덟, 8', [ɕin] 新 '새롭다'와 같은 일부 운이 VC로 전사된 바 있는데, 이들은 각각 [paʔ], [ɕĩ](또는 [ɕɯn])로 분석할 수 있다 (6장 참조). 따라서 상하이 방언은 진정한 복합운이 없다.

어떤 언어에서 복합운이나 모음 길이가 변별적이지 않으면, 그 언어의 음절은 내재적 무게를 갖지 않는다. 즉, 음절은 운율 환경에 따라서 중음절 또는 경음절이 된다. 상하이 방언이 이러한 언어로, 음절이 단독으로 발음되거나 이음절어나 합성어의 첫 음절과 같은 강세 위치에서 발음되면 음절이 길지만, 그렇지 않은 경우는 음절이 짧다. 이는 성조 분석을 위한 중요한 단서를 제공한다.

7.2. 운 구조와 성조 소실

음절 구조와 성조의 관계는 강세가 매개가 된다. 중음절은 강세를 지니며,

강세 음절은 성조를 지닌다. (8)은 음절 무게와 강세를 지배하는 원칙이며, (9)는 강세와 성조를 지배하는 원칙이다.

(8) 무게 강세 원칙(Weight-Stress Principle)
강세 음절은 중음절이며 길고, 비강세 음절은 경음절이며 짧다.

(9) 성조 강세 원칙(Tone-Stress Principle)
강세 음절은 어휘 성조 또는 피치 악센트(pitch accent)를 수반할 수 있으며, 비강세 음절은 어휘 성조 또는 피치 악센트를 수반하지 않는다.

무게 강세 원칙은 선행 연구에서 다양한 형식으로 제기된 바 있다(Prokosch 1939, Kager 1989, Prince 1990, Hammond 1999 등). 중음절은 두 개의 모라로 구성된 음보를 형성하며, 각 음보는 강세를 갖는다. (10)은 표준중국어의 '나무-머리(木头 나무)'를 의미하는 합성어로, 무게 강세 원칙의 효과를 보여준다. '''는 강세를 나타내며, '*'는 좋지 않은 형식을 가리킨다.

(10) 무게 강세 원칙(WSP)

(a) [múu.tóu] 위배하지 않음
(b) *[múu.tou] [tou] 위배
(c) [múu.to] 위배하지 않음
(d) *[múu.tó] [tó] 위배

(10a)는 두 음절 모두 강세 음절이며 긴 중음절이므로, 무게 강세 원칙을 위배하지 않는다. (10b)는 두 번째 음절이 비강세 음절이면서 중음절이므로 무게 강세 원칙을 위배한다. (10c)에서 강세 음절은 중음절이며 비강세 음절은 짧은 경음절이므로, 무게 강세 원칙을 위배하지 않는다. (10d)는 두 번째 음절이 강세 음절이면서 경음절이므로 무게 강세 원칙을 위배한다.

성조 강세 원칙 또한 선행 연구에서 다양한 형식으로 제기되었다(Liberman

1975, Clements and Ford 1979, Pierrehumbert 1980, Goldsmith 1981). 성조 강세 원칙은 어휘 성조나 "피치 악센트"의 사용을 지배하지만, "경계 성조"의 사용은 지배하지 않는다. 중국어에서 비강세 음절이 어휘 성조를 소실하는 것과 영어에서 강세 음절에만 피치 악센트가 할당되는 것은 성조 강세 원칙의 증거이다.

표준중국어의 많은 음절은 VG(이중 모음) 또는 VC인 복합운이므로 내재적으로 중음절이다. 따라서 두 개의 시간 단위를 갖는다. (11)은 2,500개 상용 한자에 나타나는 표준중국어의 운 유형의 출현 빈도이다.

(11) 표준중국어 운 유형의 빈도

V	120	(31%)	예.	[ma]	骂	'꾸짖다'
VC	169	(44%)	예.	[man]	慢	'느린'
VG	96	(25%)	예.	[mai]	卖	'팔다'
합계	385	(100%)				

성조 차이를 제외하고 구분한 385개 음절 유형 가운데 69%는 VG 또는 VC 운으로 내재적인 중음절이다. 이러한 음절은 무게 강세 원칙에 의해서 항상 강세를 지니며, 성조 강세 원칙에 의해서 원래의 성조를 유지한다. 따라서 표준중국어의 대부분 음절은 단독으로 발음될 때와 다른 음절과 함께 발음될 때 모두 안정적인 성조를 지닌다. 흥미롭게도 아프리카 에디오피아에서 사용되는 벤치어(Bench)[1]도 동일한 특성을 보인다. 벤치어도 음절이 대부분 CVC이며 성조가 상당히 안정적이다(Wedekind 1985:883-4).

다음으로 V 운을 지니는 음절을 살펴보자. 두음 C는 선택적이며 운이 성절 자음일 수도 있지만, 논의의 편의를 위하여 이러한 음절을 CV 음절이

---

1 [역자 주] 벤치어는 에디오피아 남부 지역에서 약 174,000명의 화자가 사용하는 언어이다.

라고 하자. CV 음절이 명사, 동사, 형용사와 같은 단음절 내용어이면서 단독으로 출현하면 [CV:]로 실현된다. [ma:] 駡 '꾸짖다'를 예로 들 수 있다. 이는 내용어는 일반적으로 강세를 지니며 강세 음절은 중음절이기 때문이다. 따라서 CV 음절은 원래의 성조를 유지한다.

그러나 CV 음절이 다른 음절과 함께 출현할 때는 강세를 지닐 수도 있고 그렇지 않을 수도 있다. 합성어의 첫 단어나 동사의 목적어와 같은 위치에서 CV 음절은 합성어 강세 또는 구 강세를 가지며, [CV:]로 길어지고 성조를 유지할 수 있다. 반면 다른 위치에서는 CV 음절이 합성어 강세나 구 강세를 갖지 않는다. 그렇다면 CV 음절은 긴 길이와 강세를 유지하며 성조를 유지할 것인가, 아니면 짧은 비강세 음절이 되어 성조를 소실할 것인가? 표준중국어의 경우 CV 음절은 CVG와 CVC 음절처럼 일반적으로 강세와 성조를 유지한다. 그 이유가 무엇인가?

CV 음절이 짧은 비강세 음절로 실현되려면, 구 강세가 실현되지 않는 내용어가 경음절일 것을 요구하는 비강세화(de-stressing) 규칙이 있어야 한다. 그런데 이 규칙이 모든 음절 구조에 적용되면, CVG와 CVC 음절에 문제가 생긴다. 즉 CVG와 CVC가 비강세화하면 운 축약과 말음 탈락이 발생할 것이다. 이는 무게 강세 원칙이 예측하는 바이며, 비강세 음절에서 흔히 나타나는 현상이다(Lin and Yan 1988). 이로 인하여 분절음 정보 또는 음소적 변별의 대량 소실이 발생할 것이다. 표준중국어는 음소적 변별을 유지하는 것을 선호하는 것이 분명하다. 또한 많은 CVG 음절과 CVC 음절의 존재가 비강세화 규칙이 전면적으로 적용되는 것을 막았을 것이다.

이제 상하이 방언을 살펴보자. 상하이 방언은 모든 음절이 CV이며 내재적 중음절이 없다(6장 참조). 단음절 내용어가 단독으로 출현하면 강세를 지니며, 이는 일반적인 내용어의 특성에 부합한다. 따라서 운이 [V:]로 길어지며, 강세는 음절이 성조를 유지하도록 한다. 이음절 합성어의 첫 단어와 같이 구 강세를 지니는 음절도 이와 마찬가지이며, 이러한 음절의 운은 실제로 길게 실현된다(Zhu 1995).

상하이 방언에서 이음절 합성어의 두 번째 음절과 같이 비강세 위치에 출현하는 음절은 짧고 비강세이며, 성조를 잃는다. 그렇다면 문제는 왜 상하이 방언은 이러한 상황이 발생하는 반면 표준중국어는 발생하지 않는가이다. 일반적인 견해는 서로 다른 언어는 서로 다른 규칙을 갖는다고 보는 것이다. 즉, 상하이 방언은 비강세화 규칙이 있지만 표준중국어는 그렇지 않은 것으로 간주한다. 이러한 견해는 강세와 성조 소실과 관련된 상하이 방언과 표준중국어의 차이에 대하여 더 이상의 설명을 필요로 하지 않는다. 또한 강세와 성조 소실의 차이는 음절 구조의 차이와 아무 상관이 없다.

그러나 이보다 더 나은 분석이 있다. 상하이 방언과 표준중국어는 동일한 원칙에 의해 지배를 받으며, 강세와 성조 소실에 있어서 두 언어의 차이는 음절 구조의 차이로부터 도출 가능하다. 특히 두 언어 모두 분절음의 변별 유지의 필요 및 비강세화의 영향을 받는다. 표준중국어에서 비강세화의 전면적인 적용은 분절음 변별의 대량 소실을 초래하므로, 비강세화는 일반 규칙으로 적용될 수 없다. (그러나 비강세화는 [muu.tou] → [muu.to] 木头 '나무-머리(나무)', [mʲan.hʷaa] → [mʲan.hʷə] 棉花 '면-꽃(면)', [tʂʰwən.tʰʲæn] → [tʂʰwən.tʰʲə̃] 春天 '봄-날(봄)'처럼 사용 빈도가 높은 표현에 적용되기도 한다.) 이에 반해 상하이 방언은 [CV]와 [CV:]의 구분이 없고, 비강세화 규칙의 적용이 분절음 변별 외 소실을 초래하지 않는다. 따라서 실제로 비강세화 규칙이 전면적으로 적용된다.

이상의 분석은 제약의 상호 작용으로 나타낼 수 있다(Prince and Smolensky 1993). 논의의 편의를 위하여, 무게 강세 원칙과 성조 강세 원칙이 항상 만족된다고 전제하자. 표준중국어와 상하이 방언의 설명을 위해서는 (12)의 세 가지 제약이 필요하다. (12)에서 'A ≫ B'는 A가 B보다 상위 등급임을 나타낸다.

(12) 음절 제약과 강세 제약

   a. 분절음 변별: 분절음 변별을 유지하라.

   b. 비강세화: 구 강세를 갖지 않는 음절을 비강세화하라.

   c. 이형태 금지(anti-allomorphy): 형태소의 음운 형식을 바꾸는
       것을 피하라.

   등급: 분절음 변별 ≫ 비강세화 ≫ 이형태 금지

제약 (a)와 (b)는 이미 논의하였다. 제약 (c)는 Burzio(1996)가 제안한 것이
다. 우리의 논의를 위해서, (c)는 단어가 단독으로 출현하든지 합성어에 출현
하든지 동일한 음절 구조를 유지해야 하는 제약으로 이해할 수 있다. 표준중
국어에 비강세화가 발생하지 않는 것은 비강세화 제약이 분절음 변별 제약
보다 하위 등급임을 의미한다. 상하이 방언에서 비강세화가 발생하는 것은
비강세화 제약이 이형태 금지 제약보다 상위 등급임을 의미한다. 따라서
세 가지 제약 (a), (b), (c)의 등급 순위는 (a) ≫ (b) ≫ (c)이다.

(13)은 표준중국어와 상하이 방언에 대한 분석으로, '*'은 위배, '√'는 좋
은 선택을 가리키며, 상호 교체가 가능한 음절 형식은 '-'으로 연결하였다.

(13) 표준중국어와 상하이 방언의 음절과 강세 분석

			분절음 변별	비강세화	이형태 금지
√	a. 표준중국어 비강세화 없음	[CV:] [CVC] [CVG]		*	
	b. 표준중국어 비강세화 있음	[CV:]-[CV] [CVC]-[CV] [CVG]-[CV]	*		*
	c. 상하이 방언 비강세화 없음	[CV:]		*	
√	d. 상하이 방언 비강세화 있음	[CV:]-[CV]			*

(13a)에서 표준중국어는 음절 교체가 없다. 그 결과 분절음 변별과 이형태 금지를 만족하지만, 비강세화를 위배한다. (13b)에서 표준중국어는 음절 교체가 있다. 이는 비강세화를 만족하지만, 분절음 변별과 이형태 금지를 위배한다. 분절음 변별은 비강세화보다 중요하므로 표준중국어는 (13a)를 선택한다. 상하이 방언의 경우, (13c)는 음절 교체가 없다. 그 결과 분절음 변별과 이형태 금지를 만족하지만, 비강세화를 위배한다. (13d)는 상하이 방언에 음절 교체가 있다. 상하이 방언은 [CV]와 [CV:]의 구분이 없기 때문에 그 결과는 분절음 변별을 만족하며, 비강세화도 만족한다. 반면 이형태 금지를 위배한다. 이형태 금지는 비강세화보다 덜 중요하기 때문에 상하이 방언은 (13d)를 선택한다. 이형태 금지가 단지 변별적 자질의 변화만을 금지하고 변별적이지 않은 자질의 변화를 허용한다면, (13d)는 이형태 금지를 위배하지 않는다.

몇 가지 흥미로운 점을 관찰할 수 있다. 첫째, 문법에서 비강세화는 일반 규칙으로 간주된다. 즉 비강세화는 모든 내용어에 적용되거나 모두 적용되지 않는다. 다시 말하면, 특정 음절 유형에만 적용되는 것이 아니다. 만약 특정 음절 유형에만 적용된다면, 비강세화는 상하이 방언처럼 [CV:]를 [CV]로 바꾸는 반면, CVG나 CVC는 바꾸지 않을 수도 있다. 모든 내용어가 동일하게 취급되기 위해서 내용어의 강세 유형이 동질적일 것을 요구하는 제약을 전제할 수도 있다. 둘째, 음절의 간략화는 중국어에 나타나는 지속적인 추세이다. 상하이 방언이 CVG와 CVC 운을 소실하기 전에는 비강세화와 성조 소실이 없었다고 전제하는 것이 합리적이다. 또한 상하이 방언에서 발생한 변화는 표준중국어에 발생하고 있거나 미래에 발생할 변화로 보는 것이 타당하다. 이 변화의 발생 과정, 즉 어떻게 VG와 VC가 소실되고 비강세화 규칙이 적용되는지의 과정을 이해하는 것은 흥미로울 것이다. 필자는 운 간략화가 먼저 발생하고, 비강세화 규칙은 그 이후에 발생하는 것으로 가정한다. 운 간략화는 긴 과정이며 서로 다른 운에 각기 다른 방식으로 영향을 미칠 것이다. (14)~(16)은 몇 가지 가능한 과정이다.

(14)   [Vp, Vt, Vk] → [V?] → [Vˀ] → [V]

(15)   [an, aŋ] → [æn, aŋ] → [æ̃, ã]

(16)   [ən, əŋ] → [ən] → [ɔ̃]

광둥 방언은 [Vp, Vt, Vk]를 여전히 보유하고 있다. 이는 상하이 방언에서 [V?] 또는 [Vˀ]가 되었는데, 앞으로 표준중국어처럼 [V]로 더욱 축약될 수도 있다. 실제로 샤먼(廈門 Xiamen) 방언은 [V?]과 [V]가 교체하며, [V?]은 어말 위치, [V]는 비어말 위치에 출현한다. '[an, aŋ] → [æn, aŋ]'의 변화는 표준중국어에서 발생하였으며, [æn, aŋ]은 종종 [æ̃, ã]로 실현된다. 이는 더 나아가 [æ, ã] 또는 [e, ã]로 될 수 있다. 예를 들어, 표준중국어 [mæn] 慢 '느리다'는 상하이 방언에서 [ma]이고, 표준중국어 [maŋ] 忙 '바쁘다'는 상하이 방언에서 [mã]이다. 표준중국어는 [ən]과 [əŋ]을 여전히 구분하지만, 청두(成都 Chengdu) 방언을 비롯한 많은 방언에서는 [ən]으로 병합되었다. 상하이 방언에서 [ən] 은 종종 [ɔ̃]로 실현된다.

이상으로 음절 구조와 성조 소실의 관계를 논의하였다. 이제 음절 구조, 특히 운 구조와 성조 분리에 대하여 살펴보자.

7.3. 운 구조와 성조 분리

이 책은 "성조 분리(tone split)"라는 용어를 사용하여, 인용 성조인 굴곡조 가 수평조로 분리된 후 분리된 수평조 중 하나가 다른 음절로 이동하는 현상 을 가리킨다. 수용(recipient) 음절은 주로 고유한 성조를 가지지 않는 비강세 음절이다. 표준중국어는 일반적으로 성조 분리가 일어나지 않는 반면, 상하이 방언은 매우 활발하게 일어난다. 이 차이는 (17)~(18)과 같이 중음절-경음절로 구성된 이음절 표현에서 볼 수 있다. [lə] 또는 [ləʔ]는 문법적 상표지이며, 0은 기저 성조가 없음을 나타낸다. L-H(또는 LLH)와 LH는 둘 다 오름조이다. 그러나 L-H는 L로 시작하여 H로 끝나는 예외적으로 긴 성조인 반면, LH는 단순한 오름조이다. 표준중국어에서 LH는 높오름조이고 L-H는 낮오름조이다. 상하이 방언에서 보통 LH로 전사되는 L-H는 높오름조 또는 낮오름소이나. 높오름조는 [see]와 같이 무성 두음을 지니는 음절에서, 낮오름조는 [zee]와 같이 유성 두음을 지니는 음절에서 실현된다.

(17)　　표준중국어 성조 분리 없음

	표면형	H	(L)	LH	(L)	L	H	HL	(L)
	인용형	H	0	LH	0	L-H	0	HL	0
		fei	lə		lai	lə	mai	lə	mai	lə

飞了	来了	买了	卖了
'날았다'	'왔다'	'샀다'	'팔았다'

(18)　　상하이 방언의 성조 분리

	표면형	H	L	L	H	L	H
	인용형	HL	0	L-H	0	L-H	0
		fii	ləʔ	see	ləʔ	zee	ləʔ

飞了	碎了	赚了
'날았다'	'깼다'	'벌었다'

표준중국어에서 인용 성조는 성조가 속하는 원래 음절에 유지된다. 한 가지 예외는 인용 성조가 L-H일 경우로, 이는 뒤에서 논의할 것이다. 성조가 없는 음절은 일반적으로 낮은 음높이로 실현되는데, 이는 L 또는 0으로 해석할 수 있다. 필자는 (L)로 표기할 것이다. 상하이 방언은 인용 성조에서 두 번째

부분이 항상 후행하는 경음절로 이동한다.

표준중국어의 인용 성조가 안정적인 원인은 무엇인가? 상하이 방언은 HL 이 분리되지만 표준중국어는 분리되지 않는 이유는 무엇인가? 이 문제에 대한 탐색은 기저 성조에 대한 논의로부터 시작할 수 있다. 표준중국어의 기저 성조는 H, LH, L, HL이다(Duanmu 2000). 이 가운데 H, LH, HL은 단음절과 이음절에서 모두 동일하게 실현되므로 이견이 없다. 기저형 L 뒤의 H는 양극성 제약(polarity requirement)에서 기인한다(아래에서 논의).

두음의 유성성과 모음의 성문음화에 의한 변이형을 제외하면, 상하이 방언은 두 가지 인용 성조 HL과 L-H가 있다. 기저 성조는 두 가지 방법으로 분석할 수 있는데, 필자는 두 가지 분석을 모두 논의하되 그 중 한 가지를 선택하지는 않을 것이다. 첫 번째 분석은 (19)와 같이 기저 성조를 H와 L로 본다.

(19)   상하이 방언 분석 (1): 기저 성조 H와 L

표면형	H	L		L	H
인용형	HL	0		L-H	0
기저형	H	0		L	0
	fii	lə^ʔ		lee	lə^ʔ
	飞了			来了	
	'날았다'			'왔다'	

양극성 제약은 어두 H에 L, 어두 L에 H를 제공하여, H가 HL로, L이 L-H로 실현되도록 한다. 이 분석의 장점은 기저 성조를 최소화한다는 데 있다. 또한 기저 성조 L이 표준중국어와 동일한 방식으로 실현된다. 그런데 이 분석의 문제는 기저 성조 H의 인용 형식이 표준중국어처럼 H가 아니라 HL이라는 것이다. 이는 성조 변별을 유지해야 하기 때문일 수도 있다. 즉 표준중국어는 이미 기저 성조 HL이 있으므로, H가 HL로 실현되면 기저

성조 HL과 H의 변별이 소실된다. 반면 상하이 방언은 두 가지 기저 성조 H, L밖에 없다. 따라서 H가 H로 실현되든지 HL로 실현되든지 성조 변별이 소실되지 않는다.

상하이 방언의 두 번째 분석은 (20)과 같이 기저 성조와 표면 성조가 HL과 LH로 동일하다.

(20) 상하이 방언 분석 (2): 기저 성조 HL과 LH

표면형	H	L		L	H
인용형	HL	0		L-H	0
기저형	HL	0		LH	0
	fii	lə?		lee	lə?
	飞了			来了	
	'날았다'			'왔다'	

두 번째 분석의 장점은 기저 성조가 표면형과 동일하다는 점에서 "투명하다"는 것이다. 따라서 양극성 제약을 가정할 필요가 없다. 그런데 이 분석의 문제는 HL과 LH가 왜 표준중국어와 다르게 실현되는가이다. 이에 대한 해답 또한 성조 변별에 있다. 상하이 방언은 단지 두 개의 기저 성조만 있기 때문에, HL이 HL로 실현되든지 H로 실현되든지 여전히 L 또는 LH와 구분된다. 그러나 표준중국어는 HL이 H로 실현될 수 없는데, 이미 독립된 성조 H가 있기 때문이다. 마찬가지로, LH가 표준중국어에서 L로 실현될 수 없는 이유는 독립된 성조 L이 이미 있기 때문이다.

이상의 분석은 제약의 상호작용으로 형식화할 수 있다. 설명의 편이를 위하여, 상하이 방언의 기저 성조를 HL과 LH로 간주하고, 표준중국어와 상하이 방언에 동일한 제약이 적용된다고 전제하자. 제약과 제약의 등급 순위는 (21)과 같다.

(21)　성조 제약

    a.   성조 변별: 강세 음절은 성조 변별을 유지해야 한다.

    b.   양극성: 음보의 첫 성조는 반대 성조가 후행해야 한다.

    c.   단순 성조: 굴곡조를 피하라.

      성조 변별 ≫ 양극성 ≫ 단순 성조

성조 변별(Tone–Distinction) 제약은 개별 언어의 성조 범주에 민감하다. 예를 들어, 한 언어에 두 가지 범주 H와 L이 있으면, H는 성조 변별을 위배하지 않으면서 HL로 실현될 수 있다. HL이 여전히 L과 구분되기 때문이다. 그러나, 한 언어에 세 가지 유형의 성조 H, HL, L이 있으면, H는 HL로 실현될 수 없다. H와 HL 사이의 변별이 소실되기 때문이다. 양극성 제약은 음보의 첫 H에 L이 후행할 것, 음보의 첫 L에 H가 후행할 것을 요구한다. 이는 아프리카 성조 언어에서도 보고된 바 있으며(Newman 1997), 의무적 굴곡조 효과(obligatory contour effect)와 관련이 있을 것이다(Leben 1971). 마지막으로, 단순 성조(Simple–Tone) 제약은 조음 노력과 관련된다. 단순 성조 H, L은 복합 성조 HL, LH보다 발음하기 쉽기 때문이다.

제약의 순위는 두 가지 사실에 근거한다. 첫째, 성조 변별 제약을 위배하는 산출형은 없지만 양극성 제약과 단순 성조 제약을 위배하는 산출형은 있다. 따라서 성조 변별 제약이 가장 상위 등급이다. 둘째, 양극성 제약이 단순 성조 제약보다 상위 등급임을 보이는 산출형이 있다(아래 논의 참조).

첫째, 표준중국어 단음절을 살펴보자. 표준중국어는 (22)~(25)의 네 가지 성조가 있다.

(22)   표준중국어 H 분석

	H /fei/ 飞 '날다'	성조 변별	양극성	단순 성조
√	H fei		*	
	HL fei	*		*

(23)   표준중국어 LH 분석

	LH /lai/ 来 '오다'	성조 변별	양극성	단순 성조
	L lai	*	*	
√	LH lai			*

(24)   표준중국어 L 분석

	L /mai/ 买 '사다'	성조 변별	양극성	단순 성조
√	L-H maai			
√	L mai		*	
	LH mai	*		*

(25)   표준중국어 HL 분석

	HL /mai/ 卖 '팔다'	성조 변별	양극성	단순 성조
√	HL mai			*
	H mai	*	*	

(22)에서 H는 양극성 제약을 위배하는 반면, HL은 성조 변별 제약(기저형 HL과 혼동)과 단순 성조 제약을 위배한다. H가 실제로 출현하는 형식이라는 사실은 (22)의 제약 등급을 따른 것이다. (23)에서 L은 성조 변별 제약(기저형 L과 혼동)과 양극성 제약을 위배하는 반면, LH는 단순 성조 제약을 위배한다. LH가 실제로 출현하는 형식이라는 사실은 (23)의 제약 등급을 따른 것이다. (25)는 (23)과 유사하다.

(24)는 설명이 필요하다. 가장 좋은 형식은 L–H(또는 LLH)로, [maai]와 같이 음절이 음길이가 더 길게 실현된다. [maai]를 [maa.i]와 같이 두 음절로 분석하면, 각 음절이 수평조를 지니므로 단순 성조 제약을 위배하지 않는다. L은 (24)에서 최적형으로 평가되지 않지만, L–H와 더불어 L도 사용될 수 있다. [maai]와 같이 음길이가 더 긴 음절은 휴지 앞 위치에서만 출현하기 때문이다. 이는 음절 길이의 연장을 지배하는 또 다른 제약이 있다는 것을 의미한다. 이 제약은 휴지를 선행하는 위치에서 L–H가 선호되지만, 그 이외의 환경에서는 L이 선호되도록 한다. 논의의 편의를 위하여, 이 추가적인 제약을 설정하는 문제는 여기에서 논의하지 않겠다.

이제 상하이 방언의 단음절어를 살펴보자. (26)과 (27)의 두 가지 경우가 있다.

(26) 상하이 방언 HL 분석

	HL /fii/ 飞 '날다'	성조 변별	양극성	단순 성조
	H fii		*	
√	HL fii			*

(27)   상하이 방언 LH 분석

LH /lee/ 来 '오다'	성조 변별	양극성	단순 성조
L lee		*	
LH lee			*
√ L-H lee-e			

    (26)에서 H는 양극성 제약을 위배하는 한편, HL은 단순 성조 제약을 위배한다. HL이 실제 사용되는 형식이라는 사실은 양극성 제약이 단순 성조 제약보다 상위 등급이라는 것을 나타낸다. (27)에 제시된 형식은 설명이 필요하다. 출력형은 단순한 LH가 아니라 음길이가 더 긴 L-H이다. 제약의 측면에서 보면 L-H가 LH보다 더 나은 출력형이다. 그런데 문제는 왜 (26)에서 HL은 제약을 더 만족하는 긴 음절 H-L로 실현되지 않는가이다. 이는 조음의 노력과 관련된 것으로 보인다. 단순 성조 제약은 굴곡 성조가 단순 성조보다 조음이 어렵다고 전제한다. 그러나 HL은 LH보다 조음이 용이하다. 이는 HL은 그대로 실현되는 반면 LH은 L-H로 실현되는 이유일 것이다. 그렇다면 조음 노력 제약은 "{LH를 피하라, 음길이가 더 긴 음절을 피하라} ≫ HL을 피하라"로, { }는 동일한 순위의 제약을 가리킨다. 논의의 편의를 위하여 이에 대한 상세한 설명은 생략한다.

    중음절과 경음절로 구성된 이음절 표현을 살펴보자. (28)과 (29)는 상하이 방언의 HL과 LH에 대한 분석이다.

(28)   상하이 방언 HL 분석

HL 0 /fii ləˀ/ 飞了 '날았다'	성조 변별	양극성	단순 성조
√	H L fii ləˀ			
	H H fii ləˀ		*	
	HL 0 fii ləˀ			*

(29)   상하이 방언 LH 분석

LH 0 /lee ləˀ/ 来了 '왔다'	성조 변별	양극성	단순 성조
√	L H lee ləˀ			
	LH H lee ləˀ		*	*
	LH 0 lee ləˀ		*	*

(28)에서 H–L은 모든 제약을 만족한다. 그러나 H–H는 양극성 제약을 위배하며, HL–0은 단순 성조 제약을 위배한다. 따라서 H–L가 최적형이다. (29)에서 L–H는 모든 제약을 만족하는 반면, LH–H와 LH–0는 양극성 제약과 단순 성조 제약을 위배한다. 따라서 L–H가 최적형이다.

이제 (30)~(33)에서 중음절과 경음절로 구성된 표준중국어 이음절 표현을 살펴보자.

(30) 표준중국어 H 분석

H 0 /fei lə/ 飞了 '날았다'		성조 변별	양극성	단순 성조
√	H L fei lə			
	H H fei lə		*2	
	HL 0 fei lə	*		*

(31) 표준중국어 LH 분석

LH 0 /lai lə/ 来了 '왔다'		성조 변별	양극성	단순-성조
	L H lai lə	*		
√	LH 0 lai lə			*

(32) 표준중국어 L 분석

L 0 /mai lə/ '샀다' 买了		성조 변별	양극성	단순 성조
√	L H mai lə			
	L 0 mai lə		*	
	LH 0 mai lə	*		*

---

2   [역자 주] 원문의 표 (30)의 성조 변별 제약 위배 표시를 정정함.

(33) 표준중국어 HL 분석

L 0 /mai lə/ '팔았다' 卖了	성조 변별	양극성	단순 성조
√ HL 0 mai lə			*
H L mai lə	*		

(30)에서 H-L은 모든 제약을 만족하지만, H-H는 양극성 제약을 위배한다. HL-0은 기저형 /HL-0/에서 사용되는 유형이므로, 성조 변별 제약을 위배한다. HL-0은 또한 단순 성조 제약도 위배한다. 따라서 최적형은 H-L이다.

(31)에서 L-H는 기저형 /L-0/에서 사용되는 유형이므로, 성조 변별 제약을 위배한다. LH-0는 단순 성조 제약을 위배한다. 성조 변별 제약이 단순 성조 제약보다 상위 등급이므로, LH-0가 더 나은 선택이다. 논의의 편의를 위하여, 여기에서는 LH-H, LH-L과 같은 다른 후보는 고려하지 않기로 한다. 이들은 기저형과 관련 없는 표면 성조의 추가를 금지하는 추가적인 제약으로 배제할 수 있다.

(32)에서 L-H는 모든 제약을 만족한다. 반면 L-0는 양극성 제약을 위배하며, LH-0는 기저형 /LH-0/와 혼동되므로 단순 성조 제약과 성조 변별 제약을 위배한다.

(33)에서 H-L은 기저형 /H-0/에서 사용되는 유형이므로 성조 변별 제약을 위배한다. HL-0는 단순 성조 제약을 위배한다. 성조 변별 제약은 단순 성조 제약보다 상위 등급이므로, HL-0가 더 나은 선택이다. 여기에서도 HL-H나 HL-L 같은 다른 후보를 고려하지 않기로 한다. 이들 또한 기저형과 관련 없는 표면 성조를 금지하는 추가적인 제약으로 배제할 수 있다.

7.4. 운 구조와 성조 목록

HL과 LH 두 가지 성조가 있는 상하이 방언은 중국 방언 가운데 성조 목록이 가장 작다. 왜 이러한 현상이 나타나는가에 대하여 생각해 보자. 이 질문은 불필요해 보일 수도 있다. 예를 들어, 어떤 언어가 다른 언어보다 성조가 더 많은 것은 자연스러운 현상인 듯하다. 상하이 방언은 성조의 수가 가장 적은 언어일 뿐이며, 이에 대한 더 이상의 설명은 필요하지 않을 수도 있다. 그러나 문제는 상당히 최근까지 상하이 방언에 더 많은 성조 유형이 있었다는 점이다. 두음의 유성성과 성문음화한 모음의 영향을 제외하면, 구 상하이어는 이음절 표현에 여섯 가지 성조 유형이 있다. 구 상하이어는 80대 이상의 화자들이 여전히 사용하는 상하이 방언의 갈래이다(Xu and Tao 1997). Xu et al.(1988:60)에 근거한 구 상하이어의 이음절 성조 유형과 현재 주류 방언인 신 상하이어의 이음절 성조 유형은 (34)와 같다.

(34) 구 상하이어 이음절 성조 유형: H-HL, H-H, H-L, L-H, LH-H,
                                    LH-HL
      신 상하이어 이음절 성조 유형: H-L, L-H

몇 십 년 만에 상하이 방언에서 이음절 표현의 성조 유형 가운데 두 가지를 제외하고 모두 소실되었다는 것은 상당히 놀랍다. 반면 표준중국어는 소실이 일어나지 않았디.

신 상하이어는 또한 광범위한 성조 삭제 규칙이 있다. 이는 신 상하이어에 표준중국어보다 더 적은 수의 성조 유형이 있다는 것을 의미한다. 성조 삭제 규칙의 효과를 이해하기 위하여 네 개의 어휘 성조 H, LH, L, HL을 갖는 언어의 이음절 합성어를 생각해보자. 두 번째 음절의 성조 소실이 없으면 16개의 성조 유형이 있지만, 성조 소실이 있으면 단지 네 개의 유형이 있다.

이는 (35)에 보인다.

(35) 네 개 어휘 성조 H, LH, L, HL의 이음절 유형
   a. 성조 소실이 없는 경우: H-H, H-LH, H-L, H-HL; LH-H, LH-LH, LH-L, LH-HL; L-H, L-LH, L-L, L-HL; HL-H, HL-LH, HL-L, HL-HL
   b. 두 번째 음절에 성조 소실이 있는 경우: H-0, LH-0, L-0, HL-0

상하이 방언은 성조 소실로 인하여 소실이 없는 경우보다 훨씬 적은 이음절 성조 유형을 갖는다. 따라서 어휘적 변별을 유지하는 것이 중요하다면 성조 목록을 유지할 필요가 더 커진다. 그러나 실제 결과는 그 반대이다. 즉 표준중국어, 광둥 방언 같이 성조 소실이 없는 방언은 성조 목록을 유지하는 반면, 성조 소실이 있는 상하이 방언은 성조 유형 중 두 가지를 제외하고 모두 소실되었다.

상하이 방언의 성조 유형 소실이 상하이 방언에 복합운이 없다는 사실과 관련된다고 주장할 수도 있다. 예를 들어, Woo(1969)는 단순 성조 H와 L은 CV 음절에서 실현될 수 있으나, 굴곡 성조 HL, LH는 반드시 CVV, CVC와 같은 긴 음절에서 실현된다고 주장한다. 상하이 방언은 CV 음절만 있으므로 너무 많은 성조를 구분할 수 없다고 보는 것이다. 그러나 이 주장은 몇 가지 문제가 있다. 첫째, CV 음절은 강세가 실현될 때 CVV로 연장되며, 이 현상은 상하이 방언에도 나타난다. CVV 음절은 HL이나 LH를 지닐 수 있다. 둘째, 상하이 방언의 단음절은 H나 L이 아니라 HL이나 LH로 실현된다. 셋째, 표준중국어에서 CV 음절은 [maa] H 妈 '엄마', [maa] LH 麻 '삼, 마', [maa] L 马 '말', [maa] HL 骂 '꾸짖다'와 같이 네 개 성조를 구분한다. 따라서 상하이 방언도 적어도 네 개의 성조를 구분하는 것에 문제가 없어야 한다.

그렇다면 상하이 방언의 대량 성조 소실의 주요 원인은 무엇인가? 필자는 역설적으로 성조 유형의 부족 자체가 원인이라고 주장한다. 특히 사용 빈도와 축소 사이에 관련성이 있다(Fidelholtz 1975, Hooper 1976b, Bybee 2001). 예를 들어, astronomy의 첫 번째 모음은 [ə]로 축약되지만, gastronomy 의 첫 번째 모음은 축약되지 않는다. 이는 전자는 고빈도 단어인 반면 후자는 아니기 때문이다. 마찬가지로 information은 두 번째 모음이 [ɚ]로 축약되지만, importation은 축약이 일어나지 않는다. 이 역시 전자는 고빈도 단어이지만 후자는 아니기 때문이다. 필자는 성조 축소도 이와 마찬가지임을 주장한다. 즉, 고빈도 유형은 축약이나 변별의 소실을 거치기 더 쉽다. 예를 들어, 두 언어 가운데 하나는 이음절 성조 유형이 16개 있고 다른 하나는 네 개 있는 경우를 생각해 보자. 첫 번째 언어에서 각 성조 유형의 평균 출현 빈도는 두 번째 언어의 1/4이다. 따라서 이미 더 적은 수의 성조 유형을 지니는 두 번째 언어에서 성조 축약이 일어나기 더 쉽다. 이는 중국어는 음절 소실이 발생한 반면 영어는 음절 소실이 발생하지 않은 현상을 설명한 분석과 동일하다(5장 참조).

이 분석이 정확하다면, 상하이 방언의 성조 유형의 소실은 궁극적으로 복합운의 소실에 의해서 촉발되었다. VG와 VC 운의 소실로 인하여 비강세화 규칙이 적용되었고, 이것이 성조의 광범위한 소실로 이어졌으며, 이는 다시 이음절 단어의 성조 유형의 축소로 이어졌다. 이로부터 단어 성조 유형의 빈노가 증가하였으며, 이는 성조 유형 변별의 축소와 소실을 촉발한 것이다.

7.5. 요약

7장은 음절 구조가 여러 가지 다른 음운적 속성에 영향을 미칠 수 있다는 점에 대하여 논의하였다. 즉, 언어에 단지 CV 음절만 있는지, 아니면 많은 CVX 음절(CVG와 CVC)이 있는지에 따라 다른 음운적 속성들이 영향을 받는다. 특히 음절 구조는 강세와 성조를 실현할 수 있는 능력, 비강세화 규칙의 존재 또는 부재, 굴곡 성조 분리, 성조 목록의 축소에 영향을 미친다. 만약 한 성조 언어에 CV 음절만 있으면, 굴곡조가 수평조로 나뉘는 성조 분리를 보일 가능성이 크다. 또한 그 언어의 성조 목록도 축소되기 쉽다. 이에 반해, 성조 언어에 CVX 음절이 많으면 일반적으로 성조가 안정적이다. 상하이 방언은 전자의 예이며, 표준중국어는 후자의 예이다.

또한 이 장은 언어 간 차이를 설명하는 데 서로 다른 규칙이나 제약, 제약 등급 위계를 설정할 필요가 없음을 논의하였다. 그 대신 음절 구조의 차이가 다른 음운적 특성의 차이를 초래하는 방식을 이해하면 동일한 등급 위계를 갖는 동일한 제약들을 사용할 수 있다.

제8장

영어 I: 최대 음절 크기

이 장은 CELEX 영어 어휘(Baayen et al. 1993)를 사용하여 영어의 최대 음절 크기를 분석하고, 최대 음절 구조가 CVX임을 주장할 것이다. 먼저 (1)의 단음절 단어로 이 주장을 개괄하고자 한다. (1)에서 S는 어두 자음 C이며 일반적으로 [s]이다(항상 [s]인 것은 아님). X는 모음 V 또는 자음 C이다.

(1)   최대 연쇄   CCCVXCCC   C = 자음 또는 활음, V = 모음
      제한적 연쇄   SCRVXCTT[1]   T = [s, z, t, d, θ]
      음절 분석   S[CRVX]CTT   CR = 가능한 복합음

영어는 splash의 [spl]처럼 모음 앞에서 세 개의 C를 허용하며, tests의 [ksts], sixths [ksθs]처럼 단모음 V 뒤에서 네 개의 C를 허용한다. 또한 fields의 [lds], counts의 [nts]처럼 장모음 VV 뒤에서 세 개의 C를 허용한다. 따라서 원칙적으로 영어는 단모음 단어에서 최대 CCCVXCCC 연쇄를 허용한다.

---

1   [역자 주] 원문의 SCCVXCTT를 SCRVXCTT로 정정함.

그러나 어두 CCC와 어말 CCCC는 상당히 제한적이다. 특히 어두 CCC에서 첫 번째 C는 [s]이며 마지막 C는 접근음이다(제한적 연쇄에서 R로 표시). 또한 VX에 후행하는 C는 모든 자음이 가능하지만, VXC에 후행하는 어말 CC는 설정음 [s, z, t, d, θ] 가운데 하나여야 한다. 따라서 제한적 연쇄는 SCRVXCTT이다. 이 책은 S와 CTT가 모두 형태론에 의해서 설명될 수 있으며, 음절에 포함될 필요가 없다고 주장한다. 또한 CR은 복합음을 형성할 수 있다(2장 참조). 따라서 최대 음절 크기는 CVX이다.

이 분석은 두 가지 주장을 한다. 첫째, 형태소 경계 위치가 아닌 형태소 중간(morpheme medial) 위치에서 최대 음절은 CVX이다. 둘째, 단어 경계 위치의 추가적인 자음은 형태론으로 설명할 수 있다. 이 두 주장은 이어지는 논의에서 제시될 것이다. CVX 제한에 대한 예외로 보이는 경우가 Borowsky (1989) 등에 의하여 지적된 바 있는데, 이는 "복합음"의 개념으로 설명할 수 있다는 것을 보일 것이다.

이 장은 전통적인 음성 기호를 사용하되, 작은 예외가 몇 가지 있다. 즉 [ɝ]를 사용해서 강세를 받는 권설 모음을 나타내며, [r] 또는 [ɾ] 대신 [ɚ]를 사용하여 미국 영어의 비강세 권설 모음을 표기할 것이다. 예를 들어, fur는 [fr] 대신 [fɝ], worker는 [wr̩kr] 대신 [wɝkɚ], four는 [for] 대신 [foɚ]로 표기한다. 또한 원순 후설 저모음을 표기할 때 [ɔ] 대신 [ɒ]를 사용할 것이다. 예를 들어, 미국 영어 law은 [lɔ]가 아니라 [lɒ]로 표기한다.

8.1. 비어말 위치의 운

단어 경계에 선행하는 운은 접미사가 후행하는지의 여부와 상관없이 어말 운이다. 예를 들어, #abstract#에서 #는 단어 경계를 나타내며, 두 번째 운이

어말 운이다. #abstract#ness#은 두 번째와 세 번째 운이 어말 운이다. 두 번째 운은 접미사가 후행하지만 abstract가 단어이므로 어말 운이다. 이와 마찬가지로, boast의 운은 이 단어가 단독으로 출현하든지 아니면 boasting 과 boastful과 같이 접사를 동반하든지 모두 어말 운이다. 이 정의에 따르면 접두사의 마지막 운도 어말 운으로 간주될 수 있다. 예를 들어, dislike의 dis-의 운은 단어 경계에 선행하기 때문에 어말 운이다. 이 정의는 Hall(2001) 의 정의와는 다르다. Hall은 boasting의 boast처럼 어두 모음을 갖는 접미사 가 후행하면 이 단어 말의 음절은 어말이 아닌 것으로 간주한다.

운의 크기는 하나의 음에 대응할 만큼 작을 수도 있다. about의 첫 음절에 있는 단모음이나, little의 두 번째 음절인 성절 자음을 예로 들 수 있다(소위 성절 자음 앞에 [ə] 모음이 선행한다고 주장하는 학자들도 있다). 그런데 영어에서 운이 얼마나 클 수 있는지는 덜 명확하다. Borowsky(1989)에 의하면, 비어말 위치에서 최대 운 크기는 대부분 VX로, VV(장모음 또는 이중 모음)이거나 VC(단모음과 C)이다. 따라서 Borowsky는 VX가 영어의 기본적인 운 크기이 며, 추가적인 자음들이 부가될 수 있다고 주장한다. 반면, 다른 학자들은 어말 음절에 근거하여 더 큰 운 크기를 채택하는데, VXCCC(Haugen 1956b), VXCC(Selkirk 1982), VXC(Kiparsky 1981, Giegerich 1992, Blevins 1995, Hall 2001)와 같다. 필자는 비어말 운이 실제로 VX에 제한된다는 것을 증명할 것이다. 또한 VX를 확장하지 않고도 예외처럼 보이는 경우를 설명할 수 있음을 주장할 것이다.

CELEX 영어 어휘는 160,595개 항목을 포함하는데, 이 가운데 52,447개 는 굴절하지 않은 기본형("lemmas(기본형)"로 불림)이다. 필자는 기본형 목록 에 초점을 둔다. 기본형 목록은 cat(명사)은 포함하지만 cats(명사)는 포함하지 않으며, catch(동사)는 포함하지만 catches(동사)나 caught(동사)은 포함하지 않는다. 이 목록은 또한 fireworks, absent-minded, capital gains와 같은 합성어를 일부 포함한다. 또한 thanks, fireworks, assets, ranks, capital gains와 같이 자주 사용되는 복수형 단어를 일부 포함한다. 서로 다른 단어 범주와 파생 접사(derivational affixes)도 포함하는데, 예를 들어 catch(동사), catch(명사), catching(형용사), catcher(명사), catchy(형용사), catchily(부사)는 모두 개별 단어로 제시되어 있다. CELEX 어휘는 상당히 방대하지만 완전하지는 않다. 특히 gules, deictic과 같은 일부 저빈도 단어를 포함하지 않는다. 또한 일반적으로 Albert, Alzheimer, Patrick과 같은 고유 명사를 포함하지 않는다. 그러나 CELEX에 수록된 단어들의 음절 구조가 수록되지 않은 단어들의 음절 구조를 대체로 반영하고 있다고 가정하는 것이 합리적이다.

CELEX는 최대 두음 규칙(Kahn 1976)과 "모든 음(all-in)" 분석의 음절화를 따르며, 음절 경계는 괄호 [ ]로 표시한다. 예를 들어, larynx는 Borowsky (1989)가 처음에 [CV][CVC]CC로 음절화하였지만, CELEX는 [læ][rɪŋks] [CV][CVCCC]로 음절화한다. 편의상 필자는 CELEX의 음절화 단위를 가리킬 때 용어 "음절", "두음", "운"을 계속해서 사용할 것이다.

음절화 정보를 검색하여 VX를 초과하는 하나 이상의 운을 지니는 모든 단어를 추출할 수 있다. 결과는 (2)와 같다. 단어가 하나 이상의 발음을 가지는 경우, 첫 번째 발음인 주요 발음만을 포함하였다. 예를 들어, actress는 세 개의 발음 ['æktrɪs](주요 발음), ['æktrəs](2차 발음), ['æktrɛs](2차 발음)를 갖는데, 이 가운데 ['æktrɪs]를 채택하였다. 주요 발음 이외의 발음은 관련된 논의에서만 분석할 것이다.

(2) 절차   결과 (단어 수)

   시작   52,447

   합성어 제외   42,089   (띄어쓰기 또는 '‐'에 근거)

   VX를 초과하는 단어   4,193   (8%)

   접사화(affixed) 단어   166
   제외

   중복 제외   146   ("예외")

단어 내부의 띄어쓰기나 하이픈에 근거하여 합성어를 제외하면, 42,089개의 단어가 남는다. 이 중 4,193개는 VX를 초과하는 하나 또는 그 이상의 비어말 운을 갖는다. 이런 단어들은 대부분 내부에 단어 경계를 갖는다. 예를 들어, abruptness에서 두 번째 음절 [brʌpt]의 운 [ʌpt]는 VX를 초과한다. 그러나 abrupt는 그 자체로 단어이므로 [ʌpt]는 단어 말 운이다. 따라서 이러한 단어는 우리가 여기에서 찾는 VX 초과 단어가 아니다. VX를 초과하는 진정한 비어말 운을 수집하기 위하여, 상용 접사를 갖는 단어를 제외하면 166개가 남는다. 166개 단어는 여전히 일부 중복되는 단어가 있다. 예를 들어, empty는 3회 중복 출현하는데, 이는 empty가 형용사, 동사, 명사가 될 수 있기 때문이다. 이러한 중복을 제외하면 146개 단어가 남는다.

146개 단어를 일일이 검토하여 (3)의 몇 가지 유형으로 구분하였다. 단어가 둘 또는 그 이상의 유형에 속할 경우 단지 하나의 유형으로 간주하였다. 에를 들어, laundry에서 첫 번째 운은 [VVN]과 [V:C]에 속하는데 [VVN]으로만 간주하였다.

(3)

	유형	단어 수	예
a.	합성어, 접사화	27	coltish, dachshund, WTO
b.	어두 ex-	8	exchange
c.	음절화	5	scherzo
d.	VVN	53	council
e.	[V:C]	27	almost
f.	VNC	19	empty
g.	기타	7	arctic
	합계	146	

(a)에 속하는 27개 단어는 (2)의 단계에서 제외되지 않은 합성어, 접사화한 단어 또는 축약형이다. (b)의 8개 단어는 ex-로 시작하는데, 일부 학자들은 이 ex-를 접두어로 분석한다(Pierrehumbert 1994 등). 따라서 이 단어들도 제외하여야 한다. 왜냐하면 VX를 초과하는 운인 [ɛks] 또는 [ɪks]는 단어 경계에 선행하기 때문이다. 또한 [ks]는 파찰음 [kˢ]로 취급하는 것도 가능한데(2장 참조), 그렇게 분석하면 [ɛkˢ]나 [ɪkˢ]는 VX를 초과하지 않는다. (c)의 5개 단어는 VX를 초과하는 운이 생기지 않도록 다른 방식으로 음절화할 수 있다. 예를 들어, scherzo는 [skɛət][səʊ](미국 영어는 [skeɚt][so])로 음절화하면 [ɛət]이 VX를 초과한다. 그러나 이 단어를 파찰음 [tˢ]를 갖는 [skɛə][tˢəʊ](미국 영어는 [skeɚ][tˢo])로 음절화하면, VX를 초과하는 운이 생기지 않는다. 이와 마찬가지로, Sexagesima는 [sɛks][ə][dʒ][sɪ][mə]로 음절화하면 [ɛks]가 VX를 초과한다. 그러나 [ks]를 파찰음 [kˢ]로 보거나, 음절화를 [sɛk][sə] [dʒə][sɪ][mə]로 하면 VX를 초과하는 운은 없다. (d)의 53개 단어는 VX를 초과하는 운인 [VVN]을 갖는데, VV는 이중 모음이다. (e)의 27개 단어는 VX를 초과하는 운이 긴장 모음 [V:]을 갖는 [V:C]이다. (f)의 19개 단어는 VX를 초과하는 운인 [VNC]를 갖는데, NC는 동일한 조음 위치를 갖는 자음

군이다. 요약하면, (a), (b), (c)를 제외하고, (d)~(g)의 106개 단어만이 VX 크기의 예외인 것으로 보인다.

Bromberger and Halle(1989)에 따르면, 음운과 어휘는 대부분 기억에 저장되며 예외를 용인한다. 52,447개 단어의 어휘 가운데 총 106개의 예외, 즉 0.00002%는 매우 작은 비중이며, 이 예외가 강력한 일반화를 모호하게 해서는 안 된다. 마찬가지로, Borowsky(1989:158)는 어떤 단어들은 "비정형적인 음절화 특성을 띄면서 어휘에 존재한다"라고 주장한다.

그러나 Borowsky(1989)는 [VVN]과 [VNC]가 대부분의 예외를 차지하며, N은 후행하는 C와 동일한 조음 부위를 갖는 점에 주목한다. Borowsky는 조음 부위가 동일한 NC는 하나의 C로 간주할 수 있다고 제안한다. Hall (2001)도 유사한 제안을 한 바 있다. 그러나 자질 이론에서 NC는 복합음을 구성할 수 없다(2장). Hall은 또한 [ls, ld, lt]와 같이 조음 부위가 동일한 LC 자음군은 하나의 음으로 간주할 수 있으며, 어중 위치에서 VLC 운이 가능하다고 주장한다. 그러나 그러한 운은 발견되지 않으며, filtky나 sheldmy와 같이 VLC 운을 지니는 가상의 단어도 매우 자연스럽지 않다.

필자는 [VVN], [VNC], [V:C]에 대하여 더욱 간단한 분석을 주장한다. (4)는 미국 영어 발음을 예로 들어 이 분석을 나타낸다.

(4)

CELEX	분석	예
[VVN]C	[V̄V̄]C	council [kaun][səl] → [kãũ][səl]
[VNC]	[V̄C]	empty [εmp][ti] → [ε̃p][ti]
[V:C]	[VC]	almost [ɒ:l][mo:st] → [ɒl][most]

3장에서 논의한 바와 같이, VNC를 V̄C로 나타내는 방법은 Bailey(1978)에 의해서 제안되었다. Bailey는 simple을 ['sĩpɫ], sinker를 ['sĩkə]로 전사하였다. 음운적으로, 이는 변별의 소실을 가져오지 않는다. 왜냐하면 N과 후행하는

C의 조음 위치 자질이 동일하기 때문이다. 음성적으로, 영어에서 모음은 비음 말음 앞에서 비음화하며, 일반적으로 비음 자체의 길이도 짧다는 것은 잘 알려져 있다(Malécot 1960, Fujimura 1979).[2] 또한 [V:C]를 [VC]로 나타내는 것도 음운적으로 가능하다. 왜냐하면 긴장 모음은 이완 모음과 모음 특성, 즉 [긴장] 자질이 다르기 때문이다. 따라서 비록 긴장 모음이 축약되더라도 이완 모음과의 차이를 유지한다. 긴장 모음이 음길이가 길거나 짧을 수 있다는 점은 다른 학자들에 의해서도 제기된 바 있다(Pike 1947, Jones 1950, Abercrombie 1967, Giegerich 1985, Alcantara 1998).

만약 필자의 분석이 정확하다면, 문제가 되는 단어는 단지 일곱 개가 남으며, CELEX에 포함되지 않은 두 단어 deixis와 deicitic을 이에 추가할 수 있다. 필자는 이 단어들도 설명이 가능하다고 주장한다. 이에 대한 분석은 Fujimura(1979)의 "음성적(phonetic)" 접사 또는 Pierrehumbert(1994)의 "인지적(perceived)" 접사를 사용한다. 음성적 또는 인지적 접사는 실제 접사와 동일한 형태를 갖는다. 예는 (5)에 보인다.

(5)   음성적 또는 인지적 접미사 (Fujimura 1979, Pierrehumbert 1994)
       실제 접미사   인지적 접미사
       drama-tic   arc-tic

-tic은 영어에서 실제 접미사이므로, arctic과 같은 단어들은 arc-tic과 같이 이 접미사를 갖는 것으로 인식될 수 있다. 이는 화자들이 반드시 arctic이 접미사를 갖는다고 생각한다고 주장하는 것은 아니다. 여기에서 주장하는 바는, 실제 접미사가 단어의 발음을 이상하게 만들지 않는다면, 마지막 부분이 접미사와 유사한 단어도 발음이 이상하지 않다는 것이다. 즉 단어의 다른

---

2   [역자 주] 원문 "when they follow a nasal coda"를 "when they precede a nasal coda"로 정정하여 번역함.

부분이 발음이 이상하지 않으면(arctic의 arc 부분), 인지적 접미사를 지니는 단어의 발음도 이상하지 않을 것이다. 이를 고려하면, 문제가 되는 아홉 개 단어의 영어 발음에 대한 분석은 (6)과 같다.

(6)   미국 영어 발음

단어	발음	분석
arctic	[ɑɚk][tɪk]	인지적 접미사(dramatic의 –tic과 동일)
deictic	[daɪk][tɪk]	인지적 접미사(dramatic의 –tic과 동일)
deixis	[daɪk][sɪs]	인지적 접미사(analysis의 –is와 동일)
dextrose	[dɛks][trəʊz]	[kˢ] 접사?
maestro	[maɪs][trəʊ]	??
ordnance	[oɚd][nəns]	??
parsnip	[pɑɚs][nɪp]	??
poultice	[pol][tɪs]	좋음
seismic	[saɪz][mɪk]	인지적 접미사(rhythmic의 –ic과 동일)

(6)의 단어 중 네 개는 인지적 접미사로 분석할 수 있다. 많은 미국 영어 화자가 arctic을 [ɑɚ][tɪk]로 발음한다는 것에 주목할 필요가 있다. 이 발음은 VX를 초과하는 운을 지니지 않는다. 단어 poultice는 미국 영어에서 문제가 되는 운이 없다. 긴장 모음 [o]는 장모음일 필요가 없기 때문이다. 이제 네 개 단어 dextrose, maestro, ordnance, parsnip이 남는다. 이 단어들에 대해서는 몇 가지 추측을 할 수 있다. 예를 들어, dextrose에서 [ks]가 파찰음일 수 있는가(2장 참조, Prinz and Wiese 1991, Wiese 1996)? ordnance는 권설음화한 [oˇ]를 갖는 [oˇd][nəns] 또는 성절 [n̩]을 지니는 [oɚ][dn̩][əns]일 수 있는가?[3] parsnip은 인지적 합성어 또는 권설음화한 [ɑˇ]를 지니는 [pɑˇs][nɪp]

---

3   [역자 주] 성절 표기를 추가하여 [oɚ][dn̩][əns]로 표기함.

일 수 있는가? maestro는 인지적 합성어일 수 있는가? 이에 대한 해결은 열린 상태로 남겨두기로 한다.

동일한 단어에 대한 영국 영어 발음의 분석은 흥미롭다. 이는 (7)에 보인다.

(7)　영국 영어 발음

단어	발음	분석
arctic	[ɑːk][tɪk]	좋음: [ɑk][tɪk]
deictic	[daɪk][tɪk]	인지적 접미사(dramatic의 -tic과 동일)
deixis	[daɪk][sɪs]	인지적 접미사(analysis의 -is와 동일)
dextrose	[dɛks][trəʊz]	[kˢ] 접사?
maestro	[maɪs][trəʊ]	??
ordnance	[ɔːd][nəns]	좋음: [ɔd][nəns]
parsnip	[pɑːs][nɪp]	좋음: [pɑs][nɪp]
poultice	[pəʊl][tɪs]	인지적 접미사(analysis의 -is와 동일)
seismic	[saɪz][mɪk]	인지적 접미사(rhythmic의 -ic과 동일)

긴장 모음이 단모음일 수 있으면, arctic, ordnance, parsnip은 VX를 초과하는 운을 갖지 않는다. 또한 deictic, deixis, poultice, seismic은 인지적 접미사로 분석할 수 있다. 이제 두 단어가 남는다. 이 중 dextrose는 첫 번째 음절이 [dɛkˢ]일 수 있으며, maestro는 인지적 합성어일 수도 있다.

요약하면, 비어말 운의 VX 제약은 이전에 생각했던 것보다 더 엄격하다. 영어 어휘에 대한 전면적인 분석은 VX 제약에 대한 설득력 있는 반례를 제공하지 않는다.

8.2. 어말 운

이제 어말 운을 살펴보자. (8)은 결과를 요약한 것으로, S는 CELEX의 성절 자음 표기이며, [C]와 [CC]는 적절한 음절로 간주되지 않는 단어이다.

(8) CELEX 영어 어휘의 어말 운

유형	수	예
V	10,536	del<u>a</u> [dɛl][tə]
VC	19,949	camp<u>us</u> [kæm][pəs]
S	4,193	ab<u>le</u> [eɪ][bl̩]
[C]	6	shh [ʃ], 've [v]
[CC]	1	psst [ps]
SC	326	fab<u>led</u> [feɪ][bl̩ d]
VX+	17,436	s<u>elf</u> [sɛlf]
합계	52,447	

어말 음절이 VX을 초과하는 단어는 17,436개이며, 이는 (9)에 상세히 보인다. [t, d, s, z, Ɵ]# 열은 설정 자음 중 하나로 끝나는 단어의 수를 제시한다.

(9) VX를 초과하는 어말 운의 개수

유형	수	[t, d, s, z, Ɵ]#	예
VVC	11,167	5,074(45%)	circulate
VCC	4,390	3,794(86%)	repent
VVCC	1,663	1,571(94%)	astound
VCCC	189	189	larynx
VVCCC	23	23	whilst
SCC	3	3	presents
VCCCC	1	1	precincts
합계	17,436		

(9)에서 두 가지 잘 알려진 일반적 특성이 발견된다. 이는 (10)에 기술한 바와 같다.

(10) a. VXC 뒤의 자음은 설정음 [t, d, s, z, θ]에 제한된다.
      b. VX 뒤의 첫 번째 C는 모든 자음이 가능하다([h], [ŋ] 제외).

첫 번째 일반화는 VVCC, VCCC, VCCCC에서 볼 수 있다. 두 번째 일반화는 VVC, VCC에서 볼 수 있는데, 이 유형에서 마지막 C는 주로 설정음이 아니다. 예외로 보이는 경우는 아래에서 논의할 것이다.

단어 경계에서 출현하는 추가적인 음을 어떻게 설명할 것인가에 대해서는 서로 다른 견해가 있다. Ito(1986)는 모든 음은 단어 경계에 있지 않는 한 음절에 속해야 한다고 주장한다. 그러나 Ito는 왜 어말 자음은 음절에 속하지 않음에도 불구하고 용인될 수 있는지에 대하여 설명하지 않는다. Borowsky(1989)는 단어 경계 자음은 음절화의 첫 단계에서는 고려되지 않고, 나중에 선행 음절에 추가된다고 주장한다. 이 주장의 문제는 단어 경계 음절이 왜 첫 단계에서 제외될 수 있는가, 왜 두 번째 단계에서 음절에 추가되는가, 그리고 운이 어떻게 VX를 넘어서 확장될 수 있는가이다. Hall(2001)은 또 다른 주장을 제기한다. Hall에 따르면, 어중 위치의 운은 최대 VX이지만 어말 운은 최대 VXC이다. 또한 어말 설정음은 선행 음절에 "추가"될 수 있다고 주장한다. 그러나 왜 어말 운이 더 길어질 수 있는지 또는 길어져야 하는지 명확하지 않으며, 왜 어말 설정음이 선행 음절에 추가되는지 또는 추가되어야 하는지도 분명하지 않다. 실제로 Hall의 분석은 비어말 음절이 최대 VXC인 언어가 있을 것으로 예측하지만, 그런 언어는 아직 발견되지 않았다.

단어 경계의 자음을 설명할 수 있다면, 운의 크기를 확대할 필요 없이 어말과 비어말 운 모두 일관된 VX 제약을 분명히 유지할 수 있다. 3장에서 논의한 바와 같이, 이에 대한 해결책은 형태론이며, 이는 (11)의 세 가지 개념을 사용한다.

(11)　　　개념　　　　　　　설명 대상
　　　　접사 규칙　　　　　어말 설정음 [t, d, s, z, θ]
　　　　잠재적 모음　　　　어말 자음 [VX 바로 뒤]
　　　　이형태 금지　　　　어말 자음 [VX 바로 뒤]

첫째, 영어에서 설정음 [t, d, s, z, θ]는 모두 접미사일 수 있다. 접사 규칙에 따르면(3.3.6 참조), 한 언어에 자음 접미사가 있으면, 선행 음절이 최대 크기인지의 여부와 상관없이 자음 접미사가 사용되어야 한다. 그렇다면 더 이상 어말 설정음을 음절에 포함시킬 필요가 없다. 또한 접사 규칙은 진정한 실제 접사와 "인지적" 접사를 모두 포함하는 것을 상기하자(Fujimura 1979, Pierrehumbert 1994). 따라서 어말 설정음이 helped의 [t] 같은 실제 접사인지, 아니면 text의 [t]와 같이 인지적 접사인지는 중요하지 않다.

이제 VX의 바로 뒤에 출현하는 C에 대하여 살펴보자. 이 C는 [h]와 [ŋ]를 제외한 모든 자음이 가능하다. (12)는 어말 VVC의 C 위치에서 발견되는 자음이다. CELEX 기호 [r*]는 [@r*]에서 사용되는데, 미국 영어의 [ɚ]로 발음된다. 예를 들어, ear [iɚ]는 CELEX에서 [I@r*]이다. CELEX 기호 [~:N]은 비모음을 가리키며, 악센트가 실현되는 프랑스어 단어에서만 출현한다.

(12)　단어 말 VVC의 C (총 11,167개)

유형	수	예
[t, d, s, z, Ɵ]	5,074	out, cloud, rouse, house, mouth
n	1,556	down [daun]
l	1,119	eel [i:l]
r*	1,068	ear [iɚ]
k	585	stroke [strouk]
m	548	time [taim]
p	282	hype [haip]
f	236	loaf [louf]
v	211	five [faiv]
dʒ	139	age [eidʒ]
ʧ	131	couch [kauʧ]
b	90	robe [roub]
ʒ	32	massage [məsɑ:ʒ]
ð	29	clothe [klouð]
g	27	plague [pleig]
ʃ	21	leash [li:ʃ]
~:N	19	salon [səlõ:]

　　C가 선행 운에 속한다고 간주하면(Kiparsky 1981, Selkirk 1982, Giegerich 1992, Blevins 1995, Hall 2001), 비어말 운이 VX에 제한되는 것을 설명할 수 없다. 반면 C가 음절의 외부에 있다고 간주하면(McCarthy 1979b, Hayes 1982, Ito 1986), 왜 그 음의 출현이 허용되는가를 설명해야 한다.

　　3장에서 논의한 바와 같이, 추가적인 C는 형태론으로 설명할 수 있다. 영어는 –ing, –er, –ic, –y, –able과 같이 어두 모음을 갖는 접미사가 있다. 이러한 접미사는 "잠재적 모음(potential vowel)"을 제공하며, 이들이 결합하는 어근의 마지막 C가 두음으로 기능한다(Giegerich 1985, Borowsky 1986).

이러한 현상이 발생할 때는 추가적인 C가 없다. 한편, 후행하는 V가 없을 때 어말 C가 유지되는 이유를 설명하기 위하여 "패러다임 일치(paradigm uniformity)", 즉 "이형태 금지(anti-allomorphy)"의 개념을 사용할 수 있다. 이는 환경에 상관없이 형태소가 동일한 모습을 유지하도록 요구한다(Burzio 1996). 예를 들어, 이형태 금지는 단어 help가 helping과 helper에 출현하기 때문에, 단독으로 출현하거나 helps, helpless에 출현할 때와 같이 후행하는 모음이 없을 때도 동일한 모습을 유지할 것을 요구한다. 이형태 금지에도 불구하고 추가적인 자음이 탈락할 때가 있다는 점이 흥미롭다. Gimson (1970:238)은 exactly, restless, facts, mostly, fifths 등의 예를 제시하는데, 여기에서 밑줄 친 자음은 일상 발화에서 탈락한다. 마찬가지로, Wells(1990)가 제공한 예인 first rate에서도 음절화하지 않은 자음의 탈락이 발생한다. 최대 운을 VX로 간주하는 분석은 이와 같은 탈락을 예측한다. tl, ts, ths, tr의 탈락이 실제로 발생하는데, 이는 두 음이 동일한 조음자인 설정을 포함하기 때문이다. 즉 두 조음 동작에서 하나의 조음 동작이 되는 것이다. 따라서 이는 조음 동작의 중첩으로 설명할 수 없다(Browman and Goldstein 1989).

이상에서 소개한 분석이 어떻게 언어 자료를 설명하는지 살펴보자. 첫째, VVC와 VCC는 문제를 야기하지 않는다. 어말 C는 잠재적 모음과 이형태 금지에 의해 설명되기 때문이다.

둘째, VCCC를 살펴보자. 이 분석은 어말 C가 [t, d, s, z, θ] 가운데 하나이며, 마지막에서 두 번째 C는 [t, d, s, z, θ]에 제한되지 않을 것을 예측한다. 이는 (13)과 같이 실제에 부합한다. 남은 부분인 VC는 VX이다.

(13)   VCCC 분석 (총 189개)
        어말 C   t(92), s(68), z(22), θ(5), d(2)
        마지막에서 두 번째 C   s(59), k(46), t(30), d(19), p(22), f(4), v(4),
                                    ʧ(3), θ(1), ʤ(1)

셋째, VVCC를 살펴보자. VV에 후행하는 첫 번째 C는 모든 자음이 가능하므로 어말 C가 논의의 초점이다. 이 분석은 어말 C는 [t, d, s, z, θ] 가운데 하나일 것으로 예측하는데, 이는 (14)와 같이 대체로 실제에 부합한다.

(14) VVCC의 어말 C (총 1,663개)

[t, d, s, z, θ]   1,517 (t(600), d(587), s(209), z(154), θ(21))
다른 경우   92

92개의 예외적인 경우가 있는데, 이들은 [VVNC]와 [V:CC] 두 유형에 속한다. 앞서 비어말 위치에서 유사한 현상을 본 바 있다. 비어말 위치에서 [VVN]은 [VV]로, [V:C]는 [VC]로 분석하였다. 어말 운에도 동일한 분석을 적용할 수 있으며, 이는 (15)와 같다.

(15)

운	분석	수	예
V:CC	VCC	30	grasp
VVNC	VVC	62	change, launch

이 분석에서 어말 C는 VX에 후행하는 첫 번째 C이므로 설정음일 필요가 없다. [V:CC]의 경우, 영국 영어 발음은 grasp의 [ɑ:]와 같이 장모음을 사용하지만 미국 영어 발음에서 이 모음은 [æ]이며 주로 단모음으로 간주된다.

넷째, VVCCC를 살펴보자. 어말 C는 [t, d, s, z, θ] 가운데 하나일 것으로 예측되며, 이는 실제에 부합한다. 마지막에서 두 번째 C도 [t, d, s, z, θ] 가운데 하나여야 하며, 이 또한 대체로 실제에 부합한다. 이는 (16)과 같다.

(16) VVCCC 분석 (총 23개)
어말 C   [t, d, s, z, θ] = 23
마지막에서 두 번째 C [t, d, s, z, θ] = 20
다른 경우 = 3 (masked, unasked, arranged)

마지막에서 두 번째 C가 설정음인 아닌 단어가 세 개 있는데, 이들은 모두 [V:CCC]이다. 이들 역시 [V:CC] → [VCC](masked, unasked), [VVNC] → [V̄VC](arranged)로 분석할 수 있다. 단어 arranged는 두 번째 모음을 이중 모음 [ei]로 발음하지 않으면 [V:NC] → [V̄NC]로도 분석할 수 있다. 마지막으로, VV에 후행하는 첫 번째 C는 모든 자음이 가능하다. 따라서 VVCCC 운도 문제를 야기하지 않는다.

다섯째, 남아 있는 두 가지 유형은 SCC(S는 성절 자음)와 VCCCC이다. 이 유형에 속하는 단어는 총 네 개이다. 이는 (17)과 같다.

(17) SCC　　　presents, thousandth(명사), thousandth(형용사)
　　　 VCCCC　precincts

SCC의 마지막 두 자음은 모두 설정음이다. VCCCC에서 마지막 두 자음은 설정음일 것으로 예측되는데, 이는 실제에 부합한다. 따라서 이 단어들은 모두 문제를 야기하지 않는다.

요약하면, 영어의 어말 자음은 형태론으로 설명할 수 있다. VX 바로 뒤의 C는 어두 모음을 갖는 접미사의 "잠재적 모음"으로 설명할 수 있다(Giegerich 1985, Borowsky 1986). 어두 모음이 없는 경우, 어말 자음은 패러다임 일치, 즉 이형태 금지로 인하여 유지된다(Burzio 1996). VXC에 후행하는 자음은 접사 규칙으로 설명할 수 있다(3.3.6). 이 규칙에 따르면, 추가적인 어말 자음들은 접미사이거나 접미사와 유사하다(Fujimura 1979, Pierrehumbert 1994). 예외로 보이는 단어는 [V:C] → [VC](Pike 1947, Jones 1950, Giegerich 1985), [VVN] → [V̄V]의 분석으로 설명할 수 있다(Malécot 1960, Bailey 1978, Fujimura 1979). 분석 결과 비어말 운과 마찬가지로 어말 운의 최대 크기는 여전히 VX이다.

8.3. 어두 위치의 두음 자음군

(18)은 CELEX "lemma(기본형)" 어휘에 수록된 어두 위치의 두음 자음군을 요약한 것이다. 여기에서 #는 단어 경계이고, [C]와 [CC]는 비성절(non-syllabic) 단어이며, [S]는 성절 자음(C)이다.

(18)	총 항목	52,447	
	합성어	10,358	
	#CCCV를 갖는 비합성어(non-compounds)	468	
	#CCV를 갖는 비합성어	7,217	
	#CV를 갖는 비합성어	26,606	
	#V를 갖는 비합성어	7,789	
	#[C]를 갖는 비합성어	6	('ve [v], 's [s])
	#[CC]를 갖는 비합성어	1	(psst [ps])
	#[S]를 갖는 비합성어	1	(hem [m])
	#[CS]를 갖는 비합성어	1	(ahem [hm])

어두의 두음 자음군 CCC는 13개 유형이 있다. (19)는 [s]로 시작하지 않는 단어의 예를 CELEX에 사용된 발음과 함께 제시한다. 파찰음 [ʤ]와 [ʧ]는 CELEX에서 단일 음으로 간주되지만 [ts], [Cl], [Cr], [Cj], [Cw]는 자음군으로 간주된다. 어떤 단어들은 한 번 이상 출현하는데, 이 단어들은 두 가지 이상의 단어 범주나 의미를 지니기 때문이다. 예를 들어, cloisonné는 명사나 형용사가 될 수 있으며, Tswana는 보츠와나(Botswana)의 언어 또는 사람이 될 수 있다.

(19) 어두 CCC 자음군(13개 유형, 468개 항목)

　　　str(171), skr(97), skw(68), spr(50), spl(39), stj(21), skj(7), spj(6), skl(2), klw(2), psj(2), tws(2), krw(1)

　　　[klw]　　cloisonné [klwɑːzɔneɪ] (2회)

　　　[psj]　　pseudo [psjuːdəʊ] (2회)

　　　[tsw]　　Tswana [tswɑːnə] (2회)

　　　[krw]　　croissant [krwʌsɑ̃ː]

자음군 [klw], [psj], [tsw], [krw]는 각각 한 개 단어에 보인다. 화자가 프랑스어나 그리스어 악센트를 드러내기 원하지 않는 이상, [klw], [psj], [krw]는 보통 [kl], [sj], [kr]로 발음된다. 또한 [ts]를 파찰음으로 간주하면 [tsw]는 CCC가 아니라 CC이다. 따라서 모든 어두 CCC 자음군의 첫 번째 음은 [s]라고 일반화할 수 있다. 이는 선행 연구에서 논의된 바와 같이 어두 [s]가 특별한 음이라는 것을 의미한다. 또한 어두 [s]를 제외하면, 남은 CC 자음군은 독립적 음소로 출현한다. 이를 아래에서 살펴보자.

　비합성어는 58개 유형의 어두 CC 자음군이 있다. 이를 출현 빈도 순서로 제시하면 (20)과 같다.

(20) 어두 CC 자음군 (총 7,217개)

　　　pr(929), st(559), tr(510), kr(428), br(356), gr(347), sp(328), sk(324), fl(313), fr(301), kl(300), pl(279), bl(269), sl(239), kw(222), dr(195), sw(168), sn(146), gl(133), nj(107), sm(92), pj(73), tw(71), θɹ(68), kj(66), dj(65), mj(61), fj(58), tj(46), hj(41), ʃr(34), bj(22), sf(9), vj(9), dw(7), gw(6), lj(4), θw(4), sj(3), θj(2), ʃm(s), ʃn(s), ʃp(2), ts(2), pw(2), pf(1), ph(1), zl(1), km(1), kn(1), sr(1), ps(1), pʃ(1), kv(1), sv(1), mw(1), ʃw(1), vw(1)

두 번째 음은 대부분 접근음 [l, r, j, w] 가운데 하나이다. (21)은 두 번째 음이 접근음이 아닌 경우이다.

(21) 두 번째 음이 접근음이 아닌 어두 CC 자음군 (총 1,474개)
st(559), sp(328), sk(324), sn(146), sm(92), sf(9), ʃm(2), ʃn(2), ʃp(2),
ts(2), pf(1), ph(1), km(1), kn(1), ps(1), pʃ(1), kv(1), sv(1)

(21)의 예외적인 15개 자음군은 모두 첫 번째 음이 [s]이다. [s]–C 자음군
의 특별한 지위는 선행 연구에서도 논의된 바 있다(Selkirk 1982, Lamontagne
1993, Treiman et al. 1992 등). 이에 대해서는 8.5에서 다시 논의할 것이다.
(22)는 15개의 특수한 자음군을 상세히 제시한다.

(22) 첫 번째 C가 [s]가 아니고 두 번째 C가 접근음이 아닌 어두 CC
ʃm(schmaltzy, schmaltz), ʃn(schnapps, schnitzel), ʃp(spiel(2회)),
ts(tsetse, zeitgeist), pf(pfennig), ph(pooh), km(Khmer), kn(Knesset),
ps(psoriasis), pʃ(pshaw), kv(kvass)

자음군 [pf], [ps], [pʃ]는 종종 [p]가 없이 발음된다. 자음군 [ph]는 오류인
것으로 보이는데, 이는 [p]여야 한다. 자음군 [km]는 [kəm]으로 발음되는
경우가 많으며, 자음군 [ts]는 파찰음이다. 그러나 [ʃm], [ʃn], [ʃp]는 일반적으
로 자음군으로 출현하지 않는다.
어떤 어두 자음군은 출현하는 반면 어떤 어두 자음군은 출현하지 않는가
의 문제는 나중에 논의할 것이다. 그에 앞서 비어두 위치의 두음 자음군을
살펴보자.

8.4. 비어두 위치의 두음 자음군

접두사의 출현 여부와 상관없이, 단어 경계 뒤의 첫 번째 음절은 어두 음절이다. 예를 들어, sprinkle에서 [sprɪŋ]이 어두이다. re-sprinkle에서는 [ri] 와 [srɪŋ]이 둘 다 어두이다. sprinkle이 단어이기 때문에 re-sprinkle에 접두사 가 있더라도 [sprɪŋ]이 어두인 것이다. 이 정의에 의하여, 접미사의 어두 음절 또한 어두이다. 예를 들어, mob-ster에서 [stɚ]는 어두이다. 왜냐하면 그것이 단어 mob의 경계에 후행하기 때문이다. 비어두 두음 자음군을 추출하기 위 하여 모든 합성어와 단음절어를 제외하였다. 추출 결과는 (23)과 같다. 단어 가 둘 이상의 발음을 갖는 경우 첫 번째 발음만을 포함하였다.

(23)	유형	수
	총 단어	52,447
	비합성어	42,089
	다음절어	35,329
	비어두 어두 자음군을 갖는 다음절어	7,933

합성어(단어 내부의 띄어쓰기 또는 '-'에 근거하여 분류), 단음절어, 비어두 두 음 자음군을 지니지 않는 단어를 제외하면 총 7,933개의 단어가 남는다(접사 경계는 추후 논의). (24)는 이 단어들의 어두 자음군에 대한 정보이다.

(24)	영어의 비어두 어두 자음군	
	총 단어	7,933
	비어두 음절	18,452
	비어두 자음군	8,376
	자음군 유형	72

모든 단어에서 첫 번째 음절을 제외하면 18,452개의 음절과 8,376개의 두음 자음군이 있으며, 두음 자음군은 72개 유형으로 나뉜다. 72개 유형의 자음군은 (25)와 같이 세 개의 그룹으로 나눌 수 있다. (25)에서 R은 접근음을 나타내며, 빈도는 괄호 안에 제시하였다. 파찰음 [ʤ]와 [ʧ]는 단일 음으로 간주한다.

(25)   영어의 비어두 두음 자음군
　　　　CCC (12개 유형, 510개 항목)

　　　　[str](273), [skr](92), [spl](35), [spr](28), [skj](27), [stj](24), [skl](11), [spj](10), [skw](7), [gjw](1), [frw](1), [trw](1)

　　　　CR (49개 유형, 5,905개 항목)

　　　　[tr](762), [gr](401), [bl](399), [pr](378), [nj](330), [kj](291), [kr](280), [pl](280), [kw](275), [tj](249), [br](233), [dj](212), [kl](212), [dr](186), [fl](150), [lj](134), [mj](127), [fr](124), [pj](113), [bj](105), [gl](90), [fj](68), [gj](68), [vj](57), [sj](52), [sl](50), [zj](49), [Өr](46), [gw](46), [sw](29), [ʧr](18), [vr](16), [tw](14), [hj](11), [Өj](10), [ʃj](8), [ʃr](5), [ʤj](4), [ʒj](4), [dw](3), [zw](3), [ʒw](3), [pw](2), [nw](2), [Өw](2), [ðr](1), [rj](1), [sr](1), [vw](1)

　　　　CC(CR 이외) (11개 유형, 1,961개 항목)

　　　　[st](1,366), [sp](362), [sk](172), [ʃn](22), [sn](14), [sm](13), [sf](5), [ts](4), [ʧn](1), [ʃp](1), [ʃt](1)

CR 자음군은 일반적으로 대부분의 분석에서 수용된다. 이에 대해서는 추후 더 상세히 논의할 것이다. 여기에서는 CCC와 CC 자음군에 초점을 두기로 한다. CCC와 CC 자음군은 여덟 개를 제외하면 모두 [s]로 시작한다. 자음군 [ts]는 네 개 항목에서 나타나는데, 파찰음으로 간주할 수 있다. (26)은 나머지 일곱 개 유형을 CELEX 전사에 따라 제시한 것이다.

(26)   [s]로 시작하지 않는 비어두 두음 자음군 (CR 이외)

[ʃn](22)   optionally [ɔp][ʃnə][lɪ]([ʃn][l][ɪ])

　　　　　vacationist [və][keɪ][snɪst]([ʃn][ɪst])

[ʧn](1)   unfortunate [ʌn][fɔ:][ʧnət]([ʧə][nət])

[gjw](1)   multilingual [mʌl][tɪ][lɪŋ][gjwəl]([gjʊ][əl], [gwəl])

[frw](1)   sangfroid [sã:][frwɑ:]

[trw](1)   octroi [ɔk][trwɑ:]

[ʃp](1)   glockenspiel [glɔ][kən][ʃpi:l]

[ʃt](1)   gestalt [gə][ʃtælt]

　두음 [ʃn]를 갖는 모든 항목은 성절적 [n̩]의 선택적 발음으로, 접미사화한 단어에서 출현한다. 예를 들어, optionally [ɔp][ʃnə][lɪ]는 [ɔp][ʃn][l][ɪ](또는 [ɔp][ʃə][nə][lɪ])로 발음할 수 있으며, vacationist [və][keɪ][ʃnɪst]는 [və][keɪ][ʃn][ɪst] 로 발음할 수 있다. 마찬가지로, [ʧn]는 unfortunate [ʌn][fɔ:][ʧnət]에 출현하 는데, [ʌn][fɔ:][[ʧn̩][ət]으로 발음할 수 있다. 자음군 [gjw]는 multiligual의 마지막 음절에서 출현하며, [gwəl]이나 [gjʊ][əl]로 발음할 수 있다. 자음군 [frw], [trw]는 두 개의 프랑스어 단어 sangfroid '침착', octroi '물품 입시세 (入市稅)'에 출현한다. 마지막으로 [ʃp]와 [ʃt]는 두 개의 독일어 단어에 출현한 다. glockenspiel '종-연주(클로켄슈필)'은 [ʃp]가 어두인 합성어이며, gestalt '형태, 게슈탈트'는 인지적 접두사 ge-를 가질 수도 있고, [gəʃ][tælt]로 음절 화할 수도 있다.

　앞서 [s]가 어두 자음군에서 추가적인 음처럼 보인다는 점을 논의한 바 있다. 비어두 위치에서 [s]로 시작하는 어두 자음군을 자세히 살펴보자. CELEX의 자음군 [sj](52개 항목)는 미국 영어에서 종종 insular와 같이 [s], 또는 social과 같이 [ʃ]로 발음된다. 이는 모든 분석에서 문제가 되지 않으므 로, 여기에서는 논의하지 않기로 한다. 필자의 분석에 의하면, 이 외의 [s]-자음군은 (27)의 몇 가지 유형으로 나눌 수 있다. [V]는 단모음이며, [V:]는 장모음이다(이중 모음은 아님).

(27) 비어두 [s]+CC, [s]+C 두음 자음군, [sj] 제외

유형(18개) [str, skr, spl, spr, skj, stj, skl, spj, skw, st, sp, sk, sl, sr, sw, sn, sm, sf]

유형	수	예
[V] 뒤	1,422	aspirin, mascot
[V:] 뒤	157	thirsty, basket, Easter, auspice
접두사 뒤	490	inscribe, transcribe, construct, destruct, obstruct
합성어, 접미사 앞	387	doorstep, roadster, Yugoslav, coastal
기타	63	
합계	2,519	

(27)에서 [V:]는 tasty의 [ei], coasted의 [ou]와 같은 이중 모음, 또는 corselet [kɔ:][slɪt]처럼 미국 영어에서 [Vɚ]인 경우(미국 영어는 [koɚ][slɪt])를 포함하지 않는다. 또한 단어가 둘 또는 둘 이상의 유형에 속하면, 단지 하나의 유형으로 간주하였다. 주로 (27)에 제시된 순서에서 앞선 유형에 속하는 것으로 간주하였다. 예를 들어, aspiration은 "접미사 앞" 대신 "[V] 뒤"로 간주하였으며, thirsty는 "접미사 앞"이 아니라 "[V:] 뒤"로 분석하였다. awestruck은 "합성어"가 아니라 "[V:] 뒤"로 분석하였으며, obstruction은 "접미사 앞"이 아니라 "접두사 뒤"로 분석하였다.

2,519개의 자음군 가운데, 1,422개는 [V] 뒤에 출현하며 157개는 [V:] 뒤에 출현한다. 이 경우 [s]는 선행 음절의 말음으로 분석할 수 있다. 예를 들어, mascot [mæ][skət]은 [mæs][kət]으로 분석할 수 있으며, Easter [i:][stɚ]는 [is][tɚ]로 분석할 수 있다. basket [bɑ:][skɪt](미국 영어는 [bæ][skɪt])은 [bas][kɪt]으로 분석할 수 있으며(미국 영어는 [bæs][kɪt]), auspice [ɔ:][spɪs](미

국 영어는 [ɒs][pɪs])는 [ɔs][pɪs]로 분석할 수 있다. 남은 유형 가운데, [s]-자음
군이 접두사를 갖는 단어의 경계에서 출현하여 비어두가 아닌 항목은 490개
이다. inscribe와 transcribe를 예로 들면, [skr]는 단어 scribe의 어두이다. 실
제로 이러한 많은 접두사는 문제를 야기하지 않는다. 예를 들어, inscribe는
[ĩs][kraib]로 분석할 수 있으며, [s]는 두 번째 음절의 두음이 아니다. 마지막
으로, 합성어나 접미사를 갖는 단어에서 [s]-자음군이 단어 경계 뒤에서 출현
하는 387개의 항목이 있다. 예를 들어, doorstep에서 [st]는 단어 door 뒤에서
출현하며, roadster에서 [st]는 단이 road 뒤에서 출현한다. 이러한 [s]-자음군
도 비어두 자음군이 아니다. 이제 [s]-자음군이 비어두 두음으로 출현하는
63개의 항목이 남는다.

이 63개 자음군은 63개의 단어에 출현한다. 필자가 일일이 분석한 결과에
근거하여 이 단어들을 몇 가지 유형으로 구분하였다. 이는 (28)과 같다.

(28) (27)의 '기타' 비어두 어두 [s]-자음군

유형	수	예
중복	10	bolster(명사), bolster(동사)
–ster 포함	13	bolster, cloister, hamster, holster, huckster, lobster, maltster, minster, monster, oyster, spinster, ulster, upholster
접미사 앞	9	boisterous, corselet, dexterity, dexterous, dextrous, ecstatic, Trotsky, Trotskyist, Trotskyite
합성어	11	coxswain, feldspar, feldspar,[4] larkspur, lodestar, maelstrom, rheostat, solstice, Telstar, tungsten, wainscot
접두사 뒤	4	proscribe, sextant, sextet, sexton
기타	16	
합계	63	

---

4 [역자 주] 두 번 제시된 feldspar는 각각 '장석(암석의 일종)'과 색상을 의미하는 것으로 보인다.

(28)의 63개 단어 가운데, 10개는 다른 단어의 중복이다. 남은 유형 가운데, −ster로 끝나는 13개는 인지적 접미사(Fujimura 1979, Pierrehumbert 1994)로 간주할 수 있다. 이는 monster, roadster, gangster 등의 접미사와 동일하기 때문이다. 단어 dexter는 CELEX에 수록되지 않았지만, 만약 수록되었다면 이 유형에 속했을 것이다. 다음 유형은 접미사를 갖는 9개의 단어이다. 예를 들어, corselet은 접미사 −let이 있고, Trotsky는 접미사 −sky를 갖는다. Trotsky는 [tˢ]가 파찰음인 [tratˢ][ki]로도 분석할 수 있다. 다음 유형은 11개의 합성어인데, 이 가운데 일부는 외래어이다. 예를 들어, tung−sten은 '무거운 돌(텅스텐)'을 의미하며, mael−storm은 '고된 일−연속(큰 소용돌이)'을 의미한다. 다음 유형은 접두사나 의존 어근(bound root)을 갖는 4개의 단어이다. 예를 들어, sextant와 sextet에서 sex−는 '여섯, 6'을 의미하며, sexton은 인지적 접두사 또는 어근 sex−를 가지는 것으로 분석할 수 있다. 또한 sex−는 [sɛkˢ]로 분석할 수도 있는데, [kˢ]는 파찰음이다(2장). 따라서 이 중 어떤 방법으로 분석하더라도 이 단어들은 문제가 없다. 이제 아직 설명해야 할 필요가 있는 단어는 16개가 남는다. 이는 (29)와 같다.

(29)   비어두 두음 [s]−자음군을 갖는 단어 가운데 설명이 필요한 단어 (총 16개)
        borstal, capstan, ecstasy, eisteddfod, hamstring, Holstein, juxtapose,
        mangosteen, menstrual, menstruate, minstrel, monstrance,
        Pleistocene, Sanskrit, Shakespeare, textile

(29)는 전체 사전에서 상당히 소수이다. 또한 이 단어들은 추가적인 분석이 가능해 보인다. 예를 들어, capstan, hamstring, mangosteen, Shakespeare는 합성어 또는 인지적 합성어로 간주될 수 있다. borstal, ecstasy, Holstein, textile과 같은 단어들은 각각 인지적 접사 -al, ex-, -stein, -ile을 가지는 것으로 분석할 수 있다. 단어 menstrual, menstruate, minstrel, monstrance, Sanskrit

는 [Vn.sCrV] 연쇄를 포함하는데, 이는 [Vs.CrV]로 분석할 수 있다. 예들 들어, Sanskrit [sæn.skrɪt]은 [sæ̃s.krɪt]으로 분석할 수 있다(Malécot 1960, Bailey 1978, Fujimura 1979). 단어 hamstring과 mangosteen은 아마 [VN.st...] → [Vs.t...] 또는 인지적 합성어로 분석할 수 있을 것이다. [ps, ks]를 동일하지 않은 조음 부위를 갖는(non-homorganic) 파찰음으로 본다면(Wiese 1996), capstan, ecstasy, juxtapose, textile도 제외할 수 있다. 그러나 이 단어들에 대한 최종적인 분석은 유보하기로 한다.

요약하면, 비어두 두음은 어두 두음보다 제약이 많다. 영어 어휘에 대한 전면적인 검사 결과, 단지 CR 자음군만이 비어두 두음으로 출현할 수 있으며, R은 [l, r, j, w] 가운데 하나이다. 또한, 비어두 두음으로 출현하는 유일한 [s] 자음군은 [sj]이다. 이 일반화에 대한 설득력 있는 반례는 없다.

8.5. 두음 자음군 분석

Chomsky(1957)에 의하면, 언어의 문법은 해당 언어에 출현하는 모든 좋은 형식만을 생성하는 일련의 규칙들이다. Halle(1962:60-1)도 유사한 주장을 한다. Halle에 따르면, 영어 화자는 [bɪk], [Θod], [nɪs]가 가능한 단어인 반면 [tsaim], [gnait], [vnɪg]는 그렇지 않다는 것을 안다.

대부분의 언어학자들은 모든 적형(well-formed) 음절이 언어에서 사용되는 것은 아니라는 Chomsky와 Halle에 동의한다. 예를 들어, 영어에서 적형 음절 [bɪk]와 [nɪs]는 출현하지 않는다. 그러나 화자의 직관이 해당 음운 형식이 좋은 것인지의 여부를 결정할 만큼 확실하지는 않다. 실제로 화자들의 직관이 항상 명확한 것은 아니라는 증거가 있다. 예를 들어, Frisch et al.(2000)은 가짜 영어 단어에 대한 원어민의 판단이 명확하지 않다는 것을 보여준다.

중국어도 마찬가지이다(Myers and Tsay 2005, Zhang 2007). 존재하는 단어에 대해서도 항상 판단이 명확한 것은 아니다. 예를 들어, 어떤 화자들은 Tswana를 [tswɑnə]로 발음하는 반면, 다른 화자들은 [swɑnə]로 발음한다. 후자의 화자들에게 [ts]는 단어 어두 위치에 출현하지 않는다. 전자의 화자들에게 [ts]는 가능한 두음 형식이며, 이들은 [ts]로 시작하는 다른 단어들을 수용하지 않을 이유가 없다. 마찬가지로, 미국 영어 [gj]는 argue [ɑɚ.gju]와 같이 비어두 두음으로 출현할 수 있다. 그러나 [gj]는 단어의 어두 두음으로는 거의 출현하지 않는다. 따라서 만약 화자가 단어 gules를 [gjulz]로 발음하지 않고 [gulz]로 발음하거나, 단어 gewgaw를 [gju:gɒ]로 발음하는 대신 [gu:gɒ]으로 발음한다면, [gj]는 좋은 비어두 두음이지만 좋은 어두 두음은 아니다.

고빈도 단어와 저빈도 단어 사이에 차이가 있는지 의문이 들 수도 있다. 그런데 빈도는 범위가 매우 넓기 때문에 고빈도와 저빈도의 경계를 설정하는 것은 어렵다. 예를 들어, 어두 위치에서 [pr](예. price)는 929번 출현하지만 [tw](예: twice)는 71번 출현한다. 그러나 price가 twice보다 더 좋은 형식이라는 근거는 없다. 실제로 빈도가 더 낮은 형식들이 반드시 나쁘다고 판단되는 것은 아니다. 예를 들어, 두음 [dw]는 접사가 없는 세 개의 단어 dwarf, dwell, dwindle에만 출현한다. 그러나 이 단어들이 충분한 적형이 아니라고 느껴진다는 근거는 없다.

또한 영어 단어와 차용된 외래어에 차이가 있는지에 대해서도 의문이 들수 있다. 그러나 어떤 단어가 외래어인지를 결정하는 것이 항상 쉽지는 않다. 영어는 지속적으로 많은 단어를 차용해왔기 때문이다. 예를 들어, sphinx '스핑크스', schnapps '(네덜란드) 진', schnitzel '송아지 커틀렛', schnorkel '스노클', Alzheimer '알츠하이머', pizza '피자', Tzwana '츠와나', Buenos Aires '부에노스 아이레스', zloty '즐로티'와 같은 단어는 언제 온전히 영어가 되었는가? 또는 될 것인가?

이러한 사항들을 고려할 때, CELEX의 모든 자음군이 설명될 필요가 있는지, 그렇지 않다면 어떤 자음군들이 설명되어야 하는지에 대한 의문을 제기하는 것이 적절하다.

8.5.1. 어떤 두음 자음군이 설명되어야 하는가?

설명의 편의를 위하여, 필자는 형식이 설명되어야 하는가의 여부를 결정하기 위한 몇 가지 간단한 기준을 사용할 것이다. 이는 (30)과 같다.

(30) 어떤 형식이 분석에 포함되어야 하는가?
    a. 형식이 감탄사에만 출현하면 포함하지 않는다.
    b. 형식이 외래어에서 온 음을 지니면 포함하지 않는다.
    c. 형식이 CELEX에서 대체(alternative) 발음으로만 출현하면 포함하지 않는다.
    d. 형식이 단어의 유일한 발음으로 사용되면 그 형식의 빈도가 낮더라도 포함한다.

(30a)의 예는 음절 [ps]과 [ʃ]로, 이 형식은 단지 감탄사 psst와 sh에서만 출현한다. 따라서 이들은 제외된다. 마찬가지로 두음 [pʃ]은 감탄사 pshaw에만 출현하므로 이 형식 또한 제외된다. (30b)의 예는 sangfroid [sɑ̃ː][fʁwɑ̃ː]로, [ʁ]와 [ɑ̃]는 프랑스어의 음이다. 따라서 [tʁw]는 두음 자음군에 포함하지 않는다. (30c)의 예는 말음 [x]로, 이는 loch [lɔx], Reich [raɪx]와 같은 단어에서만 나타난다. 이 음은 [k]로도 발음될 수 있으므로, [x]는 말음으로 포함하지 않는다. 또한 두음 [ps]는 pseudo [psjudo]와 같은 단어에만 출현하는데, 이 음은 [s]로 발음할 수 있으므로 [ps]는 두음에 포함하지 않는다. 또 다른 예인 [ðr]는 brethren [brɛ][ðrən]에만 출현하는데, 이 단어는 [brɛð][rən]으로

음절화할 수 있다. 따라서 [ðr]는 두음에 포함하지 않는다. (30d)의 예는 어두 두음 [ʃw]로, 이는 단어 schwa [ʃwɑ]에만 출현하지만 어두 두음에 포함한다. 이와 마찬가지로, 두음 [ʃn]는 schnapps, schnitzel 두 단어에만 출현하지만, 어두 두음의 유일한 발음이기 때문에 두음에 포함한다. 반면, fashionable [fæ][ʃnə][bl]과 같은 단어의 비어두 두음 [ʃn]은 포함하지 않는데, 이는 [ʃn] 으로 발음될 수 있기 때문이다. 여기에서 [n]는 성절적이다.

이상의 기준을 토대로, CELEX의 두음 자음군을 설명할 필요가 있는 그룹과 설명이 필요하지 않은 그룹으로 구분하였다. (31)~(33)에 제시한 모든 자음군 가운데 설명이 필요한 그룹은 "포함"으로 표기하였으며, 설명이 필요하지 않은 그룹은 "제외"로 표기하였다. 각 자음군의 예는 괄호 안에 제시한다.

(31) 두음 CCC 자음군
포함   str(string), skr(screen), skw(square), spr(spring),
(모든 어두 spl(splash), stj(studio), skj(skew), spj(spew),
자음군):   skl(sclerosis), tsw(Tswana)
제외: klw(cloisonné [kloi]), psj(pseudo [sj]),
          gjw(multilingual [gj]), frw(sangfroid [sɑ̃:][fʁwɑ̃:]),
          krw(croissant [kʁwʌ][sɑ̃:]), trw(octroi [ɔk][tʁwɑ:])

(32) 두음 CR 자음군
포함: bj(beauty), bl(black), br(bring), dj(duty), dr(dry),
          dw(dwell), ʃr(shrink), ʃw(schwa), fj(few), fl(fly), fr(fry),
          gj(argue), gl(glad), gr(green), gw(penguin), hj(huge),
          kj(cute), kl(class), kr(cry), kw(quick), lj(volume),
          mj(music), mw(moiré), nj(news), nw(peignoir), pj(pure),
          pl(plot), pr(price), pw(puissance), sj(suit), sl(sleep),
          sr(Sri Lanka), sw(swim), tj(tube), tr(try), tw(twin),
          vj(view), vw(reservoir), zl(zloty), zj(presume),

ʒw(bourgeois), θj(enthuse), θr(three), θw(thwart)

제외:　　dʒ(plagiarize [dʒ]), ðr(brethren [brəð][rən]),

ʃj(negotiable [ʃə]/[ʃɪə]), rj(marijuana [rɪ]),

ʧr(natural [ʧʊ][rəl]), zw(Venezuela [nɛz][weɪ]],

ʒj(Eurasia [ʒə], [ʃə], [ʒɪə]), vr(ivory [vər])

(33)　다른 두음 CC 자음군

포함:　　st(stop), sp(spot), sk(sky), sn(snake), sm(smack),

sf(sphere), ʃm(schmaltz), ʃn(schnitzel), km(Khmer),

kn(Knesset), kv(kvass), sv(svelte)

제외:　　ʧn(fortunate [ʧn̩]), ʃt(gestalt [gəʃ][tælt]), ʃp(spiel [sp]),

pf(pfennig [f]), ph(pooh [p]), ps(psoriasis [s]),

pʃ(pshaw, 감탄사), ts(zeitgeist [z])

제외된 각 자음에 대하여 대체 발음을 괄호 안에 제시하였으며, 이는 해당
자음군이 제외되는 이유를 나타낸다. 예를 들어, [dʒj]는 plagiarize [pleɪ]
[dʒjə][raɪz]에서 나타나지만, 자음군 [dʒj]을 사용하지 않는 [pleɪ][dʒɪə][raɪz]
이나 [pleɪ][dʒə][raɪz]로도 발음될 수 있다. 자음군 [ʃt]는 gestalt [gə][ʃtælt]에
서 출현한다. 그러나 이 단어는 [gəʃ][tælt]도로 음절화할 수 있으며, 이는
두음 자음군 [ʃt]를 사용하지 않는다. 자음군 [pʃ]는 감탄사인 pshaw에서만
사용되기 때문에 제외된다. 자음군 [frw], [krw], [trw]는 프랑스어 악센트를
지니는 발음에만 출현하기 때문에 제외된다. 프랑스어 악센트는 [r]로 전사
된 음을 영어 음이 아닌 [ʁ]로 발음한다. 앞서 논의한 바와 같이 영어 [r]는
이미 원순음화한 [rʷ]이므로, 영어 [fr, kr, tr]는 [frʷ, krʷ, trʷ] 또는 [frw,
krw, trw]와 동일하다.

어떤 자음군들을 포함할 것인가에 대한 결정은 완벽할 수 없다. 예를 들어,
Tswana와 bourgeois는 다른 사전에 대체 발음이 수록되어 있으므로, [tsw]와

[ʒw]는 제외 대상이 될 수도 있다. 이에 반해, CELEX에 없는 Buenos Aires 가 다른 사전에 수록되어 있다면 [bw]는 포함 대상이 될 수도 있다. 그러나 아래에서 논의할 바와 같이, 어떤 자음군을 포함할 것인가에 대한 기준이 결론을 도출하는 데 항상 결정적인 역할을 하는 것은 아니다.

8.5.2. 공명도 기반 분석

두음 자음군에 대한 대다수 분석은 공명도의 개념을 이용한다. 공명도는 대략 음의 크기에 상응한다(Jespersen 1904). 공명도의 기본 개념은 각 음절이 주요 모음에서 공명도 정점을 가지며, 모음에 선행하는 음들의 공명도가 증가해야 한다는 것이다. 공명도에 대한 두 가지 주장인 Kenstowicz(1994), Gouskova(2004)를 살펴보자.

Kenstowicz(1994)에 의하면, 영어의 자음과 활음은 (34)의 네 가지 공명도 등급으로 나뉜다.

(34) 영어의 공명도 등급(Kenstowicz 1994)

음 부류	예	공명도 등급
활음	[j, w]	4
유음	[l, r]	3
비음	[m, n]	2
장애음	[f, t, k, d]	1

영어에서 두음 자음군의 최소 공명도 거리(minimal sonority distance, MSD) 는 2이다. 이는 두 번째 음이 첫 번째 음보다 적어도 두 등급이 높아야 한다 는 것을 의미한다. (35)는 몇 가지 예이다.

(35) 영어의 두음 자음(최소 공명도 거리 = 2)

예	공명도 거리	예측
[fn]	1 < MSD	나쁨
[fl]	2 = MSD	좋음
[kw]	3 > MSD	좋음

[fl]의 공명도는 1이고 [n]의 공명도는 2이다. 이에 따라 [fn]의 공명도 거리
는 2-1=1이므로 최소 공명도 거리보다 작다. 따라서 이 자음군은 좋지 않으
므로, [fn]으로 시작하는 영어 단어는 없다. [fl]의 공명도 거리는 3-1=2로
최소 공명도 거리를 만족하므로, [fl]는 좋은 자음군이다. [kw]는 공명도 거
리가 4-1=3이므로 최소 공명도 거리를 초과하기 때문에, [kw]도 좋은 자음
군이다. 그러나 공명도 분석은 잘 알려진 두 가지 문제가 있다. 이는 (36)과
같다.

(36) 공명도 분석의 두 가지 문제점
      a. 최소 공명도 거리를 만족하지 않지만 출현하는 형식: 예. [st, sn]
      b. 최소 공명도 거리를 만족하지만 출현하지 않는 형식: 예. [tl, dl]

(36)의 문제를 해결하는 일반적인 방법은 (37)의 두 가지 전제를 추가하는
것이다.

(37) a. 어두 [s]가 추가될 수 있다.
      b. 조음 위치 이화: 예. *치조음-치조음

첫째, [s]를 다른 음과 자유롭게 결합할 수 있는 예외적인 소리로 전제할
수 있다. 따라서 [st]와 같이 공명도가 충분히 상승하지 않는 경우도 출현할
수 있다. 그런데 [ʃ]도 특별한 지위를 부여할 수 있을 것 같다. [ʃn]와 [ʃm]는

최소 공명도 거리를 위반하지만, schnapps, schnauzer, schmaltz와 같은 단어에 출현하기 때문이다. 둘째, 공명도 제약 이외에, 자음군을 구성하는 음의 조음 위치에 대한 추가적인 제약을 전제할 수 있다. 예를 들어, 두 개의 음이 동시에 치조음일 수 없다는 제약을 전제할 수 있으며, 이는 [tl]와 [dl]를 배제한다. 그러나 이 전제는 문제가 있다. 예를 들어, 조음 위치의 이화는 [st]에 적용되지 않기 때문이다. 또한 [nt] (ant), [nd] (and), [tn] (lateness), [dn] (sadness), [tl] (lately), [dl] (gladly)와 같은 치조음 결합도 이화 문제를 야기하지 않는다. 아마 이는 이 음들이 치조 겹자음(geminate)을 형성하므로, 하나의 치조 조음 부위 자질 또는 조음 동작이 두 개 음에 연결되는 것은 아니기 때문일 수도 있다. 그런데 만약 그렇다면, 왜 [tl]와 [dl]는 동일한 방식으로 해결될 수 없는가?

조음 위치 이화에 대한 문제를 잠시 남겨두고, 공명도 이론이 얼마나 정확한 예측을 하는지 살펴보자. 이상적인 것은 좋은 것으로 예측되는 모든 자음군은 발견되고 좋지 않은 것으로 예측되는 모든 자음군은 발견되지 않는 것이다. 먼저 CR 자음군을 살펴보자. 선택 가능한 C(자음)와 R(접근음)은 각각 21개와 네 개이다. 따라서 총 84개의 가능한 CR 자음군이 있다. (38)은 가능한 CR 자음군과 각 자음군의 공명도 거리를 제시한다.

(38)   두음 CR 자음군 (총 84개)
        좋은 형식으로 예측되며 출현 (42개)
          공명도 거리 = 2 : bl, br, dr, ʃr, fl, fr, gl, gr, kl, kr, mj, mw, nj, nw, pl, pr, sl, sr, tr, θr
          공명도 거리 = 3 : bj, dj, dw, ʃw, fj, gj, gw, hj, kj, kw, pj, pw, sj, sw, tj, tw, vj, vw, zj, ʒw, θj, θw
        좋은 형식으로 예측되지만 부재 (27개)
          공명도 거리 = 2 : ðl, ðr, dʒl, dʒr, ʃl, hl, hr, tʃl, tʃr, vl, vr, ʒl, ʒr,

270   음절 구조: 변이의 제한

θl, zr

공명도 거리 = 3 : bw, ðj, ðw, ʤj, ʤw, ʃi, fw, hw, ʧj, ʧw, zw, ʒj

나쁜 형식으로 예측되며 부재 (13개)

공명도 거리 = 0 : ll, lr, rl, rr

공명도 거리 = 1 : lw, rj, rw, ml, mr, nl, nr

*치조음-치조음 : dl, tl

나쁜 형식으로 예측되지만 출현 (2개)

공명도 거리 = 1 : lj

*치조음-치조음 : zl

두 가지 종류의 잘못된 예측이 있다. 첫째, 과잉 예측이다. 좋은 자음군으로 예측되는 많은 자음군이 발견되지 않는다. 이 자음군들을 제외하기 위하여 제약을 추가할 수도 있다. 예를 들어, 파찰음은 다른 음과 함께 출현할 수 없다는 제약을 추가하면, 여덟 개의 자음군을 제외할 수 있다. 그러나 다른 자음군들은 설명이 더 어려워진다. 예를 들어, [sr, tr, dr]가 있다면 왜 [zr]는 없는가? 둘째, 과소 예측이다. 즉 나쁜 것으로 예측되는 자음군이 발견되는 것이다. *치조음-치조음 제약을 *치조음[+파열]-치조음 제약(치조 파열음은 치조음이 후행할 수 없음)으로 바꾸면 [zl]를 유지할 수 있다. 그러나 이와 같은 제약은 일반성과 음성적 동기가 약하다. 더 문제가 되는 것은 [lj]이다. 이 자음군의 공명도 거리는 1이므로 요구되는 최소 공명도 거리인 2보다 작지만, 실제로 발견된다. 그러나 만약 최소 공명도 거리를 1로 낮춘다면 과잉 예측을 더 나쁘게 만들 것이다.

이제 CR이 아닌 두음 CC 자음군을 살펴보자. 12개의 CC 자음군이 CELEX에 출현하는데, 이를 (39)에 다시 제시하였다.

(39)   CR이 아닌 두음 CC (12개)

　　　　sp, st, sk, sn, sm, sf, sv, ʃm, ʃn, km, kn, kv

　　(39)의 모든 자음군은 공명도 상승이 최소 공명도 거리인 2보다 작다. 따라서 이 자음군들은 첫 번째 C의 특별한 지위로 설명해야 한다. 그러나 이는 세 가지 문제점이 있다. 첫째, 이 자음군들은 대부분 [s]+C이지만, 모든 [s]+C 조합이 발견되는 것은 아니다. 둘째, [ʃ]와 [k]는 첫 번째 C로 출현할 수 있는 반면 왜 다른 자음은 그렇지 않은지 이유를 설명하기 어렵다. 셋째, [ʃ]와 [k]가 다른 자음들과 결합하지 않는 이유를 설명하기 어렵다. 특히 [l, r]를 제외하면, 두음에 출현할 수 있는 자음은 19개이다. 그렇다면 [s]+C 자음군, [ʃ]+C 자음군, [k]+C 자음군은 각각 19개가 있어야 한다. 그러나 (40)에 보이는 바와 같이, 이들의 대부분은 출현하지 않는다.

(40)   CR이 아닌 두음 CC 자음군

　　　[s]+C 출현 (7개):　　sp, st, sk, sn, sm, sf, sv

　　　[s]+C 부재 (12개):　　sb, sd, sg, sθ, sð, ss, sz, sʃ, sʒ, sh, stʃ, sdʒ

　　　[ʃ]+C 출현 (2개):　　ʃm, ʃn

　　　[ʃ]+C 부재 (17개):　　ʃp, ʃt, ʃk, ʃf, ʃv, ʃb, ʃd, ʃg, ʃθ, ʃð, ʃs, ʃz, ʃʃ, ʃʒ, ʃh, ʃtʃ, ʃdʒ

　　　[k]+C 출현 (3개):　　km, kn, kv

　　　[k]+C 부재 (16개):　　kp, kt, kk, kf, kb, kd, kg, kθ, kð, ks, kz, kʃ, kʒ, kh, ktʃ, kdʒ

　　자음군의 여러 하위 유형에 대하여 어느 정도의 설명은 가능하다. 예를 들어, [s]는 유성 파열음과 출현하지 않으며, 파찰음 [tʃ]와 [dʒ]는 어떠한 자음군에도 출현하지 않는다. 그러나 출현 유형을 간략하게 일반화하기는 어렵다.

　　마지막으로, CCC 자음군을 살펴보자. CCC 자음군은 [tsw]를 제외하고 모두 [s]로 시작한다. 그런데 [tsw]가 출현하는 타당한 이유를 찾기 어렵다. [tsw]가 세 개의 음으로 구성된다면 다른 파찰음은 [w]와 출현하지 않는 이유는 무엇인가? 예를 들어, [유성] 자질에 대하여 동일한 값을 갖는 [dzw] 가 [tsw]보다 더 간단한 형식이라고 생각할 수도 있다. 또한 [s]+CC 형식도 (41)과 같이 부재하는 형식이 있다.

(41)　두음 [s]+CC 자음군
　　　출현:　spj, spl, spr, stj, str, skj, skl, skr, skw
　　　부재:　spw, stw

[s]+CC의 CC를 이미 존재하는 CR로 제한하고 C를 무성 파열음 [p, t, k]로 제한하더라도, 여전히 두 개의 부재하는 형식 [spw], [stw]가 있다. [pw] 는 puissance에, [tw]는 twin에 출현하지만, [spw], [stw]는 부재한다.

요약하면, Kenstowicz(1994)의 공명도 기반 분석은 두 가지 추가적인 전제 가 필요하다. 첫째, [s]와 [ʃ]의 특수한 지위, 둘째, 두 치조음 연쇄의 금지와 같은 음 연쇄에 대한 추가적인 음소 배열 제약이다. 그런데 이 두 가지 전제 를 추가하더라도, 좋은 형식으로 예측되지만 부재하는 자음군과 나쁜 형식 으로 예측되지만 출현하는 자음군이 있다.

Gouskova(2004)는 공명도 기반 분석에 대한 다른 설명을 제안하는데, Gouskova는 Jespersen(1904)의 분석으로부터 채택한 공명도 등급을 더 상세 히 구분한다. 이에 따르년, 모음을 세외한 인접힌 음들 사이에는 보편저인 공명도 등급이 있다. 이는 (43)에 보이며, W는 모든 활음, R은 [r]와 유사한 모든 음, L는 모든 설측음, N은 모든 비음, T는 모든 무성 파열음을 가리킨 다. 동일한 열에 속하는 자음군은 첫 행에 제시된 공명도 상승을 갖는다.

(42) 공명도 상승의 보편적 등급 (Gouskova 2004)

0	+1	+2	+3	+4	+5	+6	+7
WW	RW	LW	NW	ZW	DW	SW	TW
RR	LR	NR	ZR	DR	SR	TR	
LL	NL	ZL	DL	SL	TL		
NN	ZN	DN	SN	TN			
ZZ	DZ	SZ	TZ				
DD	SD	TD					
SS	TS						
TT							

Gouskova(2004)는 영어에 대하여 논의하지 않지만, [nr, mr, bm, bn, tn, tm, ...]와 같은 부재하는 형식을 제외하기 위해서는 최소 공명도 거리가 당연히 3이어야 한다. 그런데 [lj], [st]를 비롯한 일부 자음군은 공명도 상승이 2 또는 2 이하임에도 불구하고 여전히 출현한다(이는 잠시 후 다시 논의).

Kenstowicz(1994)와 마찬가지로, [s]의 특수한 지위와 [tl]의 부재를 설명하기 위하여 Gouskova도 두 가지 추가적인 전제가 필요하다. (43)은 이를 다시 기술한 것이다.

(43) a. 어두 [s]는 추가될 수 있다.
b. 조음 위치 이화: 예. *치조음-치조음

Gouskova(2004)가 예측하는 바에 대하여 살펴보자. 먼저 CR 자음군을 살펴보면, 84개의 실제 CR 자음군과 공명도 거리는 (44)와 같다. Gouskova 는 [ʤ]와 같은 파찰음과 접근음 사이의 공명도 상승을 제시하지 않으므로, 이러한 자음군들은 필자가 따로 분류하였다. 파찰음을 파열음으로 간주하든 마찰음으로 간주하든 공명도 상승이 최소 공명도 거리를 초과하기 때문에, 이 자음군들은 좋은 형식으로 예측된다.

(44) 두음 CR 자음군 (총 84개)

좋은 형식으로 예측되며 출현 (최소 공명도 거리 ≥ 3; 42개)

공명도 거리 = 3   mj, mw, nj, nw; bl, gl
(NW, ZR, DL)

공명도 거리 = 4   vj, vw, zj, ʒw; br, dr, gr; fl, sl
(ZW, DR, SL)

공명도 거리 = 5   bj, dj, dw, gj, gw; fr, Θr, sw, ʃr; pl, kl
(DW, SR, TL)

공명도 거리 = 6   fj, hj, sj, Θj, Θw, sw, ʃw; pr, tr, kr
(SW, TR)

공명도 거리 = 7 (TW) pj, pw, tw, tj, kj, kw

좋은 형식으로 예측되지만 부재 (24개)

공명도 거리 = 3   ðr, vr, ʒr, zr
(NW, ZR, DL)

공명도 거리 = 4   ðj, ðw, zw, ʒj; Θl, ʃl, hl
(ZW, DR, SL)

공명도 거리 = 5   bw; hr
(DW, SR, TL)

공명도 거리 = 6   ʃj, fw, hw
(SW, TR)

기타   dʒl, dʒr, tʃl, tʃr, dʒj, dʒw, tʃj, tʃw

나쁜 형식으로 예측되며 부재 (16개)

공명도 거리 < 0 (RL) rl

공명도 거리 = 0   ll, rr
(LL, RR)

공명도 거리 = 1   rj, rw; lr; ml, nl
(RW, LR, NL)

공명도 거리 = 2   lw; mr, nr; ðl, vl, ʒl
(LW, NR, ZL)

*치조음-치조음   dl, tl

나쁜 형식으로 예측되지만 출현 (2개)

공명도 거리 = 2   lj

*치조음-치조음   zl

Kenstowicz(1994)의 분석과 마찬가지로, Gouskova(2004) 분석 또한 좋은 형식으로 예측하지만 부재하는 자음군이 있다. 또한 [lj]의 출현은 최소 공명도 거리가 3인 것에 대하여 문제를 야기한다.

이제 CR이 아닌 두음 CC 자음군을 살펴보자. (45)에 보이는 바와 같이, 어떤 CC 자음군은 공명도 상승이 좋지만 출현하지 않는다. 또한 출현하는 자음군 가운데 좋지 않은 공명도 상승을 보이는 경우도 있다.

(45)   CR이 아닌 두음 CC의 공명도 분석:

   좋은 형식으로 예측되며 출현: SD ≥ 3 (SN, TZ, TN)

      sn, sm, ʃm, ʃn; kv; km, kn

   좋은 형식으로 예측되지만 부재: SD ≥ 3 (SN, TZ, TN)

      fn, fm, Өn, Өm, hn, hm; pv, tv, pð, tð, kð, pʒ, tʒ, kʒ, pz, tz, kz; pn, pm, tn, tm

   ([s]를 특수한 음으로 처리하지 않으면) 나쁜 형식으로 예측되지만 출현

      공명도 거리 = 2   sv

      공명도 거리 = 0   sf

      공명도 거리 = -1   sp, st, sk

(45) 또한 좋은 형식으로 예측되지만 부재하는 자음군이 많다. CC의 첫 번째 C가 [s, ʃ, k]일 것을 요구하더라도, 여전히 [kð, kʒ, kz]가 부재한다. 또한 [sv, sf, sp, st, sp]는 출현하지만 최소 공명도 거리를 위배한다. 만약 [s]가 공명도 제약에서 자유롭다 하더라도, 모든 [s]+C 자음군이 발견되는 것은 아니라는 또 다른 문제가 있다. 특히 19개의 [s]+C 자음군이 있어야 하지만, 단지 7개만 출현하는데, 이는 (46)과 같다.

(46)   출현하는 [s]+C (7개): sp, st, sk, sn, sm, sf, sv

      부재하는 [s]+C (12개): sb, sd, sg, sӨ, sð, ss, sz, sʃ, sʒ, sh, sʧ, sdʒ

부재하는 자음군에 대해서 어느 정도의 설명은 가능하지만, 간략하게 일반화할 수 없는 듯하다. 오히려 어떤 자음군들은 출현하는 반면 어떤 자음군들은 출현하지 않는 것처럼 보인다. 또한 Gouskova(2004)는 CCC 자음군에 대해서 Kenstowicz(1994)와 동일한 문제에 직면한다.

요약하면, 공명도 기반 분석은 두 가지 추가적인 전제가 필요하다. 첫째, 공명도 이외에, 두 치조음 연쇄의 금지와 같은 음 연쇄에 대한 추가적인 음소 배열 제약이 필요하며, 둘째, [s]와 [ʃ]의 특수한 지위가 요구된다. 그러나 이 두 가지 전제를 추가하더라도, 좋은 형식으로 예측되지만 부재하는 자음군과 나쁜 형식으로 예측되지만 출현하는 자음군이 있다.

8.5.3. 복합음 분석

다른 분석과 마찬가지로 어두 자음 C를 별도로 처리하면, 모든 CC 두음이 복합음을 형성할 수 있다는 것이 복합음 분석의 기본적인 주장이다. 이 예측은 검증 가능하다. 즉 출현하는 모든 CC 자음군을 조사하여 이 예측이 사실인지 확인할 수 있다. 이 분석은 모든 가능한 복합음이 영어에 사용된다고 주장하지 않는다(이에 대해서는 추후 다시 논의).

2장에서 논의한 바와 같이, 가능한 복합음과 불가능한 복합음을 결정하는 가장 중요한 제약은 굴곡 금지 원칙(Duanmu 1994)이다. (47)은 이를 다시 제시한다.

(47)   굴곡 금지 원칙(No Contour Principle)
        조음자는 동일한 자질(F)을 하나의 음 안에서 두 번 사용할 수 없다.

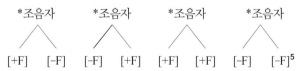

필자는 우선 특수한 어두 C를 포함하지 않는 모든 CC 자음군은 복합음으로 나타낼 수 있다는 것을 보일 것이다. 또한 복합음으로 나타낼 수 없는 CC 자음군은 어중 위치에서 발견되지 않는다는 것을 증명할 것이다. 출현하는 44개의 CR 자음군으로 논의를 시작해보자.[6] 이는 (48)과 같다.

(48) 출현하는 두음 CR 자음군 (총 44개)

상이한 조음자를   bj, bl, br, dw, ʃw, fj, fl, fr, gl, gr, gw, hj, kl,
갖는 자음군 (25개)   kr, kw, mj, nw, pj, pl, pr, sw, tw, vj, ʒw, Θw

동일한 조음자를   mw, pw, vw, dj, gj, kj, lj, nj, sj, tj, Θj, sl, sr,
갖는 자음군 (19개)   ʃr, zl, zj, dr, tr, Θr

2장에서 논의한 바와 같이, [j]는 설정이면서 설배이다. (48)에서 25개 자음군은 C와 R이 상이한 조음자를 가지므로 복합음으로 분석할 수 있다. (49)는 [bl]와 [hj]에 대한 분석으로, 관련된 자질만을 표기하였다.

(49) 상이한 조음자를 갖는 복합음

[b]   순음—[+파열]

[l]   설정—[+설측]

[bl]   순음—[+파열], 설정—[+설측]

[h]   성대

[j]   설정, 설배—[-후설]

[hj]   성대, 설정, 설배—[-후설]

[b]는 순음이고, [l]는 설정이며, [bl]는 순음-설정이다. 이와 마찬가지로, [h]는 성대(후음)이고, [j]는 설정-설배이며, [hj]는 성대-설정-설배이다.

---

5   [역자 주] 원문의 [+F][+F]를 [-F][-F]로 정정함.
6   [역자 주] 원문의 '43개'를 '44개'로 정정함.

다음으로 동일한 조음자를 사용하면서 출현하는 19개의 자음군을 살펴보자. 5개를 제외하고 모두 복합음으로 나타낼 수 있는데, 이는 (50)~(53)과 같다.

(50) [dj, gj, kj, lj, nj, sj, tj, zj, θj]
     예. [s]   설정—[+마찰]
         [j]   설정, 설배—[-후설]
         [sj]   설배—[-후설], 설정—[+마찰]

(51) [mw, pw, vw]
     예. [p]   순음—[+파열]
         [w]   순음—[+원순]
         [pw]   순음—[+파열, +원순]

(52) [dr, tr] (파찰음)
     예. [drʷ] 설정—[-전방, +파열, +마찰], 순음—[+원순]

(53) 설명되지 않음: [sl, sr, ʃr, zl, θr]
     예. [z]:   설정—[-설측], [l]: 설정—[+설측]
         [θ]:   설정—[+전방], [r]: 설정—[-전방]

(50)과 (51)에서 동일한 조음자를 공유하는 음들은 서로 상충되는 자질을 갖지 않는다. 따라서 그들은 두 자질을 갖는 하나의 조음자로 나타낼 수 있다. 예를 들어, [p], [w]는 둘 다 순음을 사용하지만, 순음의 자질이 다르다. 따라서 [pw]는 두 개의 자질을 지니는 하나의 순음 조음자로 분석할 수 있다.

[dr]와 [tr]는 많은 학자들이 파찰음으로 제안하였으며(Jones 1950, Abercrombie 1967, Gimson 1970, Wells 1990, Lawrence 2000), (52)도 이 자음군을 파찰음으로 분석한다. 그런데 파열음과 접근음이 어떻게 파찰음을 구성할 수 있는지

에 대하여 의문을 제기할 수도 있다. 왜냐하면 파찰음은 '[t]+[s] → [ts]'와 같이 일반적으로 파열음과 마찰음으로 형성되기 때문이다. 그러나 파열음과 접근음으로 구성된 파찰음 가운데 잘 알려진 경우들도 있다. 예를 들어, [t]와 [j]는 get you [gɛtʃu]와 같이 [tʃ]를 만들며, [d]와 [j]는 did you [dɪdʒu]와 같이 [dʒ]를 형성할 수 있다.

이제 (53)의 다섯 개 자음군 [sl, sr, ʃr, zl, θr]가 남는다. 이 자음군들은 가능한 복합음이 아닌 듯하다. 이들이 복합음이 아니라면 첫 번째 C는 특수한 음이어야만 한다. 선행 연구에서 동의한 바와 같이 이 음은 [s]에 해당되며, 아마 [ʃ]에도 해당될 것이다. [zl]는 한 개의 단어 zloty에만 출현하므로, 이 자음군도 특수한 경우로 볼 수 있다. 남은 자음군은 [θr]이다. 공명도 기반 분석에서는 [θr]가 좋은 두음이지만, 필자의 분석에서는 좋은 두음이 아니다. 따라서 두 분석은 서로 다른 예측을 한다. 즉 [θr]가 좋은 두음이면, 이 음이 어두와 어중 위치에서 모두 출현할 것으로 예상된다. 반면 [θr]가 좋은 두음이 아니면, 이 음은 어두에서만 출현할 것으로 예상된다. 실제로 복합음 분석에서 [sl, sr, ʃr, zl, θr]는 모두 어중 위치에서 출현할 수 없다. 이에 대하여 알아보기 위하여 CELEX에 나타나는 이 자음군들의 분포를 분석하였다. 결과는 (54)와 같다.

(54) 비어두 두음 자음군 [sl, sr, ʃr, zl, θr]의 분포
      [zl]   0
      [sr]   1   대체 형식(nursery [nɜ:][sə][rɪ] 또는 [nɜ:][srɪ])
      [ʃr]   5   접두사 뒤(enshrine)
      [sl]   35   띄어쓰기를 하지 않는 합성어(oversleep)
               7   접두사 뒤(asleep)
               3   접미사 앞(bracelets)
               5   단모음 뒤(Muslim [mʊ][slɪm] → [mʊs][lɪm]))

[θr]	15	합성어(overthrow)
	20	접두사 뒤(misanthropic)
	8	접미사 앞(anthropologist)
	2	VN 뒤 (anthrax [æn][θræks] → [æ̃θ][ræks])
	1	arthritis [ɑ:][θraɪ][tɪs](미국 영어: [ɑɚ][θraɪ][tɪs])

[zl]는 비어두 위치에서 출현하지 않는다. [sr]는 비어두 위치에서 출현하는 경우가 한 번 있으며, 이는 단어 nursery이다. nursery는 두 개의 발음이 있으며 [sr]는 대체 형식이므로, 분석에 포함할 필요가 없다(이 단어는 [nɝs][rɪ] 또는 [nɝs][ri]로도 분석할 수 있다). [ʃr]는 다섯 개의 단어에 출현하는데, 모두 접두사가 출현하는 단어이다. 접두사를 제외하면 [ʃr]는 어두이다(단어 enshrine은 [ĩʃ][rain]으로도 분석할 수 있다). 자음군 [sl]는 합성어와 접두사를 갖는 단어에서 출현한다. 또한 접미사가 있는 세 개의 단어에도 출현하는데, 형태소 경계로 나뉘어 있다. 나머지 다섯 가지 경우는 [sl]가 단모음 뒤에 있기 때문에 [s]를 단모음의 말음으로 음절화할 수 있다. 자음군 [θr]는 합성어를 제외하면 세 개의 단어 anthrax, anthropology, arthritis 및 이 단어들과 관련된 형식에서만 출현한다. Malécot(1960), Bailey(1978), Fujimura(1979)를 따라 anthrax, anthropology는 비음화한 모음([æn][θr...] → [æ̃θ][r...])으로 분석할 수 있다. 이제 유일하게 남은 경우는 arthritis이다. 영국 영어 발음 [ɑ:][θraɪ][tɪs]는 문제가 되지 않는다. 왜냐하면 이는 두음 [θr]이 없는 [ɑθ][raɪ][tɪs]로 분석할 수 있기 때문이다. 미국 영어 발음의 분석은 덜 명확하다. 자질의 관점에서 [ɑɚ]는 [ɑ˞]로 나타낼 수 있는데, 이는 (55)와 같다.

(55)　[ɑ]　　순음—[-원순], 설배—[+후설, +저설]

　　　　[ɚ]　　설정—[+전방], 설배—[+후설]

　　　　[ɑˤ]　　순음—[-원순], 설정—[+전방], 설배—[+후설, +저설]

권설 모음 [ɚ]는 일반적으로 중모음으로 간주된다. 그런데 중모음은 [-고설, -저설]이어야 하므로 [ɑ]의 [+저설] 자질과 상충된다. 그러나 [ɚ]는 유일한 권설 모음이기 때문에 혀의 높이에 있어서 명세될 필요가 없다([원순]도 명세될 필요가 없다). 따라서 자질 충돌이 없다고 할 수 있다. 따라서 결과는 권설음화한 [ɑ]인 [ɑˤ]이다. 이것이 정확한 분석인가의 문제는 후속 연구 과제로 남겨두기로 한다.

요약하면, 두음 CR 자음군은 대부분 하나의 복합음으로 분석할 수 있다. 복합음으로 나타낼 수 없는 자음군은 단어의 어두 위치에서만 발견되는데, 첫 번째 C는 두음 외부에 놓인 것으로 간주할 수 있다.

마지막으로, CR이 아닌 CCC 자음군과 CC 자음군을 살펴보자. (56)과 (57)에 이들을 다시 제시하였으며, 모두 단어의 어두 위치에서만 출현한다.

(56)　두음 CCC 자음군　　　　str, skr, skw, spr, spl, stj, skj, spj, skl, tsw
　　　(10개, 어두에만 출현):
　　　[s]를 포함하지 않는 자음군　　tr, kr, kw, pr pl, kj, pj, kl

　　　[tsw]　　　　　　　　　　설정—[+파열, +마찰], 순음—[+원순]

(57)　다른 두음 CC 자음군　　st, sp, sk, sn, sm, sf, sv, ʃm, ʃn, km, kn, kv
　　　(12개, 어두에만 출현):
　　　*[sm]　　[s]는 [-비음]

　　　　　　　　[m]는 [+비음]

(56)의 CCC 자음군 가운데 아홉 개는 [s]로 시작한다. 만약 [s]를 제외하

면, 이는 이미 분석한 아홉 개의 CR 자음군이다. 자음군 [tsw]는 두 개의 음, 즉 파찰음 [ts]와 [w]로 분석할 수 있다. 이 음들은 서로 다른 조음자를 사용하므로 복합음 [tsʷ]로 분석할 수 있다. [sm]와 같이 (57)의 대부분의 CC 자음군은 복합음으로 분석할 수 없다. 그러나 첫 번째 C는 두음에 포함될 필요가 없다. 왜냐하면 이 자음군들은 추가적인 C가 용인되는 어두 위치에만 출현하기 때문이다. 영어에서 추가적인 C는 일반적으로 [s]이며, schnauzer, schmooze, schlock와 같이 [ʃ]인 경우도 있다. 이외의 자음들은 가끔 Khmer [km], Knesset [kn], Kvass [kv], Vladimir [vl], vroom [vr]와 같은 차용어에서 가능하지만, 이 단어들 중 일부는 CELEX에 수록되지 않았다.

앞서 살펴본 바와 같이, 공명도 기반 분석은 실제로 발견되는 것보다 더 많은 좋은 자음군을 예측한다는 점에서 과잉 예측을 한다. 예를 들어, Kenstowicz(1994)의 분석은 [ðl, ðr, hl, hr, vl, vr, ʒl, ʒr, θl, zr...]를 좋은 자음군으로 예측하지만 발견되지 않는다. 마찬가지로 Gouskova(2004)의 분석은 [ðr, vr, ʒr, zr...]를 좋은 자음군으로 예측하지만 출현하지 않는다. 복합음 분석 또한 모든 가능한 복합음이 발견되는 것은 아니기 때문에 과잉 예측을 한다. 예를 들어, [hr], [hw], [zw], [mw], [dzw]는 가능한 복합음이지만, CELEX에서 발견되지 않으며 널리 사용되지 않는다. 예를 들어, [hw]는 what와 white([w]를 사용하는 화자도 있음) 같은 단어에서 일부 미국 영어 화자들만 사용한다. [mw]는 moiré와 같이 차용된 프랑스어 단어에서만 보이며, [zw]는 zwieback와 Venezuela같은 단어들에서만 사용된다. 이 단어들은 [swiː][bæk]와 [vɛ][nɪz][weɪ][lə]와 같이 대체 발음이 있거나 또는 다른 음절화가 가능하다. (58)은 공명도 기반 분석과 복합음 분석의 비교이다.

(58) 공명도 기반 분석과 복합음 분석 비교

	공명도	복합음	예
과잉 예측	Y	Y	[hr], [hw], [zw], [zr], [dzw]
과소 예측	Y	N	[lj]
특수한 자음	모든 위치(?)	어두 위치	[st], [sf], [sl], [ʃm], [ʃn], [θr]
조음 위치 이화	Y(?)	N	*[ʃj], *[tl]

두 접근법은 모두 과잉 예측을 하지만, 세 가지 차이가 있다. 첫째, 공명도 기반 분석은 [lj]와 같이 나쁜 형식으로 예측되는 자음군이 여전히 출현한다는 점에서 과소 예측도 한다. 반면, 복합음 분석은 이러한 문제가 없다. 둘째, 공명도 기반 분석은 특수한 자음을 주로 두음의 일부로 간주한다. 그렇다면 특수한 자음이 비어두 두음 자음군에서도 출현할 것으로 예측되지만, 실제로는 그렇지 않다. 이에 반해 복합음 분석에서 특수한 자음은 단지 어두에서만 출현할 수 있으며, 이는 실제에 부합한다. 셋째, 공명도 기반 분석은 일부 자음군을 배제하기 위하여 조음 부위의 이화를 전제한다. 반면 복합음 분석에서 이러한 전제가 필요하지 않다. 왜냐하면 두음은 단지 하나의 시간 단위를 가지며, 이 단위는 두 개의 음이 하나로 병합되지 않는 한 두 개의 독립적인 음을 지닐 수 없기 때문이다. 두 개의 음이 하나로 병합되면 동일한 조음 위치 자질 또는 조음자의 연쇄는 없다.

과잉 예측의 문제에 대하여 두 가지 언급을 더 하고자 한다. 첫째, 과잉 예측은 가능한 음절이 모두 필요한 경우에만 문제가 된다. 9장에서 주장할 바와 같이, 우리가 너무 많은 음절을 필요로 하는 것이 아니라면, 어떤 음절은 음운적으로 적형이더라도 사용되지 않을 것이다. 둘째, 가능한 음절보다 단어가 더 많다고 가정하더라도, 모든 음절이 동일한 빈도로 사용될 것으로

예측되지는 않는다. 오히려 한 언어가 어떤 음이나 음절을 사용하는가는
그 언어가 단어를 수입하는 역사적 사건의 영향을 받을 수 있다. 또한 새로운
단어가 생성될 때, 단어를 만드는 사람들이 사용되지 않는 음절들을 우선적
으로 사용하여 음운 체계를 더욱 균형적으로 만들고자 노력할 가능성은 매
우 적다. 오히려 단어를 만드는 사람들의 마음에 고빈도 음이나 음절이 더
즉각적으로 들어올 가능성이 많다. 그 결과, 음이나 음절 사용의 불균형은
더욱 비대칭적이 된다.

8.5.4. 두음 분석 요약

어두에 출현하는 자음을 제외하면, 영어의 모든 두음 자음군은 복합음으
로 분석할 수 있다는 것을 증명하였다. 이러한 결과는 두음이 하나의 시간
단위를 갖는 CVX 이론을 지지한다. 복합음 분석은 공명도 기반 분석보다
우월하다. 복합음 분석은 과소 예측의 문제를 지니기 않기 때문이다. 또한
복합음 분석은 조음 위치의 이화를 전제할 필요가 없으며, 어중 위치의 두음
자음군에 대해서 더 나은 예측을 한다.

8.6. 요약

영어의 CELEX 어휘에 대한 전면적인 분석을 토대로, 어중 위치의 최대
음절은 CVX, 즉 CVV 또는 CVC임을 증명하였다. 이 음절 크기는 Giegerich
(1985)를 포함한 선행 연구의 주장보다 작다. Giegerich(1985)는 최대 영어
음절을 CCVX로 주장하며, Borowsky(1989)는 VX보다 큰 일부 운을 허용한
다. Pierrehumbert(1994)는 VVC, VGC, VNC 운과 두음 자음군을 허용하며,

Lowenstamm(1996), Scheer(2004)는 CVX를 CVCV로 간주한다.

추가적인 C가 어두 위치에 출현할 수 있는데, 이는 일반적으로 [s] 또는 [ʃ]이지만, 가끔 [θr]의 [θ]와 [km, kn]의 [k]와 같은 자음일 수도 있다. 어말 위치에서는 VX 뒤에 세 개까지의 추가적인 C가 있을 수 있다. 첫 번째 C는 거의 모든 자음이 가능하다. 이는 잠재적 모음과 이형태 금지에 의해 설명된다(3장). VXC 뒤에 출현하는 두 개의 C는 반드시 [s, z, t, d, θ]이다. 이들은 접미사이거나 접미사와 유사한 형식이며, "접사 규칙"으로 설명할 수 있다(3장). 추가적인 자음들은 형태론으로 설명할 수 있기 때문에, 음절 내에 있다고 전제할 필요가 없다. 또한 CVX 크기를 확장해야 할 근거가 없다.

자질 이론을 거의 사용하지 않는 다른 분석과 달리, 이 책은 자질 이론을 사용하여 두 가지 문제점을 해결한다. 첫째, 운의 VX 제한에 대한 일부 예외를 설명할 수 있다. 예를 들어, VNC는 V̄C, VVN.C는 V̄V.C로 설명한다. 둘째, 자질 이론은 두음 자음군을 더 간단히 분석한다. 이에 따르면, 단지 복합음을 형성할 수 있는 두음 자음군만 출현한다(2장).

복합음 분석은 또 다른 장점이 있는데, [kl, kr, kj, kw]와 같은 CR 자음군에서 R이 무성음임을 예측한다는 것이다. 이는 음성학자들에게 잘 알려진 사실로(Ladefoged 1982:84 등), CR이 단일 음이기 때문에 단지 하나의 유성 값만 갖기 때문이다. 공명도 기반 분석은 CR 자음군이 두 개의 음이며, R의 유성성 변화를 설명하기 위하여 별도의 규칙을 제시해야 한다.

최대 음절 크기가 첫눈에 보이는 것보다 훨씬 작다는 사실은 이론적인 함의를 갖는다. 첫째, CVX는 대부분의 음운론자가 전제하는 중음절(heavy syllable)의 최소 크기이다. CVX가 영어와 같이 자음군이 풍부한 언어에서 최대 음절 크기이면, 이는 언어보편적으로 최대 크기일 가능성이 크다. CV 이론(Lowenstamm 1996, Scheer 2004)과 같이 더 작은 대안적 음절 크기를 제시하는 이론은 음성적으로 실현되지 않는 공음(empty sounds)을 과도하게 사용해야 한다(3장). 둘째, CVX는 가능한 음절화 방법에 대한 설명을 제공한다. 예를 들어 Hoard(1971), Bailey(1978), Wells(1990)는 강세 음절은 가능한 많은 자음들을 가질 수 있다고 주장한다. 따라서 dolphin은 [dɒlf.ɪn]이고 cauldron은 [kɔ:ldr.ən]이다. CVX 분석에서 이 단어들은 [dɒl.fin]과 [kɔl.drən]인데, [dɒlf]와 [kɔ:ldr]는 가능한 음절이 아니기 때문이다. 동일한 비판이 fealty [filt.i], bulky [bʌlk.i], alcove [ælk.kov]와 같은 Selkirk(1982), Hammond (1999)의 초대형 음절에도 적용된다. 셋째, 음절의 정확한 정의 및 단어 내부의 음절 경계 위치에 대한 화자 직관의 결여에도 불구하고, CVX 제한은 음운적 실체로서의 음절이 존재한다는 것을 보여주는 강력한 증거를 제공한다(무게 강세 원칙에 기반한 음절화는 3장 참조).

제9장

영어 II: 음절 목록과 관련 문제

이 장은 영어의 음절에 대한 추가적인 쟁점을 논의한다. 이는 음절 목록의 가능한 크기와 실제 크기, 이중 모음, 말음 자음의 유성성을 포함한다. 먼저 자음과 모음 목록을 살펴보자.

9.1. 음 목록

이 절의 논의는 미국 중서부 발음에 기초하는 미국 표준 영어(General American English)에 초점을 둔다. 미국 표준 영어는 (1)과 같이 20여 개의 자음(활음 제외)이 있다. 제한적으로 사용되는 음은 괄호 안에 제시하였다.

(1)　미국 영어 자음

순음	치음	치조음	치조경구개음	권설음	연구개음	성문음
p, b		t, d			k, g	(ʔ)
f, v	θ, ð	s, z	ʃ, ʒ			h
		tr, dr	ʧ, ʤ			
m		n			ŋ	
		l		r		

어두에만 출현: h, (ʔ)
어말에만 출현: ŋ, (ʒ)

[p, t, k]와 [b, d, g]의 구분은 [유성]의 차이일 수도 있고 [유기]의 차이일 수도 있다(Iverson and Salmons 1995, Jessen and Ringen 2002, Vaux and Samuels 2005).

음성적으로 [ʧ, ʤ, tr, dr]는 모두 파찰음이다. 그러나 [ʧ, ʤ]는 보통 하나의 음으로 취급되지만, [tr, dr]는 자음군으로 간주된다. 두음 위치에서 파찰음은 다른 자음과 결합하지 않는다는 점에서 자음군과 유사하다.

Bach [bɑx], Loch (Ness) [lɒx]의 [x]처럼 일부 화자들만 사용하는 음은 (1)에 포함하지 않았다. 대부분의 미국 영어 화자들은 [k]를 사용한다.

성문 파열음은 [ʔist] east와 같이 어두 모음을 갖는 단어에서 사용된다. [ʔist] east는 [jist] yeast와는 다르다. 성문 파열음은 또한 [ʔʌ-ʔo] uh-oh와 같은 일부 감탄사에 출현한다. 이에 대하여, 감탄사는 주변적(marginal) 단어 이며, east와 같은 단어의 성문 파열음은 의도된 음이 아니라고 주장할 수도 있다. 이러한 주장은 east와 같은 단어들이 run east, travel east에서처럼 다른 단어를 후행할 때는 성문 파열음이 없다는 사실에 의해 뒷받침된다. 그렇다 면 east와 yeast의 차이는 [ist] 대 [jist]일 수 있으며, [ʔ]을 독립적인 음으로 음 목록에 포함할 필요가 없다. 일부 화자는 [ʔ]이 음절 말음 위치에서 파열음의 변이형으로 출현하는데, [bʌt] but을 [bʌʔ]으로 발음하는 것을 예로 들 수 있다.

[r]는 설전음(trill)이 아니라 접근음이다. 또한 이 음은 음절 두음 위치에서 [+원순]이므로, 보다 정밀한 IPA 전사는 [ɹʷ]이다. 편이를 위하여, 필자는 상용되는 기호인 [r](또는 [rʷ])를 사용할 것이다. 음절 말음 위치에서는 [rʷ]가 출현하지 않으며, [ɚ]가 출현한다.

연구개 비음 [ŋ]는 어두에서 출현하지 않는다. 이 음이 [nk]의 조합 또는 [ng]의 조합에서 비롯되었다고 주장할 수도 있으나, 필자는 이 견해를 지지 하지 않는다.

[h]는 음절 말 위치에서 출현하지 않으므로 [ŋ]와 상보적인 분포이다. 그러 나 [h]와 [ŋ]는 음성적으로 매우 다르기 때문에 동일한 음소의 변이음으로 취급하지 않는다.

[ʒ]는 어떤 화자들의 경우 단어 genre의 어두에 출현한다. 다른 화자들은 genre를 [dʒ]으로 발음하며, [ʒ]를 단어 어두에서 사용하지 않는다. garage와 measure는 상용 단어이지만, 실제로 [ʒ]는 다른 곳에서는 자주 출현하지 않 는다.

모든 음은 동일한 빈도로 출현하지 않으며, 사실 큰 차이가 있다. (2)의 자료를 살펴보자. CELEX 영어 "lemma(기본형)" 어휘(Baayen et al. 1993)에 수록된 52,447개의 비굴절형(uninflected) 단어로부터 필자가 계산한 영어 음 의 출현 횟수를 괄호에 세시한다. 파찰음과 이중 모음을 구성하는 성분은 개별적으로 세지 않았다. 예를 들어, [t]의 빈도는 [eɪ]의 빈도를 포함하지 않으며, [t]의 빈도는 [tʃ]의 빈도를 포함하지 않는다.

(2)　　최저 빈도 자음　　ʒ(252), ð(606), Ɵ(1,377), ʧ(1,967), ʤ(2,939)

　　　　최고 빈도 자음　　k(17,975), l(22,901), s(23,092), t(25,562),
　　　　　　　　　　　　　　n(25,797)

　　　　최고 빈도 모음　　ɛ(9,929), ə(23,693), ɪ(38,123)

[ʒ]와 [ð]가 영어에서 최저 빈도로 출현하는 자음이라는 것을 볼 수 있는데, 이들의 출현 빈도는 [k, l, s, t, n]와 같은 최고 빈도 자음이나 [ɛ, ə, ɪ]와 같은 최고 빈도 모음의 출현 빈도의 일부에 불과하다.

(3)은 미국 영어 모음이다. 필자는 두 단계의 전설성과 세 단계의 높이로 이루어진 가장 간단한 자질 체계를 전제한다. 또한 [긴장]은 [혀뿌리 전진(advanced)]으로 해석할 수 있다(Halle and Stevens 1969).

(3)　　미국 영어 모음

		\-후설		+후설	
		\-원순	+원순	\-원순	+원순
+고설	+긴장	i beat			u boot
	\-긴장	ɪ bit			ʊ book
\-고설, \-저설	+긴장	e bait		ɝ (ɚ) Berber	o boat
	\-긴장	ɛ bet		(ə) ʌ abut	
+저설		æ bat		ɑ spa	ɒ law

이중 모음

iɚ	eɚ	uɚ	oɚ	aɚ	ai	au	oi	(ou	ei)
beer	bear	tour	or	are	buy	how	boy	(go	day)

일반적으로 모음은 자음보다 변이형이 많다. 예를 들어, 일부 미국 영어 화자는 spa와 law에 동일한 모음을 사용한다.

필자는 Clark and Hillenbrand(2003)를 따라서, beer [biɚ], bear [beɚ], or [oɚ]와 같이 [ɚ]로 끝나는 이중 모음의 주요 모음은 이완음이 아니라 긴장음 이라고 전제한다.

모음 [ə]는 [ʌ]의 비강세 형식이며, [ɚ]는 [ɝ]의 비강세 형식이다. [ɝ]와 [ɚ]는 자음 [r](또는 [rʷ])와 관련시킬 수도 있다. 왜냐하면 fur and.... [fɝ rənd] 와 beer and.... [biɚ rənd]에서와 같이, [ɝ]나 [ɚ] 뒤에 또 다른 모음이 출현하 면 [r]가 이 모음과 후행 모음 사이에 나타나기 때문이다. 따라서 일부 언어학 자들은 [r]로 [ɚ]를 표기하거나, [r]로 [ɝ]와 [ɚ] 모두 표기하기도 한다. 이는 (4)와 같다.

(4)		beer	father	fur	real
	이 책의 분석	biɚ	faðɚ	fɝ	rʷil
	Ladefoged(2006)	bɪr	faðɚ	fɝ	ril
	Hammond(1999)	bir	faðr̩	fr̩	ril

beer의 마지막 음은 음성적으로 real의 첫 번째 음보다 father의 마지막 음과 더 비슷하다. 이를 고려할 때, 이 책의 표기는 Hammond(1999)와 Ladefoged (2006)보다 음성적으로 정확하다.

긴장 모음 [o]와 [e]는 [oɚ] or, [gol] goal, [eɚ] air, [pel] pale과 같이 [l]나 [ɚ]가 후행될 때 딘모음이다. 빈면 [gou] go, [dei] day와 깉은 개음절에서는 일반적으로 이중 모음이다.

[ai]와 [aj]와 같은 고모음과 활음의 차이를 차치하더라도, 이중 모음 [ai, au, oi, ei, ou]를 전사하는 방법은 여러 가지이다. 이와 관련된 한 가지 문제 는 이중 모음을 구성하는 각 모음에 긴장 모음을 사용할 것인가 아니면 이완 모음을 사용할 것인가이다. (5)는 몇 가지 일반적인 전사 방법이다.

(5)　　a.　　ai　　aɪ

　　　　b.　　au　　aʊ

　　　　c.　　oi　　ɔɪ　　ɔi　　　oi

　　　　d.　　ei　　eɪ　　(ɛɪ)

　　　　e.　　ou　　oʊ

　(a)~(e)에 각각 속하는 기호들은 서로 변별적이지 않다. 그렇다면 더 나은 형식을 어떻게 결정할 수 있는가? 이중 모음을 구성하는 각 모음은 대략 이완 모음과 동일한 길이를 갖기 때문에, 영국 영어 go의 모음을 [ɘʊ]와 같이 두 개의 이완 모음으로 표기해야 한다고 주장할 수도 있을 것이다. 그러나 영국 영어나 미국 영어 이중 모음을 전사할 때 [ɛɪ]는 사용하지는 않는데, 이 이중 모음의 시작점이 [ɛ]보다 높기 때문이다. 또한 이중 모음의 끝점이 [i]와 [u]의 높이에 도달하지 않는다는 것을 지적하여, 끝점을 전사하는 데 [ɪ]나 [ʊ]를 사용할 수도 있다. 그러나 이중 모음의 끝 목표점은 긴장 고모음 이지만, 시간의 부족으로 인해서 목표점에 완전히 도달하지 않는 것일 수도 있다. 이중 모음 전사에 이완 모음을 사용을 반대하는 두 가지 다른 이유가 있다. 첫째, 이중 모음은 긴장 모음과 같기 때문에, 이중 모음을 긴장 모음으로 전사해야 한다. 둘째, 이완 모음 [ɪ]와 [ʊ]는 미국 영어에서 어말 위치에서 출현하지 않지만, 이중 모음은 출현한다. 따라서 이중 모음을 구성하는 두 번째 모음을 긴장 모음으로 전사하는 것이 더욱 일관성이 있다. 여기에서 필자는 긴장 모음을 사용하여 이중 모음을 나타낼 것이다. 그러나 이후 논의 에서 [긴장] 자질은 이중 모음에서 변별적이지 않음을 주장할 것이다.

　대부분의 비저모음(non-low vowels)은 [긴장] 자질이 변별적이다. 영어에 서 [긴장]을 판단하는 방법은 CV 단어와 같은 강세 개음절에서 출현할 수 있는가를 보는 것이다. 긴장 모음은 강세 CV 단어에서 출현할 수 있지만, 이완 모음은 출현할 수 없다. 이 판단 방법에 의하면, law의 모음은 긴장 모음이다. Kenyon and Knott(1944), Chomsky and Halle(1968), Giegerich (1992), Hammond(1999), Ladefoged(2006)와 같은 많은 연구는 law를 [lɔ]로 전사한다. 자질 분석에서 law의 모음은 저모음이다(Chomsky and Halle 1968, Giegerich 1992, Hammond 1999 등). [ɔ]는 주로 중모음에 사용되기 때문에, 필자는 [ɒ]를 사용하여 law의 모음을 전사할 것이다. 이와 관련하여, boy의 이중 모음의 첫 번째 모음은 law의 모음보다 go나 or의 모음에 더 가까운 것 같다. 따라서 [ɔi]보다 [oi]가 더 나은 전사이다. [ɒ]와 마찬가지로, 저모음 [ɑ]는 spa와 bra에 출현하므로 긴장 모음이다. 저모음 [æ]는 주변적인 단어이 기는 하지만 yeah [jæ]와 같은 단어에서 출현하므로 긴장 모음일 것이다.

자질 이론에서 이중 모음은 두 개의 모음으로 구성된다. 따라서 [oi]는 [o]와 [i]로 구성되며, [ou]는 [o]와 [u]로 구성되고, [ei]는 [e]와 [i]로 구성된 다. 반면, 이중 모음 [ai], [au]의 모음 [a]는 단독으로 출현하지 않는데, 이는 9.6에서 논의할 것이다.

활음 [j]와 [w]는 개별 음소로 간주되지 않으며, 고모음 [i]와 [u]가 음절 두음에서 출현할 때 생성되는 변이형으로 취급된다. 예를 들어, [wai] why는 [u]가 두음 위치에 출현하는 [uai]로 분석할 수 있다. [ju] you는 [i]가 두음 위치에 출현하는 [iu]로 전사할 수 있다. [wi] we는 [u]가 두음인 [ui]로 나타 낼 수 있다. 이와 마찬가지로, east는 두음이 없는 [ist]로 전사할 수 있으며, yeast는 첫 번째 [i]가 두음 위치에 출현하는 [iist]로 전사할 수 있다.

9.2. 영어에서 사용되지 않는 음절

이 절은 영어에서 가능한 단음절의 수를 CELEX 어휘에서 발견되는 실제 단음절의 수와 비교하여 논의한다. 두음이나 운의 내부에는 제약이 있는 반면, 두음과 운 사이에는 제약이 거의 없다는 사실은 잘 알려져 있다(Kessler and Treiman 1997). 따라서 가능한 음절의 수는 가능한 두음의 수와 가능한 운의 수의 곱으로 볼 수 있다. 또한 성절 자음을 갖는 여섯 개 단어는 제외할 것이다. 마지막으로, 가능한 운은 V, VV, VC를 포함하는 VX 운으로 제한할 것이다.

유일하게 발견되는 V 운은 [ə]이다. VV 운은 긴장 모음과 이중 모음을 포함한다. VC 운에서 C는 말음에 출현할 수 있는 모든 자음이다. 긴장 모음의 길이를 탄력적이라고 전제하면(Pike 1947, Giegerich 1985; 8장), V는 이완 모음이거나 긴장 모음일 수 있다. 계산의 편이를 위하여, CELEX를 따라서 [ʧ, ʤ]를 단일 자음으로, [tr, dr]를 CC 자음군으로 간주한다. 또한 핵모음 앞의 활음을 C로 간주하며, 이중 모음의 핵후 활음(offglide)을 V로 간주한다. (6)은 가능한 V, VV, VC 운을 제시한다. 미국 영어에서 [e, o]는 C 앞에서 일반적으로 단모음이므로, 이 모음들을 단모음으로 간주하였다.

(6)　　영어의 V, VV, VC 운

　　　　V, VV　1 + 7 + 8 = 16

　　　　ə; i, u, e, ɝ, o, ɑ, ɒ; iɚ, eɚ, uɚ, oɚ, aɚ, ai, au, oi

　　　　VC　　(6 + 7) x 21 = 273 (긴장 모음 포함)

　　　　ɪ, ʊ, ɛ, ʌ, æ, ə; i, u, e, o, ɝ, ɑ, ɒ

　　　　p, b, t, d, k, g, f, v, θ, ð, s, z, ʃ, ʒ, ŋ, m, n, l, r, ʧ, ʤ

가능한 두음 목록은 (7)과 같다. 8장의 논의를 토대로 각 CC와 CCC 자음군에 대하여 예시 단어를 제시하였다.

(7)   영어의 두음

C=23

p, b, t, d, k, g, f, v, Θ, ð, s, z, ʃ, ʒ, h, m, n, l, r, ʧ, ʤ; j, w

CC=56

bj (beauty), bl (black), br (bring), dj (duty), dr (dry), dw (dwell), ʃm (schmaltz), ʃn (schnitzel), ʃr (shrink), ʃw (schwa), fj (few), fl (fly), fr (fry), gj (argue), gl (glad), gr (green), gw (Gwen), hj (huge), kj (cute), kl (class), km (Khmer), kn (Knesset), kr (cry), kv (kvass), kw (quick), lj (volume), mj (mule), mw (moiré), nj (news), nw (peignoir), pj (pure), pl (plot), pr (price), pw (puissance), sf (sphere), sj (suit), sk (sky), sl (sleep), sm (smack), sn (snake), sp (spot), sr (Sri Lanka), st (stop), sv (svelte), sw (swim), tj (tube), tr (try), tw (twin), vj (view), vw (reservoir), zj (presume), zl (zloty), ʒw (bourgeois), Θj (enthuse), Θr (three), Θw (thwart)

CCC=10

str (string), skr (screen), skw (square), spr (spring), spl (splash), stj (studio), skj (skew), spj (spew), skl (sclerosis), tsw (Tswana)

모든 두음이 모든 운과 결합할 수 있다면, 영어에서 가능한 음절의 총 수는 24,276개이다. 그런데 음절이 두음을 갖지 않을 수도 있으므로, 필자는 두음의 수에 1을 더하였다. 이는 (8)과 같다.

(8)   영어의 가능한 음절: 두음 × 운 = 총 수
       $(1 + 23 + 56 + 10) \times (16 + 273) = 26{,}010$

CELEX에 출현하는 실제 단음절의 수는 훨씬 적다. 이는 (9)에 보이는 바와 같으며, 1,259개의 VC 운이 긴장 모음을 지닌다.

(9) 단음절 총 수   6,760

발음 수 (중복 제외)   3,801 (많은 수가 어말 자음군을 지님)

V, VV, VC 운   2,574 (1,259개 VC 운이 긴장 모음을 지님)

V, VV, VC 운을 갖는 단음절의 실제 수는 모든 가능한 단음절의 1/10에
도 미치지 않는다. 이러한 현상의 원인이 무엇인지가 흥미롭다. 두음 자음군
에 대한 분석은 상당 수의 두음이 생산적이지 않다는 점을 보여준다. 어떤
두음은 단지 Tswana의 [tsw]와 같이 자주 사용되지 않는 외래어에서만 출현
하며, 일부는 단지 특수한 모음과만 결합한다. 예를 들어 Cj는 [u] 앞에서만
출현한다. 이러한 두음을 제외하면, (10)과 같이 두음의 수는 1/3이 줄어든
다. 가능한 음절의 수도 (11)과 같이 1/3이 줄어든다.

(10) 영어의 두음, 일반적이지 않은 두음 제외

C = 23 – 1 = 22

포함: p, b, t, d, k, g, f, v, θ, ð, s, z, ʃ, h, m, n, l, r, ʧ, ʤ; j, w

제외: ʒ

CC = 56 – 26 = 30

포함: bl (black), br (bring), dr (dry), dw (dwell), ʃm (schmaltz), ʃn
(schnitzel), ʃr (shrink), ʃw (schwa), fl (fly), fr (fry), gl (glad),
gr (green), gw (Gwen), kl (class), kr (cry), kw (quick), pl
(plot), pr (price), sf (sphere), sk (sky), sl (sleep), sm (smack),
sn (snake), sp (spot), st (stop), sw (swim), tr (try), tw (twin),
θr (three), θw (thwart)

제외: bj (beauty), dj (duty), fj (few), gj (argue), hj (huge), kj (cute),
km (Khmer), kn (Knesset), kv (kvass), lj (volume), mj (music),
mw (moiré), nj (news), nw (peignoir), pj (pure), pw (puissance),

sj (suit), sr (Sri Lanka), sv (svelte), tj (tube), vj (view), vw (reservoir), zj (presume), zl (zloty), ʒw (bourgeois), θj (enthuse)

CCC = 10 - 4 = 6

포함: str (string), skr (screen), skw (square), spr (spring), spl (splash), skl (sclerosis)

제외: stj (studio), skj (skew), spj (spew), tsw (Tswana)

(11) 엉이의 가능한 음절, 일반적이지 않은 두음 제외
    (1 + 22 + 30 + 6) x (16 + 273) = 17,051

(11)의 가능한 음절 수는 여전히 실제 음절 수의 몇 배나 된다. V가 이완 모음인 VC 운을 갖는 음절에 초점을 둘 경우에도 비율은 여전히 유사하다. 이러한 VC 운의 수는 (12)에 계산하였다. 필자는 말음 위치의 [r, ʒ]는 드물게 출현하므로 제외하였다(CELEX는 영국 영어에 기초). CELEX의 모음 [O]는 미국 영어의 off, law의 [ɒ] 또는 hot, bomb의 [ɑ]이며, 그대로 [O]로 남겨두었다.

(12) VC   7 × 19 = 133 ([r, ʒ] 제외)
    ɪ, ʊ, ɛ, ʌ, æ, ə, O(ɑ, ɒ)
    p, b, t, d, k, g, f, v, θ, ð, s, z, ʃ, ŋ, m, n, l, tʃ, dʒ

(13)은 VC 운을 갖는 가능한 음절의 수를 계산한 결과 및 실제 출현하는 음절 수이다.

(13) V가 이완 모음인 VC 운을 갖는 음절
    가능한 수: (1 + 22 + 30 + 6) × 133 = 7,847
    실제 수: 1,069

앞서 본 바와 같이, 가능한 음절의 수는 실제 출현하는 음절의 수의 몇 배나 된다.

(14)는 결과를 요약한 것으로, [V:C]는 긴장 모음을 갖는 VC 운이다. "가능한" 음절의 수는 실제 출현하는 두음의 수와 실제 출현하는 운의 수를 곱한 것이다. "출현하는" 두음과 운은 CELEX에서 발견되는 두음과 운이다. "자주 출현하는" 두음과 운은 CELEX에서 발견되는 두음과 운 가운데 외래어에서만 출현하는 것(예. Khmer의 [km]와 zloty의 [zl])과 특정 모음 앞에서만 출현하는 것(예. [ʒ]와 [j]로 끝나는 모든 두음 자음군)과 같이 비생산적인 것을 제외한 것이다.

(14)   영어에서 가능한 단음절과 실제 출현하는 단음절

두음	운	가능한 음절	출현하는 음절	비율
모든 출현 형식	V, VV, VC, V:C	26,010	2,574	10.1
자주 출현하는 형식	V, VV, VC, V:C	17,051	2,574	6.6
자주 출현하는 형식	VC	7,847	1,069	7.3

사용되지 않는 많은 수의 음절은 설명이 필요하다. 다음 절은 이에 대한 논의이다.

9.3. 사용되지 않는 음절에 대한 설명

사용되지 않는 일부 음절은 음운적 일반화로 설명할 수 있다. 예를 들어, 어두와 어말 자음군에는 제약이 있다(Fudge 1969). 사용되지 않는 어떤 음절은 분명히 우연한 공백이다. 이러한 음절은 영어에서 사용될 수도 있었으며,

영어 화자들이 종종 가능한 단어로 여기기 때문이다. 예를 들어, [bɪk]과 [blɪk]은 CELEX에 출현하지 않지만, 둘 다 영어 화자에게 자연스럽게 들린다. 마찬가지로 [θɪg]의 부재도 아마 우연한 공백일 것이다. 왜냐하면 [θɪk] thick과 [bɪg] big은 각각 [θ]가 [ɪ]를 선행할 수 있으며 [ɪ]가 [g]를 선행할 수 있다는 것을 보여주기 때문이다.

실제로 출현하는 두음과 운으로 이루어진 음절 가운데 출현하지 않는 음절이 음운적 제약 때문인지 아니면 우연한 공백인지 항상 명확한 것은 아니다. 필자에게는 후자인 경우가 더 많아 보인다. V가 이완 모음인 VC 운을 갖는 음절을 좀 더 자세히 살펴보자. VC 조합의 가능한 수와 단음절에서 발견되는 실제 조합의 수가 (15)에 보인다. [r, ʒ]는 말음에서 제외하였는데, [r]는 영국 영어 발음에서 출현하지 않으며 [ʒ]는 매우 드물게 출현하기 때문이다. 미국 영어의 [ɑ]와 [ɒ]인 CELEX의 [O]는 그대로 사용하였다.

(15)   가능한 VC: 7 × 19 = 133

        ɪ, ʊ, ɛ, ʌ, æ, ə, O(ɑ, ɒ)

        p, b, t, d, k, g, f, v, θ, ð, s, z, ʃ, m, n, ŋ, l, ʧ, ʤ

    실제 출현하는 VC: 101 ([ʌx] ugh 제외)

모든 말음이 각 이완 모음 뒤에 출현하는 것이 아니기 때문에, 32개의 VC 운이 부재한다. (16)은 이에 대한 자료를 제시하며, 사용되지 않는 말음은 괄호 안에 제시하였다.

(16) VC 운에서 사용되는 말음과 사용되지 않는 말음

	사용	사용되지 않음
ɪ	19	0
æ	18	1 (ð)
ɔ	18	1 (ð)
ʌ	17	2 (ð, Ө)
ɛ	17	2 (ð, ŋ)
ʊ	8	11 (p, b, g, v, Ө, ð, z, m, n, ŋ, dʒ)
ə	4	15 (p, t, d, k, g, f, Ө, ð, z, ʃ, m, n, ŋ, ʧ, dʒ)
합계	101	32

부재하는 VC 운의 약 절반은 모음 [ə]를 수반한다. [ə]를 갖는 네 개의 VC 운은 [əl] 'll [əm] 'em [kəs] cos(because의 축약형), [əv] 've로, 각각 한 개의 단어에서 출현한다. 이들은 강세를 받을 수 없는 단어 형식이다. of와 them처럼 강세를 받을 수도 있고 약강세일 수도 있는 단어의 경우, [ə] 이외의 다른 모음을 지니는 강세 형식을 주요 형식으로 분석하였다. 따라서 [ə]를 갖는 VC 운의 결여는 [ə]+C에 대한 조음적 제약 때문이 아니라, 영어는 강세를 받을 수 없는 단어가 많지 않다는 사실 때문이다.

부재하는 VC 운의 1/3은 [ʊ]와 함께 출현한다. 말음이 순음인 [ʊp, ʊb, ʊf, ʊm]이 부재하는 것을 볼 수 있다. 또한 [ʊ] 뒤에서 유일하게 출현하는 순음은 [wʊf] woof에 보인다. woof를 제외하면 순음이 후행하는 [ʊ]는 없다. 이는 동일한 운에서 두 개의 순음의 출현을 반대하는 이화의 결과인 것처럼 보인다. 그러나 순음 연쇄인 [ɔp, ɔb, ɔf, ɔv, ɔm]이 존재한다. 또한 두 개의 순음 조음 동작을 하나의 긴 조음 동작으로 병합하면, 이화를 설정하는 것은 불필요하다. 따라서 [ʊ]와 순음 C 조합의 결합은 여전히 설명이 되지 않는다.

이에 대한 대안적인 분석으로, [ʊ]와 출현하지 않는 말음이 [p, θ]를 제외하면 모두 유성음이라는 것에 주목할 수도 있다. [ʊp]는 [ʊps] oops에서 발견된다. 따라서 유성 말음이 [ʊ]에 후행하는 것을 금지하는 음성적 제약이 있다고 제안할 수도 있다. 잘 알려진 바와 같이 모음은 유성음 말음 앞에서 음길이가 더 길어진다. 그렇다면, [ʊ]는 유성 말음 앞에서 장모음 [ʊ:]가 되어 [u:]와 구분이 더 어렵게 되기 때문이다. [O]는 유일한 원순 저모음이므로, 유성 말음 앞에서 장음화하더라도 다른 모음과 혼동되지 않는다. 그러나 bull, pull, full, wool에서와 같이 [ʊ]는 [l] 앞에서 출현하며, 실제로 pull과 pool, full과 fool 같은 대립쌍이 있다. 이는 [ʊ]가 유성 말음을 가질 수 있다는 것을 보여준다. (bull, pull, full, wool을 강세를 받는 성절적 [l]를 사용하여 [bl, pl, fl, wl]로 나타내지 않는 한 말음 [l]를 갖는다.)

유일하게 with에서만 출현하는 [ð]가 가장 비생산적인 말음으로 보인다는 점을 제외하면, 이외의 다른 부재하는 VC 운에 대해서는 언급할 바가 별로 없다.

VC 운을 갖는 단음절의 실제 수가 모든 가능한 단음절 수의 1/7보다도 적다는 것은 앞서 (14)에서 살펴보았다. 사용되지 않는 VC 운은 사용되지 않는 모든 음절의 작은 일부만을 설명할 수 있을 뿐이다. 따라서 대부분의 사용되지 않는 음절들은 두음-운 결합의 부재로 인한 것이다. 특히 [zl], [vw], [sr], [tsw], Cj, CCj 등과 같은 비생산적인 두음을 제외하더라도, 여전히 59개의 두음(C 두음 22개, CC 두음 30개, CCC 두음 6개, 두음이 없는 1개)이 남는다. 그러나 심지어 가장 생산적인 운도 이 두음들의 절반 정도와는 함께 출현하지 않는다. (17)은 101개의 VC 운 및 함께 출현하는 두음의 수(괄호)를 제시한다.

(17)　VC 운 및 함께 출현하는 두음의 수

[ɪl](29), [ɪp](26), [æk](25), [ɪt](25), [Ot](25), [æt](25), [ɪk](23),
[Op](23), [æg](22), [æʃ](22), [æp](21), [æm](20), [ʌm](20), [ɪn](19),
[Ok](19), [ʌg](19), [æd](18), [æn](18), [ɛd](18), [Ob](18), [Od](18),
[ʌf](18), [ɛl](17), [ɛt](17), [ɪŋ](17), [Og](16), [ʌb](16), [ʌt](16),
[æb](15), [ɪm](15), [ɪg](14), [ɪʧ](14), [ʌk](14), [ɛs](13), [Os](13),
[Oʃ](13), [ʌn](13), [ʌʃ](13), [æŋ](12), [ɛk](12), [ɪf](12), [ɪb](11),
[ɪz](11), [ʌd](11), [æʧ](10), [ɛʤ](10), [ɪd](10), [On](10), [Oŋ](10),
[ʌs](10), [ʌʤ](9), [ʌŋ](9), [ɛg](8), [ɛʧ](8), [ɪs](8), [Of](8), [Oʧ](8),
[ʊk](8), [ʌl](8), [æs](7), [ɛf](7), [ɛm](7), [Ol](7), [Om](7), [ʌʧ](7),
[ɛp](6), [ɪʃ](6), [OΘ](6), [ʊd](6), [Oʤ](5), [ʌp](5), [ʌv](5), [æl](4),
[ɛb](4), [ɛʃ](4), [ɪʤ](4), [ɪΘ](4), [ɪv](4), [ʊl](4), [ʊʃ](4), [ʊt](3),
[ʌz](3), [æʤ](2), [æf](2), [æv](2), [æz](2), [ɛΘ](2), [ʊʧ](2), [æΘ](2),
[əl](1), [əm](1), [əs](1), [əv](1), [ɛv](1), [ɛz](1), [ɪð](1), [Ov](1),
[Oz](1), [ʊf](1), [ʊs](1)

VC 운의 총 수	101
VC 운을 갖는 음절의 총 수	1,069
운 당 가능한 두음	59
VC 운 당 평균 두음	10.6

　각 운은 59개의 결합 가능한 두음이 있지만, 평균적으로 VC 운은 단지
10.6개의 두음과 출현한다. 어떤 음절들이 부재하는지 자세히 살펴보자. 가
장 생산적인 VC 운은 [ɪl]이며, 가장 비생산적인 운 가운데 하나는 [ɛΘ]이다.
이는 각각 (18)과 (19)에 보인다.

(18)　[ɪl]을 포함하며 사용되지 않는 음절 (59 - 29 = 30)

　　vɪl, Θɪl, ðɪl, zɪl, ʃɪl, lɪl, jɪl; blɪl, dwɪl, ʃmɪl, ʃnɪl, ʃwɪl, flɪl, glɪl, gwɪl, klɪl,
　　krɪl, plɪl, prɪl, sfɪl, slɪl, smɪl, snɪl, Θwɪl; strɪl, skrɪl, skwɪl, sprɪl, splɪl, sklɪl

(19)   [εθ]를 포함하며 사용되지 않는 음절 (59 - 2 = 57)

εθ, bεθ, dʒεθ, fεθ, gεθ, hεθ, kεθ, mεθ, nεθ, pεθ, rεθ, sεθ, tεθ,
tʃεθ, wεθ, vεθ, θεθ, ðεθ, zεθ, ʃεθ, lεθ, jεθ; drεθ, frεθ, grεθ,
kwεθ, skεθ, spεθ, ʃrεθ, stεθ, swεθ, trεθ, θrεθ, twεθ, blεθ, dwεθ,
ʃmεθ, ʃnεθ, ʃwεθ, flεθ, glεθ, gwεθ, klεθ, krεθ, plεθ, prεθ, sfεθ,
slεθ, smεθ, snεθ, θwεθ; strεθ, skrεθ, skwεθ, sprεθ, splεθ, sklεθ

이러한 음절들을 배제할만한 좋은 음운적 이유가 보이지 않는다. 또한
영어 화자는 이 음절들을 가능한 잠재적 단어로 생각할 수도 있다. 사실
이들 가운데 일부는 [mεθ] meth, [bεθ] Beth, [sεθ] Seth와 같이 CELEX에
수록되지 않은 단어에서 출현한다.

그렇다면 영어에서 사용되지 않은 음절이 많은 이유는 무엇인가? 이에
대한 필자의 답은 단순히 영어에 그렇게 많은 단어가 필요하지 않다는 것이
다. 실제로 사용되는 단어의 수를 가능한 음절의 수와 비교하여 살펴보자.

CELEX 어휘는 160,595개 항목을 수록하며, 이 가운데 52,447개는 "lemmas
(기본형)"로 분류된 비굴절형이다. 비굴절형 리스트는 파생형(derived) 단어
형식을 포함한다. 예를 들어, catch(동사), catch(명사), catching(형용사), catcher
(명사), catchy(형용사), catchily(부사)는 개별 항목으로 수록되어 있는데, 만약
형태소의 수, 즉 형태적으로 단순한(simple) 단어의 수를 세면 어휘는 훨씬
작아진다. CELEX는 각 항목을 "형태적 지위"의 하위 범주 여덟 개 가운데
하나로 레이블링한다. CELEX 단어는 형태적으로 "단순"한 단어와 "파생"
된 단어로 이분할 수 있으며, 이는 (20)과 같다.

(20)   CELEX의 단순 단어와 파생 단어 (합계 52,447)

형태적 지위	예	단순	파생
C (합성, compound)	aback, sandbank		29,117
F (축약, fused)	I've		173
I (형태와 무관, irrelevant morphology)	A/C, almighty		2,128
M (형태소, morpheme)	camel	7,401	
O (형태 불분명, obscure morphology)	anarchy, vegetable	3,571	
R (가능한 어근, root possible)	behind, chapter	2,066	
U (형태 불명확, unclear morphology)	alpenstock, interland	725	
Z (영형태, conversion, zero derivation)[1]	abandon(명사)		7,266
합계		13,763	38,684

형태적 지위의 하위 범주 C, F, I는 형태적으로 복잡하다. 범주 Z는 다른 범주에 이미 속하는 단어들이 반복 출현한 것으로, 이 범주의 단어는 파생된 것이다. 예를 들어, 명사 abandon은 동사 abandon으로부터 파생된 것으로 영(zero)접미사를 갖는다. O, R, U 범주는 단순 단어와 파생 단어를 모두 포함하는 것으로 보인다. 예를 들어, anarchy-monarchy, vegetable-vegetation, behind-before, interland-intercity와 같은 쌍은 이 단어들이 분해될 수 있다는 것을 보여주는 듯하다. 그러나 논의의 편의를 위하여, 필자는 O, R, U를

---

1   [역자 주] 원문의 'zero conversion'을 'conversion, zero derivation'으로 정정하였으며, 이는 형태 표지가 없으나 단어의 부류가 달라지는 파생 형식을 가리킨다. CELEX 레이블링에 대한 정보는 가이드 라인을 참조할 수 있다(https://catalog.ldc.upenn.edu/docs/LDC96L14/eug_let.pdf).

"단순" 단어로 구분하였다. 이들을 단순 단어로 구분하더라도 CELEX의 52,447 단어 가운데 단지 1/4만이 형태적으로 단순하며, 다른 단어들은 그로부터 파생될 수 있다.

어떤 항목들은 잘 사용되지 않은 단어라는 점도 주의할 필요가 있다. 잘 알려진 바와 같이, 일반적인 영어 화자는 보통 몇 천개의 단어만을 사용한다. 실제로 Longman Handy Learner's Dictionary(Urbom 1999)는 단지 2,000개 정도의 단어를 사용하여 모든 단어를 정의한다. 잘 사용되지 않는 단어를 정의하는 긴단한 방법은 출현 빈도이다. CELEX는 18,000,000개 단어 항목이 수록된 코퍼스에 근거하여 각 단어의 출현 빈도를 제공한다. 상당히 보수적인 방법을 취하여, 코퍼스 항목의 99.9%를 차지하는 단어를 고빈도 단어로 정의하자. 이 정의에 의하면, 빈도가 5 또는 그 이상인 단어는 고빈도이며 모든 다른 단어들은 저빈도이다. 형태적으로 단순한 단어 13,763개 가운데, 10,565개가 고빈도이다.

영어는 다음절 단어와 단음절 단어가 있으며, 그 수는 (21)과 같다. 단어의 수는 네 가지 방법으로 측정하였는데, "단순 단어"는 형태적으로 단순한 단어를 가리키며, "고빈도 단어"는 다섯 번 또는 그 이상 출현하는 것을 단어를 의미한다. (21)은 영어에서 사용되는 형태소의 수는 10,000개 정도이며, 그 중 약 4,000개는 단음절이라는 것을 보여준다.

(21)	단어 유형	합계	다음절	단음절
	모든 "lemmas(기본형)"	52,447	45,687	6,760
	비합성어(non-compounds)	42,089	35,329	6,760
	단순 단어	13,763	9,842	3,921
	단순 단어이면서 고빈도 단어	10,565	7,078	3,487

이제 영어에서 가능한 단음절어의 수를 살펴보자. 8장에서 논의한 바와 같이, 영어는 단음절어의 어두 위치에 최대 세 개의 자음을 허용한다. 또한 help [p], task [k]와 같이 단어의 어말 위치에서 VX 운 뒤에 추가적인 자음을 허용한다. 추가적인 자음 이외에 부가되는 자음군은 일반적으로 접미사이며, 이들은 형태적으로 단순한 단어에서 많이 보이지 않는다. 따라서 가능한 음절들의 총 수는 '가능한 두음의 수 x VX 운의 수 x 추가적인 어말 자음 종류의 수'이어야 한다. 이는 (22)와 같다. (22)에서 '0'은 두음이나 말음 자음이 없음을 가리킨다.

(22)   영어에서 가능한 단음절어
        합계 = 두음 × VX × C = 59 × 298 × 10 = 170,510
        두음(일반적인 두음): 1 + 22 + 30 + 6 = 59 (0, C, CC, CCC)
        VX: 16 + 273 = 289
                            (VV, VC, VC의 V는 긴장 모음일 수 있음)
        C: 10 (0, p, t, k, f, θ, s, ʃ, ʧ, (ŋ, m, n, l, r))

일반적인 두음의 수와 VX 운의 수는 9.2에서 논의하였다. 어말 C는 유성 자질의 한 계열만을 포함하였다. 이는 어말 C가 일반적으로 선행하는 C의 유성성과 일치하기 때문이다. 또한 공명음 C는 장애음 C 뒤에 출현하지 않기 때문에, 모든 공명음 C를 하나의 음으로 간주하여 괄호 안에 제시하였다.

(22)는 영어에서 가능한 단음절어의 수가 형태적으로 단순한 총 단어의 17배이며 형태적으로 단순한 단음절 단어의 40배 이상임을 보여준다. 그러나 가능한 음절의 대다수가 사용되지 않는 것은 놀랍지 않다. 이는 이 단어들이 음성적 또는 음운적 제약으로 배제되어서가 아니라, 단순히 영어에서 지나치게 많은 단어가 사용될 필요가 없기 때문이다.

9.4. 다음절 단어의 음절

이제 다음절 단어에 대하여 살펴보자. 특히 다음절 단어가 더 많은 음절 유형이나 새로운 음절 유형을 포함하는지 살펴보자.

다음절 단어가 음절의 연쇄로 구성되며 각 음절이 단음절 단어에 출현한 다면, 다음절 단어의 음절 유형과 단음절 단어의 음절 유형은 크게 다르지 않을 것이다. 물론 일부 다음절 단어에만 출현하며 자주 사용되지 않는 Tswana의 [tswa]와 같은 자음군이 있을 것이다. 그러나 이러한 자음군은 많지 않을 것으로 예상된다. 그러나 놀랍게도 다음절어는 단음절어보다 1,453 개나 더 많은 음절 유형이 있는 것으로 조사되었다. (23)은 CELEX "lemmas (기본형)" 어휘로부터 추출한 자료이다. 여기에서 "합성어"는 단어 내부에 띄어쓰기나 '-'을 갖는 항목을 가리킨다.

(23)

	단어 수	음절 유형 수
단음절	6,760	3,801
다음절	36,012	5,254
합성어	10,358	
"lemmas(기본형)" 총 수	52,447	

다음절어에 추가적인 음절 유형이 나타나는 세 가지 주요한 원인이 있는데, 이는 (24)와 같다.

(24)   다음절어의 새로운 음절 유형의 주요 원인
    a.   비강세 음절
    b.   개음절 이완 모음
    c.   접미사

첫 번째 원인은 단음절 어휘는 대부분 강세를 받는 반면, 다음절 어휘의 많은 음절은 비강세 음절이라는 사실이다. 강세의 결여로 인하여, 모음이 없는 음절 및 주요 모음이 [ə]인 음절이 생성된다. 이는 (25)에서 볼 수 있다.

(25)

	모음 없음	주요 모음 [ə]
단음절	6	6
다음절	86	552

단음절 단어 형식은 모음이 없는 음절이 단지 여섯 개에 불과하다(ahem, 'd, hem, psst, 's, shh). 그러나 다음절 단어에는 86개가 있다. 이와 마찬가지로, 비강세 [ə]는 단지 여섯 개의 단음절 단어 형식만 주요 발음으로 사용된다(o', 'll, 'em, 're, cos, 've). 그러나 다음절 단어는 552개 음절에서 비강세 [ə]가 주요 발음으로 사용된다.

추가적인 음절 유형의 두 번째 원인은 음절화 방법으로 인한 것이다. CELEX는 항상 CVCV를 CV.CV로 음절화한다. 예를 들어, [hæ]와 [bɛ]는 단음절어에 출현하지 않지만, happy는 [hæ][pɪ], belly는 [bɛ][lɪ]로 음절화한다. 다음절어의 개음절 이완 모음의 수는 (26)과 같다. [ə]는 영국 영어 발음에서 이완 모음이다.

(26)

	æ]	ɛ]	ɪ]	ʊ]	ɔ]	ʌ]	합계
단음절	0	0	0	1	0	1	2
다음절	49	50	57	42	51	44	293

여섯 개의 개음절 이완 모음은 다음절어에 나타나는 약 300개의 추가적인 음절을 설명할 수 있다. 그러나 3장에서 논의한 바와 같이, CVCV는 첫 번째 V가 단모음이며 강세를 받을 때 CVC.V로 음절화해야 한다. 만약 그렇다면 개음절 이완 모음을 갖는 새로운 음절을 제외할 수 있다.

추가적인 음절 유형의 세 번째 원인은 다음절어의 접사이다. 예를 들어, [ɪə]와 [ʊə]를 갖는 음절의 수를 (27)에서 살펴보자.

(27)

	단음절	다음절
[ɪə]를 갖는 음절	42	156 (–ial, –ian, –ious 등)
[ʊə]를 갖는 음절	13	99 (–ual, –uary 등)

[ɪə]를 갖는 많은 다음절어는 –ial [ɪəl], –ian [ɪən], –ious [ɪəs]와 같은 접미사를 갖는다. 그리고, [ʊə]를 포함하는 많은 다음절어는 –ual [ʊəl]과 –uary [ʊə.ɾɪ]와 같은 접미사를 갖는다. 예를 들어, concept로부터 conceptual이 파생되는데, [ʧʊə]은 단음절어에서 발견되지 않는다. 마찬가지로, sense로부터 sensual이 파생되지만 [sjʊə]은 단음절어에서 발견되지 않는다.

단음절어는 다음절어에 출현하지 않는 새로운 운을 갖지 않으며, 다음절어는 단음절어에 나타나지 않는 새로운 운을 갖지 않는다는 점에 주목할 필요가 있다. (28)은 단음절어 또는 다음절어에만 출현하는 특수한 운을 출현 횟수와 함께 제시한다. [əC]는 '[ə] + 모든 자음'을 의미한다. 8장의 논의에 근거하여, VX를 초과하는 어말 자음은 고려하지 않는다. 예를 들어, [ʊps]는 [ʊp]로, [ʊnd]는 [ʊn]으로 간주한다.

(28)

단음절어	다음절어	출현 횟수	예
[ʌx], [ʊp], [cv]		3	ugh, oops, rev
	[ʊz], [ʊŋ], [ʊn]	4	gooseberry, Weltanschauung, Burundi
	[ɔː], [ũː], [æ̃ː], [æ̃]	35	외래어만 해당
	[æ], [ɔ], [ɛ], [ɪ]	207	
	[ə], [əC]	331	

단음절어에 나타나는 특수한 운 세 개는 주변적(marginal) 단어에서 각각 한 번씩 출현한다. 다음절어에 출현하는 특수한 운은 대부분 비강세 [ə]나 개음절 이완 모음을 수반한다. 이는 이미 논의한 바와 같다. 남은 운 가운데 [ʊz]는 gooseberry에서 한번 출현하며, [ʊŋ]는 Weltanschauung에서 한번 나타난다. 또한 [ʊn]는 Burundi와 dachshund에서 각각 한번 출현한다. [ɔ̃ː], [ũː], [æ̃ː], [æ̃]는 외래어 악센트를 갖는 단어에서만 출현한다. 따라서 [ə]나 개음절 이완 모음을 지니는 운을 제외하면 단음절어와 다음절어는 유사한 운 목록을 갖는다.

요약하면, 다음절 단어는 단음절 단어에 비하여 더 많은 음절 유형이 있다. 새로운 음절 유형의 대부분은 세 가지 사실로 설명할 수 있다. 첫째, 다음절 어에 비강세 음절이 더 많으며, 둘째, CELEX의 음절화 방식으로 인하여 개음절 이완 모음이 생성된다. 셋째, 어두 모음을 갖는 일부 접미사가 다음절 어에서 추가적인 운을 생성한다.

9.5. 영어와 중국어의 형태소 목록

영어와 중국어의 형태소 목록 크기를 비교하는 것은 흥미롭다. 이 둘은 상당히 비슷한 것으로 나타난다.

논의의 편의와 일관성을 위하여, 필자는 중국어 형태소의 수가 한자의 수와 대체로 동일하다고 간주한다. 예를 들어, 한자 干은 '마르다' 또는 '하다'를 의미할 수 있지만, 이를 하나의 형태소로 간주한다. 이 분석은 또한 이음절 형태소를 과잉 구분하여 계산한다. 예를 들어, 蜻蜓 '왕잠자리', 玛瑙 '마노, 호박'은 각각 하나의 형태소이며, 이 단어를 구성하는 한자는 그 자체로 의미를 갖지 않는다. 그러나 이 단어들을 각각 두 개의 형태소로 취급한다.

영어 형태소의 수는 CELEX에서 단일 형태소로 분류된 단어의 수로 측정한다. 단일 형태소 단어는 형태적 지위가 (20)의 M인 단어에 해당한다. 이 분석은 동형이의어들을 구분하여 계산하는데, 이는 CELEX에 동형이의어가 별개의 항목으로 수록되어 있기 때문이다. 예를 들어, bank '은행'과 bank '둑'은 별개의 항목으로 수록되어 있으며, 두 개의 형태소로 간주한다. 반면이 분석은 bio-, pre-, -ology, -er, -ly와 같은 의존 형태소를 제외한다. 영어에서 의존 형태소를 형태소 수 계산에서 배제하는 것은 동형이의어를 구분하여 계산하는 것으로 상쇄될 것이다. 중국어에서는 동형이의어를 구분하여 계산하지 않는다. 따라서 형태소 수의 측정 방법의 전반적인 효과는 두 언어에 균형적으로 작용할 것이다.

두 언어 모두 영형태 파생(zero derivations), 즉 명확한 접사 없이 단어의 범주가 변화하는 경우는 제외한다. 예를 들어, 영어에서 dry(형용사)는 포함하지만, dry(동사)는 포함하지 않는다. 마찬가지로, 중국어에서 干은 동사 '말리다', 동사 '하다', 형용사 '말린' 또는 명사 '말린 음식'일 수 있는데, 이들은 하나의 형태소로 계산한다.

두 가지 전자 코퍼스, 즉 중국어는 Da(2004), 영어는 CELEX를 사용한다. 이 두 코퍼스에 대한 기본적인 정보는 (29)와 같다.

(29)

	중국어	영어
코퍼스	Da(2004)	CELEX
규모	259,000,000개 한자 항목	18,000,000개 단어
형태소	12,041개 한자 (중복 한자 제외)	7,401개 단일 형태소 단어

영어 코퍼스는 현대 영어만을 포함하지만, 중국어 코퍼스는 고전과 현대 텍스트를 모두 포함하므로, 영어 코퍼스의 형태소가 더 적다. 또한 중국어

코퍼스에 포함된 많은 한자는 매우 드물게 사용된다. 자주 사용되지 않는 형태소를 제외하면, 두 언어의 유사성이 더 명확해진다. 각 코퍼스의 한자 또는 단어 항목의 사용 정도를 살펴보자. (30)은 7,000번째 빈도까지의 형태소 자료이다. 중국어는 Da(2004)가 측정한 것이며, 영어는 필자가 측정한 것이다.

(30) 코퍼스에서 상위 빈도 7,000개 형태소가 차지하는 누적 범위

빈도	중국어	영어
1,000	86.1740%	87.3571% (wise, 723)
2,000	95.5529%	94.2505% (liquid, 204)
3,000	98.3248%	97.2358% (leap, 78)
4,000	99.3046%	98.6762% (loom, 35)
5,000	99.7321%	99.4708% (tankard, 16)
6,000	99.9268%	99.8682% (clunk, 5)
7,000	99.9802%	100.0000% (gull(동사), 0)

상위 빈도 1,000위에 속하는 형태소는 중국어 코퍼스의 86%를 차지하며, 영어 코퍼스의 87%를 차지한다. 영어에서 빈도가 1,000번째인 형태소는 wise로 723회 출현한다. 두 언어에서 상위 빈도 4,000위에 속하는 형태소는 코퍼스 전체 항목의 99%를 차지하며, 상위 빈도 6,000위 이내의 형태소는 전체 항목의 99.9%을 차지한다. 영어의 asp(명사), barm(명사), gull(동사)과 같은 최하위 454개 형태소는 빈도 코퍼스에 출현하지 않는다(빈도 코퍼스는 CELEX 자료 중 하나임). 그러나 이 형태소들을 빈도가 낮다고 전제하는 것이 합리적이다. 이들을 어떻게 처리하든지 상관없이, 중국어와 영어 두 언어 모두 상위 빈도 6,000개의 형태소가 코퍼스 전체 항목의 99.9%를 차지한다.

다른 언어에서 사용되는 형태소의 수는 명확하지 않다. 그러나 영어가

전세계적으로 사용되며 다른 언어로부터 많은 단어를 차용해 온 사실, 그리고 중국어 코퍼스가 현대 중국어뿐만 아니라 고전문학 텍스트도 대량 포함한다는 사실을 고려하면, 다른 언어의 형태소 목록이 영어와 중국어의 형태소보다 훨씬 클 것 같지는 않다고 전제하는 것이 합리적이다.

9.6. 이중 모음

이중 모음은 두 개의 모음으로 구성된다. 이중 모음은 [iɚ] ear, [eɚ] air처럼 권설모음으로 끝나거나, [ia], [ua]처럼 고모음으로 시작할 수 있고, 또는 [ai], [au]처럼 고모음으로 끝날 수도 있다. 고모음으로 시작하는 이중 모음에서 고모음 두음은 활음으로 전사할 수 있다. 즉, [ia]는 [ja]로, [ua]는 [wa]로 전사할 수 있다. 이러한 이중 모음은 제약이 전혀 없는 것 같다. 예를 들어, 미국 영어에서 모든 모음이 [i]와 [u]에 후행할 수 있다. 이는 (31)과 같다.

> (31) [wi] we, [wɪt] wit, [wu] woo, [wʊd] wood, [wei] way, [wɛt] wet, [woɚ] war, [wʌt] what, [wæk] wack, [wɒk] walk, [gwɑm] Guam [jist] east, [jɪp] Yip, [ju] you, [jʊd] you'd, [jeits] Yates, [jɛt] yet, [joɚ] your, [jʌp] yup, [jæk] yak, [jɒn] yawn, [jɑɚd] yard

유일한 제약은 이중 모음을 시작하는 고모음이 [i, ɪ, u, ʊ] 네 개가 아니라 [i, u] 두 개라는 것이다. 이로부터 고모음 또는 활음은 두음 위치에서 [긴장] 자질이 변별적이지 않다는 것을 알 수 있다.

이제 고모음으로 끝나는 이중 모음에 초점을 맞춰보자. 이러한 이중 모음은 많은 제약을 받는다. 만약 모든 고모음이 모든 고모음과 결합할 수 있다면, 상당 수의 이중 모음이 있어야 한다. 미국 영어를 예로 들면, 열한 개의 모음 [i, ɪ, u, ʊ, e, ɛ, o, ʌ, æ, ɑ, ɒ]와 네 개의 고모음 [i, ɪ, u, ʊ]는 (32)와 같이 44개의 가능한 조합이 있다.

(32) 고모음으로 끝나는 이중 모음 조합
ii, ɪi, ui, ʊi, ei, ɛi, oi, ʌi, æi, ɑi, ɒi
iɪ, ɪɪ, uɪ, ʊɪ, eɪ, ɛɪ, oɪ, ʌɪ, æɪ, ɑɪ, ɒɪ
iu, ɪu, uu, ʊu, eu, ɛu, ou, ʌu, æu, ɑu, ɒu
iʊ, ɪʊ, uʊ, ʊʊ, eʊ, ɛʊ, oʊ, ʌʊ, æʊ, ɑʊ, ɒʊ

그러나 (32)의 조합 가운데 다섯 개만 영어에서 사용되며, 이는 두 가지 문제를 제기한다. 첫째, 왜 대부분의 이중 모음이 사용되지 않는가? 둘째, 어떤 이중 모음이 사용되며, 어떻게 전사할 것인가? 예를 들어, 이중 모음은 [ai, au, oi, ou, ei]인가, 아니면 [aɪ, aʊ, ɔɪ, oʊ, eɪ]인가? [ai, au]로 전사할 것인가, 아니면 [ɑi, ɑu]로 전사할 것인가? 아래에서는 이중 모음의 수를 줄일 수 있는 가능한 제약들을 분석하여 이 문제들을 하나씩 논의할 것이다.

첫째, [ei]–[eɪ], [ei]–[ɛi], [ai]–[aɪ]와 같이 [긴장] 자질이 변별적인 이중 모음이 없다는 것을 알 수 있다. 또한 [ɛi]–[ʌi], [ɛu]–[ʌu], [æi]–[ɑi], [æu]–[ɑu]와 같이 [후설] 자질이 변별적인 이중 모음도 없다. 따라서 필자는 (33)과 (34)의 제약을 제안한다.

(33) No–[긴장]
[긴장] 자질은 이중 모음에서 변별적이지 않다.

(34) No–비고모음–[후설]
[후설] 자질은 이중 모음의 비고모음(non-high vowels)에서 변별적이지 않다.

No–[긴장] 제약에 의해서 [i]와 [ɪ], 또는 [u]와 [ʊ]는 변별적이지 않다.

따라서 단지 두 개의 모음이 있으며, 이들을 [긴장]이 미명세된 [I, U]로 전사하기로 하자. 마찬가지로, [긴장]과 [후설]이 미명세된 중모음에 [ə]를 사용하고([e, ε, ʌ] 병합), [긴장]과 [후설]이 미명세된 저모음에 [A]를 사용한다([æ, ɑ] 병합). 이제 모음은 열한 개가 아니라 여섯 개 [I, U, ə, o, A, ɒ]이며, 고모음은 네 개가 아니라 두 개 [I, U]가 있다. 따라서 이중 모음은 44개에서 (35)의 12개로 줄어든다.

(35) 영어 이중 모음 조합
II, UI, əI, oI, AI, ɒI
IU, UU, əU, oU, AU, ɒU

[II]와 [UU]는 5장에서 소개한 병합(Merge) 제약에 의해 제외될 수 있다. [II]는 [iː]와 동일하며, [UU]는 [uː]와 동일하다. 이제 10개[2]의 이중 모음이 남는다.

이중 모음의 수를 더 줄이기 위하여 이중 모음의 자질 양립성(compatibility)을 살펴보자. 첫째, (36)에서 여섯 개의 모음 자질을 살펴보자.

(36) 이중 모음의 모음 자질

[+고설]	[I]: [−후설]
	[U]: [+후설]
[−고설, −저설]	[ə]: [원순]
	[o]: [+원순]
[+저설]	[A]: [−원순]
	[ɒ]: [+원순]

---

2 [역자 주] 원문의 '14개'를 '10개'로 정정함.

일반적인 관례를 따라서, 필자는 변별적인 자질만이 명세될 필요가 있다고 전제한다. 고모음 [I]와 [U]는 [후설]이나 [원순] 자질에서 다르다. 그러나 두 자질 가운데 하나만 필요하며, 필자는 [후설]을 선택한다. 중모음과 저모음은 [원순] 자질로 각 쌍의 모음을 구분한다.

이상의 자질에 대하여 운 조화(Rhyme-Harmony) 제약을 사용하면, 이중 모음 두 개를 더 줄일 수 있다. (37)은 5장에서 소개한 운 조화 제약을 다시 제시하며, 운 조화에 의해 축소된 이중 모음 두 개는 (38)에서 괄호로 제시하였다.

(37) 운 조화
      운에 속하는 모음들은 [후설] 또는 [원순] 자질에서 상반된 값을 가질 수 없다.
      *[+후설][-후설], *[-후설][+후설]
      *[+원순][-원순], *[-원순][+원순]

(38) 운 조화에 의해 축소된 이중 모음 목록
      [후설]이 다름   (UI, IU)
      [후설]이 다르지 않음   əI, ɔI, oU, ɒI, ɒU, əU, AI, AU

[o]와 [ɒ]는 [후설] 자질이 미명세되므로, 각각 [I], [U]와 결합할 수 있다. 이제 여덟 개의 이중 모음이 남는다.

그러나 이 여덟 개의 이중 모음은 영어에서 발견되는 것보다 여전히 더 많다. 따라서 필자는 (39)에 기술한 추가적 제약을 제안한다. 유사한 제약이 6장의 상하이 중국어 분석에서 제시된 바 있다. 상하이 중국어는 GV와 VX의 핵모음이 높이가 변별적이지 않다. 이 제약의 효과는 (40)의 각 세로 열에서 하나의 이중 모음만이 사용된다는 것이다. 사용되지 않는 이중 모음은 괄호 안에 보인다.

(39)　No–높이

　　　이중 모음은 높이가 변별적이지 않다.

(40)　고모음　　　(II)　　　(IU)　　　(UI)　　　(UU)

　　　중모음　　　əI　　　(əU)　　　oI　　　oU

　　　저모음　　　AI　　　AU　　　(ɒI)　　　(ɒU)

　유일한 예외는 [əI, AI]인데, 이 둘 중 한 형식만 출현할 것으로 예측한다. 미국 영어에서 [əI]가 종종 [ɛ]라는 섬은 흥미롭다. 이 경우 No–높이 제약은 모든 이중 모음에 적용된다.

　요약하면, 필자는 (41)에 다시 제시한 다섯 가지[3] 제약을 주장한다. 이는 영어에서 44개의 가능한 이중 모음을 실제로 출현하는 다섯 개로 줄인다.

(41)　미국 영어의 이중 모음 제약

　　　No–[긴장]　　[긴장] 자질은 이중 모음에서 사용되지 않는다.

　　　No–비고모음　[후설] 자질은 이중 모음의 비고모음에서 사용되지 않
　　　–[후설]　　　는다.

　　　병합　　　　　동일한 자질을 갖는 두 음은 하나의 긴 자질로 병합한
　　　　　　　　　　다.

　　　운 조화　　　이중 모음을 구성하는 모음들은 [후설]에서 상반된 값
　　　　　　　　　　을 가질 수 없다.

　　　No–높이　　　이중 모음에서 높이는 변별적이지 않다.

　이 분석이 유일하게 가능한 분석은 아니다. 예를 들어, [I]와 [U]에 대해서 [원순]을 사용하는 것과 같이 다른 방식으로 자질을 명세한다면, 우리는 분석 방법을 수정할 필요가 있겠지만 결과는 유사할 것이다. 현재로서는 어떤

3　[역자 주] 원문의 '네 가지'를 '다섯 가지'로 정정함.

제약이 더욱 일반적인 성질을 갖는지 또는 표면 층위에서 유지되는지 분명하지 않다. 예를 들어, 만약 [oi]가 표면 층위에서 충분히 명세되면, 후설성 조화(back harmony)와 원순성 조화(round harmony)를 둘 다 위배한다. 이와 마찬가지로 호주 영어의 경우(Harrington et al. 1997), [ɑe](예. [hɑe] high)는 후설성 조화를 위배하며, [æɔ](예. [hæɔ] how)는 후설성 조화와 원순성 조화를 둘 다 위배하는 것으로 보인다. 그러나 이러한 경우들을 어떻게 분석하는지와 무관하게, 이중 모음이 단모음보다 더 적은 자질을 사용하는 것은 명확해 보인다. 이는 아마 이중 모음을 구성하는 각 모음이 너무 짧기 때문에, 너무 많은 자질을 변별적으로 사용할 수 없기 때문일 것이다.

마지막으로 이중 모음의 빈도를 살펴보자. (42)는 영어의 자료를 제시한다. "전체"는 CELEX 기본형(lemma) 어휘 전체에서의 빈도를 의미하며, M은 단일 형태소로 분류된 단어에서의 빈도를 의미한다. 편의를 위하여, 일반적인 기호로 이중 모음을 표기하며 대문자를 사용하지 않는다.

(42) 영어 이중 모음 빈도

	ai	au	oi	ou	ei
전체	3,903	1,142	436	4,032	5,168
M	181	19	11	195	129

가장 빈도가 낮은 이중 모음은 [oi]인데, 최대한 명세할 경우 [o]와 [i]는 [원순]이 다르다. 이보다 약간 빈도가 높은 것은 [au]로, [a]와 [u] 또한 최대한 명세할 경우 [원순]이 다르다. 나머지 세 이중 모음은 빈도가 몇 배나 높으며, 이중 모음을 구성하는 모음들 간의 [원순] 자질이 일치한다.

이중 모음을 구성하는 두 모음 간의 자질 유사성과 이중 모음 빈도의 관계가 우연적인지 아니면 원인이 있는지는 명확하지 않다. 향후 연구에서 유사한 빈도 관계가 다른 언어에서도 나타나는지 탐색하는 것은 흥미로울 것이다.

9.7. 말음 자음의 유성성, 음절화, 모음 길이

일반적으로 장애음 말음은 무성음을 선호한다. 예를 들어, 독일어, 폴란드어, 러시아어, 터키어는 일부 또는 모든 장애음 말음이 무성음이다. 이와 마찬가지로 중국어, 태국어, 한국어, 베트남어에서 장애음 말음은 [p, t, k, ʔ]에 제한된다. 필자가 아는 한, 장애음 말음이 유성음만 있는 언어는 없다.

영어는 무성음과 유성음 장애음이 모두 말음 위치에서 출현할 수 있다. picnic의 [ɪk], signature의 [ɪg]을 예로 들 수 있다. 그러나 영어도 무성 장애음이 유성 장애음보다[4] 빈도가 높다는 점에서 무성 장애음 말음을 선호한다. 예를 들어, 단일 형태소 단어에서 비어말 음절의 장애음 말음을 살펴보자. 이는 (43)에 보이며, X][는 다른 음절 앞의 말음 X를 가리킨다.

(43) 단일 형태소 단어에서 비어말 음절의 장애음 말음 빈도

	p][	t][	k][	ʧ][	f][	s][	ʃ][	θ][	합계
[−유성성]	19	21	76	1	9	34	3	2	165
[+유성성]	6	12	20	0	1	18	0	1	58
	b][	d][	g][	ʤ][	v][	z][	ʒ][	ð][	합계

(43)의 모든 환경에서 무성음 말음은 상응하는 유성음 말음보다 빈도가 높다. 평균적으로 무성음 말음이 유성음 말음의 세 배이다.

말음 빈도와 두음 빈도를 비교하는 것은 흥미롭다. 정확성을 위하여 단어 어두 두음은 제외하기로 한다. 이는 sC 자음군과 같이 어두에만 출현하는 특정 자음군에 편중될 수 있기 때문이다. 마찬가지로 음절화가 모호한 경우

---

4   [역자 주] 원문의 "they are more frequent than voiceless ones"를 "they are more frequent than voiced ones"로 정정하여 번역함.

도 제외하자. 예를 들어, CELEX는 VCV를 V.CV로 음절화하지만, 첫 번째 V가 짧고 강세를 받으면 VC.V일 것이다(3장). 이러한 문제를 피하고 측정의 편의를 위해서, 단일 형태소 단어에서 장모음 [V:] 뒤의 장애음 두음의 빈도를 분석하였다. 분석 결과는 (44)에 보인다. 두음 수에는 [r, l, w, j]가 후행하는 두음이 포함되는데, 이는 결과에 큰 영향을 미치지 않는다. 왜냐하면 자음군보다 단순 두음이 훨씬 많고, [r, l, w, j]는 무성 장애음과 유성 장애음 모두와 출현하기 때문이다.

(44) 단일 형태소 단어에서 [V:]에 후행하는 장애음 두음 빈도

	:][p	:][t	:][k	:][f	:][s	:][ʧ	:][ʃ	:][θ	합계
[−유성]	36	81	41	8	36	7	8	2	219
[+유성]	53	59	45	27	23	15	2	3	227
	:][b	:][d	:][g	:][v	:][z	:][ʤ	:][ʒ	:][ð	합계

(44)는 두음 위치에서 유성 장애음이나 무성 장애음에 대한 명백한 선호가 없다는 것을 보여준다.

무성 장애음 말음의 선호는 잘 알려진 비음 길이의 특성을 설명하는 데 도움이 될 수 있다. 비음 자음은 무성 파열음이 후행할 때 고유한 음길이를 소실하는 경향이 있지만, 유성 파열음이 후행할 때는 그렇지 않다는 것이 발견되었다(Malécot 1960, Bailey 1978, Fujimura 1979). (45)는 몇 가지 예이다.

(45) 무성음 자음 앞의 비음 [t̃ẽt] tent   [ãpl] ample   [ãkɚ] anchor
      유성음 자음 앞의 비음 [t̃ẽnd] tend   [ãmbl] amble [ãŋgɚ] anger

(45)는 (46)과 같이 분석할 수 있다. (46)에서 강세 음절은 중음절이며 두음은 선택적이다(3장). 또한 최대 운은 VX이며(8장), 유성 말음 [b, d, g]는 피한다.

(46)　　[tẽt] tent　　　　[ǽp][l] ample　　　[ǽk][ɚ] anchor

　　　　[tẽn][d] tend　　　[ǽm][bl] amble　　[ǽŋ][gɚ] anger

　이 분석은 또한 말음 [mp], [nt], [ŋk]는 어말과 어중 위치에서 모두 자주 출현하지만, [mb], [nd], [ŋg]는 그렇지 않다는 것을 예측한다. (47)이 보이는 바와 같이 이 예측은 정확하다. 이 자료는 CELEX의 7,401개 단일 형태소 단어에 기반한 것으로, #는 단어 경계를 가리킨다.

(47)　단일 형태소 단어의 NC 자음군

비음(N) + [−유성]			비음(N) + [+유성]	
mp#	55		1	mb#
nt#	122		86	nd#
ŋk#	79		0	ŋg#
mp][	4		0	mb][
nt][	1		0	nd][
ŋk][	3		0	ŋg][
m][p	67		64	m][b
n][t	86		104	n][d
ŋ][k	40		51	ŋ][g

　말음 [mp], [nt], [ŋk]는 어말과 어중 위치에서 모두 발견되지만, 말음 [mb], [nd], [ŋg]는 어중 위치에서 발견되지 않는다. [ŋg]는 어말 위치에서도 발견되지 않는다. 단어 iamb에서 발견되는 [mb]는 한번 출현하는데, 어떤 화자들은 [b]를 발음하지 않는다. [nt]로 끝나는 단어뿐만 아니라 [nd]로 끝나는 단어도 많다. 그러나 이는 아마 [t, d]가 영어에서 접미사로 사용되므로, 이 두 음이 용인되어야 하기 때문일 것이다. 이와 관련된 사실은 음절 경계를

가로지르는 [mb, nd, ŋg]는 [mp, nt, ŋk]만큼 흔하다는 것이다. 따라서 말음 위치에서 [mb, nd, ŋg]가 출현하지 않는 사실은 운의 크기가 VX에 제한되며 유성 장애음 말음을 피한다는 관점을 지지한다.

Pater(2004)는 무성음 자음이 비음에 후행하는 것을 금지하는 언어보편적 제약인 *NC̥를 주장한다. 이 주장은 [tɛnd] tend는 그대로 실현되는 반면 [tɛnt] tent는 [tɛ̃t]로 실현되는 이유를 설명할 수 있다. 반면, Pater 역시 최대 운의 크기가 VX이며 유성 장애음 말음이 기피된다는 것을 전제하지 않으면 [mb, nd, ŋg] 말음이 출현하지 않는 이유를 설명할 수 없다.

모음이 유성 자음보다 무성 자음 앞에서 짧아지는 현상은 영어에서도 잘 알려져 있다(Jones 1950, Peterson and Lehiste 1960). Jones(1950)는 긴장 모음은 무성 장애음 말음 앞에서 "절반 길이"라고 언급하였다. 예는 (48)과 같다.

(48) 무성 자음 앞 [sit] seat   [lus] loose   [rut] root
      유성 자음 앞 [siːd] seed   [luːz] lose   [ruːd] rude

이와 유사한 분석, 즉 유성 장애음은 말음에 포함되지 않는다는 분석을 제안할 수도 있다. 이는 (49)와 같다.

(49) [sit] seat   [lus] loose   [rut] root
      [siː][d] seed   [luː][z] lose   [ruː][d] rude

그러나 이 분석의 문제는 이완 모음에서도 음길이의 변이형이 발견된다는 점이다. 예를 들어, [ɪ]는 hit보다 hid에서 더 길고, [ɛ]는 let보다 led에서 더 길다. 만약 (49)의 분석을 채택한다면, (50)과 같은 음절화를 도출하게 된다.

(50)   [hɪt] hit   [lɛt] let

    [hɪ:][d] hid   [lɛ:][d] led

그러나 [hɪ:]와 [lɛ:]와 같은 음절은 두 가지 문제가 있다. 첫째, 이들은 강세 개음절 이완 모음을 지니는데, 이러한 음절은 단음절에서 출현하지 않는다. 둘째, hid와 같은 "긴" 모음은 seed와 같은 장모음인 긴장 모음에 비해 훨씬 짧다. 따라서 실제로 hid와 led의 이완 모음이 음운적으로 장모음 인지에 대한 의문이 제기된다.

음운론에서 모든 음길이의 변이를 전사하거나 배제하는 대신, 음길이 변이형의 일부를 전사하는 것도 고려할 수 있다. 예를 들어, 음운론에서 정도가 큰 길이의 변이만을 전사할 수도 있다. 이와 관련하여, Jones(1950)에 따르면 무성 말음 앞에서 이완 모음의 축약은 "정도가 한정적"이지만, 긴장 모음은 무성 말음 앞에서는 "절반 길이"에 불과하다는 점을 고려할 필요가 있다. 따라서 음운론적으로 긴장 모음의 (일부) 음길이 변이형을 표기하는 반면 이완 모음의 음길이 변이형은 나타내지 않는 방법을 고려해볼 수 있다.

9.8. 요약

실제로 출현하는 두음 사음군과 운이 사유곱게 결합한다면, 영어는 약 20,000개의 가능한 음절이 있다. help의 [p], ask의 [k]와 같이 VX 운 뒤에서 자주 출현하는 추가적인 자음을 허용하면, 영어는 약 200,000개의 가능한 음절을 갖는다. 그러나 영어에서 사용되는 음절의 실제 수는 어말 자음군을 포함하여 단지 5,000여 개에 불과하다. 만약 운을 VX에 제한하면, 실제 출현하는 음절은 3,000개에도 미치지 않는다. 가능한 음절과 사용되는 음절 수의 큰 차이는 설명이 필요하다.

사용되지 않는 음절을 음운적 규칙으로 배제하고자 한 선행 분석과 달리, 필자는 많은 음절이 사용되지 않는 것은 음운적 이유에서 기인한 것이 아님을 주장하였다. 그 대신 영어가 단순히 너무 많은 음절을 필요로 하지 않는다는 것이 이유이다. 구체적으로, 중국어와 마찬가지로 영어는 약 10,000개의 형태소를 가지며, 상위 빈도 6,000개의 형태소가 전체 어휘의 99.9%를 차지한다. 또한 10,000개의 형태소 가운데 약 4,000개가 단음절이며, 상위 빈도 6,000개의 형태소 가운데 약 절반이 단음절어이다. 따라서 영어는 모든 형태소를 구별하는 데 단지 몇천 개의 음절이 필요할 뿐이다. 이는 영어가 허용하는 가능한 음절의 수에 훨씬 못 미친다.

또한 필자는 이중 모음이 단모음보다 더 적은 자질을 사용한다고 주장하였다. 특히 영어의 이중 모음은 [긴장] 자질을 사용하지 않으며, 비고모음은 [후설] 자질을 사용하지 않는다. 마지막으로, 영어는 장애음 말음이 무성음인 것을 선호한다는 것을 증명하였다. 이러한 선호는 [Vmp, Vnt, Vŋk] 운이 흔하게 출현하는 사실을 설명할 수 있다. 이는 이 운들이 [Vp, Vt, Vk]로 실현될 수 있기 때문이다. 반면 [Vmb, Vnd, Vŋg]가 드문 것은 [Vb, Vd, Vg]의 실현은 유성 말음을 가지므로 기피되기 때문이다.

제10장

독일어

독일어 음절은 몇 편의 연구에서 상세히 논의되었다(Giegerich 1985, 1989, Hall 1992, 2002b, Wiese 1996). 영어와 마찬가지로 독일어 단어는 Splitt '자갈'의 [ʃpl]과 같이 최대 세 개의 자음으로 시작할 수 있는데, 첫 번째 자음은 [ʃ] 또는 [s]로 제한된다. 이에 대한 일반적인 분석은 두음을 CC로 제한하고, [ʃ]와 [s]를 특수한 방식으로 처리하는 것이다.

독일어 단어는 (des) Herbsts [rpsts] '가을의(속격)'와 같이 최대 다섯 개의 자음으로 끝날 수 있다(Moulton 1956). 그러나 영어와 마찬가지로, 어말 설정음을 제외하면 독일어의 운은 일반적으로 비어말 위치에서는 VX(VV 또는 VC)로 제한되며 어말 위치에서는 VXC로 제한된다. 이에 대하여 세 가지 분석이 제안된 바 있다. Giegerich(1985, 1989)에 따르면, 어말 C를 제외하면 독일어 운은 VX에 제한된다. 이 분석의 문제는 왜 어말 C는 운의 일부가 아님에도 불구하고 유지되는가이다. 또 다른 분석은 Wiese(1996)와 같이 독일어 운을 최대 VXC로 간주하는 것이다. 이 분석의 문제는 왜 VXC 운이 비어말 위치에서 드물게 출현하는가이다. 마지막 분석은 Hall(2002b)의 주장으로, 독일어 운은 비어말 위치에서 최대 VX이지만 어말 위치에서는 VXC라는 것이다. 이 분석의 문제는 어말 운이 비어말 운보다 강세를 끌어들이는 능력이 작아 보인다는 사실을 고려할 때, 왜 어말 운이 더 커질 수 있는가이다. 예를 들어, 강세 할당과 관련하여 어말 VC는 비어말 V와 같으며, 어말 VXC는 비어말 VX와 같다(Giegerich 1985).

이 장은 영어의 음절과 마찬가지로 독일어의 최대 음절이 CVX임을 주장한다. 이 주장을 지지하기 위하여 필자는 (1)의 근거를 제시한다.

(1) 독일어 CVX에 대한 근거
   a. CCC 두음은 단지 어두 위치에 제한된다.
   b. 어중 위치의 CC 두음은 가능한 복합음이다.
   c. 비어말 운은 VX에 제한된다.
   d. 어말 VXC의 C는 "잠재적 두음"이다(잠재적 모음과 이형태 금지로 설명)
   e. 어말 VXC를 초과하는 자음은 접미사 또는 접미사와 유사한 형식이다.

2장에서 "복합음"을 설명하였으며, 3장은 "잠재적 모음"과 "이형태 금지"에 대하여 논의하였다. 또한 3장에서 논의한 "접사 규칙"은 VXC를 초과하는 접미사 또는 접미사와 유사한 자음을 설명할 수 있다. 필자의 운에 대한 분석은 Giegerich(1985, 1989)의 분석과 유사하며, 두음에 대한 분석은 이전의 주장들과 다르다.

(1)의 근거는 CELEX 독일어 어휘(Baayen et al. 1993)에 대한 전면적인 분석에 근거한다. 이는 365,530개 항목을 포함하며, 이 가운데 51,728개가 비굴절형(uninflected)이다. 비굴절형 항목 가운데 "단일 형태소" 단어로 분류된 항목은 6,531개이다. 다른 항목은 대부분 형태적으로 단순한 단어 성분들로부터 형성되므로, 이 장은 6,531개의 단순 단어의 음절들을 분석한다. 이

장은 자음, 모음에 대한 논의로 시작한 후, 운과 두음에 대한 논의를 진행할
것이다.

10.1. 음 목록

(2)는 CELEX에 수록된 독일어 자음이다. 음 [ç, x]는 주로 동일한 음소의
변이음이며, [r, ʀ]는 대체(alternative) 전사이다.

(2)   독일어 자음

[p] **P**akt, [b] **B**ad, [t] **T**ag, [d] **d**ann, [k] **k**alt, [g] **G**ast

[f] **f**alsch, [v] **W**elt, [s] Gla**s**, [z] **S**uppe, [ʃ] **Sch**iff, [ʒ] **G**enie,
[ç, x] Ba**ch**/i**ch**, [h] **H**and

[pf] **Pf**erd, [ts] **Z**ahl, [ʧ] Ma**tsch**, [dʒ] **G**in

[m] **M**aß, [n] **N**aht, [ŋ] Kla**ng**

[l] **L**ast, [r, ʀ] **R**atte, [j] **J**acke, [w] **w**aterproof

Kohler(1999)는 [x]와 [ʀ]를 [χ]와 [ʁ]로 전사한다. Wiese(1996)는 이들을
[x]와 [r]로 전사한다. 또한 Kohler와 Wiese는 모두 외래어에만 출현하는
[w]를 포함하지 않는다.

CELEX, Wiese(1996), Kohler(1999)에 따르면, 독일어는 Wiese(1996)가 범
주화한 (3)의 모음을 갖는다. 모음 [ə]는 비강세 음절에서만 출현한다.

(3)   독일어 모음

		-후설		+후설	
		-원순	+원순	-원순	+원순
+고설	+긴장	i: Lied	y: für		u: Hut
	-긴장	ɪ Mitte	Y Pfütze		ʊ Pult
-고설, -저설	+긴장	e: mehl	ø: Möbel		o: boot
	-긴장	ɛ Bet ɛ: Käse	œ Götter	ə Beginn	ɔ Glocke
+저설		a hat a: klar			

이중 모음: [ai] weit, [au] Haut, [ɔy] freut

긴장 모음 [i, y, u, e, ø, i]는 강세 음절에서 길며, 비강세 음절에서는 음길이가 짧다(Giegerich 1985). 그러나 [i:]와 [i]처럼 음길이가 단독으로 변별적인 기능을 담당하는 것은 아니다. 그러나 [a, a:]와 [ɛ, ɛ:] 쌍은 음길이에 있어서 다르며, 이에 대해서는 다시 논의할 것이다.

Wiese(1996)는 이중 모음을 [aɪ, aʊ, ɔy]로 전사하며, Kohler(1999)는 [aɪ, aʊ, ɔɪ]로 전사한다. 또한 Wiese(1996)는 Lehrer의 두 번째 음절과 같이 CELEX가 [ər]로 전사한 모음을 [ɐ]로 전사한다. CELEX는 외래어에서만 출현하는 여러 가지 모음을 사용하는데, 이들은 (3)의 모음과는 다르다. 이는 (4)와 같다.

(4)   [ɑ:] Advantage, [ɔ:] **Allroundman**, [ɜ:] Teamwork, [eɪ] Native, [aɪ] Shylock, [ɔɪ] Playboy, [aʊ] Allroundsportler, [æ] **Ra**gtime, [ɑ] Kalevala, [ʌ] Plumpudding, [œ̃:] Parfum, [æ̃] **im**promptu, [ã], Détente, [æ̃:] Bassin, [õ:] Affront

(4)의 모음은 Wiese(1996)나 Kohler(1999)에는 포함되지 않는다. 이 모음

들 가운데 [ɑ, ɑ:]는 음길이가 변별적인 듯 보이지만, 동일한 환경에서는 출현하지 않는다. 또한 [ɔ:]는 [ɔ]와 음길이가 변별적인 듯 보이나 최소대립쌍이 없다. 따라서 (4)의 모음은 음절 크기에 대한 논의에 큰 문제를 야기하지 않는다.

10.2. 비어말 위치의 운 크기

CELEX 독일어 어휘에 대한 기본적인 정보는 (5)와 같으며, 형태적으로 단순한 단어가 6,531개 있다.

(5)
전체 항목	365,530
비굴절형 항목	51,728
단순 단어	6,531
단순 단어의 음절	13,445

CELEX는 각 단어에 대해서 음성 전사와 CV 전사를 제공하는데, 두 전사 모두 음절화하였다. 예를 들어, reimen '압운하다'의 음성 전사는 [rai][mən]이며 CV 전사는 [CVV][CVC]로, 괄호는 음절 경계를 가리킨다.

CV 전사에서 이중 모음과 장모음은 VV이다. 또한 VVV는 단이 royal [roːa][jaːl] [CVVV][CVVC]에서 한 번 발견되는데, 이는 대체 전사 [roː][a][jaːl] [CVV][V][CVVC]와 함께 제시되어 있다. 따라서 VVV는 제외할 수 있다. 독일어에 많은 VX 운이 있다는 것은 분명하다. 문제는 독일어가 VX보다 더 긴 비어말 운을 갖는가이다. CV 전사에서 관련 연쇄를 검색하여 VX보다 더 긴 운을 모두 찾을 수 있다. 검색 결과는 (6)과 같다.

(6)   VX보다 더 큰 비어말 운(VX+)을 갖는 단어

단순 단어   6,531

CCC][0

VCC][69

VVC][234

모든 VX+ 운   303

VX+를 갖는 단어   296

6,531개의 단순 단어 가운데 VX를 초과하는 비어말 운은 303개이다. 이 중 일곱 개 단어는 VX를 초과하는 운을 두 개씩 갖기 때문에, VX를 초과하는 비어말 운은 296개 단어에서 출현한다.

이 296개 단어는 초대형 운의 특성 및 단어가 형태적으로 복잡한지의 여부에 따라서 다섯 개 부류로 구분할 수 있다. 이는 (7)~(11)과 같다. 단어가 하나 이상의 부류에 속할 수 있는 경우 한 가지 부류로만 분류하였다. 예를 들어, Branntwein '타다-와인(브랜디)' [brant][vain]은 [VNC] 운에 속할 수도 있고, 형태적으로 복잡한 단어(Brannt-wein)에 속할 수도 있다. 그러나 이 단어는 [VNC] 운으로 분류하였다.

(7)   [VNC] 또는 [VVN] 운 (48개 단어)

Advantage, allenthalben, Ammonshorn, Antlitz, antworten, Askorbinsaeure, bedienstet, Blindgaenger, Branntwein, brenzlich, brenzlig, Dienstag, entbloeden, entgegen, entgegen, entlang, entlang, entlegen, Entstalinisierung, entweder, entwegt, entwischen, entwoehnen, Gemeinde, grundfesten, Handlanger, Hundsfott, Lambda, landlaeufig, Lindwurm, Meintat, Neutestamentler, Pendule, Plankton, punkto, Roentgen, Rosenmontag, Sintiflut, Suendflut,

Tausendsasa, Tausendsassa, Tinktion, Tinktur, Transport, transversal, Traumwandler, ueberwendlings, Unktion

(8) 모음 [iː, yː, eː. øː, uː, oː]를 갖는 [V:N] 운 (74개 단어)

Behoerde, Buchstabe, derselbe, Diebstahl, Dipolantenne, duester, Erde, etwelche, gehorsam, Griesgram, Herde, Hochverraeter, Hygroskop, jedweder, jeglicher, Kehraus, Kloster, Knoblauch, Kohlrabi, Kuerbis, Langspielplatte, Libertaet, Linolschnitt, Louisdor, Meltau, Menostase, monochrom, Muesli, mutmassen, Niednagel, Notdurft, notwendig, Notzucht, Nutrition, nutritiv, Ostern, Phonometrie, plustern, Prostitution, Rebhuhn, Reklame, ruchlos, Ruebsen, Schuster, Sekretaer, Spierling, Stegreif, Tetrachlorkohlenstoff, Thermostat, Tournee, Truthahn, Turthenne, Truthuhn, urbar, Urheber, Urkunde, Urlaub, Uroskopie, Ursache, Ursprung, urtuemlich, Vorfahr, Vorgelege, vorlaeufig, Vormund, vornehm, Vorrang, Vorrat, Vorschein, Vorschmack, Wermut, Werwolf, zappenduster, Zitrin

(9) 형태적 합성어 (149개 단어)

Absorption, absorptiv, aeufnen, ahnden, Althaendler, anheimgeben, anheimstellen, Argwohn, atmen, aufbaenken, aufbaumen, aufbuerden, aufdonnern, aufdunsen, aufflackern, aufkuenden, aufmoebeln, aufmuepfig, aufpeppen, aufpropfen, aufrauhen, auserkoren, ausfitten, ausgefeimt, ausgefuchst, ausixen, auskolken, ausmaeren, ausmerzen, aumugeln, auspichen, austrasten, ausrotten, Aussaat, Aussatz, Ausschuss, ausstatten, Aussitch, Austenit, Auster, auswaertig, ausweiden, Bauernfang, behaupten, beichten, beschlagnahmen, bewerkstelligen, biedermeisterlich, Bifokalglas, bodmen, daemlich, dermaleinst, durchtrieben, durchwachsen, einbrechen, einbunchten, einbuergern, Einfalt, einfinden, einfloessen, Einfuhr, eingedenk, eingefleischt, Eingeweide, einhaendigen, Einhalt, einhellig, einlegen, einmuenden, Einoede, einrichten, einruecken, einruesten, Einsaat, einschaerfen, einschieben, einschmelzen, einschreiten, einsiedeln, einsprengen, einstehen, Eintracht, eintreiben, einverstanden, Einwaage, einwecken, einwenden, erbeingesessen, erbreisten, ernten, erste, explosiv, Faehnrich, fahnden, feilschen, Feldwebel, gebaerden, Gedaechtnis, graetschen, Heimkunft, jauchzen, Karfreitag, Karsamstag, Karwoche, Kleinasien, knautschen, kostenaufwendig, kuenftig, Labskaus, Leichnam, leisten, leuchten, Maedchen, Maerchen, Mastdarm, Meineid, meistens, Nachricht, Pausback, pusten, quietschen, raeuspern, raunzen, Reinfall, Reinmachefrau, Reissaus, ruelpsen, scheusslich, Schienbein, Schornstein, seufzen, surfen, Teilkasko, Thunfisch, Tonbank, unvordenklich, uralaltaisch, verleumden, verwahrlosen, vierte, vierzehnte, Wahnkante, Wahnwitz, wahrscheinlich, Weissbinder, Weissgerber, werden, Yamswurzel, Zirkumpolarstern

(10) 모음 [aː, ɛː]를 갖는 [VːC] 운 (9개 단어)

Bratsche, Garten, haetscheln, Hafner, Hahnrei, Laerche, Latsche, Party, watscheln

(11) VX+ 운을 갖는 기타 단어 (16개 단어)

Arkturus, Deichsel, Erbse, Halfter, Halfter, Halfter, Juxta, Kleister, Leiste, Meister, Partner, Peitsche, Sexta, Teiste, Veilchen, Weichsel

2장과 3장에서 논의한 바와 같이, [VNC]와 [VVN] 운은 각각 [VC]와 [VN]으로 분석할 수 있다. 이는 (12)와 같다.

(12)

CELEX	분석	예
[VNC]	[VC]	Antlitz [ant][lɪts] → [ãt][lɪts]
[VVN]	[VV]	Meintat [main][taːt] → [mãi][taːt]

다음으로, 긴장 모음 [iː, yː, eː, øː, uː, oː]를 가지는 [V:C] 운은 짧은 긴장 모음을 갖는 [VC]로 분석할 수 있다. (13)은 두 가지 예이다.

(13)   CELEX   분석   예

CELEX	분석	예
[yːs]	[ys]	duester [dyːs][tər] → [dys][tər]
[eːr]	[er]	Erde [eːr][də] → [er][də]

마지막으로, 복합 형태소를 갖는 단어는 제외할 수 있다. 왜냐하면 이 단어 내에서 어중 위치의 음으로 보이는 것이 실제로는 아닐 수도 있기 때문이다. 예를 들어, auserkoren [aus][er][koː][rən]에서 첫 번째 운은 VX를 초과한다. 그러나 형태소 경계가 aus–erkoren에 있으므로 [aus]는 어말이다. 따라서 이 는 진정한 예외가 아니며, aus–statten, auf–baumen 등도 이와 동일하다.

(10)과 (11)의 단어는 여전히 설명이 필요하다. (10)의 단어는 [aːC]와 [ɛːC] 운을 포함한다. 만약 [aː]와 [a], [ɛː]와 [ɛ]에서 각각 음길이가 변별적이 라면, [aːC]와 [ɛːC]는 [aC]와 [ɛC]로 분석할 수 없다. 그러나 Moulton(1956: 373)에 따르면, [a]와 [aː]는 "양적인 차이뿐만 아니라 질적인 차이"를 가지 며, 질적인 차이는 "청각적으로 그리고 시각적으로 모두 지각 가능"하다. 이러한 이유로 인하여 Moulton은 [a]와 [aː]를 [ʌ]와 [aː]로 전사한다. 만약 Moulton이 맞다면, [aːC]는 [aC]로 나타낼 수 있으며, 이는 [ʌC]와 구분된다. 이 분식은 (10)의 단어 가운데 일곱 개를 실명한나. 이세 (10)의 두 개, (11)의 14개(Halfter 두 번 반복 제외), 총 16개의 단어가 남는다. 이 단어들을 더욱 자세히 보면 추가적인 분석이 가능하다. 이는 (14)와 같으며, [kˢ, pˢ]는 파찰 음이다. 일부 단어는 다른 해결책이 있는데, 이는 세미콜론(;)으로 분리하였 다.

(14) 비어말 VX+ 운을 갖는 단어 가운데 남은 16개

단어	CELEX	분석
haetscheln	[hɛ:t][ʃəln]	[het][ʃəln]?
Laerche	[lɛ:r][xə]	[ler][xə]?
Arkturus	[ark][tu:][rʊs]	인지적 합성어 Ark-turus?
Deichsel	[daik][səl]	[dai][kˢəl]; 인지적 접미사 -sel
Erbse	[ɛrp][sə]	[ɛr][pˢə]
Halfter	[half][tər]	인지적 접미사 -er
Juxta	[jʊks][ta]	파찰음 [kˢ]
Kleister	[klais][tər]	인지적 접미사 -er
Leiste	[lais][tə]	인지적 접미사 -e
Meister	[mais][tər]	인지적 접미사 -er
Partner	[part][nər]	인지적 접미사 -er
Peitsche	[pait][ʃə]	인지적 접미사 -e; 파찰음 [ʧ]를 갖는 [pai][ʧə]
Sexta	[zɛks][ta:]	파찰음 [kˢ]
Teiste	[tais][tə]	인지적 접미사 -e
Veilchen	[fail][xən]	인지적 접미사 -chen; 성절적 [l]
Weichsel	[vaik][zəl]	인지적 접미사 -sel

첫째, 대부분의 단어는 접미사와 유사한 어말 형식을 가지며, 이는 "인지적 접미사"로 간주할 수 있다(3장). 예를 들어, Kleister는 인지적 접미사 -er를 갖는다. -er를 제외하면, 어근은 Kleist이다. 여기에서 어말 설정음 [s, t]를 제외하면 운은 [ai]이므로 VX 범위 내에 있다. 둘째, [ks], [ʧ], [ps]가 파찰음으로 발음된다면, 몇 개 단어를 더 설명할 수 있다. 마지막으로, 모음 [ɛ:]는 어떤 화자들에게는 거의 사용되지 않으므로(Moulton 1956), 단어 haetscheln과 Laerche도 설명할 수 있을 것이다. 요약하면, 선행 연구(Giegerich 1989, Hall

2002b)와 마찬가지로, 독일어의 비어말 운은 VX에 제한된 것으로 보인다.

10.3. 어말 운

형태적으로 단순한 단어 목록에 포함된 어말 운은 (15)와 같다.

(15) 어말 운

유형	수	예
VC	2,757	antworten [ant][vɔr][tən]
V	1,101	erste [e:r][stə]
VVC	1,058	Urlaub [u:r][laup]
VCC	964	Ostern [o:s][tərn]
VV	533	Kohlrabi [ko:l][ra:][bi:]
VVCC	59	entwegt [ɛnt][ve:kt]
VCCC	45	Angst [aŋst]
VVCCC	10	Dienst [di:nst]
VCCCC	4	Herbst [hɛrpst] (Ernst, selbst, selbst)
합계	6,531	

독일어 단어는 최대 다섯 개의 지음으로 끝날 수 있는데, 미지막 자음은 항상 굴절형(inflection)이다(Moulton 1956, Giegerich 1989). 비굴절형에서 최대 어말 자음군은 단모음에 후행하는 CCCC와 장모음에 후행하는 CCC, 또는 VXCCC이다. 이는 (15)에서 볼 수 있다. Moulton(1956)에 의하면, VX 뒤의 첫 번째 C는 유성 장애음을 제외한 많은 자음 중 하나이며, 어말 CC는 주로 [t, s]이거나 가끔 [ʃ]이다. 그러나 Moulton은 정량적인 데이터를 제공하지는

않는다. 이제 VCCC, VCCCC, VVCC, VVCCC로 끝나는 모든 단어를 분석하여 Moulton의 일반화를 살펴보자. 결과는 (16)~(19)에 보이며, 각 자음군과 함께 출현 횟수를 제시한다. [rts](Erz, Hartz, Quarz)와 [rtst](Arzt)의 파찰음 [ts]는 철자 'z'에 해당하며 하나의 자음으로 간주한다.

(16) 어말 VCCC (45개 단어)
마지막 C가 [s, t]   [rst] 8, [nst] 7, [nft] 5, [ŋks] 5, [kst] 4, [lst] 3, [ŋkt] 3, [ŋst] 3, [rft] 2, [rkt] 2, [nʃt] 1, [pst] 1, [rxt] 1

(17) 어말 VCCCC (4개 단어)
마지막 CC가 [s, t]   [lpst] 2, [rnst] 1, [rpst] 1

(18) 어말 VVCC (59개 단어)
마지막 C가 [s, t]   [rt] 17, [st] 11, [xt] 7, [nt] 4, [ks] 3 [rts] 3, [kt] 2, [ns] 2, [ft] 1, [mt] 1, [ps] 1, [pt] 1, [rk] 1, [sk] 1, [ʃt] 1
예외   [lʃ] 1 (Koelsch [kø:lʃ], [pʃ] 1 (huebsch [hy:pʃ], [rʃ] 1 (Barsch [ba:rʃ])

(19) 어말 VVCCC (10개 단어)
마지막 CC가 [s, t]   [nst] 3, [pst] 3, [rst] 2, [rtst] 1
예외   [mpt] 1 (prompt [pro:mpt])

이상의 자료는 VX 뒤의 첫 번째 C는 거의 제약이 없으며, VXC 뒤의 자음들은 [s, t]에 제한된다는 것을 증명한다. 네 개의 예외 단어는 길이가 긴 긴장 모음을 갖는다. 만약 긴장 모음의 음길이가 짧을 수 있다면 이러한 단어들은 진정한 예외가 아니다. (20)은 이에 대한 분석으로, 이는 V의 음길이가 짧다는 이 책의 익명의 심사자의 직관과 일치한다.

(20)　단어　　　　　　　　　　분석

　　　Koelsch [køːlʃ]　　　[kølʃ] (VXC 내 [ʃ])

　　　huebsch [hyːpʃ]　　　[hypʃ] (VXC 내 [ʃ])

　　　Barsch [baːrʃ]　　　[barʃ] (VXC 내 [ʃ])

　　　prompt [proːmpt]　　[prompt] 또는 [prõːpt] (VXC 내 [p])

　　요약하면, 영어와 마찬가지로 독일어에서 VXC 뒤의 어말 자음은 접미사로 사용되는 [s]이거나 [t]이다. 따라서 이들은 "접사 규칙"으로 분석할 수 있다(3장). 또한 VX 뒤의 C는 어두 모음을 갖는 접미사에 포함된 "잠재적 모음"에 의해 가능하다(3장). 따라서 독일어의 어말 운은 VX로 제한된다. 이 결론은 Giegerich(1989)의 결론과 유사하다. 그러나 Giegerich는 이후 단계에서 VX에 후행하는 추가적인 자음이 음절에 부가되는 것을 허용하는 반면, 필자의 분석에서는 이러한 부가가 필요하지 않다.

10.4. 어두 두음

　　형태적으로 단순한 단어 목록에 출현하는 6,531개의 어두 두음은 (21)과 (22)와 같다.

(21)

	유형	항목
V	1	876
C	23	4,312
CC	38	1,271
CCC	8	72
합계	70	6,531

(22)　C 두음　　　[k] 473, [m] 464, [b] 331, [h] 297, [l] 293, [v] 278, [f] 275, [r] 267, [p] 255, [t] 233, [g] 215, [z] 213, [ʃ] 171, [n] 156, [d] 143, [ts] 118, [j] 77, [pf] 23, [ʒ] 15, [dʒ] 9, [x] 3, [ʧ] 2, [s] 1

CC 두음　　　[ʃt] 136, [tr] 101, [kl] 85, [kr] 83, [ʃp] 76, [br] 69, [gr] 66, [ʃl] 64, [fl] 53, [pl] 52, [pr] 49, [ʃv] 48, [kn] 46, [bl] 44, [ʃm] 36, [fr] 35, [ʃn] 33, [kv] 30, [ʃr] 29, [tsv] 29, [gl] 28, [dr] 27, [sk] 11, [pfl] 9, [vr] 5, [ps] 4, [gn] 3, [pfr] 3, [sl] 3, [sm] 3, [pn] 2, [sp] 2, [sts] 2, [fj] 1, [ks] 1, [sf] 1, [sn] 1, [sv] 1

CCC 두음　　[ʃtr] 44, [ʃpr] 17, [ʃpl] 5, [skr] 2, [skl] 1, [skv] 1, [spl] 1, [str] 1

앞서 논의한 바와 같이, CCC의 첫 번째 C는 [s] 또는 [ʃ]이다. CC와 CCC 는 전체 어두 두음의 21%를 차지한다. 이 비율은 비어두 두음에서 차지하는 비율보다 높다. 비어두 두음에 대해서는 다음 절에서 살펴보기로 한다.

10.5. 비어두 두음

형태적으로 단순한 6,531개 단어에는 13,445개의 음절이 있다. (23)은 단 어 내 음절의 분포로, 첫 번째 음절 S1에서 여섯 번째 음절 S6에 이른다.

(23)	음절 위치	S1	S2	S3	S4	S5	S6	합계
	수	6,531	5,081	1,398	357	65	13	13,445

S1을 제외하면 6,914개의 비어두 음절이 있다. 이 음절들의 두음은 (24)와

같이 0~3개의 자음이다. 표기 [C]는 CELEX에서 "양음절적" C로 구분한 것이다. 예를 들어, bellen은 [bɛ[l]ən]으로 전사하며, [l]는 양음절적이다.

(24)

두음	[C]	[C]C	[	[C	[CC	[CCC	합계
수	1,681	65	402	4,495	264	7	6,914

대다수 두음은 자음군을 수반하지 않는다. 특히 양음절적 [C]를 제외하면, 단지 271개의 두음 자음군이 있다. 이는 4%에 불과하여 어두 자음군 21%에 훨씬 못 미친다. (25)와 (26)은 양음절적 [C]를 제외한 비어두 두음의 유형과 빈도이다.

(25)

	유형	항목
[C] 또는 [	1	2,083
[C]C 또는 [C	23	4,560
[CC	29	264
[CCC	3	7
합계	56	6,914

(26) C 두음   [t] 695, [d] 416, [r] 379, [n] 324, [b] 308, [l] 305, [g] 304, [z] 292, [k] 285, [m] 257, [p] 176, [f] 172, [ts] 138, [v] 130, [s] 102, [x] 74, [ʃ] 72, [h] 68, [j] 27, [ʒ] 17, [pf] 15, [ʧ] 2, [dʒ] 2

CC 두음   [tr] 48, [ʃt] 34, [st] 24, [gr] 24, [fl] 15, [br] 14, [kr] 12, [dr] 11, [pl] 9, [fr] 9, [ʃv] 7, [pr] 7, [ʃp] 6, [ʃm] 5, [gn] 5, [ʃl] 4, [gl] 4, [dl] 4, [bl] 4, [ʃr] 3, [kv] 3, [ʃn] 2, [sk] 2, [ks] 2, [kl] 2, [sts] 1, [pn] 1, [gv] 1, [dn] 1

CCC 두음   [ʃtr] 3, [str] 2, [ʃpr] 2

어두 두음과 비어두 두음의 비교는 다음 절에서 논의하기로 한다. 다른 연구에는 수록되었지만 CELEX에 수록되지 않은 두음들은 10.7에서 논의할 것이다.

10.6. 두음 분석

어두 두음 자음군은 어중 위치의 두음 자음군보다 두음 유형과 빈도가 모두 많다. (27)은 이를 비교한 것이다.

(27)	유형 수		항목 수		항목 비율	
	어두	비어두	어두	비어두	어두	비어두
[C] 또는 [	1	1	876	2,083	13.4	30.1
[C]C 또는 [C	23	23	4,312	4,560	66.0	66.0
[CC	38	29	1,271	264	19.5	3.8
[CCC	8	3	72	7	1.1	0.1
합계	70	56	6,531	6,914	100	100

CC 두음은 어두에서 20% 출현하며, 비어두에서 단지 4% 출현한다. 또한 어두 두음 항목의 총 수는 비어두 두음 항목의 총 수와 거의 같지만, CCC 두음은 어두에서 72번 출현하는 반면 비어두에서 일곱 번밖에 출현하지 않는다. (28)~(30)은 어두와 비어두 위치의 두음의 유형을 비교한 것이다.

(28)　어두와 비어두에서 모두 발견되는 두음

　　　C 두음:　　[b], [d], [ʤ], [f], [g], [h], [j], [k], [l], [m], [n], [p],
　　　　　　　　　　[pf], [r], [s], [ʃ], [t], [ts], [ʧ], [v], [x], [z], [ʒ]

　　　CC 두음:　　[bl], [br], [dr], [fl], [fr], [gl], [gn], [gr], [kl], [kr], [ks],
　　　　　　　　　　[kv], [pl], [pn], [pr], [sk], [ʃl], [ʃm], [ʃn], [ʃp], [ʃt],
　　　　　　　　　　[sts], [ʃv], [tr]

　　　CCC 두음:　　[ʃpr], [str], [ʃtr]

(29)　어두에서만 발견되는 두음과 수

　　　CC 두음:　　[fj] 1, [kn] 46, [pfl] 9, [pfr] 3, [ps] 4, [sf] 1, [sl] 3,
　　　　　　　　　　[sm] 3, [sn] 1, [sp] 2, [sv] 1, [tsv] 29, [vr] 5

　　　CCC 두음:　　[skl] 1, [skr] 2, [skv] 1, [spl] 1, [ʃpl] 5

(30)　비어두에서만 발견되는 두음과 수

　　　　[dl] 4, [dn] 1, [gv] 1, [st] 24

앞서 살펴본 바와 같이, CCC 두음은 [s] 또는 [ʃ], 그리고 독립적으로 출현할 수 있는 CC 자음군으로 구성된다. Giegerich(1985, 1989), Hall(1992), Wiese(1996)와 같은 선행 분석에서 독일어 두음은 두 개의 자음을 지닐 수 있다. 어두 [s] 또는 [ʃ]는 제외되었거나 또는 특수한 규칙에 의해서 부가되었다. 이러한 분석은 CC 두음이 공명도에 의해서 지배된다고 전제한다. 예를 들어, Giegerich(1989)는 CC 두음이 [공명][ㅣ공명]으로, 장애음+공명음 또는 장애음+비음이라고 주장한다. Hall(1992)은 다소 상이한 분석을 제안한다. Hall에 따르면 CC 두음은 장애음+공명음 또는 [k, g]+비음이다. 그는 적합한 공명도 연쇄를 가지지만 출현하지 않는 CC 자음군을 배제하는 추가적인 규칙을 제안하였다.

필자의 분석은 두 가지 측면에서 선행 분석과 다르다. 이는 (31)과 같다.

(31) 두음 자음군에 대한 필자의 분석

    a. 어두 위치에 추가적인 C 단위가 있다.

    b. 두음 단위는 두 개가 아니라 하나이며, 이는 복합음을 지닐 수 있다.

(31a)는 선행 연구에 제안된 바와 같으나, 필자는 이 C가 [s]와 [ʃ]에 제한되지 않는다고 주장한다. 또한 독일어 두음이 두 개의 자음 위치를 갖는다는 선행 분석과 달리, 단지 하나의 자음 위치를 가지며 이는 복합음을 지닐 수 있다고 주장한다.

필자의 분석은 단지 복합음으로 나타낼 수 있는 CC 자음군만이 어중 위치에서 출현하며, 복합음으로 분석할 수 없는 CC 자음군은 어중 위치에서 출현할 수 없다고 예측한다. 예를 들어, Giegerich(1989)와 Hall(1992)은 [kn]와 [gn]는 좋은 두음이며 어두와 어중 위치에서 모두 출현할 것으로 예측한다. 이에 반해, 필자의 분석에 의하면 [kn]와 [gn]는 가능한 복합음이 아니므로 어중 위치에서 두음으로 출현할 수 없다. 이제 이 예측이 정확하다는 것을 증명하도록 하겠다.

먼저 어두 두음을 살펴보자. 어두 C 두음은 논의할 필요가 없다. 어두 CCC 두음에 대한 논의도 필요하지 않은데, 어두 [s] 또는 [ʃ]를 제외한 CC 부분이 CC 두음에서 발견되기 때문이다. 따라서 CC 두음에 초점을 두면, 어두 CC 두음은 가능한 복합음과 그렇지 않은 진정한 자음군 두 가지 부류로 나눌 수 있다(2장 참조). 이는 (32)와 같다.

(32) 어두 CC 두음

    a. 가능한 복합음

        [tr] 101, [kl] 85, [kr] 83, [br] 69, [gr] 66, [fl] 53, [pl] 52, [pr] 49, [bl] 44, [fr] 35, [kv] 30, [gl] 28, [dr] 27, [pfl] 9, [vr] 5, [ps] 4, [pfr] 3, [fj] 1, [ks] 1

b. 진정한 자음군 (가능한 복합음이 아님)

[ʃt] 136, [ʃp] 76, [ʃl] 64, [ʃv] 48, [kn] 46, [ʃm] 36, [ʃn] 33, [ʃr] 29, [tsv] 29, [sk] 11, [gn] 3, [sl] 3, [sm] 3, [pn] 2, [sp] 2, [sts] 2, [sf] 1, [sn] 1, [sv] 1

필자의 분석은 어중 위치에서 (32a)의 두음은 출현할 수 있지만, (32b)의 두음은 출현할 수 없다는 것을 예측한다. (32a)의 두음이 출현할 수 있다는 예측은 [pfl, vr, ps, pfr, fj]가 어중 위치에 발견되지 않는다는 점을 제외하면 대체로 실제에 부합한다. 그러나 이러한 자음군은 (32a)에서 가장 낮은 빈도이므로, 어중 위치에서의 부재가 이해 가능하다. (32b)의 두음이 어중 위치에서 출현할 수 없다는 예측은 언뜻 보기에는 실제에 부합하지 않는 듯하다. 왜냐하면 (32b)의 많은 자음군이 어중 위치에 출현하는 것 같기 때문이다. (33)의 자료를 살펴보자. 어중 위치에서만 발견되는 자음군에 [gv]가 Ingwer 에서 한번 출현하지만, [gv]는 가능한 복합음이므로 (33)에 포함되지 않는다.

(33)   진정한 두음 자음군 (가능한 복합음이 아님)

a. 어두에서 발견되지만 어중에서 발견되지 않는 CC 두음 (어두 빈도)

[kn] 46, [sf] 1, [sl] 3, [sm] 3, [sn] 1, [sp] 2, [sv] 1, [tsv] 29

b. 어두와 어중에서 발견되는 CC 두음 (어중 빈도)

[ʃt] 34, [ʃv] 7, [ʃp] 6, [ʃm] 5, [gn] 5, [ʃl] 4, [ʃr] 3, [ʃn] 2, [sk] 2, [sts] 1, [pn] 1

c. 어중에서만 발견되는 CC 두음 (어중 빈도)

[st] 24, [dl] 4, [dn] 1

d. 어중에서만 발견되는 CCC 두음 (어중 빈도)

[ʃtr] 3, [ʃpr] 2, [str] 2

(33a)의 결과는 필자의 분석을 지지하지만, (33b~d)의 결과는 그렇지 않

다. 이 예외들에 대하여 좀 더 자세히 살펴보자.

(33b~d)의 자음군은 17개 유형과 106개 항목으로, 104개의 단어에서 출현한다(두 개의 단어는 각각 이러한 자음군을 두 개씩 포함). 이 자음군은 (34)~(39)와 같이 몇 개의 부류로 구분할 수 있다. 하나 이상의 부류에 속하는 단어는 한 부류에만 제시하였다.

(34) 긴장 모음 뒤의 문제적 두음 자음군 (예. niedlich [ni:][dlɪx] → [nid][lɪx]) (6개 단어)

Adler, niedlich, Horoskop, Physiognomie, prognostizieren, Zustand

(35) 비음 뒤의 문제적 두음 자음군 (예. Instanz [ɪn][stants] → [is][tants]) (9개 단어)

anstrengen, instaendig, instant, Instanz, Instinkt, Institut, Instrument, konstatieren, Minstrel

(36) 접미사(-e, -en, -er, -ig) 뒤의 문제적 두음 자음군 (24개 단어)

Borste, Buerste, erste, Gerste, bersten, duensten, dunsten, leugnen, ordnen, Pfingsten, regnen, segnen, Althaendler, Elster, Fenster, finster, Hamster, Klempner, Kuerschner, Monster, Muenster, Polster, Traumwandler, garstig

(37) 파찰음 [pˢ] (2개 단어)

obskur [ɔp][sku:r] → [ɔpˢ][ku:r]
obszoen [ɔp][stsø:n] → [ɔpˢ][tˢø:n]

(38) 짧은 모음 및 접두사 뒤의 문제적 두음 자음군 (22개 단어)

abgeschmackt, beschlagnahmen, beschwichtigen, beschwipst, bespickt, bestaetigen, Besteck, bestehen, bestellen, bestimmen, Geschlecht, Geschmeide, Geschwader, geschwind, Geschwulst, Gespenst, Gestade, gestatten, gestehen, Gestell, ungeschlacht, ungestuem

(39)   형태소 경계의 문제적 두음 자음군 (41개 단어)

abspenstig, Abstand, anheimstellen, Anstalt, ausstatten, Ausstich, bedienstet, Beispiel, bewerkstelligen, Buchstabe, Diebstahl, einschmelzen, einschreiten, einsprengen, einstehen, einverstanden, Entstalinisierung, erstunken, Gegenstand, Gestruepp, imstande, Langspielplatte, Linolschnitt, Pappenstiel, Schornstein, substantial, Tetrachlorkohlenstoff, Ueberschwang, umstritten, Unschlitt, unumschraenkt, Ursprung, verschmitzt, verschroben, verschwaegern, verstockt, verunstalten, vollstaendig, Vorschmack, widerspenstig, Zirkumpolarstern

　(34)의 단어의 경우, 문제가 되는 두음 자음군의 첫 번째 C는 선행하는 말음으로 옮길 수 있다. 이는 긴장 모음의 음길이가 길 필요가 없기 때문이다. (35)의 단어는 문제가 되는 두음 자음군의 첫 번째 C를 선행하는 말음으로 옮기고, 선행 음절의 비음을 모음으로 옮길 수 있다. (36)의 단어는 접미사를 제외하면 문제가 되는 자음군은 더 이상 어중 위치의 두음이 아니다. (37)의 단어에서 문제가 되는 두음 자음군의 [s]는 선행하는 말음으로 옮겨서 파찰음 [pˢ]을 형성할 수 있다. (38)의 단어의 경우, 문제가 되는 두음 자음군은 순수하게 어중 위치가 아니거나, 또는 문제가 되는 두음 자음군의 첫 번째 C를 선행 말음으로 옮길 수 있다. 마지막으로, (39)의 단어는 문제가 되는 두음 자음군이 어중 위치가 아니다. 이 단어들에서 두음 자음군은 형태소나 합성어의 경계에 놓여 있기 때문이다. 따라서 (34)~(39)의 104개 단어 가운데 복합음보다 더 큰 진정한 두음 자음군을 갖는 단어는 없다.

　결론적으로, 어중 위치의 두음 자음군은 복합음을 형성할 수 있는 자음군에 제한된다. CELEX 독일어 어휘에 대한 전면적인 분석은 이에 대한 반례를 제공하지 않는다. 이러한 결과는 독일어 운이 VX에 제한된다는 것을 보여주며, 독일어의 최대 음절이 CVX라는 주장을 지지한다.

10.7. 다른 연구에 수록된 두음 자음군

(40)과 (41)은 CELEX에 보이는 두음 자음군을 Giegerich(1989), Hall (1992), Wiese(1996)에 수록된 두음 자음군과 비교한 것이다.

(40)　CELEX에 수록되었지만 Giegerich, Hall, Wiese에 수록되지 않은 두음 자음군

두음	수	예
[dl]	4	Adler [a:][dlər], Althaendler [alt][hɛn][dlər], niedlich [ni:][dlɪx], Traumwandler [traum][van][dlər]
[dn]	1	ordnen [ɔr][dnən]
[fj]	1	Fjord [fjɔrt]
[gv]	1	Ingwer [ɪŋ][gvər]
[sv]	1	Swing [svɪŋ]
[skv]	1	Squaw [skvo:]
[spl]	1	Splen [sple:n]
[str]	3	Stratus [stra:][tʊs], Instrument [ɪn][stru:][mɛnt], Minstrel [mɪn][strəl]

(41)　CELEX에 수록되지 않았지만 Hall, Wiese에 수록된 두음 자음군

두음	Hall(1992)	Wiese(1996)
[gm]	Magma	Gmünd
[km]		Khmer
[kt]	ktenoid	
[pʃ]	Pschorr	Pschorr
[pt]	Ptolomäus	
[ʃk]		Schkopau
[sr]		Sri Lanka
[tv]		Twist
[st]	Stil	Stil, Stoiker

(40)의 자음군은 이미 논의하였다. (41)의 자음군 [st]는 CELEX에서 어중 위치에서 발견되지만 어두 위치에서는 발견되지 않는다. 단어 Stil은 Hall과 Wiese에서 [stiːl]로 전사되었지만, CELEX에서는 [ʃtiːl]로 전사되었다. 어쨌든 (41)의 자음군은 Magma의 [gm]를 제외하면 모두 어두 위치에서 출현한다. CELEX에는 [gm]를 포함하는 단어가 상당히 많은데, Pigment, Dogma[1]가 그 예이다. Hall은 이 단어들을 [VC][gmV...]로 음절화하지만, CELEX는 [CV[g]mV...]로 음절화한다. 무게 강세 원칙에 따르면, 이 단어들은 [CVg][mV...]이어야 한다. [gm]는 이중 모음 뒤에서 발견되지 않는다는 것에 주의할 필요가 있다. 즉 [CVV][gmV]는 없다. 따라서 [gm]는 설득력 있는 어중 두음 자음군이 아니다. CELEX의 두음을 토대로 내린 결론은 여전히 유효하다. 즉, 독일어에서 두음 단위는 단지 하나이다.

10.8. 어말 자음군에 대한 또 다른 관점

비굴절형 단어의 어말 운은 최대 VXCCC(예. Herbst [hɛrpst])이며, 굴절형 단어의 어말 운은 VCCCCC(예. (des) Herbsts [hɛrpsts])라는 것에 대하여 앞서 논의하였다. 그러나 어말 자음군 가운데 어떤 음은 복합음을 형성할 수 있다. 이에 대한 흥미로운 질문은 복합음을 최대한 많이 만들 경우 어말 자음군이 실제로 얼마나 큰가이다. 우선, VCCCCC를 살펴보자. VCCCC의 유일한 예는 (des) Herbsts [hɛrpsts]로, (42)는 이에 대한 분석이다.

---

1   [역자 주] 원문에는 'Magnet'이 포함되어 있으나 이는 [gm]를 포함하지 않으므로 삭제함.

(42)　VCCCC (1개 단어)

보고됨	분석	비고
[ɛrpsts]	[ɛ, r, pˢ, tˢ] VCCC	[pˢ]와 [tˢ]는 파찰음

[pˢ]와 [tˢ]가 파찰음이면, VCCCCC의 실제 발음은 VCCC이다. 다음으로 VCCCC를 살펴보자. (43)은 이에 대한 분석이며, V는 단모음이다.

(43)　어말 VCCCC (4개 단어)

보고됨	분석	비고
[Vlpst] 2	[V, l, pˢ, t] VCCC	파찰음 [pˢ]
[Vrnst] 1	[V, r̃, s, t] VCCC	비음화한 [r]
[Vrpst] 1	[V, r, pˢ, t] VCCC	파찰음 [pˢ]

[r]가 비음화할 수 있으면 (43)의 자음군도 VCCC이다. 마지막으로, (44)에 분석된 VVCCC를 살펴보자. 여기에서 VV는 이중 모음이나 장모음이며, 운 [V:pst]와 [V:mpt]에 대하여 두 가지 분석이 가능하다.

(44)　어말 VVCCC (10개 단어)

보고됨	분석	예
[VVnst] 3	[VṼ, s, t] VVCC	einst [ainst]
[V:pst] 3	[VV, pˢ, t] VVCC	nebst [ne:pst]
	[V, pˢ, t] VCC	
[V:rst] 2	[V, r, s, t] VCCC	erst [e:rst]
[V:rtst] 1	[V, r, tˢ, t] VCCC	Arzt [a:rtst]
[V:mpt] 1	[Ṽ:, p, t] VVCC	prompt [pro:mpt]
	[Ṽ, p, t] VCC	

긴장 모음이 짧을 수 있고, [VN]이 [V̅]가 될 수 있다면, VVCCC 운은 VXCC보다 더 길 필요가 없다.

결론적으로, 복합음을 사용하면 독일어에서 어말 운은 최대 VXCCCC가 아니라 VXCC이다.

10.9. 요약

독일어 단어는 최대 세 개의 자음으로 시작하며 최대 다섯 개의 자음으로 끝날 수 있다. 따라서 단음절 단어의 최대 길이는 이론적으로 CCCVXCCCC 이다. 그러나 이 연쇄는 (C)CVX(C)M으로 분석할 수 있으며, (C)와 M은 형태론으로 설명할 수 있다. M은 하나 또는 하나 이상의 접미사 또는 접미사와 유사한 형식의 자음이며(독일어의 [s] 또는 [t]), "접사 규칙"으로 설명된다 (3장). 거의 모든 자음이 올 수 있는 어말 (C)는 어두 모음을 갖는 접미사의 "잠재적 모음"에 의해 가능하다(3장). 이와 마찬가지로, 어두 (C)는 [ʃ, s] 또는 가끔 [k, ts, g, p]일 수 있는데, 이는 어말 모음을 갖는 접두사의 "잠재적 모음"에 의해 가능하다. 잠재적 모음이 없을 때, 어두 또는 어말 (C)는 "이형태 금지"로 설명할 수 있다(3장). 남은 CVX가 최대 음절로, C, V, X는 각각 복합음일 수 있다(2장). 어중 위치에서 CVX를 초과하는 음절은 없다. 따라서 독일어 최대 음절은 CVX로, 영어와 동일하다.

CVX 분석은 선행 연구와 두 가지 면에서 다르다. 첫째, 명백한 비어말 VXC 운을 VX 내에서 분석한다(예. [VVN] → [V̅V], [V:C] → [V̅C], [VNC] → [V̅C]). 둘째, 두음 CC 자음군을 복합음으로 분석한다(예. [kw] → [kʷ], [br] → [bʳ]). 이 두 가지 새로운 분석은 조음자 기반 자질 이론과 복합음에 대한 엄격한 정의를 채택한다(2장 참조).

제11장

르가롱어

르가롱어(Jiarong, rGyalrong, Gyalrong 嘉绒语)는 중국 쓰촨(四川 Sichuan) 북부에서 사용되는 티베트-버마(Tibeto-Burman) 언어이다. 화자 인구는 150,000명(Qu 1990)과 200,000명(Lin 1993, Sun 2000) 사이로 추정된다. 르가롱어 화자들은 문화적으로 티베트인이지만, 르가롱어의 언어적 계통은 확실하지 않다. Qu(1990)는 티베트어로 간주하는 반면, Sun(2000)은 티베트어의 자매어인 치앙어(Qiangic)로 분류한다.

르가롱어의 단어는 대부분 단음절 어근을 가지며, 하나 또는 하나 이상의 CV 접미사를 취하는 경우가 많다(Lin 1993, Yan 2004). 르가롱어는 많은 두음 자음군과 말음 자음군을 갖는 것으로 보고된 바 있으므로, 흥미로운 언어이다. 예를 들어, CCC 두음이 일반적이며, 일부 르가롱어 방언은 CCCC 두음을 갖는다. (1)은 몇 가지 예이다.

(1)   르가롱어 CCCC 두음 자음군 (Lin 1993:56)

	얼강리(Ergangli) 방언		차오덩(Caodeng) 방언
nspreɤ	'가려운 곳을 긁다'	ʃmbru	'배, 보트'
nspʰjəpʰjə	'교환하다'	ʒmbri la ju	'버드나무'
nzbleɤ	'김이 나다'	ʒŋgri	'별(복수)'
mfsteɔ fsteɔ	'강력한'	sŋgri	'대나무 하모니카'

르가롱어의 두음 자음군의 수는 비교적 많다. 어떤 방언에는 300개 이상
이 있다(Lin 1993). 르가롱어의 말음 자음군은 최대 세 개의 자음을 포함할
수 있다. (2)는 몇 가지 예이다.

(2)   르가롱어 차오덩(Caodeng) 방언의 CCC 말음 자음군
        (Lin 1993:594-5)

[-vndʒ]	ndʒɚ-ʝi tə-cçʰovndʒ	'당신 둘이 (그것을) 깨뜨릴 것이다.'
[-rndʒ]	ndʒɚ-ʝi tə-qurndʒ	'당신 둘이 도울 것이다.'
[-mndʒ]	ndʒɚ-ʝi tə-rtsomndʒ	'당신 둘이 구성할 것이다.'
[-ŋndʒ]	ndʒɚ-ʝi tə-fsroŋndʒ	'당신 둘이 보호할 것이다.'

(2)의 자료를 고려할 때, 르가롱어가 CVX 이론에 문제가 되는지 궁금하다.
필자는 문제가 되지 않는다는 것을 주장할 것이다. 특히 [-ndʒ]와 같은 추가적
인 말음 자음은 단지 어말 위치에서 출현하며, 접미사 또는 접미사와 유사한
형식임을 주장할 것이다. 또한 두음 자음군은 단지 어두 또는 어근의 시작
위치에만 출현하며, 이는 두 가지 방식으로 설명할 수 있다. 첫째, 어근 시작
위치의 자음은 잠재적 모음과 이형태 금지로 설명할 수 있다(3장). 잠재적
모음은 CV 접두사로부터 온 것이다. 둘째, 자음군의 중간에 있는 비음이나
[r]는 성절적일 것이다. 예를 들어, zndai '벽'은 [zn][dai]로 분석할 수 있다.

11.1. 르가롱어의 두음 자음군

Lin(1993:526)은 르가롱어를 세 개의 방언 지역으로 나눈다. 주오커지(Zuokeji)로 대표되는 동부 방언, 차오덩(Caodeng)과 리부(Ribu)로 대표되는 북부 방언, 얼강리(Ergangli)로 대표되는 서부 방언이다. 이 방언들의 두음의 수는 (3)과 같다. 동부 방언 주오커지는 1950년대 1차 조사와 1980년대 2차 조사에 의해 두 차례 조사되었다. 주오커지 방언은 1950년대에 비해서 1980년대에 더 많은 두음 자음군을 깇는다. 이는 더 많은 두음 자음군을 갖는 방언이 반드시 더 오래된 방언은 아니라는 것을 보여준다(이는 11.3에서 다시 논의).

(3) 르가롱어 방언의 두음 수

	주오커지 50년대 (동부)	주오커지 80년대 (동부)	차오덩 (북부)	리부 (북부)	얼강리 (서부)
자음(C)	32	34	41	40	41
자음군	200	227	299	282	325
합계	232	261	340	322	366

얼강리를 제외하고 (3)의 모든 방언은 Lin 자신의 현장 조사에 기초한다. 방언 가운데 차오덩이 가장 많은 두음 자음군을 가지며, 이 절의 논의는 이 방언에 초점을 둘 것이다.

차오덩의 두음 목록은 (4)~(7)과 같다. Lin(1993)은 개략적으로 CC 두음을 접근음으로 끝나는 부류와 그렇지 않은 부류로 구분하였다. 이와 마찬가지로, CCC 두음도 접근음으로 끝나는 부류와 그렇지 않은 부류로 구분하였다. 필자는 여기에서 Lin의 목록을 따르지만, 그의 분류는 다소 비일관적이다. 특히 [lj, wr, wl, jr, jl]는 접근음으로 끝나는 부류로 구분된 반면, [rw, rl, rj, lw, jl, jw]는 그렇지 않다. 자음군 [vl]는 잘못 두 번 제시되어 있어서 하나를 삭제하고, 자음군의 총 수를 300에서 299로 조정하였다.

(4) 차오덩 르가롱어의 C 두음 (총 41개)

p pʰ b   t tʰ d   k kʰ g   q qʰ ɢ

ts tsʰ dz   ʈʂ ʈʂʰ dʐ   ʧ ʧʰ ʤ   cç cçʰ ɟj

v   s z ɬ   ʂ   ʃ ʒ   x   ʁ   h

l   r

m   n   ɳ   ŋ

w

(5) 차오덩 르가롱어의 CC 두음 (총 228개)[1]

pr, pw, pj, pʰr, pʰw, pʰj, tw, tj, tʰw, tʰj, kr, kl, kʰr, gr, qr, ql, qj, qʰr, tsw, tsr, ʧw, ʧʰw, cçʰw, vr, vl, vj, sr, sl, sw, sj, zr, zl, zw, ʃl, ʃw, ʒr, ʁl, ʁj, lj, wr, wl, jr, jl, pʰʃ, kʰʃ, qʰʃ, vt, vtʰ, vd, vk, vg, vq, vts, vtsʰ, vʧ, vʧʰ, vcç, vɟj, vs, vz, vʃ, vʒ, sp, st, stʰ, sk, skʰ, sq, scɕ, scɕʰ, sm, sn, sɳ, sŋ, zd, zg, zɟj, zv, zʁ, ʃp, ʃpʰ, ʃt, ʃtʰ, ʃk, ʃkʰ, ʃq, ʃqʰ, ʃʈʂ, ʃʧ, ʃm, ʃn, ʃɳ, ʒp, ʒg, xp, xpʰ, xt, xts, xʈʂ, xʧ, xʧʰ, xcç, xcçʰ, xɟj, xs, xʃ, ʁd, ʁg, ʁv, ʁz, ʁʒ, ʁm, ʁn, ʁɳ, rp, rb, rt, rd, rk, rg, rq, rqʰ, rts, rtsʰ, rdz, rʧ, rʧʰ, rdʒ, rcç, rcçʰ, rɟj, r, rv, rs, rz, rʒ, rʁ, rl, rm, rn, rɳ, rŋ, rw, rj, lp, lt, ltʰ, ld, lk, lʧ, ldʒ, lɟj, lv, lʁ, ln, lŋ, lw, mp, mpʰ, mb, mt, mtʰ, md, mk, mkʰ, mq, mts, mtsʰ, mdz, mʧ, mʧʰ, mdʒ, mcç, mcçʰ, mɟj, mʃ, mn, mɳ, mŋ, np, npʰ, nt, ntʰ, nd, nk, nkʰ, ng, nq, nts, ntsʰ, ndz, ndʐ, nʧ, nʧʰ, ndʒ, ncçʰ, nɟj, nm, nŋ, ŋkʰ, ŋg, ŋq, ŋɢ, wp, wt, wd, wts, wtsʰ, wʧ, wʧʰ, wɟj, wv, ws, wz, wʃ, wm, wn, wɳ, jp, jt, jd, jq, jts, jʧ, jʁ, jl, jm, jŋ, jw

1   [역자 주] 원문의 229개를 228개로 정정함.

(6)   차오덩 르가롱어의 CCC 두음 (총 65개)

mpj, mpʰr, mpʰj, mbr, mbl, mbw, mbj, mkʰr, mgr, mgl, mqʰr, mɢl, mtsr, nbw, ntsw, ndzr, ndzw, nʧʰw, ndʒw, ŋkʰr, ŋgl, ŋgr, vkr, vʧw, vsr, vʃw, vsj, spr, skr, sqr, sqʰj, spj, zgr, ʃkr, ʃqr, ʒgr, xpj, ʁqr, rqj, rtsw, rtsʰw, rcɕw, lbw, wpr, mpʰʃ, vrd, vzɟj, znd, ʒŋg, ʁnd, ʁnɟj, rmb, rnd, rŋg, rndʒ, rnɟj, lndz, wmb, wnd, wndʒ, wnɟj, wrŋ, jmb, jnd, jŋg

(7)   차오덩 르가롱어의 CCCC 두음 (총 6개)

ʃmbr, ʒmbr, ʒngr, ʒŋɢr, rmbj, jndw

이 자음군들 가운데 많은 수가 공명도 분석에 문제를 야기한다. 예를 들어, 공명도가 상승하는 [pr, kr, kl]와 공명도가 하강하는 [rp, rk, lk]가 둘 다 발견된다. 필자의 분석을 제안하기 전에, 두 가지 선행 분석을 먼저 살펴보기로 한다.

11.1.1. 선행 분석

Lin(1993:66-7)은 르가롱어에 대한 선행 연구가 음절 구분에 대한 논거를 거의 제공하지 않는다는 점을 발견한다. 따라서 독자는 선행 연구에 제시된 음절 구분이 정확한지, 그리고 왜 르가롱어는 다른 언어와 상당히 다르게 보이는지에 대하여 의문이 남는 경우가 많다.

Lin(1993)은 자신의 분석을 위하여 두 가시 논서를 세시한다. 첫째, 르가롱어 화자로서 자신의 직관에 의존한다. 둘째, 형태론적 증거를 사용한다. 두 가지 논거가 서로 상충하는 경우 두 번째 증거가 우위를 점한다. 예를 들어, (8)의 어근 [rbo] '북'을 살펴보자.

(8) tə‑rbo   '북'
     no nə‑rbo   '당신의 북'

Lin(1993:35)은 [tə‑rbo] '북'에서 [r]가 접두사의 말음처럼 들리지만, 다른 접사가 추가되면 [rb]가 계속 어근에 남아있다는 점을 지적한다. 따라서 그는 [rb]가 항상 어근으로 음절화한다는 결론을 도출한다.

Lin은 형태소 경계가 음절 경계와 일치해야 한다고 전제하는데, 이에 대한 증거를 제공하지 않는다. 사실 이 전제를 주장하는 음운론자는 거의 없다. 예를 들어, 대부분의 음운론자는 음절 경계와 형태소 경계가 일치하지 않는 (9)의 분석을 전제한다.

(9) 형태   help‑er
     음절   [hɛl][pɚ]

Lin(1993:66)은 르가롱어의 음절에 대한 그의 분석이 다소 특이하다는 것을 인식한다. 이에 대한 그의 반응은 르가롱어가 단순히 독특한 음절을 지니는 특수한 언어라는 것이다.

Hsieh(1999)는 주오커지 방언에 대한 분석을 제공한다. 공명도 기반 분석에 근거하여, Hsieh는 르가롱어에 특수한 공명도 제약이 있다고 주장한다. (10)은 Hsieh의 주장을 다시 기술한 것이다.

(10)   주오커지 르가롱어 두음 자음군에 대한 공명도 제약 (Hsieh 1999)
       공명도는 핵모음 앞에서 두 번 상승할 수 없다.

Hsieh는 (11)의 공명도 등급을 전제하며, (12)는 분석의 예이다. V는 모음, R은 접근음, N은 비음, Z는 유성 마찰음, S는 무성 지속음, DZ는 유성 파찰음, TS는 무성 파찰음, D는 유성 파열음, T는 무성 파열음을 의미한다.

(11) 공명도 등급 (9 = 최고, 1 = 최저)

V	R	N	Z	S	DZ	TS	D	T
9	8	7	6	5	4	3	2	1

(12) 르가롱어 자음군의 공명도 분석

자음군	공명도	설명
sl+V	5-8-9	공명도 한 번 상승; 좋음
st+V	5-1-9	공명도 한 번 상승; 좋음
spr+V	5-1-8-9	공명도 한 번 상승; 좋음
slŋ+V	5-8-7-9	공명도 두 번 상승; 나쁨

Hsieh의 주장은 두 가지 문제가 있다. 첫째, Lin(1993)과 마찬가지로, Hsieh는 르가롱어는 두음에서 공명도가 하강할 수 있는 반면 다른 언어는 두음에서 공명도가 하강할 수 없다는 점에서 특수하다고 전제한다. 둘째, Hsieh의 분석은 다른 방언으로 확장될 수 없다. 예를 들어, (13)과 같이 차오덩 방언은 공명도가 두 번 상승하는 CCC 두음을 갖는다.

(13)

자음군	공명도	설명
vrd+V	6-8-2-9	공명도 두 번 상승
ʒŋg+V	6-7-2-9	공명도 두 번 상승
znd+V	6-7-2-9	공명도 두 번 상승

또한 차오덩의 여섯 개 CCCC 두음 가운데 네 개에서 두 번의 공명도 상승이 있는 것을 볼 수 있는데, 이 또한 Hsieh의 분석에 문제를 야기한다.

요약하면, 선행 분석은 기본적으로 르가롱어가 다른 언어에서 발견되지 않는 특수한 음절 구조를 지닌다고 전제한다.

11.1.2. 이 책의 분석

르가롱어에 대한 논의와 관련된 사실은 이 언어에 많은 어휘적 접두사가 있다는 것으로, 대부분 CV이다. 예를 들어, 수오모(Suomo) 르가롱어는 (14)의 어휘적 접두사를 갖는다. 위치 1은 어근에 가장 가까우며, 위치 3은 가장 멀리 떨어져 있다.

(14) 수오모 르가롱어의 어휘적 접두사 (Yan 2004:120-1)

주로 위치 1　　　　　　　ta-, tə-, ka-, kə-, a-

주로 위치 2　　　　　　　ma-, sa-, wə-

주로 위치 2 또는 3　　na-, nə-, wa-, ʃa-, sa-, ra-, rə-, mə-, ŋa-

어휘적 접두사는 어근이 단독으로 출현할 때 사용되지만, 어근이 다른 어근이나 단어와 결합할 때는 사용되지 않을 수 있다. 어휘적 접두사의 의미가 항상 명확한 것은 아니다(Sun 1998:112). Yan(2004:120)은 수오모 르가롱어에서 [ta-]와 [tə-]가 일반적으로 명사에 부가되는 접두사이며, [ka-]는 동사, [kə-]는 형용사, [a-]는 처소격(locative)에 부가되는 접두사라고 주장한다. 수오모 르가롱어의 어근은 세 가지 접두사를 가질 수 있다. (15)는 Yan(2004:121)에서 가져온 예이다.

(15)　1개 접두사　ta-rpam　　'얼음'　　　kə-mak　　'깊은'

　　　2개 접두사　ka-sa-ja　　'시작하다'　kə-ma-ʃɛə　'부유한'

　　　3개 접두사　tə-ka-ŋa-ro　'모두'　　　kə-sa-wa-ri　'재미있는'

3장에서 논의한 바와 같이, V와 CV 접두사는 "잠재적 모음"을 제공하며, 잠재적 모음은 어근 시작 위치의 추가적인 자음을 말음으로 취할 수 있다. 접두사가 없을 때 어근 시작 위치의 추가적인 자음은 "이형태 금지"에 의하여 유지된다. 이형태 금지는 접사 출현 여부와 관계없이 형태소의 동일한 형태를 유지하고자 한다(3장). (16)과 (17)은 Lin(1993:36)에서 가져온 예이다.

(16)   tə-ʒba   [təʒ][ba]   '얼굴'
(17)   ʒba ntɕʰok   ʒ[ban][tɕʰok]   '얼굴 파임 (보조개)'

(16)에서 어근 시작 위치의 자음군 [ʒb]는 두 음절에 나뉘어 있다. (17)에서 '얼굴'은 더 이상 접두사를 갖지 않지만, 어두 [ʒ]는 이형태 금지에 의해서 유지된다. (17)의 [ʒ]는 이형태 금지로 설명할 수 있기 때문에 CVX 이론에 문제를 야기하지 않는다.

잠재적 모음과 이형태 금지로 모든 CC 자음군을 설명할 수 있다. 또한 [mpj, mpʰr, mpʰʃ, mpʰj, mbr, mbl, mbw, mkʰr, ...]와 같이 마지막 두 CC가 "복합음"을 형성할 수 있는 CCC 자음군도 잠재적 모음과 이형태 금지로 설명할 수 있다(2장). 차오덩의 남은 CCC 자음군과 여섯 개의 CCCC 자음군은 (18)에 보인다. 이들은 총 29개로, 모든 자음군의 10%에 해당한다.

(18)   vrd, znd, ʒŋg, ʁnd, ʁnɟj, rmb, rnd, rŋg, rndʒ, rnɟj, lndz, wmb, wnd,
        wndʒ, wnɟj, wrŋ, jmb, jnd, jŋg, mtsr, ndzr, vsr, vzɟj
        ʃmbr, ʒmbr, ʒngr, ʒŋɢr, rmbj, jndw

(18)의 자음군은 대부분 어승 [r] 또는 비음을 지닌다. 만약 영어와 같이 공명음 자음이 성절적일 수 있다면, 이 자음군들은 추가적인 자음을 갖지 않는다. 이는 (19)와 같다.

(19)	zndai	[zn̩][dai]	'벽'
	ʁnɟju	[ʁn̩][ju]	'창문'
	ʃmbru	[ʃm̩]²[bru]	'배, 보트'
	ʒngri	[ʒn̩][gri]	'별(복수)'
	ʒŋɢri	[ʒŋ̍][ɢri]	'대나무 하모니카'

자음군 내의 공명음 자음이 성절적일 수 있다는 주장은 그루지아어
(Georgian)에서도 제기되었다. (20)은 Butskhrikidze(2002:88)에서 가져온 예
이다.

(20) 그루지아어의 성절 자음

	naɣm–s	[naɣm̩s]	'나의 것'
	ipn–s	[ipn̩s]	'물푸레나무'
	saxl–s	[saxl̩s]	'집'
	tetr–s	[tetr̩s]	'희다'
	k'lde	[k'l̩de]	'바위'
	trtvili	[tr̩tvili]	'서리'

네 개의 두음 자음군이 아직 설명이 필요하다. 이는 예시 단어와 함께
(21)에 보인다.

---

2   [역자 주] 원문의 전사에 성절 기호를 추가함.

(21)

자음군	단어	뜻
mtsr	kʰɐ-mtsrof	'빨다, 빨아들이다'
ndzr	kɐ-ndzri	'비틀다'
vsr	kɐ-vsroŋ	'보호하다'
vʑj	kɐ-vʑjər	'바꾸다'

Lin(1993)은 이에 대한 해결책을 제안한다. 그는 자음군을 구성하는 자음이 종종 [ə]에 의해서 분리된다는 점을 지적한다. (22)는 리부 방언의 예이다.

(22) 리부 르가롱어 자음군의 선택적 [ə] (Lin 1993:448)

[ə] 포함	[ə] 포함하지 않음	
tə-ʁɛ	tʁɛ	'사향노루'
kə-mə-ɽkə	kə-mɽkə	'도둑'
kə-nə-mtʃʰə	kə-nmtʃʰə	'일찍'
kə-mə-ɢɛ	kə-mɢɛ	'도둑'

(22)를 고려하면, (21)의 차오덩 자음군은 (23)과 같이 분석할 수 있다.

(23)

kʰɐ-mtsrof	[kʰɐ][məts][rof]	'빨아들이다'
kɐ-ndzri	[kɐ][nədz][ri]	'비틀다'
kɐ-vsroŋ	[kɐ][vəs][roŋ]	'보호하다'
kɐ-vʑjər	[kɐ][vəz][ʑjər]	'바꾸다'

이 분석에서 CVX를 초과하는 음절은 없다. 실제로 (19)의 자음군이 선택적 [ə]를 가지는 것도 가능하다. 예를 들어, '벽'은 [zn̩][dai] 또는 [zən][dai]일

수 있다.

11.1.3. 요약

CV 접두사, 그리고 비음과 [r]가 성절적일 수 있는 가능성, [ə]가 종종 자음군에 삽입된다는 사실에 근거하여, 모든 르가롱어 두음 자음군은 CVX 이론으로 설명할 수 있다. (24)는 전형적인 예와 그에 대한 분석이다. R은 선행 C와 결합하여 복합음 C^R을 형성할 수 있는 접근음, N은 성절적 자음([r] 또는 비음), (CV)는 잠재적 접두사를 가리킨다.

(24)	자음군	분석
	CRV	$[(CV)C][RV]$, $[(CV)][C^RV]$, $[C^RV]$
	CCV	$[(CV)C][CV]$, $[Cə][CV]$, $C[CV]$
	CCRV	$[(CV)C][C^RV]$, $[Cə][C^RV]$, $C[C^RV]$
	CNCV	$[CN̩][CV]$, $[CəN][CV]$
	CCCV	$[CəC][CV]$, $[(CV)C][Cə][CV]$
	CNCRV	$[CN̩][C^RV]$, $[CəN][C^RV]$

각 자음군은 접두사가 있는지의 여부에 의해서 둘 또는 둘 이상의 방법으로 분석할 수 있다. 예를 들어, 접두사가 없을 때 CC는 [ə]가 삽입될 수 있지만([Cə][CV]), 접두사가 있을 때는 그렇지 않다([(CV)C][CV]). 이와 같은 예측은 언어 자료에 의해 검증될 필요가 있다.

11.2. 말음 자음군

접미사를 제외하면 르가롱어의 최대 운은 VC 또는 VG로, V는 단모음이며 VG는 이중 모음이다(Lin 1993:598). 유일한 예외는 운 [ols]로, 얼강리 방언의 단어 [qʰols] '경전 가방'에서 출현한다. 이는 11.2.2에서 다시 논의할 것이다.

르가롱어 단어는 [i], [u], [ɑ]와 같은 모음 접미사를 취할 수 있다(Lin 1993:581-3). 접미사는 [ɛii], [ʀiɑ], [ouɑ]와 같이, Lin이 "삼중 모음"이라고 부른 모음 연쇄를 형성한다. 차오덩의 예는 (25)에 보인다. (25)에서 모음 어근은 [sjou] '마치다'이며, 두 개의 접미사가 후행한다.

(25) ŋi sjou-ɑ-ŋ '나는 마칠 것이다'

또한 르가롱어는 C 또는 CC 자음 접미사를 갖는다. 접미사는 방언마다 다른데, (26)은 몇 가지 예이다.

(26) 르가롱어의 자음 접미사 (Lin 1993:588-97)
      차오덩 방언 [n, ʨʰ, ndʒ]
      얼강리 방언 [ŋ, n, ɳ, s, ɣ]

접미사가 없는 단어가 VC로 끝날 수 있으므로, 자음 접미사는 CC 또는 CCC 말음 자음군을 형성할 수 있다. (27)은 차오덩 방언의 두 가지 예로, 모음 어근은 [qur] '돕다'이다.

(27)　차오덩 르가롱어 말음 자음군 (Lin 1993:589, 594)

　　[r-n]　　　nə-ɟji rə-qurn　　　'당신이 도울 것이다.'

　　[r-ndʒ]　　ndʒə-ɟji- tə-qurndʒ　　'당신 둘이 도울 것이다.'

이상에서 살펴본 기본적인 자료를 토대로 두 가지 선행 분석 Lin(1993)과 Hsieh(1999)를 검토할 것이다. 이어서 CVX 이론의 분석을 제시하고자 한다.

11.2.1. 선행 분석

Lin(1993)은 운에 속하는 모음과 자음의 수에 제한이 없다고 전제한다. 예를 들어, 그는 "운"에 대한 논의에서 [ɛi-i], [ɐi-ɑ], [ouɑ] 모음 연쇄를 "삼중 모음"이라고 한다. 마찬가지로, 접미사 추가에 의해서 형성된 CC와 CCC 자음군을 말음으로 간주한다. 따라서 (25)의 [sjouɑŋ]과 (27)의 [qurndʒ]는 단음절이다.

Lin은 [sjouɑŋ]이 단음절이며 두 개의 음절 [sʲou][ɑŋ]이 아니라는 근거를 제시하지 않는다. [sʲou][ɑŋ]의 음절화는 going [gou][ɪŋ], buying [bai][ɪŋ]과 같은 영어의 일반적인 분석과 유사하다. 그러나 Lin은 르가롱어가 다른 언어와 왜 다른지에 대하여 설명하지 않는다.

Hsieh(1999)는 Lin과 유사한 견해를 취하며 자음 접미사가 말음에 있다고 간주한다. 특히 그는 최대 운이 VX라고 전제하지만, 운의 최대 크기가 VX에 제한되는 것을 무효화하는 다른 제약을 가정한다. 이 제약은 (28)과 같다.

(28)　(형태소-)배치 (Parse-(Morpheme))

　　입력형의 형태소 M은 출력형에 배치되어야 한다.

(28)에 의하여, [qur-ndʒ]와 같이 접미사를 갖는 단어는 운이 VCCC인 초대형 음절 [qurndʒ]를 형성하는 것으로 간주된다.

Hsieh는 음절화에 대한 주장을 뒷받침하는 근거를 제시하지 않는다. 또한 이 분석은 다소 잉여적이다. 즉, (28)에 의해서 접미사 C가 유지된다면, 접미사 C가 반드시 음절 내부에 있어야 할 것을 전제할 필요는 없다. Hsieh는 모든 음이 음절에 속해야 한다는 "모든 음(all-in)" 분석을 전제하는 듯하다. 필자는 이에 대한 반론을 제기한 바 있다(3장). "모든 음" 분석을 전제하지 않으면, VX 운의 크기를 확장히지 않고도 접미사 자음들을 설명할 수 있다.

11.2.2. 이 책의 분석

이 책은 영어와 마찬가지로 르가롱어에서도 모음 접미사가 독립적인 음절을 형성할 수 있다고 전제한다. 예를 들어, ŋi sjou-a-ŋ [ŋi][sjou][aŋ] '나는 마칠 것이다'에서 접미사들은 음절 [aŋ]을 형성한다. 이는 영어의 see-ing [si:][ŋ]과 유사하다. 따라서 아래의 논의는 자음 접미사에 초점을 둘 것이다.

르가롱어의 말음 자음군 분석은 상당히 간단하다. 이는 (29)에 보이며, M은 접미사 자음을 가리킨다.

(29) 르가롱어의 말음 자음군
　　　최대 연쇄　　　　VVCC, VGCC, VCCC
　　　일반적 연쇄　　　[VX]MM

이 분석에서 운은 VX이다. 추가적인 자음 MM이 출현할 수 있는데, 이들은 접미사 또는 접미사와 유사한 형식이기 때문이다. 그러므로 MM을 선행 음절의 일부로 전제할 필요가 없다. M 또는 MM은 음의 특성에 따라서 독립

적인 음절을 형성할 수도 있고 그렇지 않을 수도 있다. 예를 들어, 접미사가
비음을 포함하는 경우 독립적인 음절을 형성할 수 있다. (30)은 Lin(1993:588,
593)이 제공한 주오커지 르가롱어의 두 가지 예이다. 괄호는 가능한 음절화
를 나타낸다.

(30)　　전사　　　　　　가능한 분석　　　　　의미
　　　　ŋɑ top-ŋ　　　　[ŋɑ][top][ŋ]　　　　'나는 때릴 것이다'
　　　　ndʒo tə-wɐt-nʧʰ　[n][dʒo][tə][wɐt][n]ʧʰ　'당신 둘이 입을 것이다'

　M이 장애음일 때는 독립적인 음절을 형성한다는 증거가 없다. 따라서
필자는 그것이 음절화하지 않는다고 전제한다. (31)은 Lin(1993:590, 592)의
주오커지 르가롱어의 두 가지 예로, [cçʰ]는 파찰음이다.

(31)　　전사　　　　　　　가능한 분석　　　　의미
　　　　ŋə ndʒɛ-cçʰop-ʧʰ　[ŋən][dʒɛ][cçʰop]ʧʰ　'우리 둘은 (그것을) 깨뜨
　　　　　　　　　　　　　　　　　　　　　　　　릴 것이다'
　　　　ŋə ndʒɛ-kɐk-ʧʰ　　[ŋən][dʒɛ][kɐk]ʧʰ　　'우리 둘은 껍질을 벗길 것
　　　　　　　　　　　　　　　　　　　　　　　　이다'

어말 [ʧʰ]는 선행 음절의 일부이기 때문이 아니라, 접미사이기 때문에 유
지된다.
　Lin(1993)이 분석한 르가롱어 방언에서 VCC 운을 가지면서 접미사가 추
가되지 않은 단어가 하나 있다. 이는 얼강리 방언에서 보이며, (32)와 같다.

(32)　얼강리 르가롱어의 접미사가 없는 VCC 운 (Lin 1993:598, 600)
　　　　qʰols '경전 가방'

운이 VX에 제한된다면, 왜 어말 [s]가 접미사가 아님에도 불구하고 유지되는가에 대하여 설명해야 한다. 이에 대한 해답은 접미사 자음뿐만 아니라 접미사와 유사한 형식의 자음도 음절에 속하지 않으면서 출현할 수 있다는 "접사 규칙"에 있다(3장). 다시 말하면, 만약 [s]가 얼강리 르가롱어의 다른 단어에서 접미사로 사용된다면, [qʰols]의 어말 [s]는 설명 가능하다. (33)에서 르가롱어의 세 방언에 나타나는 접미사를 살펴보자.

(33) 르가롱이 세 방언의 자음 접미사 (Lin 1993:588-97)
      주오커지 (동부)   -ŋ, -n̠, -t̠ʃʰ, -nt̠ʃʰ
      차오덩 (북부)   -ŋ, -n, -t̠ʃʰ, -ndʒ
      얼강리 (서부)   -ŋ, -n, -n̠, -s, -ɣ

얼강리 방언은 실제로 접미사 -s가 있는 반면 다른 두 방언은 그렇지 않다. 이는 추가적인 어말 [s]가 주오커지나 차오덩에서는 출현하지 않는다는 사실에 부합한다.

11.2.3. 요약

르가롱어의 최대 비어말 운이 VX라는 것을 증명하였다. VX를 초과하는 추가적인 자음이 단어 경계에서 출현할 수 있지만, 이는 형태본으로 설명이 가능하다. 즉 추가적인 자음은 접미사 또는 접미사와 유사한 형식이므로 "접사 규칙"으로 설명할 수 있다(3장). 따라서 VX보다 더 큰 운을 전제할 필요가 없다.

11.3. 통시적 관점

이 절은 두 가지 문제에 대한 논의이다. 첫째, 르가롱어에서 어떻게 자음군이 생성되었는가? 둘째, 자음군에 어떤 일이 일어날 것인가?

첫 번째 질문과 관련하여, 자음군은 모음 탈락으로부터 형성될 수 있다. (34)는 통시적, 공시적 영어의 예이다.

(34) 모음 탈락에서 기인한 영어 자음군

통시적 (Gimson 1970:237-8)

어두   state [est], scholar [esk]

어중   Gloucester [st], Leicester [st], evening [vn], lightening [tn]

공시적 (평소 발화)

어두   potato [pt], police [pl]

어중   flavoring [vr], thickening [kn]

동일한 변화가 르가롱어에서도 발생하는 듯하다. (35)는 CVCVCV가 CVCCV로 변하는 예이다.

(35) 르가롱어 방언의 모음 탈락 (Lin 1993:9)

수오모	주오커지	
kə-mə-ŋam	kə-mŋam	'고통'
ka-mə-sam	ka-msam	'듣다'
ka-mə-tʃuɽ	ka-mtʃiɽ	'원을 만들다'
ka-mə-tɕa	kə-mtɕa	'많은'

(35)의 예는 이 변화가 수오모에서 주오커지로 진행되는 모음 탈락인지, 아니면 주오커지에서 수오모로 진행되는 모음 삽입인지에 대하여 알려주지 않는다. 그러나 이를 알 수 있는 추가적인 근거가 있다. Yan(2004)에 따르면, 모음 탈락은 어휘적 접두사의 간략화를 반영한다. 즉 동부 방언에 접두사가 가장 많고 서부 방언에 접두사가 가장 적은데, 접두사 간략화로 모음 탈락이 먼저 발생하여 자음군을 생성하고, 그 다음에 간략화되는 것이다. (36)과 (37)은 몇 가지 예이다.

(36)　　　르가롱어 방언의 접두사 간략화 (Lin 1993:9, 634, 665)

수오모	주오커지	얼강리	
(동부)	(동부)	(서부)	
tʃə tə	ʃtə	tɕə	'이것'
kə-mə-ŋam	kə-mŋam	ŋam	'고통'

(37)　　　르가롱어 방언의 접두사 간략화의 추가 예시 (Yan 2004:124)

수오모	차오덩	종자이(Zhongzhai)	
(동부)	(북부)	(서부)	
ka-ʃə-ɽŋa	ka-sə-ɽŋa	sŋe	'~에게 빌려주다'
ka-na jo	ka na ɲja	nanjo	'~을 기다리다'
kə-ram	kə-ram	ʁru	'말린 음식'
kɐ-jɛs	tak-jɛs	ʁjɐ	'그을음'
kə-tsu	ʁzə	zə	'원숭이'

이 자료는 수오모 방언과 같이 르가롱어의 오래된 형식에는 실제로 큰 자음군이 많지 않다는 것을 보여준다. 모음 탈락이 일어날 때 많은 큰 자음군이 생성되는 것이다. 그러나 몇몇 서부 방언에서 보이는 바와 같이, 이러한

자음군은 곧 간략화를 거칠 것이다. 이와 관련하여, 고대 중국어(Old Chinese), 서면 티베트어(Written Tibetan)와 트룽어(Trung)[3]의 동원사를 살펴보자. (38) 은 Mei(2006:600)의 예이다.

(38)

고대 중국어	서면 티베트어	트룽어	
snjit	–	sɯ-ɲɪt	'일곱, 7'
sljiak	zla-ba	sɯ-la	'저녁, 달'
sljəp	slob-pa	sɯ-lap	'연습하다, 공부하다, 가르치다'

고대 중국어와 서면 티베트어는 어두 자음군이 오래 유지되지 않았다. 현대 중국어는 어두 자음군이 없다. 서면 티베트어에는 많은 자음군이 있는데, 이들은 문자가 처음 티베트에 소개된 17세기 발음을 반영할 것이다. 그러나 현대 라사 티베트어(Lhasa Tibetan)에는 어두 자음군이 거의 남아있지 않다. 따라서 르가롱어도 이와 동일한 방향으로 변화할 가능성이 있다.

11.4. 요약

르가롱어에는 큰 자음군이 많이 있지만, 큰 음절 크기를 설정할 필요가 없다. 일부 자음군의 경우, 어근 시작 위치의 첫 자음은 CV 접두사로 설명 가능하며, 이 자음은 접두사 모음의 말음으로 기능한다(예. [tɑ-rpɑm] → [tɑr][pɑm] '얼음'). 다른 자음군의 경우, 어근 시작 위치의 첫 두 개 자음을

---

3   [역자 주] 중국의 트룽(Trung, Drung, Dulong 独龙) 민족이 사용하는 언어로 티베트-버마어에 속한다.

선택적 [ə]로 설명할 수 있다(예. [zndai] → [zən][dai] '벽'). 어말 자음군은 대부분 자음 접미사에 기인하며, 자음 접미사가 없으면 운은 VX이다. 따라서 르가롱어 음절이 CVX보다 클 것을 전제할 필요가 없다.

르가롱어의 자음군은 대부분 CV 접두사의 모음 탈락의 결과이다(Yan 2004). 그러나 서부 방언에 보이는 바와 같이, 접두사의 의미적 또는 통사적 기능의 결여로 인해서 많은 접두사가 소실되고 있다. 다음 단계는 두음 자음군의 간략화일 것이다. 이는 일부 서부 방언에서 진행되고 있다. 르가롱어는 고전 티베트어의 자음군을 대부분 소실한 현대 라사 티베트어의 방향으로 변화하고 있는 듯하다.

제12장

이론적 함의

12.1. CVX 이론과 예측

이 책은 표준중국어, 상하이 중국어, 영어, 독일어, 르가롱어를 논의하고, 이 언어들의 최대 음절이 CVX임을 주장하였다. 필자의 주장은 CVX 이론으로, (1)과 같이 요약할 수 있다.

(1)　CVX 이론

　　a.　단어 구조는 C_mCSCC_m이다. C_m는 하나 또는 하나 이상의 접사 또는 접사와 유사한 형식의 자음이며, C는 접두사 어말 모음의 잠재적 말음 또는 접미사 어두 모음의 잠재적 두음이다. S는 하나 또는 하나 이상의 음절이다. C_m과 C는 형태론으로 설명할 수 있으므로 S의 일부일 필요가 없다.

　　b.　음절의 최대 크기는 CVX, 즉 CVC 또는 CVV이다. V는 모음이나 성절 자음으로 채워질 수 있다. C와 V는 복합음일 수 있다(복합음 C의 예. [kʷ]와 [ts], 복합음 V의 예. [tʰẽt] tent의 비음화한 모음).

  c. 음절화는 무게 강세 원칙에 의하여 결정된다. 이 원칙에 따라 강세 음절의 운은 VX이며, 비강세 음절의 운은 V이다.

단어 경계의 추가적인 자음은 형태론으로 예측할 수 있다. 이는 (2)와 같다.

(2) 형태론으로 단어 경계 자음 예측
  a. 한 언어에 어두 모음을 갖는 접미사가 있으면, 어근의 마지막 위치에 추가적인 자음이 있을 수 있다.
  b. 한 언어에 어말 모음을 갖는 접두사가 있으면, 어근의 시작 위치에 추가적인 자음이 있을 수 있다.
  c. 한 언어에 자음 접두사 또는 접미사가 있으면, 자음 접두사와 접미사는 단어 경계에서 추가적인 자음으로 출현할 수 있다.
  d. 이 외의 경우 최대 음절은 CVX이다.

이 책은 몇 개 언어에 대하여 논의하였지만, CVX 이론이 더 일반적인 속성을 갖는다고 믿을만한 이유가 있다. 첫째, 영어와 독일어는 큰 자음군을 가지며, 매우 큰 음절을 갖는 언어로 오랫동안 간주되었다. 만약 이 언어들의 음절이 실제로 CVX보다 크지 않다면, 매우 큰 음절을 갖는다고 생각되었던 다른 언어들도 재검토해볼 필요가 있다. 둘째, CVX 이론의 근거는 주요 어족들로부터 도출되었다. 필자는 인도-유럽 어족의 영어와 독일어를 논의하였으며, 폴란드어(Bethin 1992), 그루지아어(Butskhrikidze 2002), 힌디어(Kumar 2005)에 대하여 논의한 연구도 있다. 또한 필자는 중국-티베트 어족의 중국어와 르가롱어를 논의하였다. 아메리카 원주민 언어 가운데 벨라쿨라어(Bella Coolar, Bagemihl 1991)와 스포카인 살리시어(Spokane Salish, Bates and Carlson 1992)에도 유사한 근거가 있다. 이 책은 아프리카 언어에 대하여 논의하지는 않았지만, 그 언어들은 상당히 단순한 음절 구조를 지니는 것으로 알려져 있다. 따라서 CVX 이론에 대한 근거는 임의의 소수 언어에 국한되지 않는다.

CVX 이론에 회의적인 사람은 이 이론이 이 책에서 논의한 언어에는 적용될 수 있지만, 더 큰 음절을 허용하는 다른 언어들이 있을 것이라고 지적한다. 실제로 필자가 알고 있는 모든 언어에서는 CVX가 최대 음절 크기이지만, 이는 미래의 언어들이 더 큰 음절을 사용할 수 없다는 것을 의미하는 것은 아니다. 따라서 CVX 이론은 가능한 음절을 제한하는 원칙이 아니라, 존재하고 있는 언어에서 파생된 결과일 것이다.

회의론자의 입장은 "초음절(super-syllable)" 이론이라고 할 수 있는데, 이에 대하여 세 가지를 비판할 수 있다. 첫째, 초음절은 근거가 없기 때문에, 이를 전제할 이유가 없다. 둘째, 초음절 이론은 논박할 방법이 없다. 발견 가능한 형태에 대한 CVX 이론과 "초음절"의 예측을 살펴보자. 이는 (3)과 같다.

(3)	발견되는 형태	CVX 이론	"초음절" 이론
	"초음절" 발견되지 않음	예측 맞음	예측 맞음
	"초음절" 발견	예측 틀림	예측 맞음

실증적으로 발견되는 바와 상관없이 "초음절" 이론은 항상 맞기 때문에 예측의 가치를 갖지 않는다. 셋째, 특성 "초음설" 이론을 다른 초음설 이론으로부터 구분하는 것이 어렵다. 예를 들어, 어떤 "초음절" 이론은 최대 음절이 CCVXCC라고 주장하고, 다른 초음절 이론은 최대 음절이 CCCVXCCC라고 주장할 수 있다. 그러나 이 두 이론은 모두 논박할 수 없다. (이는 아마 CVX보다 더 큰 음절이 없기 때문일 것이다.)

"초음절" 이론의 또 다른 문제는 연구를 위하여 지침을 제공하지 않는다는 점이다. (4)의 시나리오를 살펴보자.

(4)	시나리오	CVX 이론	"초음절" 이론
	"초음절" 보고됨	연구 필요	연구 필요하지 않음
	"초음절" 부정됨	결과 중요함	결과 중요하지 않음
	"초음절" 확인됨	결과 중요함	결과 중요하지 않음

한 언어에 초음절이 출현하는 것으로 보일 때, CVX 이론은 면밀한 연구를 요구한다. 왜냐하면 초음절이 예측되지 않기 때문이다. 이에 반해 초음절 이론은 초음절이 예측되기 때문에 더 이상의 연구가 필요하지 않다. 보고된 초음절이 부정될 때, CVX 이론은 결과를 중요한 것으로 간주한다. 문제가 해결되고, 이론이 확인되었기 때문이다. 초음절 이론에서 이 결과는 전혀 중요하지 않다. 왜냐하면 작은 음절과 초음절이 둘 다 예측되기 때문이다. 초음절이 확인되면, CVX 이론에서는 이 결과 역시 중요하다. 왜냐하면 이론의 수정이 필요하기 때문이다. 반면 초음절 이론은 이 결과 또한 전혀 중요하지 않다. 왜냐하면 작은 음과 초음절이 둘 다 예측되며, 새로운 통찰력을 얻지 못하기 때문이다. 따라서 연구 방법론의 관점에서 CVX 이론이 더 우월하다. 이는 영어, 독일어, 르가롱어의 분석에서 본 바와 같이, 더 단순하며 연구를 발전시킬 수 있기 때문이다.

12.2. CVX 이론과 문법 이론

이제 CVX 이론을 더욱 넓은 관점에서 문법 이론과 관련하여 살펴보자.

12.2.1. 백지 상태 이론

많은 언어학자들의 일반적인 견해는 아이들은 문법을 갖지 않고 태어난다는 것이다. 그 대신 아이들은 언어 사용 집단이 임의로 형성한 문법을 배운다. 이 견해를 백지 상태(tabula rasa) 이론이라고 하자. 적어도 분필이나 석판과 같은 것이 없으면 그림을 그릴 수 없는 것처럼, 인간이 귀나 성도와 같은 물리적인 자질을 가지고 있다는 사실은 당연히 논쟁의 여지가 없다. 백지 상태 이론이 주장하는 것은 어린아이는 특정한 언어학적 지식을 갖지 않고 태어난다는 것이다. 예를 들어, Abercrombie(1967:70)는 아래와 같이 말한다.

> 인간이 수행할 수 있는 음성의 전체 범위는 매우 넓다... 그러나 특정 단일 언어 화자는 이 전체 범위에서 단지 일부만을 선택하여 사용한다. 더욱이 이 선택된 일부는 제한적일 뿐만 아니라, 모든 다른 언어의 화자들이 선택하여 사용하는 것과 많은 또는 거의 모든 측면에서 다르다.

이와 유사하게, Port and Leary(2005)는 언어보편적인 음운 범주는 없다고 주장한다. 그 대신 각 언어는 다른 언어들의 범주와는 다른 고유한 범주를 구성한다. 또한 Goldsmith(2007)는 우리는 내재적인 언어 지식 없이도 주어진 자료로부터 확률적 모형으로 문법을 형성할 수 있다고 주장한다.

만약 각 언어가 고유한 음절 구조를 갖는다면, 언어마다 음질이 상당히 다를 것으로 예상할 수 있다. 예를 들어, Abercrombie(1967:73-4)는 영어의 최대 음절이 CCCVCCCC, 광둥 중국어의 최대 음절이 CVC, 일본어의 최대 음절이 CV라고 주장한다. 그러나 필자는 영어의 최대 음절이 CVX임을 주장하며, 일본어의 최대 음절도 CVX임을 증명할 수 있다. 만약 CVX 이론이 맞다면, 백지 상태 이론에 문제를 제기한다. 왜 음절 구조의 변이가 적은가?

인지적, 기능적 또는 다른 화용적 원인으로부터 음절 구조를 도출하는 제안을 할 수도 있다. 심지어 모든 언어가 백지 상태에서 시작 하는데도 불구하고 최대 음절이 언어마다 동일한 이유에 대한 기능적 또는 화용적 설명을 생각해볼 수도 있을 것이다. 그러나 이러한 제안은 아직 검토되고 검증되어야 한다.

실제로 Goldsmith(2007)와 같이 문법을 순수히 확률적인 모형으로 보는 학자들에게도 내재적 제약이 있으면 계산(computation)이 더 쉬워진다. 예를 들어, 개가 짖거나 새가 지저귀는 것(인간이 흉내내는 것이 아님)은 가능한 인간의 말소리로 고려할 필요가 없다. 마찬가지로, CVX 이론이 정확하다면, 생각할 수 있는 많은 다른 음절 크기를 고려할 필요가 없다. 이러한 문법은 더욱 단순할 뿐만 아니라 인간 행동에 대한 더 나은 모형일 것이다.

12.2.2. 실질적 보편성과 형식적 보편성

Chomsky(1965)는 언어에 대한 우리의 지식의 일부는 선천적인 "보편문법"이라고 주장한다. 또한 Chomsky and Halle(1968:4)는 아래와 같이 언급한다.

언어의 보편성을 대략 두 개의 범주로 구분하는 것은 유용하다. 우선, 문법의 구조 및 규칙의 형식과 조직을 결정하는 특정한 "형식적 보편성(formal universals)"이 있다. 이와 더불어, 특정 문법에서 중요한 일련의 성분들을 결정하는 "실질적 보편성(substantive universals)"이 있다. 예를 들어, …… 일반언어학 이론은 한 언어의 어휘 항목이 명사, 동사, 형용사와 같은 고정된 범주로 할당되며, 음성 전사에 특정한 고정적 음성 자질들이 사용되어야 한다는 것을 실질적 보편성으로 주장할 수 있다.

Chomsky and Halle(1968)는 음절 구조에 대하여 논의하지 않는다. 그러나 모든 언어에서 최대 음절이 CVX이라면, 이는 형식적 또는 실질적 보편성 항목으로 추가할 수 있다.

12.2.3. 원칙과 매개 변수

Chomsky(1981)는 보편문법은 위배할 수 없는 제약인 "원칙(principles)"과 가 주어진 언어에 의하여 값이 정해지는 "매개 변수(parameters)"로 이루어져 있다고 주장한다. 최대 음절에 대한 매개 변수가 제안된 바 있는데(Clements and Keyser 1983, Blevins 1995 등), (5)는 Blevins(1995:219)가 주장한 매개 변수이다. 각 매개 변수는 이분적 값을 선택한다.

(5)　　두음이 두 개의 음을 지닐 수 있는가?
　　　　핵모음이 두 개의 음을 지닐 수 있는가?
　　　　말음이 허용되는가?
　　　　말음이 두 개의 음을 지닐 수 있는가?
　　　　추가적인 자음이 어두에 출현할 수 있는가?
　　　　추가적인 자음이 어말에 출현할 수 있는가?

CVX 이론이 정확하다면 최대 음절에 대한 매개 변수는 없다. 그 대신, 음절 크기가 CVX로 제한되는 새로운 원칙을 추가할 수 있다. 이러한 측면에서, CVX 이론은 적어도 문법의 한 영역에서 매개 변수를 제거함으로써 원칙 -매개 변수 모형을 단순화한다.

12.2.4. 최적성 이론과 위배 불가능한 제약

Prince and Smolensky(1993)는 특정한 음운적 경향성은 일반적이지만 진정한 언어보편적 규칙이나 제약을 발견하기 어렵다는 점을 지적하며, 이에 대한 해결책으로 최적성 이론을 제기한다. 이에 따르면, 언어적 제약은 서로 상충할 수 있으며 등급이 있어야 한다. 또한 서로 다른 언어는 상이한 제약 등급을 가지며, 각 제약 등급은 문법을 형성한다. Prince and Smolensky (1993:208)에 의하면, "최적성 이론에서 모든 제약은 정확히 동일한 지위를 갖는다. 예를 들어, 이 이론은 '위배 가능한' 제약과 '위배 불가능한' 제약의 차이를 인정하지 않는다. 모든 제약은 **잠재적으로** 위배 가능하다".

Prince and Smolensky(1993)는 음절 구조가 언어마다 다를 수 있다고 주장한다. (6)에서 위배 가능한 세 가지 제약을 살펴보자.

(6)　　*복합 두음: 한 개를 초과하는 자음은 두음에 허용되지 않는다.
　　　　*복합 말음: 한 개를 초과하는 자음은 말음에 허용되지 않는다.
　　　　배치(Parse): 기저 분절음은 음절 구조에 배치되어야 한다.

N개의 제약이 있을 경우, 제약의 등급을 설정하는 방법은 N!(N의 계승) 가지이며(둘 또는 둘 이상 제약의 동일한 등급은 무시), 따라서 N!개의 가능한 언어가 있다. 이는 "계승 유형론(factorial typology)"으로 알려져 있다. (6)의 세 개 제약은 여섯 개의 가능한 등급이 있으며, /CCVCC/를 입력하면 유형론은 네 가지 가능한 출력형을 산출한다. 이는 (7)과 (8)의 평가표(tableaus)에 보인다. 음절화한 음은 괄호 [ ] 안에 제시하였다. 각 평가표에서 패자 후보는 승자 후보(출력형)보다 더 높은 등급의 제약을 위배하였거나, 더 많은 제약을 위배하였다. 제약을 두 번 위배하면 두 개의 * 표시가 해당 칸에 보인다.

(7)

등급			/CCVCC/의 출력형
*복합 두음 ≫	*복합 말음 ≫	배치	C[CVC]C
*복합 말음 ≫	*복합 두음 ≫	배치	C[CVC]C
*복합 두음 ≫	배치 ≫	*복합 말음	C[CVCC]
*복합 말음 ≫	배치 ≫	*복합 두음	[CCVC]C
배치 ≫	*복합 두음 ≫	*복합 말음	[CCVCC]
배치 ≫	*복합 말음 ≫	*복합 두음	[CCVCC]

(8)　　　예:　'√' = 최적 출력형 '*' = 제약 위배

/CCVCC/	*복합 두음	*복합 말음	배치
[CCVCC]	*	*	
[CCVC]C	*		*
C[CVCC]		*	*
√C[CVC]C			**

/CCVCC/	*복합 말음	*복합 두음	배치
[CCVCC]	*	*	
[CCVC]C		*	*
C[CVCC]	*		*
√C[CVC]C			**

/CCVCC/	*복합 두음	배치	*복합 말음
[CCVCC]	*		*
[CCVC]C	*	*	
√C[CVCC]		*	*
C[CVC]C		**	

/CCVCC/	*복합 말음	배치	*복합 두음
[CCVCC]	*		*
√[CCVC]C		*	*
C[CVCC]	*	*	
C[CVC]C		**	

/CCVCC/	배치	*복합 두음	*복합 말음
√[CCVCC]		*	*
[CCVC]C	*	*	
C[CVCC]	*		*
C[CVC]C	**		

/CCVCC/	배치	*복합 말음	*복합 두음
√[CCVCC]		*	*
[CCVC]C	*		*
C[CVCC]	*	*	
C[CVC]C	**		

그러나 CVX 이론이 맞다면 최대 음절의 유형은 없다. 특히 CC 두음 또는 CC 말음은 없다. 이는 *복합 두음과 *복합 말음은 위배 불가능하며, 언어보편적으로 가장 높은 순위를 차지해야 한다는 것을 의미한다.

Prince and Smolensky(1993)는 특정 구조적 특성은 언어보편적이라는 사실을 인정한다. 예를 들어, 음절 마디(node)는 두음 마디 또는 모라 마디를 지배하지만, 그 역은 성립하지 않는다. 이러한 보편적 특성을 확보하기 위하여, Prince and Smolensky(1993:4)는 주어진 입력형에 대하여 모든 표면형 후보를 생산하는 문법의 "생성부(generator, GEN)" 요소는 "보편문법의 고정적 일부이며", "표상적 기초 요소들(representational primitives) 및 그들 간의 변경 불가능한 보편적 관계에 대한 정보를 담고 있다"라고 주장한다. 다시 말하면, 위배 불가능한 제약들은 특수한 지위를 가지며, 문법의 다른 부분, 즉 생성부(GEN)에 놓여 있다. 또한 위배 불가능한 제약들은 서로 상충하지 않는다. 이 관점에서 위배 불가능한 제약과 위배 가능한 제약 및 등급의 관계는 "원칙"과 "매개 변수"의 관계와 유사하다(Chomsky 1981).

최적성 이론의 대부분의 논의는 위배 가능한 제약에 초점을 둔다. 반면

CVX 이론은 위배 불가능한 제약이 위배 가능한 제약만큼 중요하며, 현재 인식되는 것보다 더 많은 위배 불가능한 제약과 더 적은 위배 가능한 제약이 있다는 점을 보여준다.

12.3. 선호 제약과 목록 선택

최대 음절 크기는 CVX이지만, 언어들은 여전히 많은 측면에서 서로 다르다. 이는 모든 언어에서 모든 가능한 음이나 음절이 사용되는 것은 아니기 때문이다. 예를 들어, (9)에서 영어, 광둥 중국어, 표준중국어, 상하이 중국어 VC 운의 말음 자음을 살펴보자. S는 마찰음, TS는 파찰음, T는 파열음, N은 비음이다.

(9)   VC 운에서 가능한 말음 자음

	[l]	TS	S	T	N
영어	+	+	+	+	+
광둥 중국어	–	–	–	+	+
표준중국어	–	–	–	–	+
상하이 중국어	–	–	–	–	–

(9)와 같은 차이는 상하이 중국어의 *말음(말음 금지)과 같이 언어개별석 제약에 의한 것일 수도 있고, 선호(preferences)의 순위로 인한 것일 수 있다. 예를 들어, 비음은 파열음보다 더 좋은 말음이며, 파열음은 마찰음과 파찰음보다 더 좋은 말음으로 보인다.

언어들은 또한 음의 선택과 사용에 있어서도 서로 다르다. (10)에서 영어와 표준중국어의 고모음을 살펴보자.

(10)　영어의 고모음: [i, ɪ, u, ʊ]
　　　　표준중국어의 고모음: [i, y, u]

　왜 영어가 [y]를 사용할 수 없는지, 또는 왜 중국어가 이완 모음을 사용할
수 없는지에 대한 이유는 없다. 단지 이 언어들이 사용하지 않는 것일 뿐이
다. 목록 선택의 차이, 즉 한 언어가 보편적인 음의 목록으로부터 어떤 음을
선택하여 사용하는지의 차이는 대체로 임의적이다. 가끔 조음의 편이에 따
른 선호의 순위가 있을 수 있다. 예를 들어, 만약 어떤 언어가 [y]를 사용하면
그 언어는 [i]도 사용할 가능성이 많다. 또한, 어떤 언어가 이완 모음을 사용
하면 그 언어는 상응하는 긴장 모음을 사용할 가능성이 많다. 그러나 미국
영어는 비원순 후설 중모음인 이완 모음 [ʌ]가 있지만, 이에 상응하는 비원순
후설 중모음의 긴장 모음 [ɤ]는 없다.
　목록의 선택은 음절 구조에도 적용될 수 있다. 일련의 보편적 제약은 가능
한 구조들, 즉 보편적 목록을 결정한다. 개별 언어는 이 목록의 일부를 선택
하여 사용할 수 있다. (11)은 몇 가지 가능한 예이다.

(11)

	중음절	경음절
보편적 목록	CVX, VX	CV, V
언어 A	CVX, VX	CV, V
언어 B	CVX	CV
언어 C	VX	V

　만약 보편적 목록에 네 가지 일반적인 음절 유형이 있으면, 개별 언어는
영어와 표준중국어처럼 이 유형들을 모두 사용할 수도 있고, 언어 B와 언어
C처럼 일부 유형을 사용할 수도 있다. 언어 B의 예는 청두(成都 Chengdu)
중국어로, 모든 음절이 두음을 갖는다. 예를 들어, 표준중국어 [ai] 愛 '사랑

하다', [ən] 恩 '은혜', [əu] 藕 '연근'은 청두 중국어에서 각각 [ŋai], [ŋən], [ŋəu]이다. 언어 C는 원칙적으로 가능하며, 두음을 갖는 음절이 없는 아레른 테어(Arrernte)[1]가 그 예로 보고된 바 있다(Breen and Pensalfini 1999). 그러나 필자는 12.4에서 아레른테어도 CVX 또는 CV 음절이 있다고 주장할 것이다.

언어들은 또한 동일한 형태소나 단어에 대해서 보통 "자유 변이(free variation)"라고 하는 대체 음운 형식을 가질 수 있다. 특정 환경에서 발생하는 [t]의 탈락(예. first rate [fɝs(t) reit], facts [fæk(t)s]), 모음 교체(예. economics [i/ɛ], data [ei/æ], envelop [ɛ/a], Loch Ness [k/x] 등), 강세 교체(예. Detroit의 첫째 또는 둘째 음절의 주요 강세, Caribbean의 둘째 또는 셋째 음절의 주요 강세, necessarily의 첫째 또는 셋째 음절의 주요 강세) 등의 예가 있다. 이 책의 분석에서 자유 변이 의 모든 형식은 CVX 이론을 만족한다.

이러한 변이는 전통적으로 언어개별적인 규칙으로 설명되었다. 최적성 이론은 이를 위배 가능한 유표성 또는 선호 제약으로 설명한다. 자유 변이에 대한 최근의 분석은 Boersma and Hayes(2001)와 Coetzee(2006) 등이 있다. 이와 관련한 주제는 관련 연구에서 광범위하게 다루어지므로, 여기에서는 더 논의하지 않기로 한다.

12.4. 무게 강세 원칙과 CV 효과

특정 음절 유형이 다른 유형보다 더욱 일반적으로 출현하는 현상은 자주 발견된다. 아래는 Jakobson(1958:21)의 언급이다.

---

1   [역자 주] 오스트레일리아에서 아레른테 민족 약 1,800명 정도가 사용하는 언어로 아룬타 (Arunta) 또는 아라른타(Arrarnta)라고도 한다.

어두 모음을 갖는 음절 그리고/또는 어말 자음을 갖는 음절이 없는 언어는 있지만, 어두 자음을 갖는 음절이나 어말 모음을 갖는 음절이 없는 언어는 없다.

Jakobson에 따르면, CV 음절은 모든 언어에서 발견되지만, 다른 음절들은 그렇지 않다. 마찬가지로 Hooper(1976a:199)는 CV 음절을 언어보편적인 "최적형(optimal)"으로 간주하며, Steriade(1982:78)는 CV 음절을 "가장 무표적"인 것으로 본다.

음소적 전통에서 장모음과 이중 모음은 보통 단일 모음으로 간주된다. 따라서 Jakobson의 일반화에서 CV 음절은 [CV](예. [tə][dei] today의 [tə])와 [CVV](예. [bi:] bee와 [bai] buy)를 모두 포함한다.

3장에서 논의한 바와 같이, 음절의 두음은 선택적이다. 만약 그렇다면, 개별 언어는 원칙적으로 단지 두 종류의 음절, 즉 VX와 V를 가질 수도 있다. 그렇다면 CVX 이론은 어떻게 CV 음절이 실제로 매우 일반적이라는 사실을 설명할 것인가?

사실 CV 음절에 대한 선호는 잘 알려졌지만, 이에 대한 설명은 없다. Steriade(1982)는 CV 효과를 "CV 규칙"으로 설명한다. 이 규칙에 의하면, CV 연쇄는 항상 하나의 음절을 구성한다. Zec(1988)에서는 모라 할당 후 음절이 구성되지만, VCV가 V.CV로 음절화하기 위해서 CV 규칙과 유사한 별개의 전제가 여전히 필요하다. Hooper(1976a)는 음절 시작이 음절 마지막보다 "더 강해야" 한다고 전제함으로써 CV 효과를 설명한다. 강도 위계는 '장애음 > 비음 > 유음 > 활음 > 모음'이다. VCV가 VC.V로 음절화하면, 첫 번째 음절 마지막 위치의 C가 두 번째 음절 시작 위치의 V보다 강하기 때문에 최적의 결과가 아니다. 이에 반해, VCV가 V.CV로 음절화하면, 첫 번째 음절 마지막 위치의 V가 두 번째 음절 시작 위치의 C보다 약하므로 최적의 결과이다. 그러나 Steriade의 문제는 왜 CV 규칙이 있어야 하는가이며, Hooper의 문제는 왜 음절 시작이 음절 마지막보다 더 강해야 하는가이다.

CVX 이론에서 CV 효과는 무게 강세 원칙으로부터 도출될 수 있다(3장 참조). 이 원칙에 따르면, 강세 운(VX)은 무거워야 하며, 비강세 운(V)은 가벼워야 한다. 예를 들어, 이음절 단어에 초점을 두기로 하자. (12)는 이음절 단어가 무게 강세 원칙에 따라 음절화하는 방식을 보인다. 대문자는 강세 음절을, 소문자는 비강세 음절을 가리킨다. (c)는 음절화하지 않은 어말 자음을 나타낸다. 논의의 편이를 위하여, 각 단어가 하나의 강세를 갖는 경우만을 살펴보기로 한다.

(12)	연쇄	어두 강세	어말 강세
	CVCV	[CVC][v], [CV:][cv]	[cv][CV:]
	CVCVC	[CVC][v](c), [CV:][cv](c)	[cv][CVC], [cv][CV:](c)
	VCVC	[VC][v](c), [V:][cv](c)	[v][CVC], [v][CV:](c)
	VCV	[VC][v], [V:][cv]	[v][CV:]

한 언어에 (12)의 모든 연쇄가 있고, 어두 강세와 어말 강세가 둘 다 있으면, 이 언어는 [CV:]와 [cv]를 포함한 많은 음절 유형을 갖는다. 영어가 이와 같다.

한 언어에 어말 자음이 없지만 강세 모음이 장음화하면, 결과는 (13)과 같다. 이는 대부분의 음절이 [CV:]와 [cv]인 스페인어와 이탈리아어와 유사하다.

(13)	연쇄	어두 강세	어말 강세
	CVCV	[CV:][cv]	[cv][CV:]
	VCV	[V:][cv]	[v][CV:]

다음으로, (14)에서 장모음이나 어말 모음이 없는 단어를 살펴보자.

(14)

연쇄	어두 강세	어말 강세
CVCVC	[CVC][v](c)	[cv][CVC]
VCVC	[VC][v](c)	[v][CVC]

만약 한 언어에 어말 강세가 있으면, 무게 강세 원칙에 의하여 [cv][CVC] 단어는 [cv] 음절을 유지할 수 있을 것이다. 그러나 만약 한 언어에 어두 강세만 있으면, 그 언어는 [CV:]와 [cv] 음절이 부재할 수 있다. 더 긴 단어의 경우에도 첫 번째 음절에서 시작하는 강세 교체가 있으면 [cv] 음절을 피할 수 있다. 예를 들어, CVCVCVC는 [CVC][v][CVC]일 것이다.

이제 한 언어에 어두 자음, 어말 모음 또는 장모음이 없는 또 다른 경우를 살펴보자. 이는 (15)에 보인다.

(15)

연쇄	어두 강세	어말 강세
VCVC	[VC][v](c)	[v][CVC]

Breen and Pensalfini(1999)는 아레른테어가 모든 단어가 모음으로 시작하고 자음으로 끝나는 언어라고 주장한다. 그러나 Breen and Pensalfini(1999:2)가 주목한 바와 같이, 이는 두 가지 문제가 있다. 첫째, 아레른테어에서 단어의 25%는 자음으로 시작한다. 둘째, 단어를 단독으로 발음할 때 "많은 아레른테어 단어의 끝에서 모음을 종종 들을 수 있다". 첫 번째 문제의 경우, Breen and Pensalfini(1999)는 그러한 단어는 기저형에서 어두 모음을 갖지만, 모음이 항상 발음되는 것은 아니라고 주장한다. 두 번째 문제에 대해서, 그들은 어말 모음이 기저형에 있지 않다고 주장한다.

아레른테어의 모든 단어가 모음으로 시작하고 자음으로 끝난다고 가정해 보자. Breen and Pensalfini(1999)는 아레른테어의 음절은 모두 두음이 없다는 결론을 도출하였다. 즉, 아레른테어는 CV와 CVC 음절이 없다. 필자의 분석에 의하면, 이 결론이 타당할 가능성은 적다. 특히 Breen and Pensalfini (1999:3)에 따르면, VCVC 단어는 강세가 두 번째 음절에 놓이며 음절화는 [vc][VC]이다. 그러나 만약 무게 강세 원칙이 정확하다면, 비강세 운은 [vc]일 수 없으며 VCVC는 [v][CVC]이어야 한다. 따라서 어두 자음이 없더라도 아레른테어 또한 CVC 음절을 가진다.

이상의 논의는 이전 연구에서 관찰된 바와 같이 언어들이 일반적으로 CV와 CVV 음절을 갖는 것은 무게 강세 원칙과 강세 위치로 인한 것임을 보여준다. 이제 CV 음절이 없는, 즉 [cv], [CVV], [CV:]가 부재하는 언어들을 살펴보자. 이러한 언어는 이중 모음을 가지지 않으며, 긴장 모음과 이완 모음의 대립이 변별적이지 않고 모음의 음길이가 변별적이지 않아야 한다. CV 음절을 피하기 위해서는, 강세 모음이 장모음일 수 없으며, VCV가 항상 [VC][v]임([V:][cv] 또는 [v][CV:]가 아님)을 전제해야 한다. 그러나 한 언어가 강세 음절에서도 장모음이 될 수 없는 단모음만을 가질 가능성은 작다. 따라서 필자는 (16)의 "모음 길이 규칙"을 제안한다.

(16) 강세 모음은 변별적인 단모음 또는 이완 모음, 또는 VC 운이 아닌 한 길어야 한다.

예. CVCV   첫 번째 V가 변별적인 단모음 또는 이완 모음
      → [CVC][v]   일 때

      CVCV   첫 번째 V가 변별적인 단모음 또는 이완 모음
      → [CV:][cv]   이 아닐 때

      CVCCV   CC가 복합음일 수 없을 때
      → [CVC][cv]

(16)의 규칙에 따라서 모든 언어는 CV 음절을 가진다. 특히 한 언어가 변별적인 단모음 또는 이완 모음을 가지면, 이 언어는 또한 장모음이나 긴장

모음을 가진다. 긴장 모음과 이완 모음이 변별적일 경우, VCV는 [VV][cv]이거나 [v][CVV]이므로 CV 음절이 존재한다.

요약하면, 무게 강세 원칙에 따라서 대부분의 언어는 CV 음절을 갖는다. 또한 (16)의 "모음 길이 규칙"을 채택하면 모든 언어가 CV 음절을 갖는다 ([CV], [CV:], 또는 [CVV]). 이 책의 분석은 다른 분석이 제공하지 못하는 CV 효과에 대한 설명을 제공한다.

12.5. 음절은 무엇이며, 왜 음절은 그렇게 작은가?

음절이 실재하는 것이라면, 음절의 본질에 대해서 더 이해할 필요가 있다. 특히 무게 강세 원칙에 따라서, 강세 유형을 알면 음절 경계를 알 수 있으며, 그 역도 성립한다. 음절 구조와 율격 구조의 공통점을 고려할 때, 이 두 구조가 동일한 것인가에 대한 의문이 자연스럽게 제기된다. Kiparsky(1979, 1981)는 음절 구조를 율격 구조로 볼 수 있다고 제안한다. (17)은 그의 주장으로, Liberman and Prince(1977)를 따라서 S는 강한 마디를, W는 약한 마디를 나타낸다.

(17)   음절의 율격 표현 (Kiparsky 1981:250)

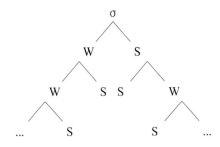

(17)의 율격 표현에서 가장 강한 종점 마디(terminal node)는 음절의 핵음으로, 오른쪽 분지에서 첫 번째 종점 마디에 해당한다. 두음인 왼쪽 분지에서 각 종점 마디는 핵음 쪽으로 갈수록 강해진다. 운인 오른쪽 가지에서 각 종점 마디는 핵음으로부터 멀어질수록 약해진다. Kiparsky의 주장에 따르면, W를 작은 공명도, S를 큰 공명도를 가지는 것으로 해석하면 이러한 율격 표현은 이상적인 공명도 굴곡을 형성한다. 즉 공명도는 핵음을 향하여 상승하고 핵음으로부터 하강한다(Jespersen 1904). 이러한 견해에서 공명도는 "단순히 음절 내부의 강세에 대응"한다.

Kiparsky(1981)는 또한 보편적 음절 유형은 무제한 확장될 수 있지만, 개별 언어는 확장을 제한할 수 있다고 주장한다. 영어에서 운의 크기는 세 개의 종점 마디(VVC 또는 VCC)로 제한된 것으로 간주한다.

Kiparsky의 주장은 중요한 통찰력을 지니지만, 두 가지 문제가 있다. 첫째, 그가 제시한 율격 수형도는 적형이 아니다. (18)에 제시된 가설적인 음절 CCCVCC의 돋들림에 대한 분석을 살펴보자. 이 분석은 두 개의 자매 마디 S와 W에 대해서 S는 W보다 강해야 한다는 규칙에 기초한다(Liberman and Prince 1977).

(18)
```
                              x
                    x         x
          x         x         x         x
[[[W    S]        S]        [S        [S      W]]]
```

이 구조는 율격적으로 좋지 않다. 이는 네 개의 강 박자(strong beat)가 인접하므로 강약 박자가 교체하는 리듬의 기본적인 특성을 위배하기 때문이다. 율격 구조는 리듬의 반영이므로(Hayes 1995), 인접한 강한 박자, 즉 "강세 충돌(stress clash)"을 피해야 한다. 따라서 음절 내부 구조는 율격 구조가 아니거나, 또는 Kiparsky가 제안한 음절 구조는 부정확하다.

Kiparsky 주장의 두 번째 문제는 음절의 크기에 제한이 없다는 것이다. 만약 CVX 이론이 맞다면 CVX보다 더 큰 음절을 갖는 언어는 없다.

그러나 음절 구조가 율격 구조를 반영한다는 Kiparsky의 통찰력을 유지하면서 그의 주장의 문제를 해결하는 방법이 있다. 이는 음절 크기를 CVX로 제한하는 것이다. (19)와 같이 CVX보다 더 큰 음절은 강세 충돌을 야기한다.

(19)　　　　[C[VX]]　　　　　　*[[CC][VX]]　　　　　　*[C[V[XC]]]

　　　　　　　　　　　　　　　　　　　　x　　　　　　　　　　　x

　　　　　　　x　　　　　　　　　　x　x　　　　　　　　　x　x

　　　　　　[W[SW]]　　　　　　[[WS][SW]]　　　　　　[W[S[SW]]]

두음을 한번 확장하면 두 번째 두음 위치와 핵음 사이에 충돌이 생기는 CCVX가 도출된다. 말음을 한번 확장하면, 핵음과 첫 번째 말음 위치 사이에 충돌이 있는 CVXC가 도출된다. 크기를 CVX로 제한하면 강세 충돌이 없다. 또한 핵음이 가장 공명도가 크며, 구조도 율격적으로 적형이다.

이와 같이 음절 구조의 율격 분석은 음절이 상당히 작으며 가장 큰 음절이 CVX인 이유를 설명한다. 그리고 율격 구조는 음절의 또 다른 특징을 설명한다. 예를 들어, 왜 정점은 음절 중간에 있는가(CVX)? 왜 음절의 시작에 있지 않은가(VXC)? 왜 음절의 끝에 있지 않은가(CXV)? 필자가 아는 한, 이를 설명한 선행 연구는 없다. 이 물음에 대한 해답은 율격 표현(representation)에 있다. 가장 단순한 리듬은 "강세 충돌"인 'SS' 또는 "강세 결여(lapse)"인 'WW' 없이 S와 W 박자가 교체하는 ...SWSW...라고 전제하자. 또한 각 음절은 단지 하나의 정점을 갖는다고 전제하자. 이제 V가 강한 박자이고 C가 약한 박자인 (20)의 구조를 살펴보자.

(20)	연쇄	리듬	분석
	*CCV	WWS	나쁜 리듬: WW 강세 결여
	*VCC	SWW	나쁜 리듬: WW 강세 결여
	*VCV	SWS	좋은 리듬이지만 나쁜 음절: 두 개의 정점
	CVC	WSW	좋은 리듬이며 좋은 음절
	VC	SW	좋은 리듬이며 좋은 음절
	CV	WS	좋은 리듬이며 좋은 음절

(20)의 분석은 CC가 복합음을 형성할 수 없는 한, CCV와 VCC는 좋은 음절이 아니며, VCV도 좋은 음절이 아니라는 것을 예측한다. 반면 CVC, VC, CV는 좋은 음절이라는 것을 예측한다. 또한 V는 단독으로 리듬을 실현하기에 너무 짧지만, 강세 충돌이나 결여가 없는 좋은 음절이다. 그러나 C는 정점을 갖지 않기 때문에 좋은 음절이 아니다.

이상에서 제시한 음절에 대한 율격 분석은 아직 초보적인 단계이다. 이에 대한 전면적인 분석은 모라와 음보 경계에 대한 명세가 필요하며, 이는 별도의 연구를 위하여 남겨두기로 한다.

12.6. 보편문법은 무엇인가?

이 책은 음절 구조에 언어보편적인 제약이 있다고 주장하였다. 이러한 결론은 언어 지식의 일부가 선천적이며, 이 선천적인 지식은 모든 언어에서 동일하다는 견해(Chomsky 1986)를 지지한다. 이 선천적인 지식이 자율적인지(autonomous), 즉 언어에만 특별한 것인지는 분명하지 않다. Chomsky는 언어에만 특별한 것이라고 주장한다. Chomsky에 의하면, 인간의 뇌에는 선천적인 언어 지식이 존재하는 언어 기관이 있다. 그러나, 음절 크기의 제약은 모든 언어에 존재하지만, 이는 언어에만 국한된 특수한 제약이 아닐 수도 있다. 오히려 일반적인 리듬 기제의 일부인 듯하다. 만약 그렇다면, 언어 능력에서 기원하지 않은 추가적인 보편성을 인정해야 한다.

12.7. 음절 목록, "공백", "예외"

CVC 이론은 가능한 음절과 불가능한 음절을 결정하는 방법을 제공한다. 화자들은 가능한 음절 목록, 즉 보편적 목록을 배울 필요가 없다. 이 목록은 선천적인 보편적 제약에 의해서 결정되기 때문이다. 화자들은 개별 언어가 사용하기로 결정한 음절 목록을 배우며, 이는 보편적 목록의 일부이다.

언어가 필요로 하는 음절 목록은 다소 작다. 예를 들어, 영어와 중국어에는 각각 약 10,000개의 형태소가 있는데, 이 중 절반만이 빈번하게 사용된다 (9.5). 만약 언어가 다음절어를 사용하거나 일부 동음이의어를 용인한다면, 구분이 필요한 개별 음절은 몇 천 개를 넘지 않는다. 예를 들어, 영어에는 단지 615개의 개별 CVC 형태소(V는 단모음)가 있으며, 이는 가능한 CVC 조합의 1/4에 해당할 뿐이다(3.9).

언어는 단지 사용 가능한 음절의 일부만을 필요로 하므로, 어떤 음절을 사용할지 결정하는 데 상당한 자유가 있다. 선택된 음절들은 특정한 음의 조합을 다른 조합보다 선호하는 유표성 또는 선호 제약의 영향을 받을 수도 있다. 예를 들어, 광둥 중국어의 음절은 일반적으로 두 개의 순음을 허용하지 않으며(Yip 1988), 표준중국어의 유일한 말음 자음은 [n]과 [ŋ]이다(5장). 또한 상하이 중국어의 음절은 말음이 없다(6장). 이러한 형식에 대하여 Halle (1962)는 개별 언어의 음운 구조가 일련의 규칙으로 정확하게 기술될 수 있다고 주장한다. Prince and Smolensky(1993)도 이와 유사한 제안을 한다.

다른 한편, 언어는 많은 음절을 필요로 하지 않기 때문에, 분포에 "공백", 즉 사용 가능하지만 사용되지 않는 음절이 자주 있다. 예를 들어, 표준중국어는 [məu] 謀 '전략', [fəu] 否 '부정사', [pʰəu] 剖 '쪼개다'를 사용하지만, [pəu]는 사용하지 않는데, 이는 공백으로 보인다. 이와 마찬가지로, 9.3에서 논의한 바와 같이 영어는 최소한 59개의 두음(C 두음 22개, CC 두음 30개, CCC 두음 6개, 두음 부재 1개)을 가지므로, 적어도 운 [ɪl](가장 빈도가 높은 VC 운)을 가지는 59개의 서로 다른 단음절이 있을 것으로 예상한다. 그러나 이 가운데 단지 29개만이 CELEX 어휘에 출현한다. 출현하지 않는 30개는 (21) 과 같다.

(21)   출현하지 않는 운 [ɪl]을 갖는 단음절

vɪl, Θɪl, ðɪl, zɪl, ʃil, lɪl, jɪl; blɪl, dwɪl, ʃmɪl, ʃnɪl, ʃwɪl, flɪl, glɪl, gwɪl, klɪl, krɪl, plɪl, prɪl, sfɪl, slɪl, smɪl, snɪl, Θwɪl; strɪl, skrɪl, skwɪl, sprɪl, splɪl, sklɪl

음절의 일부는 shill, krill과 같이 CELEX에 수집되지 않은 단어에서 사용될 수 있다. 비록 단어 lilt는 존재하지만, C+[lɪl] 연쇄를 금지하는 제약(Clements and Keyser 1983:21, Davis 1988:25) 또는 일반적으로 [lɪl]을 금지하는 제약(Pierrehumbert 1994:186)이 있다고 주장된 바 있다. 그러나 여전히 공백으로 보이는 많은 경우가 남아 있다.

공백 이외에, 종종 다른 음절 유형에 부합하지 않는 듯한 "예외(outliers)"가 있다. 예를 들어, [ts]는 영어에서 두음으로 거의 사용되지 않지만, Tswana [tswa:][na]와 scherzo [skeɚ][tso]에 출현한다. 마찬가지로 svelte, sforzano, sphagnum, spheroid, sphincter, sphinx, sphere를 제외하면, [s]는 단어 어두 위치에서 마찰음과 함께 출현하지 않는다. 이 단어의 대부분은 외래어 또는

일반적이지 않은 단어로 취급할 수도 있으나, sphere는 이러한 방식으로 배제하기 어렵다. 중국어에도 예외가 있다. 예를 들어, 광둥 중국어는 일반적으로 음절에서 두 개의 순음을 허용하지 않지만, 단어 [pəm] 泵 '펌프'가 있다. 마찬가지로, 표준중국어에서 경구개음 두음은 일반적으로 [i]로 끝나는 이중모음과 함께 출현하지 않지만, 잘 사용되지 않는 단어인 [jai] 崖 '절벽'이 있다. 이 단어는 많은 사람들이 [ja]로 발음한다.

더욱 복잡한 문제는 출현하는 형식이 예외인지 아니면 좋은 형식인지를 판단하는 것이 쉽지 않다는 점이다. 또한 출현하지 않는 형식이 잠재적 단어, 즉 공백인지 아니면 단순히 비문법적인지를 결정하는 것도 쉽지 않다. 예를 들어, 영어의 sphere의 [sf]는 영어 음운론의 일부가 아닌 예외인가? 만약 [sf]가 예외이면, [sfit] sfit과 [sfain] sfine은 영어에서 비문법적일 것이다(이들은 Tswana 또는 sforzano처럼 거의 사용되지 않는 단어임). 반면, 만약 [sf]가 예외가 아니라면, [sfit] sfit과 [sfain] sfine은 영어에서 공백 또는 잠재적 단어일 것이다. 이와 마찬가지로, 영어에서 VC 운을 갖는 단음절 가운데 출현하는 단음절과 출현하지 않는 단음절을 살펴보자. 이는 (22)와 같다.

(22) VC 운을 갖는 영어 단음절
         생산적인 두음: 59
         출현하는 VC 운: 101
         가능한 VC 운 단음절: 5,959
         출현하는 VC 운 단음절: 1,069

영어는 생산적인 두음([j]로 끝나는 두음 제외) 59개와 출현하는 VC 운 101개를 갖는다. 따라서 VC 운을 갖는 단음절은 총 5,959개가 가능하다. 그러나 단지 1,069개만이 CELEX 어휘에서 출현한다. (23)은 101개의 VC 운이며, 운과 함께 출현하는 두음의 수는 괄호에 제시하였다. CELEX의 [O]는 미국 영어의 [ɒ] 또는 [ɑ]이다.

(23) VC 운 및 단음절에서 VC 운이 함께 출현하는 두음의 수

[ɪl](29), [ɪp](26), [æk](25), [ɪt](25), [Ot](25), [æt](24), [ɪk](23),
[Op](23), [æg](22), [æʃ](22), [æp](21), [æm](20), [ʌm](20), [ɪn](19),
[Ok](19), [ʌg](19), [æd](18), [æn](18), [ɛd](18), [Ob](18), [Od](18),
[ʌf](18), [ɛl](17), [ɛn](17), [ɛt](17), [ɪŋ](17), [Og](16), [ʌb](16),
[ʌt](16), [æb](15), [ɪm](15), [ɪg](14), [ɪʧ](14), [ʌk](14), [ɛs](13),
[Os](13), [Oʃ](13), [ʌn](13), [ʌʃ](13), [æŋ](12), [ɛk](12), [ɪf](12),
[ɪb](11), [ɪz](11), [ʌd](11), [æʧ](10), [ɛdʒ](10), [ɪd](10), [On](10),
[Oŋ](10), [ʌs](10), [ʌdʒ](9), [ʌŋ](9), [ɛg](8), [ɛʧ](8), [ɪs](8), [Of](8),
[Oʧ](8), [ʊk](8), [ʌl](8), [æs](7), [ɛf](7), [ɛm](7), [Ol](7), [Om](7),
[ʌʧ](7), [ɛp](6), [ɪʃ](6), [OΘ](6), [ʊd](6), [Odʒ](5), [ʌp](5), [ʌv](5),
[æl](4), [ɛb](4), [ɛʃ](4), [ɪdʒ](4), [ɪΘ](4), [ɪv](4), [ʊl](4), [ʊʃ](4),
[ʊt](3), [ʌz](3), [ædʒ](2), [æf](2), [æv](2), [æz](2), [ɛΘ](2), [ʊʧ](2),
[æΘ](1), [əl](1), [əm](1), [əs](1), [əv](1), [ɛv](1), [ɛz](1), [ɪð](1),
[Ov](1), [Oz](1), [ʊf](1), [ʊs](1)

고빈도 운을 가지는 단음절 가운데 출현하지 않는 음절들은 아마도 공백일 것이다. 그러나 최상위 빈도의 음들도 두음의 절반 정도와 함께 출현하는 경우가 거의 없다. 어려운 문제는 단지 한 개의 두음과 함께 출현하는 저빈도 운을 어떻게 처리하는가이다. 예를 들어, [ɪð]는 단지 한 개의 단음절 with에 시민 출현한다(대체 빌음 제외). with는 예외인가? 만약 그렇다면, [mɪð, nɪð, tɪð, kɪð, ...]와 같은 단음절들은 비문법적이다. 만약 with가 예외가 아니라면, [mɪð, nɪð, tɪð, kɪð, ...]와 같은 단음절은 우연한 공백이며 잠재적 단어이다. 유사한 문제가 중국어에도 존재한다. 만약 영어에서 map과 Pam이 완벽한 음절이라면, [pəm] 泵 '펌프'는 광둥 중국어에서 예외이어야 하는가? 만약 [tɕai] 解 '풀어주다'가 청두(Chengdu 成都) 방언과 같은 다른 만다린(Mandarin

관화) 방언에서 출현한다면, 표준중국어에서 [jai] 崖 '절벽'은 예외이어야 하는가? 또한, 표준중국어에서 어두 자음이 공명음이면 어중 위치의 활음은 [ɥ]이어서는 안 된다. 그러나 두 개의 예외 [nɥe] 虐 '잔인하다'와 [lɥe] 略 '생략하다'가 있다. 이러한 음절은 예외이어야 하는가, 아니면 어중 [ɥ]를 갖는 대부분의 음절이 공백이라고 해야 하는가? "공백"과 "예외"의 문제가 개별 언어의 음운론을 일련의 정확한 규칙으로 기술하는 것을 어렵게 만드는 것은 분명하다.

12.8. 요약

세계 언어를 보면 매우 다양한 형식이 있다는 인상을 갖기 쉽다. 언어학자, 인류학자, 심리학자, 철학자는 종종 "인간 언어가 얼마나 서로 다를 수 있으며, 변이의 한계가 무엇인가"에 대하여 궁금해했다. 언어 이론은 가능한 언어 구조와 불가능한 언어 구조를 개괄함으로써 이 문제에 대하여 논의한다. 이 책은 이러한 노력의 일환이다. 필자는 단어 경계 효과를 배제하면 음절의 최대 크기가 CVX임을 주장하였다. 따라서 가능한 일련의 음절은 선행 연구에서 제안된 것보다 훨씬 작다. 또한 CVX는 율격 구조 WSW를 가지며, 두음을 제외하면 단순히 SW를 갖는다. 이는 음절이 작은 이유일 것이다. 이 책은 언뜻 보이는 다양성에도 불구하고, 적어도 언어의 일부 요소는 구조적 변이가 없다는 것을 보여준다.

ABERCROMBIE, DAVID (1967). *Elements of General Phonetics*. Chicago: Aldine.

ALCANTARA, JONATHAN BRETT (1998). The architecture of the English lexicon. Doctoral dissertation, Cornell University.

AO, BENJAMIN X. P. (1992). The non-uniqueness condition and the segmentation of the Chinese syllable. *Working Papers in Linguistics* 42: 1–25. Ohio State University.

ARCHANGELI, DIANA (1988). Aspects of underspecification theory. *Phonology* 5: 183–207.

BAAYEN, R. HARALD, RICHARD PIEPENBROCK, and LENNART GULIKERS (1993). The CELEX lexical database. CD-ROM. Philadelphia: Linguistic Data Consortium, University of Pennsylvania.

BAGEMIHL, BRUCE (1991). Syllable structure in Bella Coola. *Linguistic Inquiry* 22.4: 589–646.

BAILEY, CHARLES-JAMES N. (1978). Gradience in English syllabification and a revised concept of unmarked syllabification. Indiana University Linguistics Club, Bloomington.

BAO, ZHIMING (1990). Fanqie languages and reduplication. *Linguistic Inquiry* 21.3: 317–50.

BATES, DAWN, and BARRY CARLSON (1992). Simple syllables in Spokane Salish. *Linguistic Inquiry* 23.4: 653–9.

BAXTER, WILLIAM (1992). *A Handbook of Old Chinese Phonology*. Berlin: Mouton de Gruyter.

BETHIN, CHRISTINA Y. (1992). *Polish Syllables: The Role of Prosody in Phonology and Morphology*. Columbus, OH: Slavica.

BLEVINS, JULIETTE (1995). The syllable in phonological theory. In John Goldsmith (ed.), *The Handbook of Phonological Theory*, 206–44. Oxford: Blackwell.

_____ (2003). *Evolutionary Phonology: The Emergence of Sound Patterns*. Cambridge: Cambridge University Press.

BOERSMA, PAUL, and BRUCE HAYES (2001). Empirical tests of the gradual learning algorithm. *Linguistic Inquiry* 32.1: 45–86.

BOROWSKY, TONI (1986). Topics in the lexical phonology of English. Doctoral dissertation, University of Massachusetts, Amherst.

_____ (1989). Structure preservation and the syllable coda in English. *Natural Language and Linguistic Theory* 7: 145–66.

BREEN, GAVAN, and ROB PENSALFINI (1999). Arrernte: A language with no syllable onsets. *Linguistic Inquiry* 30.1: 1–25.

BROMBERGER, SYLVAIN, and MORRIS HALLE (1989). Why phonology is different. *Linguistic Inquiry* 20.1: 51–70.

BROWMAN, CATHERINE P., and LOUIS M. GOLDSTEIN (1989). Articulatory gestures as phonological units. *Phonology* 6: 201–51.

BURZIO, LUIGI (1994). *Principles of English Stress*. Cambridge: Cambridge University Press.

_____ (1996). Surface constraints versus underlying representation. In Jacques Durand and Bernard Laks (eds.), *Current Trends in Phonology: Models and Methods*, vol. 1, 123–41. Salford, UK: European Studies Research Institute/ University of Salford.

BUTSKHRIKIDZE, MARIKA (2002). The consonant phonotactics of Georgian. Doctoral dissertation, Universiteit Leiden. [Distributed by Netherlands Graduate School of Linguistics, Utrecht.]

BYBEE, JOAN (2001). *Phonology and Language Use*. Cambridge: Cambridge University Press.

CHAO, YUEN–REN (1933). Tone and intonation in Chinese. *Bulletin of the Institute of History and Philology, Academia Sinica* 4.2: 121–34.

_____ (1934). The non–uniqueness of phonemic solutions of phonetic systems. *Bulletin of the Institute of History and Philology, Academia Sinica* 4.4: 363–97. Repr. in Martin Joos (ed.), *Readings in Linguistics I* (Chicago: University of Chicago Press, 1957), 38–54.

_____ (1948). The voiced velar fricative as an initial in Mandarin. *Le Maître phonétique* 89: 2–3.

_____ (1968). *A Grammar of Spoken Chinese.* Berkeley: University of California Press.

CHEN, MATTHEW Y. (2000). *Tone Sandhi: Patterns Across Chinese Dialects.* Cambridge: Cambridge University Press.

CHEN, ZHONGMIN (2003). *Studies on Dialects in the Shanghai Area: Their Phonological Systems and Historical Developments.* Munich: Lincom Europa.

CHENG, CHIN-CHUAN (1973). *A Synchronic Phonology of Mandarin Chinese.* The Hague: Mouton.

CHENG, ROBERT L. (1966). Mandarin phonological structure. *Journal of Linguistics* 2.2: 135–262.

CHEUNG, KWAN-HIN (1986). The phonology of present-day Cantonese. Doctoral dissertation, University of London.

CHINESE ACADEMY OF SOCIAL SCIENCES INSTITUTE OF LINGUISTICS (1978). *Xiandai Hanyu Cidian* [A dictionary of modern Chinese]. Beijing: Shangwu Yinshuguan.

CHINESE NATIONAL COMMITTEE ON LANGUAGE AFFAIRS BUREAU OF CHINESE CHARACTERS [GUOJIA YUYAN WENZI GONGZUO WEIYUANHUI HANZI CHU] (1988). *Xiandai Hanyu changyong zi biao* [Frequent characters in modern Chinese]. Beijing: Yuwen Chubanshe.

CHINESE NATIONAL COMMITTEE ON LANGUAGE AFFAIRS [GUOJIA YUYAN WENZI GONGZUO WEIYUANHUI] (2004). *Zhongguo yuyan wenzi shiyong qingkuang diaocha* [Survey of spoken and written Chinese]. http://www.china-language.gov.cn/doc/zhongguodiaocha2004-12/shujv.doc.

CHOMSKY, NOAM (1957). *Syntactic Structures.* The Hague: Mouton.

_____ (1964). *Current Issues in Linguistic Theory.* The Hague: Mouton.

_____ (1965). *Aspects of the Theory of Syntax.* Cambridge, MA: MIT Press.

_____ (1981). *Lectures on Government and Binding.* Dordrecht: Foris.

_____ (1986). *Knowledge of Language: Its Nature, Origin, and Use.*

New York: Prager.

_____ and MORRIS HALLE (1968). *The Sound Pattern of English*. New York: Harper & Row.

CLARK, MICHAEL J., and JAMES M. HILLENBRAND (2003). Quality of American English front vowels before /r/. *Journal of the International Phonetic Association* 33.1: 1–16.

CLEMENTS, GREGORY N. (1985). The geometry of phonological features. *Phonology Yearbook* 2: 225–252.

_____ (1999). Affricates as noncontoured stops. In Osamu Fujimura, Brian D. Joseph, and Bohumil Palek (eds.), *Proceedings of LP '98: Item Order in Language and Speech*, Vol. 1, 271–99. Prague: Karolinum Press (Charles University in Prague).

_____ and SAMUEL JAY KEYSER (1983). *CV Phonology: A Generative Theory of the Syllable*. Cambridge, MA: MIT Press.

COETZEE, ANDRIES W. (2006). Variation as accessing 'non–optimal' candidates. *Phonology* 23: 337–85.

COLEMAN, JOHN (1996). Declarative syllabification in Tashlhit Berber. In Jacques Durand and Bernard Laks (eds.), *Current Trends in Phonology: Models and Methods*, Vol. 1, 175–216. Salford: European Studies Research Institute/University of Salford.

_____ (2001). The phonetics and phonology of Tashlhiyt Berber syllabic consonants. *Transactions of the Philological Society* 99.1: 29–64.

_____ and JANET PIERREHUMBERT (1997). Stochastic phonological grammars and acceptability. In *Computational Phonology: Third Meeting of the ACL Special Interest Group in Computational Phonology*, Association for Computational Linguistics, 49–56. Somerset, NJ: Association for Computational Linguistics.

DA, JUN (2004). Chinese text computing. Murfreesboro, TN: Department of Foreign Languages and Literatures, Middle Tennessee State University. http://lingua.mtsu.edu/chinese–computing/

DAVIS, STUART (1988). *Topics in Syllable Geometry*. New York: Garland.

_____ (1999). The parallel distribution of aspirated stops and /h/ in American English. In Karen Baertsch and Daniel A. Dinnsen (eds.), *Optimal Green*

Ideas in Phonology, 1-10. Bloomington: Indiana University Linguistics Club.

_____ (2001). The pair of dactyls in *mediterranean*: On the analysis of aspirated weak syllables in English. Paper presented at MCWOP 7, University of Iowa.

DELL, FRANÇOIS, and MOHAMED ELMEDLAOUI (1985). Syllabic consonants and syllabification in Imdlawn Tashlhiyt Berber. *Journal of African Languages and Linguistics* 7: 105-30.

DONG, SHAOWEN (1958). *Yuyin changtan* [Introduction to phonetics]. Beijing: Wenhua Jiaoyu Chubanshe.

DUANMU, SAN (1990). A formal study of syllable, tone, stress and domain in Chinese languages. Doctoral dissertation, Massachusetts Institute of Technology. Distributed by MIT Working Papers in Linguistics.

_____ (1993). Rime length, stress, and association domains. *Journal of East Asian Linguistics* 2.1: 1-44.

_____ (1994). Against contour tone units. *Linguistic Inquiry* 25.4: 555-608.

_____ (1999). Metrical structure and tone: evidence from Mandarin and Shanghai. *Journal of East Asian Linguistics* 8.1: 1-38.

_____ (2000). *The Phonology of Standard Chinese*. Oxford: Oxford University Press.

_____ (2003). The syllable phonology of Mandarin and Shanghai. In *Proceedings of the Fifteenth North American Conference on Chinese Linguistics*, 86-102. Los Angeles: University of Southern California Press.

_____ GREGORY H. WAKEFIELD, YIPING HSU, GUEVARA R. CRISTINA, and SHANPING QIU (1998). Taiwanese Putonghua speech and transcript corpus. CD-ROM. Philadelphia: Linguistic Data Consortium, University of Pennsylvania.

EDKINS, JOSEPH (1853). *A Grammar of Colloquial Chinese, as Exhibited in the Shanghai dialect*. Shanghai: Presbyterian Mission Press. (2nd edn. 1868.)

EVERETT, DAN, and KAREN EVERETT (1984). On the relevance of syllable onsets to stress placement. *Linguistic Inquiry* 15: 705-11.

FENG, AIZHEN (1998). *Fuzhou Fangyan Cidian* [Dictionary of Fuzhou dialect].

(Xiandai Hanyu Fangyan Da Cidian [Dictionaries of modern Chinese dialects], editor-in-chief Rong Li.) Nanjing: Jiangsu Jiaoyu Chubanshe.

FÉRY, CAROLINE, and RUBEN VAN DE VIJVER (eds.) (2003). *The Syllable in Optimality Theory*. Cambridge: Cambridge University Press.

FIDELHOLTZ, JAMES L. (1975). Word frequency and vowel reduction in English. In Robin E. Grossman, L. James San, and Timothy J. Vance (eds.), *Papers from the Eleventh Regional Meeting, Chicago Linguistic Society*, 200–13. Chicago: Chicago Linguistic Society.

FIRTH, JOHN R., and B. B. ROGERS (1937). The structure of the Chinese monosyllable in a Hunanese dialect (Changsha). *Bulletin of the School of Oriental Studies* 8.4: 1055–74.

FRISCH, STEFAN A., NATHAN R. LARGE, and DAVID B. PISONI (2000). Perception of wordlikeness: effects of segment probability and length on the processing of nonwords. *Journal of Memory and Language* 42.4: 481–96.

FU, JINGQI (1990). Labial–labial cooccurrence restrictions and syllabic structure. *Proceedings of the 1st Meeting of the Formal Linguistic Society of Mid America*, 129–44.

FUDGE, ERIK C. (1969). Syllables. *Journal of Linguistics* 5: 253–86.

FUJIMURA, OSAMA (1979). An analysis of English syllables as cores and affixes. *Zeitschrift für Phonetik, Sprachwissenschaft und Kommunikationsforschung* 471–6.

GAO, MINGKAI, and ANSHI SHI (1963). *Yuyanxue gailun* [Introduction to linguistics]. Beijing: Zhonghua Shuju.

GIEGERICH, HEINZ (1985). *Metrical Phonology and Phonological Structure: German and English*. Cambridge: Cambridge University Press.

_____ (1989). *Syllable Structure and Lexical Derivation in German*. Bloomington: Indiana University Linguistics Club.

_____ (1992). *English Phonology*. Cambridge: Cambridge University Press.

GIMSON, ALFRED. C. (1970). *An Introduction to the Pronunciation of English*. 2nd edn. London: Arnold.

GOEDEMANS, ROBERTUS WILHELMUS NICOLAAS (1998). *Weightless Segments:*

A Phonetic and Phonological Study Concerning the Metrical Irrelevance of Syllable Onsets. The Hague: Holland Academic Graphics.

GOH, YENG–SENG (2000). Beijinghua shi danyinjie yuyan de zhiyi [Is Beijing Mandarin a monosyllabic language?]. *Dangdai Yuyanxue* [Contemporary linguistics] 2.4: 231–47.

GOLDSMITH, JOHN (1976). Autosegmental phonology. Doctoral dissertation, Massachusetts Institute of Technology. Repr. by Indiana University Linguistics Club.

_____ (1981). English as a tone language. In Didier L. Goyvaerts (ed.), *Phonology in the 1980's*, 287–308. Ghent: E. Story-Scientia.

_____ (1990). *Autosegmental and Metrical Phonology*. Oxford: Blackwell.

GORDON, MATTHEW (2005). A perceptually–driven account of onset–sensitive stress. *Natural Language and Linguistic Theory* 23: 595–653.

GOUSKOVA, MARIA (2004). Relational hierarchies in Optimality Theory: The case of syllable contact. *Phonology* 21.2: 201–50.

GUO, SHAOYU (1938). Zhongguo yuci zhi tanxing zuoyong [The elastic function of Chinese word length]. *Yen Ching Hsueh Pao* 24. Repr. in *Shaoyu Guo* 1963: 1–40.

GUSSMANN, EDMUND (2002). *Phonology: Analysis and Theory*. Cambridge: Cambridge University Press.

HALL, TRACY ALAN (1992). *Syllable Structure and Syllable-related Processes in German*. Tübingen: Niemeyer.

_____ (2001). The distribution of superheavy syllables in Modern English. *Folia Linguistica* 35.3–4: 399–442.

_____ (2002a). Against extrasyllabic consonants in German and English. *Phonology* 19.1: 33–75.

_____ (2002b). The distribution of superheavy syllables in Standard German. *Linguistic Review* 19.4: 377–420.

HALLE, MORRIS (1962). Phonology in generative grammar. *Word* 18: 54–72.

_____ (1972). Theoretical issues in phonology in the 1970s. In André

Rignault and René Charbonneau (eds.), *Proceedings of the Seventh International Congress of Phonetic Sciences*, 179–205. The Hague: Mouton.

_____ (1992). Phonological features. In William Bright (ed.), *Oxford International Encyclopedia of Linguistics*, 207–12. Oxford: Oxford University Press.

_____ (1995). Feature geometry and feature spreading. *Linguistic Inquiry* 26: 1–46.

_____ (1997). On stress and accent in Indo-European. *Language* 73.2: 275–313.

_____ (1998). The stress of English words: 1968–1998. *Linguistic Inquiry* 29.4: 539–68.

_____ (2005). Palatalization/velar softening: What it is and what it tells us about the nature of language. *Linguistic Inquiry* 36.1: 23–41.

_____ and GREGORY N. CLEMENTS (1983). *Problem Book in Phonology*. Cambridge, MA: MIT Press.

_____ and KENNETH N. STEVENS (1969). On the feature 'Advanced Tongue Root'. *MIT Research Laboratory of Electronics Quarterly Progress Report* 99: 209–15.

_____ (1971). A note on laryngeal features. *MIT Research Laboratory of Electronics Quarterly Progress Report* 101: 198–213.

_____ and JEAN-ROGER VERGNAUD (1987). *An Essay on Stress*. Cambridge, MA: MIT Press.

HAMMOND, MICHAEL (1999). *The Phonology of English: A Prosodic Optimality Theoretic Approach*. Oxford: Oxford University Press.

HANKS, PATRICK (ed.) (1979). *Collins Dictionary of the English Language*. London: Collins.

HARRINGTON, JONATHAN, FELICITY COX, and ZOE EVANS (1997). An acoustic phonetic study of broad, general, and cultivated Australian English vowels. *Australian Journal of Linguistics* 17.2: 155–84.

HARRIS, JOHN (1994). *English Sound Structure*. Oxford: Blackwell.

HAYES, BRUCE (1982). Extrametricality and English stress. *Linguistic Inquiry* 13: 227–76.

_____ (1995). *Metrical Stress Theory: Principles and Case Studies*. Chicago: University of Chicago Press.

HOARD, JAMES E. (1971). Aspiration, tenseness, and syllabification in English. *Language* 47.1: 133–40.

HOCKETT, CHARLES F. (1947). Peiping phonology. *Journal of the American Oriental Society* 67.4: 253–67.

HOOPER, JOAN BYBEE (1976a). *An Introduction to Natural Generative Phonology*. New York: Academic Press.

_____ (1976b). Word frequency in lexical diffusion and the source of morphophonological change. In William M. Christie, Jr. (ed.), *Current Progress in Historical Linguistics*, 96–105. Amsterdam: North–Holland.

HOWIE, JOHN (1976). *An Acoustic Study of Mandarin Tones and Vowels*. Cambridge: Cambridge University Press.

HSIEH, FENG–FAN (1999). Theoretical aspects of Zhuokeji rGyalrong phonology. MA thesis, National Tsing Hua University.

HSUEH, FENGSHENG (1986). *Guoyu Yinxi Jiexi* [An anatomy of the Pekingese sound system]. Taipei: Taiwan Xuesheng Shuju.

HUANG, PARKER PO–FEI (1970). *Cantonese Dictionary: Cantonese–English, English–Cantonese*. New Haven, CT: Yale University Press.

HYMAN, LARRY (1985). *A Theory of Phonological Weight*. Dordrecht: Foris.

INKELAS, SHARON (1994). The consequences of optimization for underspecification. MS, University of California, Berkeley.

ITO, JUNKO (1986). Syllabic theory in prosodic phonology. Doctoral dissertation, University of Massachusetts, Amherst.

IVERSON, GREGORY K., and JOSEPH C. SALMONS (1995). Aspiration and laryngeal representation in Germanic. *Phonology* 12.3: 369–96.

JAKOBSON, ROMAN (1958). Typological studies and their contribution to historical comparative linguistics. In Eva Sivertsen (gen. ed.), *Proceedings of the Eighth International Congress of Linguists*, 17–25. Oslo: Oslo University Press.

_____ GUNNAR FANT, and MORRIS HALLE (1952). *Preliminaries to Speech Analysis: The Distinctive Features and Their Correlates*. Cambridge,

MA: MIT Press.

JENSEN, JOHN (2000). Against ambisyllabicity. *Phonology* 17: 187–235.

JESPERSEN, OTTO (1904). *Lehrbuch der Phonetik*. Leipzig: Teubner.

JESSEN, MICHAEL, and CATHERINE RINGEN (2002). Laryngeal features in German. *Phonology* 19.2: 189–218.

JI, XIANLIN (ed.) (1988). *Zhongguo Dabaikequanshu Yuyan Wenzi* [Chinese encyclopaedia: language and orthography]. Beijing: Zhongguo Dabaikequanshu Chubanshe.

JONES, DANIEL (1950). *The Pronunciation of English*. 3rd edn. Cambridge: Cambridge University Press.

KAGER, RENÉ (1989). *A Metrical Theory of Stress and Destressing in English and Dutch*. Dordrecht: Foris.

KAHN, DANIEL (1976). Syllable-based generalizations in English phonology. Doctoral dissertation, Massachusetts Institute of Technology.

KARLGREN, BERNHARD (1949). *The Chinese Language: An Essay on its Nature and History*. New York: Ronald Press.

KAYE, JONATHAN, and JEAN LOWENSTAMM (1984). De la syllabicité. In François Dell, Daniel Hirst, and Jean-Roger Vergnaud (eds.), *Forme sonore du langage*, 123–59. Paris: Hermann.

KEATING, PATRICIA (1988). Underspecification in phonetics. *Phonology* 5: 275–92.

KENSTOWICZ, MICHAEL (1994). *Phonology in Generative Grammar*. Oxford: Blackwell.

KENYON, JOHN SAMUEL, and THOMAS ALBERT KNOTT (1944). *A Pronouncing Dictionary of American English*. Springfield, MA: Merriam.

KESSLER, BRETT, and REBECCA TREIMAN (1997). Syllable structure and the distribution of phonemes in English syllables. *Journal of Memory and Language* 37: 295–311.

KEY, HAROLD (1961). Phonotactics of Cayuvava. *International Journal of American Linguistics* 27.2: 143–50.

KEYSER, SAMUEL JAY, and KENNETH N. STEVENS (1994). Feature geometry and the vocal tract. *Phonology* 11.2: 207–36.

KIM, MI-RYOUNG, and SAN DUANMU (2004). Tense and lax stops in Korean.

Journal of East Asian Linguistics 13: 59–104.

KIPARSKY, PAUL (1979). Metrical structure assignment is cyclic. *Linguistic Inquiry* 10.3: 421–41.

_____ (1981). Remarks on the metrical structure of the syllable. In Wolfgang U. Dressler, Oskar E. Pfeiffer, and John R. Rennison (eds.), *Phonologica 1980*, 245–56. Innsbruck: Institut für Sprachwissenschaft der Universität Innsbruck.

KOHLER, KLAUS (1999). German. In International Phonetic Association, *Handbook of the International Phonetic Association: A Guide to the Use of the International Phonetic Alphabet*, 86–9. Cambridge: Cambridge University Press.

KRAKOW, RENA A. (1989). The articulatory organization of syllables: a kinematic analysis of labial and velar gestures. Doctoral dissertation, Yale University.

KREIDLER, CHARLES W. (2004). *The Pronunciation of English: A Course Book*. Malden, MA: Blackwell.

KUMAR, AMAN (2005). Aspects of Hindi syllable structure. Doctoral dissertation, University of Michigan, Ann Arbor.

LADEFOGED, PETER (1972). Phonetic prerequisites for a distinctive feature theory. In Albert Valdman (ed.), *Papers in Linguistics and Phonetics to the Memory of Pierre Delattre*, 273–86. The Hague: Mouton.

_____ (1980). What are linguistic sounds made of? *Language* 56.3: 485–502.

_____ (1982). *A Course in Phonetics*. 2nd edn. San Diego, CA: Harcourt Brace Jovanovich.

_____ (1992). The many interfaces between phonetics and phonology. In Wolfgang U. Dressler, Hans C. Luschützky, Oskar E. Pfeiffer, and John R. Rennison (eds.), *Phonologica 1988*, 165–79. Cambridge: Cambridge University Press.

_____ (2001). *Vowels and Consonants: An Introduction to the Sounds of Languages*. Malden, MA: Blackwell.

_____ (2006). *A Course in Phonetics*. 5th edn. Boston, MA: Thomson & Wadsworth.

_____ and MORRIS HALLE (1988). Some major features of the

International Phonetic Alphabet. *Language* 64.3: 577–82.

LAWRENCE, WAYNE P. (2000). /str/ → /ʃtr/: assimilation at a distance? *American Speech* 75.1: 82–7.

LEBEN, WILLIAM (1971). Suprasegmental and segmental representation of tone. *Studies in African Linguistics*, supp. 2: 183–200.

LEE, WAI-SUM, and ERIC ZEE (2003). Standard Chinese (Beijing). *Journal of the International Phonetic Association* 33.1: 109–12.

LEVIN, JULIETTE (1985). A metrical theory of syllabicity. Doctoral dissertation, Massachusetts Institute of Technology.

LI, CHARLES N., and SANDRA A. THOMPSON (1981). *Mandarin Chinese: A Functional Reference Grammar*. Berkeley: University of California Press.

LI, FANG-KUI (1966). The zero initial and the zero syllabic. *Language* 42: 300–302.

LI, RONG (1983). Guanyu fangyan yanjiu de ji dian yijian [Some comments on dialectal studies]. *Fangyan* 1: 1–15.

LIBERMAN, MARK (1975). The intonational system of English. Doctoral dissertation, Massachusetts Institute of Technology.

_____ and ALAN PRINCE (1977). On stress and linguistic rhythm. *Linguistic Inquiry* 8.2: 249–336.

LIN, MAOCAN, and JINGZHU YAN (1988). The characteristic features of the final reduction in the neutral-tone syllable of Beijing Mandarin, *Phonetic Laboratory Annual Report of Phonetic Research*, 37–51. Beijing: Phonetic Laboratory, Institute of Linguistics, Chinese Academy of Social Sciences.

LIN, XIANGRONG (1993). *Jiarongyu yanjiu* [Studies on the Jiarong (rGyalrong) language]. Chengdu: Sichuan Minzu Chubanshe.

LIN, YEN-HWEI (1989). Autosegmental treatment of segmental processes in Chinese phonology. Doctoral dissertation, University of Texas, Austin.

LOMBARDI, LINDA (1990). The nonlinear organization of the affricate. *Natural Language and Linguistic Theory* 8: 374–425.

LOWENSTAMM, JEAN (1996). CV as the only syllable type. In Jacques Durand and Bernard Laks (eds.), *Current Trends in Phonology, Models and Methods*, 419–43. Salford, UK: European Studies Research Institute/University of Salford.

LÜ, SHUXIANG (1963). *Xiandai Hanyu dan shuang yinjie wenti chu tan* [A preliminary study of the problem of monosyllabism and disyllabism in modern Chinese]. *Zhongguo Yuwen* 1: 11–23.

LUO, CHANG-PEI, and JUN WANG (1957). *Putong yuyinxue gangyao* [Outline of general phonetics]. Beijing: Kexue Chubanshe.

MADDIESON, IAN (1984). *Patterns of Sounds*. Cambridge: Cambridge University Press.

MALÉCOT, ANDRÉ (1960). Vowel nasality as a distinctive feature in American English. *Language* 36.2: 222–9.

MARTIN, SAMUEL E. (1957). Problems of hierarchy and indeterminacy in Mandarin phonology. *Bulletin of the Institute of History and Philology, Academia Sinica* 29: 209–29.

MCCARTHY, JOHN (1979a). Formal problems in Semitic phonology and morphology. Doctoral dissertation, Massachusetts Institute of Technology. Published by Garland Press, New York, 1985.

_____ (1979b). On stress and syllabification. *Linguistic Inquiry* 10.3: 443–65.

_____ (1988). Feature geometry and dependency: a review. *Phonetica* 45: 84–108.

MEI, TSULIN (2006). Shanggu Hanyu Dulongyu tongyuan sishi ci [Forty cognate words in Old Chinese and Trung]. In Henry Y. Zhang, Lillian M. Huang, and Dah-an Ho (eds.), *Bai chuan hui hai: Li Rengui xiansheng qi zhi shouqing lunwenji* [Streams converging into an ocean: Festschrift in honor of Professor Paul Jen-kuei Li on his 70th birthday], 595–604. Taipei: Institute of Linguistics, Academia Sinica.

MERRIAM-WEBSTER (2004). *Merriam-Webster Online Dictionary*. http://www.m-w.com/home.htm.

MOULTON, WILLIAM G. (1956). Syllabic nuclei and final consonant clusters in German. In Morris Halle, Horace G. Lunt, Hugh McLean, and Cornelis H. van Schooneveld (eds.), *For Roman Jakobson: Essays on the Occasion of his Sixtieth Birthday*, 372–81. The Hague: Mouton.

MURRAY, ROBERT W., and THEO VENNEMANN (1983). Sound change and syllable structure in Germanic phonology. *Language* 59.3: 514–28.

MYERS, JAMES, and JANE TSAY (2005). The processing of phonological acceptability judgments. In *Proceedings of Symposium on 90–92 National Science Council Projects*, 26–45. Taipei, Taiwan: National Science Council.

NEWMAN, PAUL (1995). Hausa tonology: complexities in an 'easy' tone language. In John Goldsmith (ed.), *The Handbook of Phonological Theory*, 762–81. Oxford: Blackwell.

ODDEN, DAVID (2005). *Introducing Phonology*. Cambridge: Cambridge University Press.

PADGETT, JAYE (1995). *Stricture in Feature Geometry*. Stanford, CA: Center for the Study of Language and Information, Stanford University.

PATER, JOE (2000). Non–uniformity in English secondary stress: the role of ranked and lexically–specific constraints. *Phonology* 17: 237–74.

_____ (2004). Austronesian nasal substitution and other NÇ effects. In John McCarthy (ed.), *Optimality Theory in Phonology: A Reader*, 271–89. Oxford: Blackwell.

PETERSON, GORDON E., and ILSE LEHISTE (1960). Duration of syllabic nuclei in English. *Journal of the Acoustical Society of America* 32.6: 693–703.

PIERREHUMBERT, JANET (1980). The phonetics and phonology of English intonation. Doctoral dissertation, Massachusetts Institute of Technology.

_____ (1994). Syllable structure and word structure: a study of triconsonantal clusters in English. In Patricia A. Keating (ed.), *Phonological Structure and Phonetic Form*, 168–88. Cambridge: Cambridge University Press.

_____ (2001). Exemplar dynamics: word frequency, lenition, and contrast. In Joan L. Bybee and Paul J. Hopper (eds.), *Frequency Effects and the Emergence of Linguistic Structure*, 137–57. Amsterdam: Benjamins.

PIKE, KENNETH (1947). On the phonemic status of English diphthongs. *Language* 23: 151–9.

PORT, ROBERT F., and ADAM P. LEARY (2005). Against formal phonology. *Language* 81.4: 927–64.

PRINCE, ALAN (1990). Quantitative consequences of rhythmic organization. In

Papers from the 26th Regional Meeting of the Chicago Linguistic Society, vol. 2: *The Parasession on the Syllable in Phonetics and Phonology*, 355–398. Chicago: Chicago Linguistic Society.

_____ and PAUL SMOLENSKY (1993). *Optimality Theory: constraint interaction in generative grammar*. MS, Rutgers University and University of Colorado.

PRINZ, MICHAEL, and RICHARD WIESE (1991). Die Affrikaten des Deutschen und ihre Verschriftung. *Linguistische Berichte* 133: 165–89.

PROKOSCH, EDUARD (1939). *A Comparative Germanic Grammar*. Philadelphia: Linguistic Society of America.

PULGRAM, ERNST (1970). *Syllable, Word, Nexus, Cursus*. The Hague: Mouton.

PULLEYBLANK, DOUGLAS (1986). *Tone in Lexical Phonology*. Dordrecht: Reidel.

PULLEYBLANK, EDWIN G. (1984). Vowelless Chinese? An application of the three
-tiered theory of syllable structure. In *Proceedings of the Sixteenth International Conference on Sino-Tibetan Languages and Linguistics*, vol. 2, 568–619. Seattle: University of Washington.

QIAN, NAIRONG (1997). *Shanghaihua yufa* [A grammar of Shanghai]. Shanghai: Shanghai Renmin Chubanshe.

QU, AITANG (1990). Jiarong de fangyan: Fangyan huafen he yuyan shibie [rGyalrong dialects: Issues in dialect subclassification and language recognition]. *Minzu Yuwen* 4: 1–8, 5: 37–44.

RAMSEY, S. ROBERT (1987). *The Languages of China*. Princeton, NJ: Princeton University Press.

REDFORD, MELISSA ANNETTE, and PATRICK RANDALL (2005). The role of juncture cues and phonological knowledge in English syllabification judgments. *Journal of Phonetics* 33: 27–46.

RICE, KEREN (1992). On deriving sonority: a structural account of sonority relationships. *Phonology* 9.1: 61–99.

SAGEY, ELIZABETH (1986). The representation of features and relations in nonlinear phonology. Doctoral dissertation, Massachusetts Institute of Technology.

SAPIR, EDWARD (1921). *Language: An Introduction to the Study of Speech*. New

York: Harcourt, Brace.

SCHEER, TOBIAS (2004). *A Lateral Theory of Phonology: What Is CVCV, and Why Should It Be?* Berlin: Mouton de Gruyter.

SELKIRK, ELISABETH (1980). The role of prosodic categories in English word stress. *Linguistic Inquiry* 11: 563‒605.

_____ (1982). The syllable. In Harry van der Hulst and Norval Smith (eds.), *The Structure of Phonological Representations*, part II, 337‒83. Dordrecht: Foris.

STERIADE, DONCA (1982). Greek prosodies and the nature of syllabification. Doctoral dissertation, Massachusetts Institute of Technology.

_____ (1987). Redundant values. In *Papers from the 23rd Annual Regional Meeting of the Chicago Linguistic Society*, Part 2: *Parasession on Autosegmental and Metrical Phonology*, 339‒62. Chicago: Chicago Linguistic Society.

_____ (1989). Affricates are stops. Paper presented at Conference on Features and Underspecification Theories, October 7‒9, Massachusetts Institute of Technology.

_____ (1999). Alternatives to syllable‒based accounts of consonantal phonotactics. In Osamu Fujimura, Brian D. Joseph, and Bohumil Palek (eds.), *Proceedings of LP '98: Item Order in Language and Speech*, Vol. 1, 205‒45. Prague: Karolinum Press (Charles University in Prague).

SUN, JACKSON T.-S. (1998). Nominal morphology in Caodeng rGyalrong. *Bulletin of the Institute of History and Philology, Academia Sinica* 69.1: 103‒49.

_____ (2000). Parallelism in the verb morphology of Sidaba rGyalrong and Lavrung in rGyalrongic. *Language and Linguistics* 1.1: 161‒90.

TREIMAN, REBECCA, and CATALINA DANIS (1988). Syllabification of intervocalic consonants. *Journal of Memory and Language* 27.1: 87‒104.

TREIMAN, REBECCA, JENNIFER GROSS, and ANNEMARIE CWIKIEL‒GLAVIN (1992). The syllabification of /s/ clusters in English. *Journal of Phonetics* 20.3: 383‒402.

TURK, ALICE (1994). Articulatory phonetic clues to syllable affiliation: gestural characteristics of bilabial stops. In Patricia A. Keating (ed.), *Phonological Structure and Phonetic Form: Papers in Laboratory Phonology III*, 107–35. Cambridge: Cambridge University Press.

URBOM, RUTH (1999). *Longman Handy Learner's Dictionary*. New edn. Harlow, UK: Pearson Education.

VAUX, BERT (2003). Syllabification in Armenian, Universal Grammar, and the lexicon. *Linguistic Inquiry* 34.1: 91–125.

_____ (2004). The appendix. Paper presented at the Symposium on Phonological Theory: Representations and Architecture, CUNY, Feb. 20.

_____ and BRIDGET SAMUELS (2005). Laryngeal markedness and aspiration. *Phonology* 22.2: 395–436.

VENNEMANN, THEO (1974). Words and syllables in natural generative phonology. In Anthony Bruck, Robert A. Fox, and Michael W. La Galy (eds.), *Papers from the Parasession on Natural Phonology*, 346–74. Chicago: Chicago Linguistic Society.

_____ (1988). *Preference Laws for Syllable Structure and the Explanation of Sound Change*. Berlin: Mouton de Gruyter.

WANG, JENNY ZHIJIE (1993). The geometry of segmental features in Beijing Mandarin. Doctoral dissertation, University of Delaware, Newark.

WANG, LI (1944). *Zhongguo yufa lilun* [Chinese grammatical theory]. Shanghai: Shangwu Yinshuguan.

_____ (1957). *Hanyu Yinyunxue* [Chinese phonology]. Beijing: Zhonghua Shuju.

WEIDE, ROBERT L. (1998). *The Carnegie Mellon Pronouncing Dictionary* [cmudict. 0.6]. Carnegie Mellon University: http://www.speech.cs.cmu.edu/cgi–bin/cmudict

WELLS, JOHN C. (1990). Syllabification and allophony. In Susan Ramsaran (ed.), *Studies in the Pronunciation of English: A Commemorative Volume in Honour of A. C. Gimson*, 76–86. London: Routledge.

WIESE, RICHARD (1996). *The Phonology of German*. Oxford: Clarendon Press.

_____ (1997). Underspecification and the description of Chinese vowels. In Wang Jialing and Norval Smith (eds.), *Studies in Chinese Phonology*, 219–49. Berlin: Mouton de Gruyter.

WOO, NANCY (1969). Prosody and phonology. Doctoral dissertation, Massachusetts

Institute of Technology.

XU, BAOHUA, ZHENZHU TANG, RUJIE YOU, NAIRONG QIAN, RUJIE SHI, and YAMING SHEN (1988). *Shanghai Shiqü fangyan zhi* [Urban Shanghai dialects]. Shanghai: Shanghai Jiaoyu Chubanshe.

XU, BAOHUA, and HUAN TAO (1997). *Shanghai Fangyan Cidian* [Dictionary of Shanghai dialect]. (*Xiandai Hanyu Fangyan Da Cidian* [Dictionaries of modern Chinese dialects], editor-in-chief Rong Li.) Nanjing: Jiangsu Jiaoyu Chubanshe.

XU, YI (1986). Putonghua yinlian de shengxue yuyin texing [Acoustic properties of syllable junctures in Standard Chinese]. *Zhongguo Yuwen* 1986.5(194): 353–60.

YAN, MUCHU (2004). A study of prefixes in the Suomo dialect of the Jiarong language. *Journal of the Central University of National Minorities* (Philosophy and Social Science edn.) 31.6: 120–24.

YIP, MOIRA (1980). Tonal phonology of Chinese. Doctoral dissertation, Massachusetts Institute of Technology.

_____ (1988). The obligatory contour principle and phonological rules: a loss of identity. *Linguistic Inquiry* 19.1: 65–100.

YUE-HASHIMOTO, ANNE O. (1987). Tone sandhi across Chinese dialects. In Chinese Language Society of Hong Kong (ed.), *Wang Li memorial volumes: Chinese volume*, 445–74. Hong Kong: Joint Publishing Co.

YOU, RUJIE, NAIRONG QIAN, and ZHENGXIA GAO (1980). Lun Putonghua de yinwei xitong [On the phonemic system of Standard Chinese]. *Zhongguo Yuwen* 1980.5 (158): 328–334.

ZEE, ERIC (2003). The phonetic characteristics of the sounds in Standard Chinese (Beijing). Paper presented at the 15th North American Conference on Chinese Linguistics, July 11–13, Michigan State University, East Lansing.

ZHU, XIAONONG (1995). Shanghai tonetics. Doctoral dissertation, Australian National University.

저자 색인

언어 색인

* 표시된 언어는 역자가 색인에 추가하였음.

지은이 **둰무 싼(Duanmu, San)**
메사추세츠공과대학(Massachusetts Institute of Technology) 언어학 박사
미시간대학(University of Michigan) 언어학과 교수

옮긴이 **이옥주**
오하이오주립대학(The Ohio State University) 중국어언어학 박사
이화여자대학교 중어중문학과 교수 역임
서울대학교 중어중문학과 교수

음절 구조 변이의 제한

(원제: Syllable Structure: The Limits of Variation)

초판 1쇄 인쇄 2024년 3월 4일
초판 1쇄 발행 2024년 3월 10일

지은이 둰무 싼(Duanmu, San)
옮긴이 이옥주

펴낸이 이대현
편집 이태곤 권분옥 임애정 강윤경
디자인 안혜진 최선주 이경진 | **마케팅** 박태훈 한주영
펴낸곳 도서출판 역락 | **등록** 1999년 4월 19일 제303-2002-000014호
주소 서울시 서초구 동광로46길 6-6 문창빌딩 2층(우06589)
전화 02-3409-2060(편집부), 2058(영업부) | **팩스** 02-3409-2059
전자우편 youkrack@hanmail.net | **홈페이지** www.youkrackbooks.com

ISBN 979-11-6742-618-5 93700